Der Meister und die Grünäugige Hoffnung

Johanna Kern

Aus dem Englischen von
Elke von der Heyden

JOHANNA KERN

Herausgeber:
HUMANS OF PLANET EARTH ASSN.

Buchredakteur der englischen Version:
Brian Van der Horst

Aus dem Englischen von Elke von der Heyden

Umschlag und graphische Darstellungen:
Johanna Kern

Zweite Ausgabe: 2024

Copyright © 2018 Johanna Kern

Alle Rechte vorbehalten

ISBN: 978-1-989913-49-9

Meiner Familie, Freunden und Dir gewidmet

Inhalt

	Was Experten sagen	7
	Einführung	11
1	Der Meister, die Schülerin, das Heiligtum und die Mächte	15
2	Die Priesterin und die Mächte der Hoffnung	51
3	Die Augen der Wahrnehmung schließen	67
4	Jenseits der Tür zum Überfluss	93
5	Bürger jenseits von Zeit und Materie	109
6	Das Gesetz von Feinden und von Freunden	129
7	Die Grenzen der Gedanken überschreiten	159
8	Die Matrix von Räubern und Heilern	193
9	Die dunklen Ecken der Ewigkeit	215
10	Schatten auf der Ego-Route	249
11	Die Grotte purer Liebe finden	281
12	Wiese der Muster und Wahlmöglichkeiten	305
13	Flug der Wahrnehmung	321
14	Die Treppe zur Befreiung	341
15	Die Schleier vom Sterben und vom Lieben	355
16	Papiertüten für Unendliche Macht	373
17	Die Hand des Schicksals öffnen	395
18	Das Schattenland erkunden	413

19	Am Rad der Schöpfung drehen	439
	Danksagungen	465
	Über die Autorin	467
	Veröffentlichungen von Johanna Kern	473
	Verbinde dich mit Johanna Kern	475
	Fotoalbum	477

Was Experten sagen

„Johanna Kern ist eine ernsthafte Frau, eine talentierte Filmemacherin, die sich zu ihrem eigenen großen Erstaunen in einer Serie von wirklich bizarren, transzendenten, übernatürlichen Ereignissen wiederfand. Manchmal geschieht es, dass diese Personen ganze Bände von Durchsagen religiöser Offenbarungen und evolutionärer Wälzer mit Gebrauchsanleitungen wie ‚Das Urantia Buch' und ‚Ein Kurs in Wundern' aus dem All empfangen. Manchmal durchleben sie eine Serie von tranceähnlichen Zuständen und fangen an, angeblich uralte Weisheiten von sich zu geben und/oder sie beherrschen paranormale Phänomene. Johannas Geschichte ist besonders nützlich und interessant, weil sie die Entwicklung einer Person in einem längeren Zeitraum illustriert und wiedergibt – eine Antwort auf die ewige Frage ‚Was ist an der Sache dran?'. Auch ist ihr Buch sehr gut und unterhaltsam geschrieben, was es über die gewöhnlichen Arbeiten dieses Genres erhebt. Außerdem können Johannas Führungen auch für jemanden wertvoll sein, dem persönlich an spirituellem Wachstum gelegen ist."

*-- **Brian Van der Horst**, Autor, Journalist, Therapeut und Managementberater; Chef-Schulungsleiter für Europa des Ken Wilber Integral Institute; ehemaliger Director des Zentrum für fortgeschrittene Studien von Neuro-Linguisticher Programmierung in San Franzisko; er hat an der John F. Kennedy Universität, Orinda, Kalifornien, an der Universität von Kalifornien in Sonoma, an der Universität von Paris XIV & XIII und an der Apple Universität gelehrt; ehemaliger Akquisition Editor für Tarcher Books & Houghton Mifflin; ehemaliger Herausgeber von New Realities, Practcal Psychology, Playboy und The Village Voice; Autor von einigen Büchern und über tausend Zeitungsartikeln und Beiträgen in Magazinen. Derzeit schreibt er für Intelligence, einen News Letter über Neuro-Computing und Integral Leadership Review. Er arbeitete zehn Jahre lang in der Unterhaltungsindustrie als Vizepräsident für die Cannon Group und als Direktor für Werbung und Publicity für Atlantic Records. Van der Horst ist 1994 im Who's Who in the World aufgeführt und seit 2007 im Who's Who in Amerika.*

***

„Vielen Dank, das mir eine Vorabbeurteilung von Johanna Kerns neuem Buch „Der Meister und die Grünäugige Hoffnung" ermöglicht wurde. Ich hatte vor, ein paar Seiten zu überfliegen, um einen Geschmack von der Geschichte zu bekommen und fühlte mich plötzlich mitgerissen von dem Strom ihrer Worte. Als Wissenschaftler, der viele Jahre dem ernsthaften Studium von Dingen gewidmet hat, die „bei Nacht zu rumpeln beginnen", habe ich direkt oder indirekt mit jeder Art außergewöhnlicher, menschlicher Fähigkeit zu tun gehabt und ich kann mich dafür verbürgen, dass Johanna Kerns spezielle Begabung ziemlich einzigartig ist. Irgendwo zwischen Nachtträumen, Halluzinationen, hypnotischen Zuständen und medialer Trance liegt eine reiche, graue Zone unerschlossenen, menschlichen Potentials.

Johanna Kerns Geschichte scheint in dieses Zwischengebiet zu fallen, aber was ihr Buch so einzigartig macht, ist ihre Fähigkeit, ein Netz von Worten über den Leser zu werfen, das ihm, ohne dass er stolpert, über die Frage ‚ist das real oder - nicht?', hinweghilft. Wie Castaneda wagt sich die Autorin als eine Art transzendente Anthropologin in eine andere Welt, kommt heil zurück und wartet mit einem Bericht auf, der uns allen das Gefühl vermittelt, auch dort gewesen zu sein. Ich glaube, es gibt eine große Gemeinde von Interessierten für diese wohl fundierte, intelligente Reise mit ihrem komplexen System vom Symbolen und Metaphern und der reichen Mischung von Charakteren aus verschiedenen Welten. Es ist gleichzeitig ein Roman, eine kreative Fiktion, eine wissenschaftliche Reise und eine wahre Lebensgeschichte. Mehr Macht für dich, Hermenethre!"

-- *Dr. Jerry Solfvin, Professor am Center for Indic Studies, Universität Massachusett, Dartmouth: ehemaliger Seniorpartner der Forschungsgruppe Psychical Research Foundation an der Duke (mit William Roll) – die Studien über Poltergeister, Meditation & Psi sowie Psychophysiologie (mit Ed Kelly) durchführt; ehemaliger Direktor für den Magisterstudiengang in Parapsychologie an der John F. Kennedy Universität in Kalifornien; Dr. Solfvin vollendete seine Dissertation für den Ph.D. über Psi, Heilung und Placebo in*

Utrecht (mit Martin Johnson & Sybo Schouten), er betreibt Forschungen über Psi dimensions of expectancy and placebo effects.

***

„Ich habe Johanna Kerns Manuskript gelesen und fand es sehr fesselnd. Vom psychologischen Standpunkt aus legt es nahe, dass ihre „spontanen Trancen" ein Hinweis darauf sind, dass der REM Zyklus (Rapid Eye Movement – schnelle Augenbewegungen) auch am Tag fortgesetzt wird, die meisten Menschen bemerken das jedoch nicht. Ms. Kern mag besonders empfänglich dafür sein und ihre „spontanen Trancen" können sich in der Zeit ereignet haben, wenn sie lebhafte Träume hatte. Aber nur, wenn sie geschlafen hätte. Ernest Rossi hat beachtliche Forschungen über diese Zyklen angestellt und beobachtet seine Klienten für eine klinische Hypnose so, dass diese als Entsprechung zur Nacht-REM mit der Tages-REM zusammenfällt. Das Material selbst erinnert an die Bücher von Castaneda. Ms. Kern jedoch hat nicht irgendwelche Substanzen eingenommen, ihre Reise fand völlig in ihrem Inneren statt (so lief sie nicht Gefahr, einen ‚Don Juan' verteidigen zu müssen, der vielleicht existierte oder auch nicht). Der Meister könnte das Produkt ihrer Phantasie sein oder er könnte ein Wesen in einer ‚imaginären' Welt sein, der Welt, die Carl Jung den ‚Archetypus' nennt. Der Meister kann also auch außerhalb der Besuche von Ms. Kern existieren und andere Menschen könnten ihn ebenfalls kontaktieren, weil er das repräsentiert, was Jung ‚das kollektive Unterbewusstsein' nennt.

Ms. Kern schreibt außergewöhnlich gut und erzählt ihre Geschichte in einem engagierten, leserfreundlichen Stil. Wie ich über Castaneda bereits sagte, ist es nicht so wichtig, zu wissen, von wem diese ‚Lebenslektionen' sind. Entscheidend ist zu wissen, ob sie den Menschen helfen und zu ihrem Glücklichsein beitragen. Ihr Buch ‚Der Meister und die Grünäugige Hoffnung', finde ich, trägt wahrhaft zum Wohlbefinden des Menschen bei."

*-- **Dr. Stanley Krippner,** Professor für Psychologie, Saybrook Universität; ehemaliger Präsident der Gesellschaft für Humanpsychologie, der Gesellschaft für Parapsychologie und der Gesellschaft für Studien von Träumen; ein Charter Mitglied der*

internationalen Gesellschaft für die Studien von Dissoziationen; Mitglied der amerikanischen psychologischen Gesellschaft, der Gesellschaft für wissenschaftliche Studien von Sex, der amerikanischen psychologischen Gesellschaft, der amerikanischen Gesellschaft für klinische Hypnose und der Gesellschaft für wissenschaftliche Studien von Religion; ehemaliger Direktor der Traumlaboratorien am medizinischen Zentrum Maimonides in New York und The Child Study Center an der Kent State University.

Einführung

„Willkommen, Tochter", sagte der uralte Meister. Und so hat alles angefangen.

Nichts war mehr wie vorher. Das Leben, wie ich es kannte, war vorbei und in den nächsten zwanzig Jahren durchlebte ich ein Abenteuer, worüber man vielleicht in Märchen oder Fantasiebüchern zu lesen bekommt – aber nicht in der normalen Realität.

Ich bin Filmemacherin, bin glücklich und ausgefüllt mit meinem Beruf und strebe nicht danach, etwas anderes zu werden. Und doch, aus welchem Grund auch immer, fing ich an regelmäßig in Trance zu fallen und dann mit dem alten Meister zusammenzutreffen, der vor 9000 Jahren gelebt hatte und der alles, woran ich bisher geglaubt hatte, auf den Kopf stellte.

Er erlaubte mir einen frischen, neuen Blick auf alles, was uns heilig ist: uns selbst, unsere Herkunft und den Sinn unseres Daseins. Er belehrte mich über wahre Macht, Erfolg, Glück, Fülle und grenzenlose Freiheit. Ich lernte die Sieben Mächte kennen, die die Welt kreieren und beherrschen und wie ich mein Leben verbessern kann, indem ich mich auf diese Mächte einschwinge.

Nun können auch andere sich einschwingen auf die alte Macht und Weisheit, ohne all die Herausforderungen, Probleme und Rückschläge überwinden zu müssen, die ich all die Jahre durchlebte.

Dieses Buch basiert auf meinen persönlichen Tagebuchaufzeichnungen und Erinnerungen an die Meisterlehren, die ich über die Jahre während meiner Trancen empfangen habe. Die erwähnten Menschen und Ereignisse sind real. Ebenso meine Erfahrungen.

Die Geschichte erzählt mein Abenteuer, wie es mein persönliches und professionelles Leben beeinflusste und wie ich das in der Trance Gelernte in meine Wirklichkeit einbrachte. Die Lektionen, die in Trance in einen uralten Tempel stattfanden, waren voll von vergnüglichen „Szenen". Ich musste sie erleben, um das Wissen zu

„erfahren" und es dann im Alltagsleben auszuprobieren.

Ja, natürlich habe ich meinen Geisteszustand infrage gestellt. Würden Sie das nicht auch tun? Schließlich verstand ich aber den enormen Wert des Gelernten. Und das ist wichtiger als alles andere.

Viele Jahre berate ich nun schon, während ich vollzeitig Filme mache, Menschen in Gesundheitsfragen, Spiritualität, emotionalen Problemen, Karrierefragen, Familienangelegenheiten, Beziehungen, den Tod und das Leben. Bis jetzt kennt nur eine Handvoll meiner nächsten Freunde meine wahre Geschichte. Sie haben mir geholfen zu akzeptieren, was mir passiert ist und fordern mich ständig auf, die Meisterlehren einem größeren Publikum zugänglich zu machen.

Ich hoffe, dass viele von Ihnen, liebe Leser inspiriert werden, einen neuen Sinn in Ihrem Leben zu finden und viel weiter gehen, als ich gegangen bin. Warum? Weil wir Menschen sind und es unserer Natur entspricht immer zu forschen und zu lernen. Und weil wir noch nicht alles über uns gelernt haben, was wir lernen können und über die Welt, in der wir leben und was es jenseits dieser Welt zu erfahren gibt.

Warum nicht einen frischen Blick auf das werfen, was uns am wichtigsten ist: Wer wir sind, woher wir kommen und wohin wir unterwegs sind?

Es gibt neunzehn Kapitel in dem vorliegenden Buch und jedes beschäftigt sich mit einer anderen Thematik, die den menschlichen Geist seit Jahrhunderten bewegt. Während aber diese Themen bisher den Wissenschaftlern, Philosophen, Psychologen und Theoretikern vorbehalten und auch nicht leicht für einfache Leute wie mich zu verstehen waren, befähigen die Meisterlehren jeden, alles zu erfassen.

Die Geschichte kann auch für jemanden unterhaltsam sein, der gerne Spaß hat, lacht, weint, sich in Erstaunen versetzen lässt, sich „um den Verstand bringen lässt", ein fantastisches Szenario voll von Abenteuern und Magie zu betreten bereit ist, das man nur in den gewagtesten Fantasieerzählungen findet.

Die Meisterlehren sollen nicht als die ultimative Wahrheit verstanden oder akzeptiert werden. Sie sollen uns helfen den Sinn und die Essenz unserer Existenz zu finden und uns mit unserem eigenen Herzen zu verbinden. Ich verwende das Wort „Herz", um den Kern unserer Existenz, unser „reines, inneres Selbst" zu beschreiben, den Teil von uns, den wir für unsere eigene, wunderschöne Wahrheit halten, der frei ist von Konditionierung und Angst.

Viele von uns führen ein Leben, das unsere tiefsten Bedürfnisse nicht befriedigt und das Herz nicht zufriedenstellt. Wir sind mit weniger zufrieden, genauso wie die, die vor uns auf die gleiche Weise gelebt haben und sind davon überzeugt, dass es eben „so ist, wie es ist".

Wir alle verdienen das Beste, was es auf der Welt gibt. Wir sind alle einmalige, wunderschöne Wesen mit unserer ganz persönlichen Geschichte. Glück, gute Gesundheit, Erfolg und Komfort im Leben sind unser Geburtsrecht. Das ist eine Tatsache.

Als Menschen sind wir imstande, die wunderbarsten, erstaunlichsten Dinge zu tun. Jeder einzelne von uns kann sein Leben völlig umkrempeln und darin Riesenmengen von Hoffnung, Mut und Stärke finden.

Ich hatte das Privileg, über die Weisheit der Meisterlehren zu erfahren, wie unsere „Realität" vor tausenden von Jahren war, lange vor der modernen Wissenschaft, die erst in den letzten hundert Jahren langsam die Wahrheit entdeckt, die die alten Meister lehren. Auch stellen sie uns einfache und effektive Werkzeuge zur Verfügung, damit wir uns eines wirklich unglaublichen Lebens erfreuen können, eines, das bewusst, voller Freude, blühend, erfolgreich, gesund und wahrhaft glücklich ist.

Ich freue mich Ihnen die Erinnerungen an mein Abenteuer überreichen zu können und damit die Meisterlehren mit ihrem einzigartigen Zugang zu Psychologie, Selbstverwirklichung, Quantenphysik, Philosophie und Religion.

Ich hoffe, die neue Perspektive befähigt Sie zu einer glücklicheren Einstellung zu Ihrem Leben und zu allem, was Ihnen wichtig ist.

Mein Leben hat sich durch das neue Verständnis verändert. Ich hoffe, das Ihre verbessert sich auch. – *Johanna Kern*

Kapitel 1

Der Meister, die Schülerin, das Heiligtum und die Mächte.

„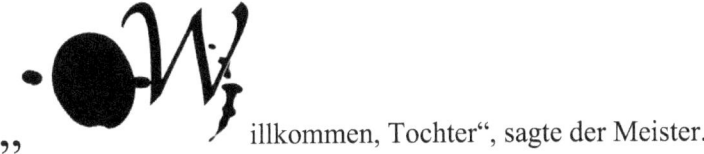illkommen, Tochter", sagte der Meister.

Und so hat alles begonnen. Ich stand vor dem Höchsten Priester. Er schaute mich an. Forschend, intensiv, real. Ich fühlte, wie seine Augen mein Inneres erforschten und jenseits davon.

Nun, da habe ich mir etwas eingebrockt, – dachte ich – und wie komme ich da wieder heraus?

Ich bin unendlich neugierig. Leidenschaftlich, freudig, neugierig. Und so manövriere ich mich in unliebsame Situationen. Dies war eine solche: Ich stand in einem uralten Tempel, gelähmt von der Macht des Hohen Priesters, mein Wille war gefangen und schmolz dahin.

Na großartig – dachte ich. Ist es nun aufregend genug für dich, meine Liebe?

Nein, ich hatte keine Zeitmaschine entdeckt. Selbst wenn ich an derartiges geglaubt hätte, mir hätte für so etwas der Verstand gefehlt. Ich hatte auch nicht mit Drogen oder halluzinogenen Substanzen irgendeiner Art herumexperimentiert. Das ist absolut nicht mein Programm.

Was mich hierher gebracht hatte, zu diesem uralten Tempel, in dem der Hohepriester residierte, der über Geist und Materie herrschte, war jenseits meines Vorstellungsvermögens. Ich bin ein ganz gewöhnlicher Mensch und meiner Meinung nach ganz vernünftig erzogen. Ich war zweiunddreißig Jahre alt, mein Leben war mit vielerlei Dingen ausgefüllt und darin hatte ich weder Platz noch Zeit für irgendwelchen magischen oder mystischen Unsinn.

Mein Mann, mein Sohn und ich sind kürzlich von Europa nach Kanada umgezogen und schon allein diese Tatsache war für uns alle stressig genug. Hier war alles anders. Logistik und Lebensregeln, alles musste grundlegend neu erlernt werden. In Europa war ich vom Beruf Schauspielerin mit einem festen Arbeitsplatz. In Kanada musste ich wieder bei Null beginnen, angefangen von der Sprache und eine Arbeit musste ich auch noch finden. Ich hoffte, dass ich schnell die englische Sprache erlernen würde, um in Kürze meinen künstlerischen Beruf wieder ausüben zu können.

Nun aber, als ich in die Augen des Meisters blickte, erfasste mich ein Gefühl, als ob nichts mehr von Bedeutung wäre – weder meine Träume – noch meine Ziele, die ich mir gesteckt hatte, nicht einmal meine Lebensgeschichte.

***

Meinen Mann lernte ich in der Kunstschule kennen, an der wir beide studierten. Unsere Liebesgeschichte ähnelte ganz einer dieser so populären, romantischen Jugendgeschichten. Mit seinem dicken, schulterlangen blonden Haaren, blauen Augen, perfekt weißen Zähnen und schlanker Gestalt glich er eher einem jungen Filmstar, als einem angehenden Maler. Er war ständig von einer Schar hübscher Mädchen umgeben, die ihn mit feuchten Augen anschmachteten und jeden seiner Schritte aufmerksam verfolgten, wenn er tat was er wollte, und wie er es wollte.

Dies alles berührte mich nicht weiter, denn ich war weit entfernt davon, seine Verehrerin zu werden. Ich mochte ihn nicht einmal besonders und es gefiel mir nicht, dass er ständig von Verehrerinnen umringt war, die unablässig jeden seiner Bewegungen und Schritte beobachteten. Er wiederum würdigte sie meistens keines Blickes und tat immer das, was er wollte und ging einfach seiner Wege. Ich fand, dass er arrogant war und ein Taugenichts. Ein Schürzenjäger, so schätzte ich ihn ein.

Bis er eines Tages bei mir zu Hause erschien, begleitet von einem meiner Freunde. Er blieb eine halbe Stunde und hinterließ auf meinem Schreibtisch eine Unmenge von Erdnussschalen.

„Also, dann sehen wir uns morgen?", verabschiedete er sich und schaute mir tief in die Augen.

Ich wette, das wirst du nicht! – dachte ich bei mir.

Und doch irrte ich mich. Wir trafen uns nicht nur am nächsten, sondern immer wieder, jeden Tag. Er kümmerte sich nicht mehr um all die Mädchen und war ständig in meiner Nähe, bis ich meine Meinung über ihn schließlich änderte. Ich brauchte eine Weile, um zu erkennen, dass ich fast all meine Zeit mit ihm verbrachte und ich brauchte eine Weile um zu merken, dass ich tatsächlich Spaß mit ihm hatte. Jakob sah nie nach anderen Mädchen, er spielte Rock & Roll Vinylaufzeichnungen für mich und kämmte im Dunkeln meine langen Haare. Er hatte nette Freunde und ich hatte Spaß. Alle mochten uns. Wir sahen gut zusammen aus, wir hatten Spaß miteinander und wir hatten Träume.

Ich heiratete ihn am letzten Tag im Juni. Ich hatte Angst und benahm mich kindisch. Mein langes Hochzeitskleid war aus echter französischer Spitze und ich sah darin wirklich erwachsen und kultiviert aus, so fand ich. Ich hatte mir dafür sogar das Haar schwarz gefärbt, damit es einen schönen Kontrast zu dem weißen Kleid bildete. Ich benutzte Färbeshampoo, das sich wieder auswaschen ließ und nach ein paar Wochen hatte mein Haar wieder seine natürliche Farbe.

Wir heirateten kirchlich. Polen war ein katholisches Land, und wir hatten die Religion bei unserer Geburt mitbekommen. Die Kirche war bis zum letzten Platz gefüllt, nicht nur unsere Familien, sondern auch alle unsere Freunde und Mitschüler waren da. Unsere Hochzeit schien wegen unserer Jugend – ich war achtzehn und Jakob neunzehn – ein richtiges Ereignis in unserer Stadt zu sein.

Die Zeremonie erdrückte mich ein wenig, sie war steif und zu ernst. Ich betete, dass es bald vorbei sein möge, sodass dieser atemberaubende, junge Mann, der da in seinem grauen Anzug neben mir stand und ich endlich ein bisschen lachen konnten. Während der gesamten Zeremonie stellte ich mir vor, wie wir barfuß mit unseren Hochzeitsgästen über eine weiche, blühende Wiese laufen würden.

Das wäre eine viel angemessenere Hochzeit gewesen an einem so wunderschönen, sonnigen Tag – dachte ich.

„Willst du, Jacob...?", „Willst du, Johanna...?", der Priester leierte ausdruckslos die üblichen Worte herunter. Ich musste fast lachen, weil ihn die ganz Sache so sehr zu langweilen schien.

Unsere Gäste hatten bei dem Hochzeitsempfang ihren Spaß, wir fanden ihn uninteressant und zu lang. Also stahlen wir uns nach ein paar Stunden davon und überließen das Fest sich selbst. Wir luden unseren sehr guten Freund, den rothaarigen Victor, in unsere neue Wohnung ein und wir drei lachten und plauderten die ganze Hochzeitsnacht hindurch bis es dämmerte. Ich dachte, das Leben sei herrlich und das war es auch.

Im gleichen Jahr wurde unser Sohn Matthew im örtlichen Krankenhaus geboren. Während der gesamten Prozedur gab ich keinen Laut von mir. Ich biss mir heftig auf die Lippe. Sehr heftig. Und das half mir, nicht zu schreien. Ich fand, mein Sohn solle sich auf dieser Welt willkommen fühlen.

Schließlich ist die Geburt eine ganz normale Sache, die da den Frauen passiert – dachte ich. Ich sah es nicht als einen Gewaltakt gegen meinen Körper an, sondern als ein Privileg, dass mir von der Mutter Natur zugestanden wurde.

Meine Schwiegermutter flocht mir die Haare, damit ich ordentlich aussähe. Ja, es half tatsächlich ein wenig. Aber dadurch sah ich noch jünger aus und ich bemerkte, dass der Arzt und die Schwestern neugierig das Kind betrachteten, das einem anderen Kind auf so würdevolle Weise auf die Welt half.

Ich dagegen sah sie mit Erstaunen an, weil niemand hier wirklich zu wissen schien, um was es bei einer Geburt ging! Selbstverständlich waren sie imstande mit den Geräten umzugehen und meinen Körper zu versorgen. Niemand jedoch wusste, dass die Geburt nicht einfach bedeutete den Körper eines Kindes auf die Welt zu bringen – das fühlte ich. Hauptsächlich ging es doch, glaubte ich, darum, dass dem Wesen des Kindes, seiner Seele auf die Welt geholfen wird.

Sie wissen nicht, was sie da tun – dachte ich bei mir. Es kommt alles nur auf mich an.

Ich wollte nicht, dass mein Kind in einem herzlosen Krankenhauszimmer, angefüllt mit Geschrei, Gehetze und desinteressiertem, medizinischen Geschehen geboren wird. So tat ich mein Bestes, jung und unerfahren, wie ich war. Ich öffnete mein Herz weit und versuchte die Schmerzen zu vergessen. Ich konzentrierte mich auf die Liebe zu meinem Kind, als es die Welt betrat.

Schließlich war Matthias da. Überwältigend, machtvoll. Eine wunderschöner Präsenz in seinem winzigen Körper. Er hatte buschiges, dunkles Haar, und die Farbe seiner Haut war faszinierend, fast orange. Später fand ich heraus, dass es normal für Neugeborenes ist, eine solche Hautfarbe zu haben, da sie nach der Geburt immer noch rot sind und wenn sie so, wie mein Sohn, eine Gelbsucht entwickeln, würde das Orange seiner Haut noch eine Weile bleiben.

In der Nacht konnte ich nicht einschlafen und morgens war ich glockenhell wach, weil ich an meinen orangefarbenen Sohn mit seinem geliebten, winzigen Gesicht dachte, seinem geliebten, winzigen Mund, der mich noch nicht angelächelt hatte.

Mein Haar blieb durch die Zöpfe perfekt in Ordnung!

Nun versuchten wir drei uns an die neue Umgebung in Nordamerika anzupassen, so gut wir konnten. Jeder von uns hatte seine ganz eigenen Schwierigkeiten zu überwinden. Matthias musste Englisch lernen, genau wie ich und mit dem Rest der Klasse mithalten. Jacob sprach bereits fließend Englisch. Er managte ein Appartement – Hochhaus in Toronto. Ich half ihm bei der Büroarbeit, während ich versuchte, meine Träume, es als Künstler in Nordamerika zu schaffen, zu verwirklichen. Es gab keine schnellen Lösungen und ich wusste, wenn ich etwas erreichen wollte, musste ich voll engagiert, immer wachsam und bereit sein hart zu arbeiten und niemals aufzugeben.

Ich versuchte diese stressigen Gedanken beiseite zu schieben, um mehr Frieden zu finden, mich besser konzentrieren zu können und mir weniger Sorgen zu machen. Das hatte mich zu einer Art Selbstentspannungstechnik geführt. Eine meiner Freundinnen hatte sie aus einem Selbsthilfebuch und schwor darauf. Sie meinte, es habe ihr Leben enorm verbessert, weil die Technik ihr die übliche Anspannung nahm. Die Methode schien mir einfach genug.

Ich war den Instruktionen gefolgt, hatte mich flach auf den Teppich gelegt und meinen ganzen Körper entspannt, indem ich meine Atemzüge zählte. Es fühlte sich an, als segelten meine Gedanken davon und mein Gehirn würde in Slow Motion arbeiten. Dann hatte ich eine Treppe visualisiert, die ich hinaufstieg. Nach den Anweisungen musste ich meinen Lieblingsplatz in einer ruhigen Landschaft finden, den ich zu meinem Heiligtum machen sollte. Schließlich funktionierte es! Ich hatte in meiner Vorstellung eine wunderschöne Oase auf dem Gipfel eines Berges vor mir, immer sonnig, angenehm windig, einladend.

Ich hatte diese Methode einige Wochen lang angewendet und hatte gelernt, zu meiner Oase zurückzukehren, wann immer ich mehr Kraft und Frieden brauchte. Diese Technik für Selbstentspannung schien hilfreich, genau wie meine Freundin gesagt hatte.

Eines Tages fühlte ich, ich war nicht alleine an meinem geheimen Ort: Ich hatte Besucher! Zuerst war ich erschrocken, weil ich sie ganz sicher nicht visualisiert hatte! Aber wie immer hatte meine Neugier die Regie übernommen und ich vergaß schnell meine Besorgnis.

Drei Männer standen vor mir, ihre Füße über dem Boden, als ob sie gemütlich in der Luft schwebten. Sie trugen Sandalen, lange, weiße Gewänder und hatten freundliche, identische Gesichter, das Haar aus der Stirn gekämmt. Man konnte sie nicht unterscheiden.

Identische Drillingsmönche? – dachte ich. Was sagt man dazu?

Ungläubig starrte ich sie an. Irgendwie fühlte ich, sie waren keine Gefahr für mich. Es fühlte sich sogar so an, als würde ich sie von irgendwoher schon eine lange Zeit kennen. Merkwürdig – dachte ich. Ist das vielleicht der nächste Schritt in der Technik? Eine etwas fortgeschrittene Art?

„Wir haben dir ein Geschenk mitgebracht", sagte einer der freundlichen Drillingsmönche. „Das Geschenk von ‚Fünf durch Drei und Drei durch Fünf'."

„Klar. ‚Fünf durch Drei und Drei durch Fünf', das ist prima," sagte ich, „Los. Ich liebe Geschenke."

In diesem Augenblick sah ich drei opalisierende, rauchartige, weiße Energiebälle. Bevor ich meinen Mund öffnete, um nach der Bedeutung zu fragen, schickten die Drillingmönche die Energie Bälle zu mir. Einfach so! Die weißen Bälle schwebten in der Luft und fingen an, in mich einzudringen, einer nach dem anderen, zusammen mit einem wachsenden Gefühl von Frieden und Glück, nicht wie sonst, diese übersprühende Fröhlichkeit, dieses Glücksgefühl war friedlich und doch mächtig.

Ich betrachtete meinen Körper, wo die weißen Bälle in mich eingedrungen waren, irgendwo zwischen Brustkorb und Bauch. Hmm, alles sah normal aus.

„Was war das?", fragte ich.

„Pentacles", sagten sie.

***

Ein paar Tage lang versuchte ich zu verstehen, was da mit mir geschehen war. Was um alles in der Welt war das? Ich hatte in meinem Leben noch nie von so etwas gehört.

Drillingsmönche?! Pentacles?! Ein ‚Fünf durch Drei und Drei durch Fünf' – Geschenk?! Verlor ich den Verstand?

Ich wusste nicht, was ich machen sollte, beschloss aber mit niemandem über meine merkwürdigen Erlebnisse zu sprechen, nicht einmal mit der Freundin, von der ich diese Entspannungstechnik gelernt hatte. Ich kannte sie nicht gut genug, um eine solche Geschichte mit ihr zu besprechen, ich wusste nicht einmal, wie ich sie erklären oder beschreiben sollte. Wenn das je herauskommt, – dachte ich – wird man mich in ein Hospital für geistig Verwirrte schicken und mich mit schweren Medikamenten ruhigstellen. Oh nein! Das erzähle ich niemandem! Nur über meine Leiche!

Ich wollte das alles geheim halten, jedenfalls fürs erste und versuchte, selbst eine Antwort zu finden. Vielleicht begegnete mir bei meiner Suche irgendetwas, das mir eine Erklärung liefern würde. Die Zeit verstrich, aber ich fand keine Antworten. Keinen Schlüssel, nicht den kleinsten Hinweis.

Sollte ich wieder die bewusste Technik anwenden und sehen, was geschieht? – fragte ich mich. Vielleicht kehrten die Drillingsmönche zurück und erklärten mir alles? Ich habe nichts zu verlieren, – dachte ich – weil ich sowieso schon meinen Verstand verloren habe.

Ich wendete einige Zeit die Technik an, besuchte meine Oase, fand aber nichts. Doch trotzdem glaubte ich, dass früher oder später etwas geschehen musste und ich entdeckte eine andere Bedeutung für das Wort „Vertrauen". Die Bedeutung war: „Üb dich in Geduld und warte, bis sie zu dir zurückkommen. Zu ihren eigenen Bedingungen natürlich."

Schließlich kam jemand zu mir zurück. Es war der Meister, der jetzt vor mir stand und mich mit seiner Macht faszinierte.

Er trug Sandalen und ein langes, weißes Gewand, genau wie meine vorherigen Besucher, und sein Haar war auf die gleiche Weise zurückgekämmt, wie das seiner Vorgänger. Sein Gesicht schien alterslos zu sein. Ich hatte keine Ahnung, ob er jung oder alt war und ich konnte seine Augenfarbe nicht erkennen, obwohl ich ihn direkt anstarrte. Bläulich? Gräulich? Die Intensität der Farbe schien sich von Sekunde zu Sekunde zu verändern. Ich fand ihn recht gutaussehend – sein altersloses Gesicht und sein interessantes, „inneres" Glühen.

„Ich werde dich unterrichten", sagte er.

Sprachlos erkannte ich, dass ich mich nicht länger an dem gewohnten Platz befand, den ich visualisiert hatte, die Oase auf dem Gipfel des Berges. Stattdessen stand ich in einem uralten Gebäude. Ich wusste nicht, wie ich dorthin gekommen war, da ich definitiv nichts dergleichen visualisiert hatte. Das letzte, woran ich mich erinnerte, war, dass ich mit geschlossenen Augen einen tiefen Atemzug nahm.

Nun stand ich wahrscheinlich einem Hohepriester eines uralten Tempels gegenüber.

Die Mauern des Tempels waren aus weißem Stein, sein Fußboden ebenso. Es gab keine Fenster, die ich irgendwo um mich herum hätte sehen können. Der Raum wurde von einer Öllampe erhellt, die auf einer weißen Säule stand, vielleicht vier Fuß hoch, mitten in diesem merkwürdigen, uralten Raum. Sonst war nichts in diesem Raum, nur der Meister und ich, wie gefangen in einer steinernen Welt. Ich konnte meinen Blick nicht von dem Gesicht des Meisters wenden, und ich bemerkte, dass mein Gehirn sehr langsam arbeitete, leer von dem Schock.

„Wir beginnen, wenn du bereit bist", sagte er. Ich nahm einen Gedanken wahr, der sich irgendwo in meinem Kopf kristallisierte. Mit Schwierigkeiten konzentrierte ich mich auf ihn.

„Ich bbbin bereit", flüsterte ich.

„Gut", nickte er und wies in die Runde. „Dies ist die Kammer der Sieben Mächte."

„Mächte?", echote ich.

„Die Sieben Mächte, die die Welt erschaffen und regieren", erklärte er. „Deine Aufgabe, um damit anzufangen, wird sein, dich um diese Kammer zu kümmern. Stell sicher, dass du das richtige Gleichgewicht hältst zwischen den Mächten."

Mein nächster Gedanke kam so schnell, dass er mich fast umwarf. Der freudige Tatendrang erwachte in mir.

„Nichts leichter als das", erwiderte ich, stand still und schaute ihm in die Augen.

„Ich bin froh", sagte er, „bevor du mit deinen Pflichten beginnst, brauchst du aber noch ein anderes Geschenk von unseren Priestern."

„Oh, diese Drillingsmönchen sind deine Priester?"

Plötzlich fühlte ich, dass mein Körper sich irgendwie verschob. Überrascht fand ich mich horizontal in der Luft schweben. Ich lag auf dem Rücken und segelte bequem dahin.

„Du erhältst nun das Geschenk, welches sich ‚Sieben durch Fünf und Fünf durch Sieben' nennt", hörte ich den Meister sagen.

Ich fragte mich, wie das wohl vor sich gehen würde. Ob der Meister sich zu sieben Priestern vervielfachte, die mir die Energiebälle senden würden, ganz wie es die Drillingsmönche getan hatten.

Nichts dergleichen geschah. Stattdessen beobachtete ich sieben weiße, opalisierende Energiebälle einer nach dem anderen meinen Körper verlassen und in der Luft verschwinden.

Komisch, – dachte ich – es fühlt sich immer noch so an, als empfange ich die Energie, nicht, dass ich sie abgebe. Ich schloss die Augen. Und dann hörte ich einige Stimmen singen.

„Priester?", fragte ich und öffnete die Augen.

Es war niemand da, außer dem Meister.

„Verbinde dich mit deinem Körper", sagte er, „und komm morgen wieder."

Er ging oder besser er verschwand. Ich sah an mir herunter und versuchte mich zu erinnern, wie mein Körper beschaffen war. Ich stand nun wieder aufrecht, schwebte also nicht in dem, was er gerade die Kammer der sieben Mächte genannt hatte. Um meine Handgelenke hatte ich einen Satz wunderschöner, goldener Armreifen und Fußkettchen oberhalb meiner nackten Füße. Ich trug einen kleinen, grünen, goldgesäumten Rock. Das sah alles hübsch aus, aber gewöhnlich zog mich so nicht an.

„Mein Körper...", flüsterte ich überrascht und fiel in einen tiefen, traumlosen Schlaf.

Stunden später erwachte ich auf dem Fußboden zusammengerollt wieder. Ich setzte mich auf und schaute mich um. Die Sonne schien zum Fenster herein. Ich saß auf dem Teppich in unserem Wohnzimmer. Ja, das waren unsere Möbel. Die gleiche beigefarbene Couch, die gleichen Beistelltischchen mit den kunstvoll eigelegten blauen Keramikmosaiken.

Ich kniff mir in den Oberschenkel, zog vor Schmerz scharf die Luft ein und rieb schnell die wunde Stelle unter meinen Jeans.

Oh Mann – sagte ich zu mir. Ein uralter Klan übelwollender Magier jagt mich durch Raum und Zeit. Sie wollen mir eine Gehirnwäsche verpassen und mich für ihren zweifelhaften Plan benutzen: die Welt übernehmen und sie mit den Sieben Mächten regieren, mich eingeschlossen. Ich sitze tief im Dreck.

***

Später in der Nacht saß ich in meinem Schlafzimmer, Licht aus, angenehme Dunkelheit hüllte mich ein. Nicht ein Seufzer, nicht ein Wort. Ich hatte mich nach meinem ungewöhnlichen Erlebnis schon wieder beruhigt.

Ich konnte immer noch nicht verstehen, was mir geschehen war. Genauso wenig, wie ich verstehen konnte, was mit meinem ganzen Leben so, wie ich es kannte, geschah. Neuerdings schien nichts mehr zu klappen und alles, was mir vertraut gewesen war, passte nicht mehr zu dem, was ich anfing zu fühlen. Alles war unwichtig geworden, leer. Mein Mann schien distanziert, unwirklich, nicht imstande mich zu verstehen oder mein zunehmendes Gefühl von Unbehagen, das mir das Leben, wie es mir vertraut war, bereitete, zu zerstreuen. Ich fühlte mich wie eine Fremde in meiner Umgebung. Ich wusste nicht, was ich tun sollte. Ich wusste nur, dass ich nicht so weitermachen konnte wie bisher. Ich musste nach vorne schauen und mich dem zuwenden, was auf mich zukam.

Kurzentschlossen griff ich im Dunkeln zum Telefon. Ich wollte mit einem meiner neuen Freunde sprechen, einem Yogalehrer. John war Kanadier mit polnischem Hintergrund, so wie ich. Er sprach meine Muttersprache und, ja, ich erzählte ihm von dem alten Tempel und dem Meister. Aus irgendeinem Grund stellte ich mir vor, dass Yogalehrer besondere Menschen sein mussten, die Dinge wussten.

John war begeisterter von der Geschichte, als ich erwartet hatte. Er erklärte mir, was ich in Trace erlebt hatte, dass ich eine Vision gehabt hatte. Er riet mir das Abenteuer fortzusetzen, zu versuchen, erneut in Trance zu fallen. Er meinte, das sei ein tiefgreifendes Erlebnis und dass ich es annehmen solle.

Zuerst war ich stocksauer auf John, ich dachte, er wolle auf meine Kosten mit anderen Realitäten experimentieren. Ich sagte es ihm sogar.

„Trancen und Visionen sind lediglich Spielchen für verrückte Leute, die nichts Besseres mit ihrem Leben zu tun wissen," sagte ich. „Ich habe auch so genug Probleme. Ich brauche keine weiteren Zerstreuungen noch oben drauf. Ich möchte meine Probleme lösen, ich möchte Klarheit finden und mich auf das konzentrieren, was mir wirklich wichtig ist."

„Und was ist dir wirklich wichtig?", fragte John.

Ich seufzte. „Es sieht so aus, als sei es nicht das, was ich dachte, das es ist. Und nun muss ich herausfinden, was es wirklich ist."

„Das sieht nach einer großen Aufgabe aus."

„Wem sagst du das! Aber ich kann so nicht weitermachen. Mein Leben fühlt sich genauso nutzlos an wie im Kreis zu wirbeln und seinem Schwanz nachzujagen. Ich kann schwindelig davon werden und versuchen mich auf den Beinen zu halten, nicht zu fallen. Das hält mich auf Trapp. Aber ich erreiche nicht wirklich etwas."

„Hmmm", sagte er. „Ich würde dem nicht zustimmen. Ich glaube, die Trance und die Vision, die du hattest, sind ein Zeichen, dass du bereits einen wichtigen befreienden Prozess begonnen hast."

„Klar. Verrückte haben die Freiheit zu tun, was immer sie tun wollen, und sein, wer auch immer sie sein wollen. Damit hast du ganz recht", schloss ich.

„Dann ist Verrücktsein doch nicht so eine schlechte Sache?"

„Vielleicht", stimmte ich zu. „Vielleicht nicht."

Der nächste Morgen war wolkenverhangen und kalt, und ich wachte unruhig auf. Das dämmerige Licht machte den Raum formlos und gespenstisch.

Das Schlafzimmer war sparsam möbliert. Beige war die dominierende Farbe, genauso wie überall im Appartement. Das Bett nahm den meisten Platz ein, und eine Stehlampe mit cremefarbenem Schirm hatte diesem Raum bisher ein warmes Gefühl vermittelt. Ich konnte mir nicht helfen, ich hatte den Eindruck, dass er nun in dem Dämmerlicht fast so geheimnisvoll aussah wie die Kammer der Sieben Mächte.

Ich lag ruhig da und dachte eine Stunde lang mit offenen Augen nach, bevor ich zum Aufstehen bereit war. Ich entschied, dass es Zeit war in meinem Leben einiges zu verändern. Das drängende Gefühl war stärker als meine Furcht oder meine Vernunft.

Es gab an diesem Morgen kein Frühstück. Stattdessen hatte ich ein langes Gespräch mit meinem Mann an unserem hölzernen Küchentisch. Ich wies ihn darauf hin, dass wir nicht mehr glücklich waren, dass die Freude, die Bedeutung unserer Beziehung seit einigen Jahren verschwunden war. Es schien, als könnten wir einander nichts mehr geben, es schien als hätten er und ich vollkommen verschiedene Bedürfnisse und Ziele.

Jakob war blass, seine blauen Augen blickten kalt wie Stahl. Er hörte wortlos zu und ich wusste nicht, ob er mich wirklich gehört hatte. Es war nicht viel Ausdruck in seinem gefrorenen Gesicht. Er blieb stumm und ich redete und weinte weiter.

Ich sagte ihm, dass ich mich von ihm trennen wolle. Ich sagte, dass ich das Gefühl hätte, es sei besser, Freunde zu bleiben als unser Unglücklich sein fortzusetzen und schließlich anzufangen, sich zu hassen.

Er nickte nur. Dann sagte er, er würde nicht weiterreden. Wenn das, was ich gesagt hätte, meine endgültige Entscheidung sei, würde er sie akzeptieren. Einfach so. Er wolle nicht mit mir streiten, oder mich davon abhalten, ihn zu verlassen. Dann ging er zur Arbeit.

Nach Stunden war ich schließlich imstande, mich etwas zu beruhigen. Ich war stolz auf mich, dass ich mit ihm gesprochen hatte. Dass ich ehrlich und mir treu geblieben war. Meine Gefühle waren eine Mischung aus Erleichterung und Angst.

Ich rief meinen Rechtsberater an. Nun fühlte es sich endgültig an. Ich hatte keine Ahnung, wie es werden würde. Ich hoffte auf eine ruhige Scheidung, auf Kompromisse und Verständnis. Und ich hatte keine Ahnung, wovon ich nach dem Ende meiner Ehe leben sollte.

Ich schloss die Tür zu meinem Schlafzimmer. Mit einem tiefen Seufzer sah ich mich um, so, als ob ich mir das Gewohnte, das

Beständige, das Wirkliche in mein Gedächtnis einprägen wollte. Einen Moment lang musterte ich das Gemälde an der Wand: Ein Wassertropfen, der ins Unbekannte fällt.

Ich lag auf den Decken und schloss die Augen. Ich bin bereit zu gehen, ich bin bereit zu gehen – „sang" mein Körper.

Ich entspannte mich und zählte meine Atemzüge. Ich fiel in Trance, bevor ich es noch wusste und fand mich in dem Tempel wieder.

***

Der Hohepriester wartete schon auf mich und ich war erleichtert, dass er da war. Wie vorher hatte ich keine eigenen Gedanken mehr; nur an die Sehnsucht nach seiner Gegenwart konnte ich mich erinnern.

„Willkommen, Tochter", sagte er.

„Willkommen, Meister. Du wolltest, dass ich zurückkomme."

Langsam bewegte ich mich vorwärts und schaute ihm in die Augen. Ich fühlte mich mutig, beherzt. Seine Macht faszinierte mich wieder, aber diesmal gab ich nicht einfach nach. Diesmal nahm ich teil, akzeptierte meinen Hunger nach dem, was da kommen würde, was immer es war.

„Ich hab meinem Freund John von dir erzählt", sagte ich.

„Ganz richtig", nickte er. „Erinnerst du Dich? Du wirst Dinge lernen, die du mit deinen Freunden teilen kannst, aber auch andere, die du für dich behältst. Verstehst du?"

Ich stimmte zu und nickte. „Du sagtest, es gibt Sieben Mächte, die die Welt erschaffen." Ich wollte sofort zur Sache kommen.

„Die Erste Macht ist das Recht." Auch er verlor keine Zeit.

„Das Recht?", wiederholte ich. „Welches Recht?"

„Das Universelle Recht", sagte er.

„Sprichst du vom Gesetz des Karmas?" Ich hielt enttäuscht inne. „Was hast du sonst noch zu bieten?"

„Ich spreche nicht vom Gesetz des Karmas, ich spreche vom

Universellen Recht oder dem Kosmischen Recht, wie es auch noch genannt wird", erwiderte er.

„Und die sind unterschiedlich?"

„Ja, das sind sie."

Plötzlich bemerkte ich, dass wir nicht alleine in der Kammer der Sieben Mächte waren. Es gab da mysteriöse Figuren, viele von ihnen. Ich war zugleich erschrocken und neugierig. Ich ging an dem Hohepriester vorbei, um ihnen näher zu kommen. Er sah, was ich vorhatte, hielt mich aber weder auf, noch versuchte er mir zu helfen. Er betrachtete mich nur wortlos.

„Es sind Statuen", sagte ich überrascht. Ich untersuchte sie aus der Nähe. Sie waren aus grauem Stein, sieben von ihnen auf der rechten und sieben auf der linken Seite der Kammer der Sieben Mächte.

Sie waren vielleicht zwei Meter hoch, die Gesichter waren völlig ausdruckslos. Sie hatten schulterlanges Haar und ihre Augen waren größer, länger als menschliche Augen, fast berührten sie das Haar an den Schläfen. Ihre Arme waren über der Brust gekreuzt und ich bemerkte, dass jeder einen Ring trug. Aber jeder trug diesen Ring an einem anderen Finger. Sie hatten keine Kleidung an, außer einem knappen Tuch um die Hüften. Die augenfälligste Besonderheit war ihre Geschlechtslosigkeit und abgesehen von den Ringen waren sie alle identisch, wie aus der gleichen Form gegossen.

Die Gruppe auf der rechten Seite stand in einer Reihe, der Mitte zugewandt, wo wir standen, die Gruppe links stand auch in einer Reihe und sie war der anderen zugekehrt.

Ich schaute den Meister fragend an.

„Sie repräsentieren die Sieben Mächte, die die Welt erschaffen", sagte er.

Ich schaute mir wieder die Statuen an. „Das sind vierzehn, nicht sieben."

„Ganz richtig", nickte er und ging hinüber zu den Figuren auf der rechten Seite. Er berührte die erste. „Diese hier steht für das Universelle Recht."

Ich zeigte auf die erste Statue in der Gruppe auf der linken Seite. „Was ist auf der anderen Seite?"

„Auch das Recht."

Auf einmal verstand ich: die Sieben Mächte zur Rechten mussten die Guten sein und die auf der Linken die Bösen! Es lief mir ein kalter Schauer den Rücken herunter.

„Also haben die Bösen ihre eigene Macht?" fragte ich.

„Ja", sagte er langsam. Die Mächte, die auf der linken Seite dargestellt sind, haben ihre eigenen Kräfte."

„Was?" Seine Bestätigung jagte mir noch mehr Angst ein. Nun fühlte sich das ganze Abenteuer gar nicht mehr so gut an.

„Wie ich dir schon gesagt habe", sagte er, „muss es eine angemessene Balance zwischen den Mächten geben."

„Willst du damit sagen, sie sind gleichwertig?"

„Ja, sie sind gleichwertig."

„Es ist doch aber wichtig, dass das Gute das Böse besiegt. So soll es doch sein", sagte ich fest.

„Nicht ganz so", lächelte er. „Das ‚Gute', wie du es nennst, soll keineswegs irgendetwas wie das ‚Böse' besiegen. Früher oder später werden die Kräfte jedoch ineinander übergehen. Diese Mächte auf der rechten Seite, die du die ‚Guten' nennst, werden diejenigen auf der linken Seite, die du die ‚Bösen' nennst, verwandeln. So wird es jedenfalls immer gemacht werden. Bis dahin muss eine angemessene Balance herrschen."

Er schaute mir in die Augen. „Und du bist aufgefordert worden, das Gleichgewicht in der Kammer der Sieben Mächte aufrecht zu erhalten, nicht wahr?"

Ich schaute den Meister erstaunt und wortlos an. Ich war nicht sicher, ob ich wirklich verstand, was er sagte. Aber irgendwie „fiel der Groschen" auf einer anderen Ebene. Nicht durch meine Gedanken, sondern irgendwo in meinem Körper. Ich spürte, dass er die Wahrheit sagte, jedenfalls wollte ich ihm glauben.

„In Ordnung", sagte ich. „Ich gebe auf."

„In Ordnung", sagte der Meister. „Dann können wir ja fortfahren."

Ich schaute mir die erste Statue auf der rechten Seite an, und dann sah ich hinüber zu seinem Zwillingsbruder auf der linken Seite. In dem dämmerigen Licht der Öllampen, in der Stille des uralten Tempels und in der Gegenwart des Meisters spürte ich plötzlich ihre Heiligkeit und Ebenbürtigkeit. Mein Gehirn schien einen Augenblick nicht mehr zu arbeiten und ich fühlte keinen Widerstand, keine Notwendigkeit irgendetwas zu bewerten oder in Frage zu stellen. Dann kamen mir einige Worte in den Sinn und ich ließ sie fließen.

„Ich respektiere dich und bete zu dir, Gesetz des Universums. Ich bin dankbar für deine Schöpfung und deinen Segen für die Welt", hörte ich mich sagen.

Während ich mit ausgebreiteten Armen sprach, wurde ich zu einem symbolischen Bindeglied zwischen der ersten Statue auf der rechten und der ersten auf der linken Seite. Dann wandte ich mich der Öllampe zu und bemerkte viele kleine, bronzenen Gefäße auf der Säule, auf der die Lampe stand. Mit erstaunlicher Geschicklichkeit goss ich etwas von dem brennenden Öl in eins der Gefäße und kreierte eine kleine Kerze für die erste Macht.

Es schien alles so natürlich und vertraut. Als ob ich das jeden Tag und mein ganzes Leben getan hatte. Es war ein gutes Gefühl, da zu sein und das zu tun, was ich gerade tat, was immer es war. Ich beschloss im Augenblick nicht so viel darüber nachzudenken.

Der Meister beobachtete mich und ich war voller Frieden. Ich kreuzte die Arme über meiner Brust und verbeugte mich vor der ersten Macht, dem Gesetz. Mir war danach, das kleine Gebet zu wiederholen, das ich vorher gesprochen hatte, und als ich es tat,

bemerkte ich, dass ich Insignien in den Händen hielt wie eine Priesterin aus uralter Zeit.

„Danke, Tochter", sagte der Hohepriester, „dir steht es jetzt frei zu gehen."

„Wohin soll ich gehen?", fragte ich ein wenig verwirrt.

„Du wirst in deinen Körper zurückgehen", sagte er, „und komm morgen wieder."

Plötzlich erinnerte ich mich daran, wohin ich gehen sollte. Ich war traurig und verzögerte den Aufbruch. Ich wollte nicht in die leere Hülle zurückkehren, zu der ich in meinem Leben geworden war.

„Du wirst in Ordnung sein." Er hatte offenbar meine Gedanken erraten. „Wir sorgen für dich, versprochen. Es gibt nichts, wovor du Angst haben musst und unser Tempel wird dich von nun an beschützen. Es ist wichtig, dass du deinen eigenen Zufluchtsort findest, einen friedlichen Platz zum leben."

„Wie kann ich mir meine eigene Wohnung leisten? Du weißt ja nicht, wie schwer das ist. Und ich habe keine Mittel, um irgendwo hin zu ziehen. Ich brauche einen Job oder irgendetwas."

„Nein", sagt er, „du musst meine Schülerin bleiben und das ist ein Vollzeitjob. Du wirst deine Wohnung finden und wir sorgen für dich. Wir geben dir alles, was du brauchst."

Ja klar! Das fühlte sich an wie ein Märchen, doch irgendwie, während ich noch in seiner Welt war, glaubte ich ihm. Ich hatte keinen Zweifel an der Macht des Meisters.

„Bevor ich gehe", sagte ich, „könntest du mir die Bedeutung der Geschenke erklären, die ich von den Drillingsmönchen und dir bekommen habe? Und warum verwendetest du die Zahlen in den Namen beider Geschenke? Da gab es die Drei, die Fünf und die Sieben."

„Die Geschenke, die du erhalten hast, waren bestimmte Energien, die deiner Seele bei der Entwicklung helfen. Die Zahlen, die wir verwandten, beschreiben die Qualität der Energien und die Richtung der Evolution. Sie sind Symbole der Energien und der Prozesse, die sie in Gang gesetzt haben."

„Ich verstehe", sagte ich. „Es gibt also ein bestimmtes Zahlensystem, mit dem du gewisse Prozesse und Energien symbolisierst...".

„Ja so kann man sagen", nickte er.

„Aha. Und was kannst du mir über die Drei, die Fünf und die Sieben sagen?" Ich gab nicht auf.

„Drei bedeutet Entfernung, Fünf Entwicklung und Sieben Leben."

„Entfernung, Entwicklung und Leben", wiederholte ich. „Das hört sich großartig an. Aber ich verstehe es noch immer nicht."

„Die Drei ist das Symbol für Entfernung", sagte er. „Entfernung heißt, dass jemand sich verabschiedet, um (etwas) zu durchdringen, zu infiltrieren, um an den Kern zu gelangen, seinen eigenen Weg finden. Das eigene Herz erforschen. Entfernung ist beides: Fortgehen und Kommen. Wer sich von der Illusion verabschiedet, kommt zur Wahrheit."

Das gefiel mir.

„Die Nummer Fünf steht für Entwicklung", fuhr er fort. „Entwicklung bedeutet Durchdringung, Infiltration. Entwicklung findet statt, wenn man das Durchdringen erlaubt, das führt zu weiterem Fortschritt."

Das gefiel mir auch.

„Und die Sieben ist das Symbol für das Leben. Leben heißt lieben und sein", schloss er.

„Leben heißt lieben und sein?"

„Ja", sagte er. „das Leben empfangen heiß zu Liebe werden: In - Liebe - Sein. Leben ist gleich Liebe und wird von der Zahl Sieben in unserem Tempel symbolisiert."

„Und du sagst, dass die Geschenke, die ich von dir bekommen habe, die Energien waren, die mir helfen sollten mich von der Illusion zu befreien, meiner Seele zum Fortschritt zu verhelfen und das Leben zu empfangen, das gleich der Liebe ist. Ist das so?"

„Ja, so ist es", versicherte er.

Ich verstand immer noch nicht ganz seine Logik. Und er sah meine Verwirrung.

„Frag deinen Freund, den Yogalehrer. Vielleicht weiß er es?", lächelte er. „Das ist alles für heute."

Er drehte sich um, ohne zu warten, bis ich gegangen war und verschwand.

Ich schaute auf meine nackten Füße herunter, dekoriert mit Fußkettchen und seufzte. Er kam zurück und sah mir zu, als ich ging.

„Vertrau mir, ich werde mein Versprechen halten. Dir wird nichts geschehen" – ich hörte noch seine Stimme, als ich schon aus der Trance erwachte.

Die Schülerin

Es war schon später Nachmittag und ich war immer noch im Schlafzimmer. Keiner war gekommen, um mich zu stören oder um herauszufinden, was los war. Das Appartement war still, leer. Ich fühlte eine lastende Traurigkeit und Tränen traten mir in die Augen.

Ich spülte mir die Tränen unter der Dusche ab, als das Telefon läutete. Ich hetzte aus der Dusche, nackt, hinterließ kleine Pfützen überall auf dem Fußboden und griff gerade noch rechtzeitig nach dem Hörer, bevor der Anrufer aufgab.

„Ja!", schrie ich außer Atem in sein Ohr.

„Ich habe gute Neuigkeiten für dich", sagte mein Rechtsbeistand.

Ich erfuhr von ihm, dass man sich in den nächsten sechs Monaten, nachdem ich meinen Mann verlassen hatte, finanziell um mich kümmern würde. Nun konnte ich ausziehen und mir eine eigene Wohnung suchen. Es war genau wie der Meister gesagt hatte. Ich brauchte mir keine Sorgen zu machen wegen eines Jobs oder darüber, wovon ich leben sollte. Ich hatte sechs Monate voller finanzieller Unterstützung vor mir.

Gut – sagte ich mir, jetzt wird es wirklich gespenstisch.

John, mein Yogalehrer, fit, schlank und braunäugig, führte mich an dem Abend zu einem ostindischen Abendessen aus. Mir gefiel die Dekoration des ruhigen, doch eleganten Restaurants im West End – die mangofarbenen Tischtücher, die dunklen Türrahmen, die Skulpturen und Schnitzereien, die historische Figuren oder vielleicht indische Gottheiten darstellten. Der Schnauzbart des Kellners schien größer als sein Gesicht und ich sinnierte, wie schwer wohl so ein Bart war und wie schwierig es war, ihn so mit sich herumzutragen.

Das Essen war mir viel zu scharf, aber ich liebte den Duft von Sandelholz Räucherstäbchen, die im Restaurant verbrannt wurden.

John trank Wasser und ich frönte dem hauseigenen Rotwein... ooops, ein Glas zu viel und ich enthüllte John die Geheimnisse des uralten Tempels.

Ich hatte mir versprochen, niemanden von den Figuren in der Kammer der Sieben Mächte zu erzählen. Ich war mir nicht sicher, ob sie nicht irgendwelche heiligen, rituellen Figuren waren, über die ich nicht reden durfte, bevor man es mir erlaubte. Ich wollte die beste Schülerin sein und alles richtig machen. Nun war es zu spät und ich musste die Verantwortung für meine Dummheit übernehmen.

„Ich übernehme die Verantwortung", sagte ich zu John.

„Das ist großartig!", sagte er. „Wofür denn?"

„Für den Tempel. Ich möchte für seine Geheimnisse verantwortlich sein und ich werde sie nicht ausplaudern."

„Sehr gut", nickte er.

„Bekomme ich noch etwas Wein?", fragte ich und er goss mir noch etwas ein.

Und so wurde ich immer beschwipster und konnte schließlich nicht anders als in allen Einzelheiten von dem Interieur der Kammer der Sieben Mächte, den Statuen und meiner ersten Stunde zu erzählen. Als ich an den Punkt der Geschichte kam, wo der Meister mir den Schutz des Tempels zusicherte und mich aufforderte, mir meinen eigenen Zufluchtsort, wie er es nannte, zu suchen, stoppte mich John.

„Halt mal. Er versprach dir für dich zu sorgen?"

„Ja", sagte ich. „Er will mich unterrichten und trägt mir auf, mich nicht um das Bezahlen der Rechnungen zu kümmern."

John nahm meine Hand und schaute mir in die Augen. „Weißt du, wie ernst das ist? Weißt du, dass dies vielleicht die bedeutsamste

Sache in deinem ganzen Leben ist?"

„Oh, ich weiß, dass es verdammt ernst ist", gab ich zu. „Vor allem, dass irgendetwas sehr Reales erscheint und meine Rechnungen werden bezahlt, tatsächlich in den nächsten sechs Monaten."

Ich erzählte ihm von dem Anruf, den ich gleich nach meiner „Rückkehr" aus dem Tempel erhalten hatte. Ich erzählte ihm von meinen Sorgen: Was, wenn dunkle Kräfte mich beeinflussten und meine jetzige verzweifelte Lage ausnutzten? Was, wenn meine Verwundbarkeit und mein emotionaler Zustand irgendwelche üblen Magier dazu ermutigt hätten, mich zu kontrollieren und mich als Werkzeug zu benutzen? Schließlich hatte der Meister mir gerade beigebracht, dass Gut und Böse auf gewisse Weise gleichwertig sind, Himmel nochmal!

„Ich verstehe, dass du Angst hast", nickte John.

„Was würdest du tun?", fragte ich.

„Ich habe um eine solche Führung, wie du sie gerade bekommen hast, mein ganzes Leben gebetet. Und rate, was geschah?"

„Was?"

„Mir ist das nie passiert. Und du hast nicht mal eine Ahnung, wie groß das Geschenk ist, das du erhalten hast", sagte er.

Ich sah seinen sanften, fast engelhaften Ausdruck. Was wenn er Recht hatte? Dieser Mann hatte den größten Teil seines Lebens in Meditation verbracht, verschiedene Glaubensrichtungen studiert, war zu Klöstern gereist, wo er bei Meistern auf der ganzen Welt Rat suchte, er hat gelehrt und gepredigt. Er musste etwas wissen, das war sicher.

„Bete für mich", sagte ich leise.

„Hab ich immer getan", sagte er.

John erwies sich als unerschütterlich, als ich ihn bat, mir zu helfen, die merkwürdige Symbolik der Numerologie zu verstehen, die der Meister und die Drillingsmönche verwendeten, als sie mir die Geschenke überreichten.

„Ihre Zahlenkunde ist genial!", rief er aus. „Und wirklich einfach zu verstehen. Hör dir das an: ‚Fünf durch Drei und Drei durch Fünf'. Das bedeutet ‚Entwicklung durch Entfernung und Entfernung durch Entwicklung'. Verstehst du?"

„Nein, versteh ich nicht", gab ich zu.

„Wirklich nicht? Also, wie ist das: Entwicklung findet statt, weil jemand sich von der Illusion verabschiedet hat und zur Wahrheit gelangt ist – UND – sich von der Illusion verabschieden und zur Wahrheit kommen geschieht, weil jemand angefangen hat, sich zu entwickeln."

„Oh", sagte ich. „Jetzt verstehe ich. Das geschieht sozusagen zur gleichen Zeit und jedes Ereignis löst das andere aus?"

„Richtig", nickte er.

„Und was ist mit dem anderen Geschenk, das sie mir gegeben haben?"

„Das ist auch leicht. ‚Sieben durch Fünf und Fünf durch Sieben' bedeutet ‚Leben, das gleich Liebe ist, durch Entwicklung und Entwicklung durch Leben gleich Liebe'."

„Ja?"

„Leben empfangen, das gleichzusetzen ist mit Liebe, geschieht durch den Entwicklung – UND – Entwicklung geschieht, weil Leben empfangen wurde, das der Liebe gleicht."

„Weißt du", sagte ich nach einer Pause, „das hört sich alles verblüffend an, da stimme ich zu. Aber für mich ist es immer noch ein Haufen mystischer Unsinn. Besonders da ich keine Ahnung habe, was ‚Leben ist gleich Liebe' sein soll. Und doch werde ich das weiter verfolgen. Und wenn nur, um herauszufinden, wer der Meister wirklich ist und wie weit ich bei diesem verrückten, hörst du? – verrückten Abenteuer gehen kann. Und darauf trinke ich!"

Ich stieß recht heftig mit ihm an, was eine interessante Wein- und Wasserpfütze auf dem mangofarbenen Tischtuch erzeugte.

Der Bart, der an dem Kellner hing, war mehr als verständnisvoll und

John gab ihm ein ziemlich fettes Trinkgeld.

Dann riefen sie ein Taxi für uns. John entschloss sich, mit mir zu fahren, um sicher zu gehen, dass ich ohne unerwartete Zwischenfälle nach Hause kam. Und da waren auch keine. Außer, dass ich dem Fahrer freudig erzählte, dass, seit Leben gleich Liebe ist, niemand mehr Geld bräuchte, um ein Taxi zu bezahlen. Der Fahrer bestand darauf, bezahlt zu werden und öffnete solange die Tür nicht, bis er seinen Schein in der Hand hatte.

Das Heiligtum

Ich fand meinen „Zufluchtsort" am nächsten Tag. Einfach so, ganz leicht.

Ein bezahlbares Appartement in einer annehmbaren Nachbarschaft oder in der City von Toronto zur Miete zu finden ist fast unmöglich. Genauso wie in New York oder Los Angeles sind die Lebenshaltungskosten in Toronto richtig hoch.

Die Großstädte Nordamerikas sind wirkliche Riesen. Weil die Menschen hier ziemlich oft ihre Jobs wechseln, müssen sie somit auch oft umziehen, denn sonst fänden sie nicht so leicht und nicht rechtzeitig Arbeit. Vermieter wissen sehr wohl um diese Tatsache, also erhöhen sie die Mieten einmal im Jahr und manchmal sogar noch öfter, wenn beispielsweise eine Wohnung erneut vermietet wird. Das Resultat ist, dass das Wohnen und Mieten in diesen großen Städten extrem teuer ist.

Aber ich hatte Glück! Ich telefonierte mit einigen Leuten, die Appartements zu vermieten hatten und sah mir eins am Nachmittag an. Und da war es – mein „Heiligtum", mein „Zufluchtsort".

Es lag im zweiten Stock eines charmanten alten Gebäudes, das nur drei Stockwerke hatte, direkt in der Stadtmitte, in einer erstaunlich ruhigen Straße, die mit hohen Bäumen und einem winzigen Park verziert war. Das ansprechende, obwohl hier und da etwas schäbige Einzimmerappartement hatte etwas antik wirkende dunkle Türrahmen und große Fenster. Die weißen Wände waren ein schöner Kontrast zu dem dunklen Holz, und der Marmorfußboden gab dem ganzen ein gemütliches Gefühl. Es war wirklich ruhig dort, friedlich.

Ich liebte es! Und ich bekam es. Ich weiß nicht, warum sie sich für mich entschieden, denn es waren noch mehr als zwanzig andere Leute, die sich um die Wohnung bewarben und die meisten vor mir. Ich glaube, die Hausverwalterin mochte mich. Es war der letzte Monat, in dem sie in diesem Gebäude arbeitete, weil sie dann einen besseren Job antreten würde. Sie gab mir mein „Heiligtum", meinen Zufluchtsort.

Ich hatte Angst. Ich hatte noch nie zuvor alleine gelebt. Mein Mann war immer in meinem Leben gewesen. Ich hatte ihn mit achtzehn geheiratet.

Über die Jahre hatte ich gelernt, was es bedeutete, Jacob zu lieben und für ihn zu sorgen. Er fühlte sich solide an. Und wir hatten eine Menge guter Zeiten zusammen erlebt.

Aber irgendwie, irgendwo unterwegs hatten sich unsere Wege getrennt. Keine gemeinsamen Ziele mehr, keine gemeinsamen Träume. Wohin ich jetzt ging, konnte er mir noch nicht folgen und unser Band war zerbrochen. Oder vielleicht hatte der Bruch schon begonnen, als ich professionelle Schauspielerin werden wollte und er nicht verstand, warum ich es werden musste. Ich konnte nicht mit jemandem zusammenleben, der meine Träume nicht unterstützte. Damals nicht und heute auch nicht. Selbst wenn die neuen Träume noch sehr nebulös waren, gerade im Entstehen begriffen. Selbst wenn ich nicht recht wusste, was auf mich zukam, war es doch stärker als alles, was vorher war. Ich konnte es tief in meiner Seele spüren.

Was immer mich antrieb, es war stärker als meine Angst vor dem Unbekannten. Ich verließ meinen Mann und musste <u>wirklich</u> gehen.

Matthias, der inzwischen dreizehn war, sollte das ganze kommende Jahr bei seinem Vater bleiben. Wir hatten alle entschieden, dass das so das Beste wäre. Mein Mann brauchte ihn mehr, als ich und mein Sohn wusste, dass das für mich in Ordnung sein würde.

Ich ging einige Zeit nicht in den alten Tempel zurück. Ich packte, weinte und schwieg. Irgendwie wusste ich, dass der Meister verstehen würde und mir meine Abwesenheit vergab...

Jacob fuhr einen gemieteten, weißen Kleinbus zu meinem neuen Appartement. Wir sagten beide nichts, unsere Blicke waren fest auf die mit dem letzten Februarschnee bedeckte Straße gerichtet. Grauer, trauriger Schnee.

Ich hatte nicht viele Sachen, ich wollte mit leichtem Gepäck reisen und ganz neu anfangen. Ich wollte keine von den Möbeln, die wir zusammen besessen hatten, keine Erinnerungen.

Er brachte meine Sachen ins Haus. „Möchtest du, dass ich bleibe und dir ein bisschen helfe?", fragte er.

„Nein." Ich schüttelte den Kopf.

Wir schauten uns wortlos an.

„Weißt du, vielleicht ist es nur für eine Weile." Ich versuchte uns beide zu trösten. „Vielleicht komme ich zurück. In einem Jahr oder so...".

„Nein. Du kommst niemals wieder", sagte er.

Er ging und ich weinte stundenlang. Ich schlief zwischen den Kartons mitten auf dem Fußboden ein.

Am nächsten Tag ging ich nach Möbeln suchen. Da war eine Anzeige in der Zeitung, die für den schnellen Verkauf antiker Stücke und gebrauchter Möbel warb. Ich bekam alles am nächsten Morgen für fast nichts. Das schönste Stück war das Bett, über hundert und achtzig Jahre alt aus Eiche, am Kopf- und Fußende mit geschnitzten Eichenblättern geschmückt. Dazu gab es eine passende Kommode mit sechs Schubfächern, obwohl ich das Bett viel schöner fand. Ferner waren da ein großer, marineblauer Wollteppich in gutem Zustand, ein khakifarbenes Plüschsofa, dazu ein kleiner Armsessel, ein Couchtisch aus Ahorn und drei passende Bücherregale. Ich erstand einen dazu passenden Esstisch aus Ahornholz mit vier Stühlen, den ich sowohl als Schreibtisch als auch als Esstisch benutzen wollte. Ein paar Tiffany Stehlampen bekam ich gratis dazu. Ich fand, das ganze war ein ziemlich großes Geschenk!

Immer noch still und manchmal in Tränen richtete ich mich in meinem „Heiligtum" ein und bereitete mich auf mein neues Leben vor. In fünf Tagen hatte ich es geschafft. In dieser Zeit sah ich niemanden und wollte auch nicht telefonieren. Ich wollte schweigen und alleine sein.

***

Ich lag auf dem Rücken und schloss die Augen. Es war früh am Morgen. Ich hatte in der Nacht kaum geschlafen und war mit dem Einrichten der Wohnung in der Dämmerung fertig geworden. Dann badete ich lange und aß anschließend einen Toast. Nun lag ich flach auf den Decken meines antiken, neuen Bettes. Die Wände des Appartements waren noch kahl und ich wollte selbst ein paar Ölbilder malen. Später.

Ich füllte meine Lungen mit Atem, füllte meinen Geist mit Frieden. Der stille Februarmorgen begann davon zu segeln.

Die Mächte

„Willkommen, Tochter", sagte der Meister. Und wieder saß ich ihm gegenüber in der Kammer der Sieben Mächte, in dem uralten Tempel. Ich schaute in sein alterloses Gesicht, das von der brennenden Öllampe angestrahlt war. Seine Gegenwart beruhigte mich. Ich erkannte, dass noch ein anderes Gefühl in mir aufstieg. War es Hoffnung?

Ich wollte ihn über mein Leben befragen. Ich wollte ihn fragen, wie ich mit all den neuen Ereignissen umgehen sollte, aber plötzlich entschied ich mich dagegen. Denn hier, in der Kammer der Sieben Mächte, war nichts mehr von Wichtigkeit, nichts hatte irgendeine Bedeutung.

Ich konzentrierte mich auf den ersten bedeutsamen Gedanken, der mir in den Kopf kam. „Entwicklung", sagte ich langsam.

„Ja", sagte er Meister. „Du hast es richtig erkannt."

„Warum Entwicklung?", fragte ich.

„Es ist die zweite Macht, die die Welt erschafft", sagte er. „Entwicklung ereignet sich als eine natürliche und harmonische Evolution."

Ich verstand nicht. Es hörte sich zu einfach an.

„Wenn etwas das Universelle Recht durchdringt, findet auf harmonische, natürliche Weise ein Fortschritt statt. Und diese Fortschritt ist wahrer Entwicklung", erklärte der Meister. „Entwicklung wird durch die Nummer Fünf symbolisiert, wie du schon weißt."

„Fünf", wiederholte ich.

„Ja. Ferner wird Entwicklung als die harmonische und natürliche Evolution zur Grundlage für die nächste Stufe der Erschaffung der Welt. Und diese Stufe wird Entfernung genannt", sagte der Meister.

„Halt mal", sagte ich. „Wir haben vorher schon über Entfernung gesprochen."

„Das ist richtig", sagte er.

„Und du sagtest, sie werde von der Zahl Drei repräsentiert.

„Ja, das hab ich gesagt."

„Und wenn du sagst, Entfernung sei die nächste Stufe in der Erschaffung der Welt, dann muss sie die Dritte Macht sein, richtig?"

„Es ist die Dritte Macht, aber das ist nicht das heutige Thema", sagte der Meister.

„Warte mal." Ich gab nicht auf. „Entfernung ist die Dritte Macht und hat die Drei als Symbol. Warum wird dann die Zweite Macht, Entwicklung, von der Fünf und nicht von der Zwei symbolisiert?"

„Die Bedeutung der Zahlen in der Symbolik unseres Tempels ist nicht gleichzusetzen mit der Reihenfolge der Mächte", erklärte er. „Obwohl Entfernung die Dritte Macht ist, und obwohl sie durch die Drei symbolisiert wird – ist das nicht immer so. Wie ich dir schon vorher gesagt habe, stehen die Zahlen in der Numerologie unseres Tempels für die Qualität der Energien und des Prozesses, der stattfindet. Das ist alles."

„Das ist alles", wiederholte ich und tat einen tiefen Atemzug. „Ich möchte aber sicher sein."

„Richtig", sagte er. „Du musst nicht alles auf einmal herausfinden", fügte er hinzu. „Nimm es einfach so, wie es ist: die Zahlen stehen für die Energien und Prozesse, in die jede Macht involviert sind. Das ist alles, was du fürs erste wissen musst."

„Alles klar, alles klar", sagte ich und setzte mich auf den Steinfußboden.

Er zögerte für den Bruchteil einer Sekunde, dann setzte er sich auch. Wir sahen uns einen Moment lang in die Augen.

„Dann ist Entwicklung...?"

„Entwicklung, die zweite Macht wird symbolisiert durch die Zahl Fünf", wiederholte er geduldig.

„Entwicklung, die Zweite Macht, die Nummer Fünf." Ich prägte mir die Botschaft ins Gedächtnis ein. Ich zeigte zu den grauen Figuren. „Ich verstehe, dass die zweite Statue auf der rechten Seite den Fortschritt der Guten repräsentiert. Was ist dann mit der linken Seite?", fragte ich forschend.

„Ich sagte dir schon, wie wichtig das Gleichgewicht zwischen den Mächten ist, die die Welt kreieren", sagte er geduldig. „Keine dieser Statuen hier symbolisiert das ‚Böse' und keine das ‚Gute'. Das sind nur Konzepte. Die zweite Statue auf der linken Seite steht auch für Entwicklung. So funktioniert das nach dem Universellen Recht."

„Willst du sagen, dass beide, Gut und Böse, gleichermaßen Fortschritte machen müssen, damit die Balance aufrechterhalten werden kann?", sagte ich nach einer langen Pause.

„Vergiss das Konzept von ‚Gut' und ‚Böse'", sagte er. „So etwas gibt es nicht. Alles was da ist, ist die Erscheinungsform der Höchsten Schwingung, die du Gott nennst, und manche Göttin. Die Höchste Schwingung (Gott/Göttin) zeigt sich als Geist und als Materie, wie du es nennst. Die Höchste Schwingung ist der Ursprung von Geist und Materie."

Ich hörte weiter zu. Er hatte mit Sicherheit meine volle Aufmerksamkeit. Meine katholische Erziehung war weit davon entfernt, Gott zu prüfen, ihm verschiedene Namen zu geben oder seine Natur zu erklären. Gott existierte einfach. Er tat, was ihm gefiel. Wir mussten gut sein, um in den Himmel zu kommen. Das war alles.

Was nun der Meister sagte, war etwas Neues. Und ich war immer neugierig, wenn es um Neues ging.

„Während der Manifestation werden noch andere Energien erschaffen", fuhr der Meister mit seiner Erklärung fort. Stell dir eine kleine Explosion in der Luft vor. Die Explosion setzt die Luft in Bewegung, die Energie der Luft verändert sich, vibriert und du hörst den Donner grollen. Es gibt jetzt mehr Vibrationen, mehr Energie in der Luft."

„Es ist wie ein kleiner Urknall", unterbrach ich. „Genau wie der Urknall, der diese Wellen verursachte, die Energieringe, die sich ausbreiten."

„Ja", nickte der Meister. „Diese Energiewellen sind Nebenprodukte der Manifestation. Sie vibrieren vor Liebe für den Erzeuger, der die höchste Schwingung ist und für die Manifestation. Einige jedoch vibrieren mehr in Liebe zu dem Geist und andere mehr für die Materie. Du neigst dazu diejenigen Energien, die in Liebe zu dem

Geist vibrieren, ‚Gut' zu nennen. Und diejenigen, die in Liebe zur Materie vibrieren, ‚Böse'."

Während ich ihm zuhörte, fühlte ich, dass sich in meinem Inneren etwas verschob, als ob jemand ein großes Fenster öffnete und frische Luft strömte herein. Jahrhunderte von Schmerz, verursacht durch Verdammen, Verfolgung und endlose Schlachten im Namen des ‚Guten' flossen rasch durch meinen Geist. Ich stellte mir den Schmerz derer vor, die darin verstrickt waren und ihre Verwirrung.

Geist und Materie haben den gleichen Stellenwert im Herzen Gottes – dachte ich. Aber verschiedene Institutionen und viele Menschen entschieden, alles, was mit Materie zu tun hatte, zu verdammen. Und sie glaubten, dass nur das heilig ist, was mit dem Geist zu tun hat. So nahm der Krieg zwischen ‚Gut' und ‚Böse' seinen Anfang in den Köpfen der Menschen. Warum glauben wir, dass nur die Seele, nicht aber der Körper heilig ist? Warum glauben wir, dass das Leben zu lieben eine Sünde ist und niemals zu der anderen, besseren Welt führen kann? Und was haben die Institutionen davon, wenn sie uns das weiter glauben machen?

„Was genau repräsentieren die Statuen, wenn nicht gut und böse?", sagte ich laut.

„Es gibt ein Muster, in dem sich die Manifestation ereignet. Es sind Kräfte in dieser Manifestation involviert. Diese Kräfte sind die Sieben Mächte, die die Welt erschaffen und die Statuen repräsentieren sie."

Ich schaute die Figuren auf der rechten Seite an. „Also symbolisieren die Statuen auf der rechten Seite die Kräfte, die eingebunden sind in Gottes Manifestation des Geistes."

„Das ist richtig", versicherte er, „sie repräsentieren die Mächte, die die Welt auf der Ebene des Geistes erschaffen. Und die auf der linken Seite diejenigen Mächte, die die Welt auf der Ebene der Materie erschaffen."

Ich versuchte eine ganze Weile, das, was er gerade gesagt hatte, zu verarbeiten. Dann stand ich auf ging zu den Statuen.

Mächte, die die Welt erschaffen, – wiederholte ich in Gedanken – sind die Kräfte, die eingebunden sind in Gottes Manifestation des Seins...

„Und du nennst das ‚Geist' und ‚Materie'", sagte der Meister, als beende er meine Gedanken.

Ich drehte mich rasch um und stellte fest, dass er direkt hinter mir gestanden hatte.

„Hörst du meinen Gedanken zu?"

Er lächelte. „Nein, aber ich kann sie trotzdem hören."

„Ich mag nicht, wenn du meine Gedanken hörst", sagte ich.

„Nur wenn du Grund hast sie zu verstecken." Er schaute mir geradewegs in die Augen.

„Ich hab eigentlich keinen Grund, aber ich möchte meine Privatsphäre. Ich möchte meine Gedanken für mich behalten."

Ich fuhr fort ihm fest und herausfordernd in die Augen zu sehen.

„In Ordnung", er lächelte wieder, „das können wir arrangieren."

„Danke", nickte ich.

Ich ging langsam hinüber zu den Statuen auf der linken Seite. Der Meister kam auch näher und stand neben mir. Schweigend betrachteten wir ihre steinernen Gesichter.

Ich grübelte immer noch über seine Definition von dem nach, was wir „böse" nennen: die Energien, die in Liebe für die Materie vibrieren. Ich hatte noch nie so etwas gehört. Etwas, das größer war als meine Wahrnehmung der Welt, begann sich in meinem Geist zu öffnen.

„Die zweite Statue hier", fuhr der Hohepriester fort, „steht für die natürliche und harmonische Evolution von Materie, die Entwicklung der Materie, während wir auf der rechten Seite die geistige Evolution, den natürlichen und harmonische Entwicklung des Geistes haben."

Ich berührte langsam die graue Statue, die die Entwicklung der Materie symbolisierte. Bewegungslos, mächtig gingen Kraft und Autorität von ihr aus.

„Materie", sagte ich. „Gott manifestierte Materie."

Ich ging zu den Figuren auf der rechten Seite und berührte die zweite auf der Seite.

„Geist. Diese hier stellt den Fortschritt des Geistes dar. Gott hat beides erschaffen, Materie und Geist."

„Materie und Geist sind lediglich eure Konzepte, eure Definition", sagte der Meister.

Ich schaute schnell zu ihm hinüber. „Was meinst du damit: Materie und Geist sind nur meine Definition?"

Er schüttelte den Kopf. „Nein. Du bist noch eine Weile nicht bereit für eine solche Lektion, vertrau mir. Diese Lektion bekommst du später."

Ich nickte. Auf einmal fühlte ich mich müde. Die Kammer der Sieben Mächte schien sich unter meinen Füßen zu drehen. Ich schaute hinunter auf meine goldenen Fußkettchen.

„Sie sind wirklich hübsch", sagte ich. „Danke."

„Es ist Zeit für dich, zurückzukehren", hörte ich den Meister sagen. „Wir werden diese Stunde später fortsetzen."

„Du hast mir nie deinen Namen gesagt", sagte ich, bevor ich ging.

Er sagte etwas, das ich nicht ganz verstand.

„Rhami-yata", wiederholte ich seinen Namen. „Das klingt sehr schön. Was bedeutet das?", fragte ich.

„Das Ende des Traumes", sagte der Meister.

***

Ich fiel in einen tiefen, traumlosen Schlaf und wachte erst Stunden später auf. Es war schon dunkel und der Mond schien in mein Schlafzimmer. Ich konnte nicht glauben, dass ich fast den ganzen Tag geschlafen hatte.

Ich stand auf und wanderte durch mein Appartement. Hier und da berührte ich meine neuen Möbel, die sich im Mondlicht aalten.

Das ist also die materielle Welt – sagte ich mir. Und hier bin ich, alleine und es ist dunkel.

Ich schaute aus dem Fenster und bemerkte, wie erstaunlich ruhig diese kleine Straße in der Innenstadt war. Direkt im Herzen von Toronto.

Ich wurde aufgefordert, hier zu leben, – dachte ich – und die nächsten sechs Monate in Trance zu verbringen, von einem Meister Lektionen zu empfangen, der nicht einmal einen materiellen Körper besaß, den ich irgendwie zu ordnen konnte. Und der mir erzählt, dass Gut und Böse lediglich meine Auffassung sind... Bin ich durchgedreht?! Was mache ich da mit meinem Leben?! Oh Gott, wenn du mir jetzt nicht hilfst, ende ich tatsächlich im Irrenhaus.

Ich ging in die Küche und öffnete den Kühlschrank. Ich fand keine Flasche, in der noch Wasser war und so durstig wie ich war, füllte ich mir ein Glas kaltes Wasser direkt aus dem Wasserhahn.

Also – dachte ich aufsässig, und schaute das Glas an. Wenn es nichts gibt, das wirklich böse ist, kann mir das Wasser aus der Leitung auch nicht schaden!

Ich trank aus und machte die Lichter an. Zu hell – ich knipste sie schnell wieder aus. Das Mondlicht war genug.

Ich ging ins Wohnzimmer und setzte mich in meinen khakifarbenen Plüschsessel. Der weiche Stoff fühlte sich tröstlich an und erinnerte mich an Teddybären. Ich habe immer Teddybären gemocht und manchmal sah ich sie verlassen und vergessen. Man hatte sich ihrer entledigt, wenn sie nicht mehr gebraucht wurden.

Es sollte vielleicht einen Schutzraum für verlassene Teddybären geben – dachte ich. So etwas verdienen sie nicht, dafür, dass sie immer loyal und geduldig waren.

Das Telefon stand vor mir auf dem Couchtisch. Ein merkwürdiges Gefühl stieg in mir hoch. Angst? Einsamkeit? Ich schaute das Telefon an und wusste nicht, ob ich telefonieren sollte.

Und dann klingelte es. „Gehst du schon ans Telefon?", fragte John.

„Nein", sagte ich, „aber es ist gut, dass du anrufst."

„Wie geht es dir da drüben?", fragte er.

„Ich sitze im Dunkeln und habe ein merkwürdiges Gefühl im Bauch."

„Kannst du nicht schlafen?", fragte er.

„Ich habe gerade geschlafen. Fast den ganzen Tag. Es war gut."

Ich erzählte ihm von der Lektion und sprach über meine Ängste.

„Er sagt, dass Gut und Böse nur mein Konzept sind. Auch Geist und Materie sind nur mein Konzept." Ich war froh meine Zweifel teilen zu können.

„Bist du bereit die Tatsache zu akzeptieren, dass es tatsächlich noch etwas anderes zu erforschen gibt außer deinen alten Vorstellungen und Standpunkten?", fragte er.

Einen Augenblick schwieg ich. Und er wartete geduldig. Ja, ich wollte wirklich Neues erforschen. Das Alte hatte mir nicht geholfen.

Definitiv.

„Was, glaubst du, soll ich denn machen?", fragte ich.

„Ich glaube, die Wahl hast du schon getroffen", sagte er.

In dieser Nacht ging ich auf einen langen Spaziergang. Es war sehr spät, aber die Straßen in der Innenstadt waren belebt.

So viele Menschen sind noch unterwegs – dachte ich. Ich ging schnell ohne rechts und links zu sehen. Ich war ein bisschen ängstlich, fühlte mich unwohl. Ich hatte so viel über Kriminalität in nordamerikanischen Städten gehört. Naja, die Geschichten bezogen sich mehr auf New York als auf Toronto, aber die Angst war die gleiche. Ich brauchte jedoch wirklich ein bisschen Bewegung und frische Luft. Niemand hielt mich auf oder sprach mich an und ich dachte, dass ich Glück gehabt hatte.

Meine Gedanken wanderten bald zu meinem Sohn. Ich stellte ihn mir vor, wie er zu Hause bei seinem Vater war, friedlich schlafend. Ich wusste, Matthias ging es gut. Schon in sehr jungen Jahren hatte er sich daran gewöhnt, dass ich lange abwesend war. Mein damaliger Schauspieljob mit einem Puppentheater verlangte, dass ich oft und lange von Familie und Freunden getrennt war.

Ich ging mehrmals um den Block, bis ich ein angenehmes Gefühl von Befriedigung in meinem Körper spürte. Ich merkte, dass ich bereit war, umzukehren und lief die Treppe hinauf. Ich griff nach meinen Schlüsseln und dachte, wie gut es doch sei zurück zu sein, sicher in meinem Rückzugsort.

Ich schloss die Tür hinter mir, stand bewegungslos da und spürte dem Moment nach, den mein neues Zuhause in mir hinterließ. Ich hatte nie alleine gelebt und wusste nicht, was mich erwartete, wie ich mich in dem leeren Raum integrieren sollte. Dann merkte ich, dass es gar kein leerer Raum war. Er war vielmehr mit meiner Anwesenheit angefüllt. Zum ersten Mal wurde mir klar, dass es möglich ist, seine eigene Anwesenheit zu spüren. Da war noch etwas, das ich spüren konnte, aber ich konnte nicht den Finger drauflegen.

Ich ging ins Schlafzimmer und da konnte ich es noch stärker

empfinden. Plötzlich wusste ich, was es war. Es war die Anwesenheit des Meisters, die ich spürte.

Ich setzte mich aufs Bett und schloss die Augen. Mir wurde klar, dass ich den Geruch des Tempels wahrnehmen konnte. Die brennende Öllampe, das heilige Öl, die knisternde Luft der alten Welt. Ich fühlte die Gegenwart der anderen Priester, vielleicht meditierten sie irgendwo in einem der vielen Räume des Tempels. Ich öffnete schnell die Augen. Meine Wohnung war nun zum Teil des Tempels geworden.

Hmmm, allein zu sein ist nicht das Schlechteste – dachte ich. Überhaupt nicht. Ich dachte, ich würde verrückt werden. Aber es war wirklich ein angenehmes Gefühl.

Ich schlüpfte unter die Decke und atmete langsam, indem ich versuchte mich zum Einschlafen zu zwingen, es koste, was es wollte. Ich wollte mich wieder zurück in den natürlicheren Rhythmus von Schlafen und Wachen zurückzwingen. Ja, der Nachtspaziergang war aufregend, aber die Nacht fühlte sich zu gefährlich an, um auf der Straße zu sein.

Ich wachte ein paar Stunden später wieder auf, vollständig erholt und gestärkt. Nun wusste ich, ich konnte mit der Trance umgehen, den Lektionen, dem ganzen Wahnsinn, der mir da passierte. Ich plante kein gesellschaftliches Leben. Tatsächlich wollte ich auch gar keins. Ich fühlte, dass mich das nur von meiner Arbeit mit dem Meister abhalten würde. Und dafür wollte ich meine ganze Aufmerksamkeit behalten. Ich hatte schon immer daran geglaubt, dass alles was wert war, getan zu werden, auch den vollen Einsatz wert war – oder es lohnte nicht der Mühe.

„Ja! Lass uns dieses Mal verrückt werden. Warum nicht?", murmelte ich meinem Spiegelbild zu, während ich mir die Zähne putzte.

Kapitel 2
Die Priesterin und die Mächte der Hoffnung

An diesem Morgen fing ich an Tagebuch zu schreiben. Ich wollte kein Detail meiner Treffen mit dem Meister vergessen und das, was er mich gelehrt hatte.

Ich schrieb einige Stunden lang in mein Tagebuch. Es war nicht einfach. Mein Gehirn konnte nicht ganz begreifen, was ich erlebt hatte. Schließlich fand ich eine Methode. Ich musste nicht kontrollieren was ich schrieb. Genau wie Rhami-yata gesagt hatte – ich brauchte nicht zu verstehen, alles auf einmal ausknobeln. Ich hielt nur die Geschichte auf den Seiten fest, ohne zu versuchen ihr einen Sinn zu geben.

Es war fast Mittag, als ich fertig war. Ich machte einen kleinen Spaziergang und überging das Einkaufen. Ich war hungriger auf die nächste Stunde als auf irgendetwas anderes in der Welt.

Als ich nach Hause eilte und die Treppe hinaufstieg, war da ein Krach, der das Gebäude erfüllte. Mit jeder Stufe wurde es lauter. Es war unerträglich, als ich mein Stockwerk erreichte und es kam ganz klar von dem Appartement nebenan.

Ich stand im Flur und lauschte. Sie hatten heute angefangen zu renovieren! Ja klar, ich hatte vollkommen vergessen, dass ich in der letzten Woche eine Notiz vom Management am schwarzen Brett in der Lobby gelesen hatte: „Wir möchten uns im Voraus für die Unannehmlichkeiten entschuldigen...", etc.

Das passt genau zu mir – seufzte ich. Gerade wenn ich Stille nötig habe. Gerade wenn ich richtig Anlauf nehme, geht mein ganzer Plan in Stücke! Wie will ich je imstande sein mich zu konzentrieren und in Trance gehen, wenn alle Monster der Hölle nebenan eine Party schmeißen?

Ich lief wieder in die Lobby um die Notiz noch einmal zu lesen. Zu meinem Entsetzen hieß es, die Renovierungsarbeiten würden ungefähr sieben bis zehn Tage in Anspruch nehmen und man würde nach sechs Uhr abends nicht mehr arbeiten. Oh naja! Das war nicht so schlecht, wenn man den ganzen Tag gearbeitet hatte und wollte Ruhe und Frieden danach. Aber ich wusste nicht, wohin ich während des Tages gehen sollte! Es war Winter und im Park in Trance zu fallen kam nicht in Frage.

Hmmm, vielleicht konnte ich den Tag in der Bibliothek verbringen und dann meine Lektionen nachts haben? – dachte ich. Ja, vielleicht. Aber wann sollte ich schlafen? Nein, dies ist auch nicht gut – ich schüttelte den Kopf.

Ich wusste, dass selbst, wenn ich meine Tage in der Bibliothek verbrachte und es irgendwie schaffte, noch Zeit für genügend Schlaf bei Nacht dazwischen zu quetschen, würde ich Bücher lesen. Ich wäre also stundenlang „in meinem Kopf", während ich doch eigentlich „aus meinem Kopf" raus musste. „In meinem Kopf" sein würde mich davon abhalten, richtig zu fokussieren und die Energie aufzubringen, die es mir erlaubte, in Trance zu fallen und dann meine Stunden aufzuschreiben.

Ich ging in das Cafe um die Ecke. Ich trank überhaupt keinen Kaffee, aber ich erinnerte mich, dass ich, wenn ich dort vorbei ging, Leute gesehen hatte, die Brötchen aßen.

Es war still in dem kleinen Raum, da saßen nur drei Kunden, zwei kichernde Schulmädchen, die Schokoladen Doughnuts kauten und ein bärtiger Mann, der die Tageszeitung las.

Mein Käsebrötchen und der Tee mit Zitrone waren köstlich und verhalfen mir zu exzellenter Laune. Schließlich war mein Leben doch wunderschön und ich erlebte mein eigenes Abenteuer, genauso wie ich es wollte.

Renovierungen, – dachte ich – keine große Sache! Es sind nur Geräusche, kein Erdbeben, Himmel nochmal!

Ich ging mit strahlendem Gesicht in die Apotheke und lächelte ein paar wildfremden Leuten auf der Straße zu. Der Apotheker war ein

Mann in den mittleren Jahren, der stets zum Lächeln bereit war. Er zeigte sich sehr mitfühlend meinem „Renovierungsproblem" gegenüber. Er verkaufte mir ein paar Ohrstöpsel, und ich fühlte mich gut ausgestattet wie ein Soldat, der gerade seine Waffen und seine Überlebensausrüstung zusammen gesammelt hat. Oh ja, das Mädchen, das nicht zu stoppen war, und das jederzeit zu allem bereit war.

Ich lief die Treppe hinauf, summte glücklich ein Liedchen und schloss die Tür hinter mir.

Ich packte vorsichtig meine großen Waffen aus, die gelben Ohrstöpsel und steckte sie mir feierlich in die Ohren. Ich schloss die Augen und stieß einen Seufzer aus. Dann öffnete ich die Augen schnell wieder, der Krach war immer noch da! Ein wenig leiser, ja, aber genauso aufdringlich wie vorher. Und außerdem konnte ich nun klar die Vibrationen der Bohrer und Hämmer in meinem ganzen Körper spüren. Verdammt nochmal! Scheiße!

Ich ging eine Weile in meinem Appartement auf und ab in der Hoffnung, eine Ecke zu finden, in der die Geräusche und Vibrationen erträglich sein würden. Ich hatte kein Glück. Es war überall das gleiche, obwohl ich etwas Interessantes bemerkte. Mein Geist und mein Körper gewöhnten sich schrittweise an die Vibrationen und den Krach!

Vielleicht, weil sie fast konstant sind – dachte ich. Sie werden praktisch zu natürlichen, monotonen Rhythmen für meine Sinne, so als sei ich in einem Zug oder auf einem Schiff, wo auch die Geräusche der Maschinen, die Bewegungen früher oder später fast nicht mehr wahrzunehmen waren, ähnlich der Hintergrundmusik.

Schon als Kind hatte ich gelernt, mich an Krach, wie Geschrei und Türen knallen zu gewöhnen, damit ich im Haus meiner Mutter funktionieren konnte. Es war nicht leicht, aber ich hatte es geschafft. Das hitzige Temperament meiner Mutter hatte mir dazu verholfen, meine eigene Ruhe zu finden. Ich meditierte damals unwissend und spontan. Nun musste ich diese Fähigkeit auf die nächste Stufe heben.

Mein wunderschönes Bett, das zwei Jahrhunderte lang Menschen zu

Behaglichkeit verholfen hatte, half mir nun dabei, meinen persönlichen Sieg zu erringen: mitten in den Renovierungsarbeiten in Trance zu fallen.

***

„Willkommen, Tochter", sagte Rhami-yata, als ich in die Kammer der Sieben Mächte ankam.

„Da bist du ja", sagte ich.

„Ja?" Zum ersten Mal sah ich dass er erstaunt war.

„Ich habe mich entschlossen, meinem neuen Zeitplan anzuwenden", sagte ich mit Stolz, „und ich bin bereit, loszulegen."

Er lächelte. Und dann setzte er sich genau da auf den Steinboden, wo er stand.

Ich setzte mich schnell vor ihn hin und machte es mir mit gekreuzten Beinen bequem. „Du sagtest, dass die Fünf die Zahl ist, die die Entwicklung repräsentiert, die Zweite Macht. Warum?", fragte ich.

„Es gibt fünf Sinne, die dir helfen, die materielle Welt zu erfassen. Je mehr du lernst, sie zu benutzen, desto mehr erkennst du von der materiellen Welt. Je besser die Werkzeuge, desto größer die Entwicklung", erklärte er.

„Was ist mit der Spirituellen Entwicklung?"

„Wird auch von der Fünf dargestellt", sagte er, „weil nämlich das Pentagramm die fünf Anfänge, Initiationen in unserem Tempel symbolisiert."

„Initiationen?" Ich war neugierig. „Welche Initiationen?"

„Das sind fünf Wege, denen die Priester unseres Tempels folgen müssen", sagte Rhami-yata.

„Fünf Wege...", fragte ich mich, „wählen die Priester einen der fünf, die zur Verfügung stehen und dann, einmal eingeweiht, werden sie Hohepriester?"

„Nein", sagte er. „Alle Initiationen, alle fünf Wege müssen vollendet werden. Die Priester folgen jedem Pfad, bis sie ihn vollendet haben, und jeder vollendete Pfad ist eine Initiation. Sie folgen und durchleben jeden Weg, bis die Zeit erfüllt ist."

„Wie wird die Zeit erfüllt? Gibt es eine Art Grenze dafür?", wollte ich wissen.

„Nein", sagte er und schüttelte den Kopf. „Da gibt es keinen Zeitrahmen und sogar die Reihenfolge, in der jeder Weg beschritten wird, ist bei jedem Priester anders. Es gibt für jeden ein anderes Muster. Es hängt alles davon ab, wozu du bereit bist. Eine Sache, die die Priester während ihrer Initiation lernen, ist, wie die Sieben Mächte, die die Welt erschaffen, zu beherrschen sind."

Ich stand auf und ging hinüber zu den Statuen auf der linken Seite. „Was ist es denn, dass die Priester lernen können, wenn sie die Zweite Macht beherrschen?" Ich berührte die zweite Statue. „Entwicklung in der materiellen Welt?"

Der Meister erschien im Bruchteil einer Sekunde neben mir. „Wenn wir verstehen, wie die Mächte in der materiellen Welt arbeiten, können wir die Materie beherrschen", sagte er.

„Beherrschen?" Ich wandte mich ihm zu.

„Ja, das ist richtig."

„Meinst du mit dem Intellekt? Wie in den Wissenschaften, der Technologie?"

„Nein, ich meine, man hat Macht über die Materie."

Er erklärte, dass das wirkliche Verständnis der Materie und seine Regeln nicht durch Intelligenz zustande kommen. Deshalb ist Technologie, wenn sie getrennt wird vom Wissen, um die Essenz der Manifestation immer begrenzt und wird es immer sein, oft führt sie in die Irre oder ist sogar selbstzerstörerisch.

Ich schaute mir die Statue, die die Entwicklung in der materiellen Welt symbolisierte, mit großem Respekt an. „Wie kann ich es anstellen, über die Entwicklung zu lernen? Wie meistere ich diese enorme Macht?"

„Es reicht, wenn du fragst", sagte mein Lehrer. „Du bekommst immer, wonach du fragst."

Irgendwie verstand ich jetzt. Alles war klar, alles beantwortet.

„Die Entwicklung der Materie", sagte ich, „ist die Macht, die zusammen mit der Entwicklung des Geistes die Welt erschafft. Beide Mächte sind gleich und beide gleich heilig."

Ich fühlte, wie sich meine Arme ausbreiteten und eine Brücke zwischen den Mächten auf der rechten und der linken Seite bildeten.

Und genau wie neulich kamen mir Worte ohne mein Zutun in den Kopf, ich brauchte sie nicht zu kontrollieren oder zu verstehen, was ich da sagte.

„Ich ehre euch und bete euch an, heiliger Entwicklung. Ihr führt mich zur Freiheit ohne Grenzen meines Geistes. Für euch entzünde ich die Kerze und ich bin dankbar für eure Segnungen in der materiellen und in der geistigen Welt."

Ich goss etwas Öl von der heiligen Öllampe, die in der Mitte der Kammer brannte, in ein kleines, bronzenes Gefäß und kreierte eine Kerze für die Entwicklung, die zweite Macht.

Rhami-yata beobachtete alle meine Bewegungen. „Vergewissere dich, dass die Kerzen in der Kammer der Sieben Mächte ständig brennen. Das ist eine deiner Pflichten hier."

„Ja, ich werde darauf achten."

„Kümmere dich jetzt wieder um deinen Körper", sagte der Meister und dann benutzte er einen sehr merkwürdig klingenden Namen für mich.

„Was war das für ein Name, den du mir gerade gegeben hast", fragte ich.

„Der Name bedeutet ‚die Grünäugige Hoffnung'. Und das ist dein Name von nun an."

„Grünäugige Hoffnung", wiederholte ich. „Ich liebe diesen Namen."

***

Als ich vom Tempel zurückkam, stellte ich fest dass mein Körper taub war und es nahm einige Zeit in Anspruch, die Muskeln wieder vollkommen aufzuwecken.

Dann beschrieb ich die Lektion in meinem Tagebuch. Ich versuchte meinen neuen Namen niederzuschreiben und fand schließlich die Buchstaben, die den seltsamen Klang wiedergaben: „Hermenethre". Der Name auf dem Papier starrte mich an.

Die Konstruktionsarbeiten gingen noch weiter, nachdem ich meine Notizen beendet hatte. Mir wurde bewusst, dass es viel leichter war mit dem Krach fertig zu werden, wenn ich mich auf meine Erinnerung an die Lektion konzentrierte. Als ich aber mein Tagebuch schloss, schien der Krach stärker zu werden und meine Irritation wuchs.

Ich ging in die Küche und öffnete den Kühlschrank. Nein, ich war nicht hungrig. Ich konnte den Lärm nicht mehr ertragen. Ich wollte hier nur noch so bald als möglich rauszukommen. Ich schloss die Kühlschranktür.

Schnell zog ich meine Stiefel an, griff meine Jacke, Hut und Handschuhe und rannte nach unten.

Auf der Straße angekommen, seufzte ich vor Erleichterung. Nun konnte ich mich fertig anziehen, den Hut zurechtrücken und die Handschuhe überstreifen. Ich stellte fest, dass ich meinen Schal oben vergessen hatte, aber selbst, wenn mein Leben davon abgehangen hätte, wäre ich nicht noch einmal zurückgegangen.

Ich wanderte zügig, weg von dem Lärm, weg von meinem Rückzugsort, als versuchte ich dem Meister zu entkommen, dem Tempel, sogar mir selbst? Ja, ich spürte eine plötzliche Beklemmung, die alte Freundin, die ich zu vergessen gehofft hatte. Sie hatte mich wieder angekrochen, wie eine Schlange aus dem Untergrund. Es mochte der Lärm der Bauarbeiten sein, die mir das Gefühl gaben, obwohl ich dachte, ich könne damit umgehen.

Ich ging zügig weiter. Die Beklemmung kroch mir jetzt am Hals hinauf, wie ein hungriger Wachhund mit einem schiefen Schwanz.

Was um alles in der Welt tat ich da gerade? – dachte ich. Ist es das, was ich wollte? Einsame Nächte und Tage, angefüllt mit fantastischen Geschichten meiner Treffen mit einem erfundenen Freund? Während die Welt voll war von realen Menschen, ihren realen Hämmern und Bohrern! Oh Gott... – ich fühlte Tränen mir in die aufgerissenen Augen steigen.

Ich schloss sie einen Augenblick, um zu verhindern, dass ich anfing zu weinen, und genau da stieß ich mit einer kleinen und dürren, alten Dame zusammen. Durch den Stoß ließ sie ihre Einkäufe fallen. Apfelsinen, Äpfel, Birnen rollten auf den vereisten Bürgersteig. Schnell kniete ich nieder, um alles wieder einzusammeln, während ich mich tausendmal bei ihr entschuldigte. Ich konnte die Tränen nicht mehr aufhalten. Sie rollten an den kalten Wangen herunter. Die Dame war erstaunt, dass ich weinte. Wahrscheinlich dachte sie, ich weinte, weil ich sie fast umgerannt hatte.

„Aber... liebes Kind, Unfälle passieren. Es ist nichts, wirklich. Sieh mal, die Früchte sind auch noch ganz in Ordnung."

Sie half mir auf die Beine, als sei nicht ihr sondern mir etwas zugestoßen. Sie griff in ihre Tasche und holte ein altmodisches Baumwolltaschentuch heraus. Ich schaute ihr in die blauen Augen, während sie meine Tränen trocknete. Sie erinnerte mich an meine Großmutter, die tausende von Kilometern weit entfernt von mir lebte. Die gleichen blauen Augen, der kleine, dünne Körper, die freundliche sanfte Stimme und das weiße Baumwolltaschentuch.

Ich lächelte schließlich, als hätte ich meine liebe Großmutter angelächelt. Die Augen der alten Dame lächelten zurück.

„Nimm eine Birne", sagte sie und gab mir eine der Früchte. „Sie hilft dir, dass du dich besser fühlst. Du wirst sehen."

Wir gingen eine Weile zusammen weiter. Ich aß die Birne und trug ihre Einkäufe mit der anderen Hand. Ich erfuhr, dass die alte Dame von außerhalb kam und ihre Enkelin in Toronto besuchte. Das junge Mädchen war eine Modestudentin an der Ryerson Universität. Sie hatte eine ganze Kollektion aus Bändern, Schnürsenkeln und Küchentüchern genäht. Sie hatte sich die Nase gepierced und ihre

Haare grün gefärbt. Und die alte Dame war sehr stolz auf sie.

„Es sind unsere Träume, die unser Leben lebenswert machen", sagte sie. Das, was in uns geschieht, ist das einzig Wirkliche. Alles andere ist lediglich eine Ablenkung, die wir benutzen, weil wir die Wirklichkeit nicht sehen wollen. Man braucht nämlich eine Menge Mut, um seine Wahrheit zu leben."

Das Gebäude war still, als ich zurückkehrte. Es gab tatsächlich keinen Lärm mehr nach sechs Uhr abends.

Ich entschloss mich, am nächsten Tag etwas Leinwand zu kaufen. Ich hatte einen Satz Ölfarben und hervorragende Pinsel, die ich mir in Europa gekauft hatte. Was ich malen wollte, hatte ich schon in meiner Vorstellung und ich wollte es in den nächsten Tagen in die Tat umsetzen.

***

Es war ein sehr kalter Morgen, so als ob der Winter uns wirklich seinen eisigen Atem spüren lassen wollte.

Ich verließ früh das Gebäude, bevor noch der Krach begann und ging nach Chinatown. Es gab dort einen Laden für Malutensilien, ein Paradies für Maler, das voll war von Leinwänden in allen Größen, Farben für jede nur mögliche Technik – von einfachen Acryl bis zu anspruchsvollen Ölfarben, Pinsel verschiedenster Qualität und Verwendung und alle erdenklichen Werkzeuge.

Der Besitzer war in Mann in mittlerem Alter, und man wusste sofort, dass auch er Maler war. Da war ein besonderer Ausdruck in seinem Gesicht, wenn er Dinge betrachtete, die er augenblicklich einschätzen und würdigen konnte, das Erkennen von Formen, Farben, Beschaffenheit und geometrischem Verhältnis der Objekte zu einander – das hatten nur Maler. Ja, er war bestimmt ein Künstler.

Ich hatte mehrere Jahre lang nicht gemalt. Mein Mann war der wirklich Begabte von uns beiden, er hatte alle Bilder in unserem Heim gemalt, nicht ich; auch ein Wassertropfen-Porträt, das ich immer bewundert hatte. Es war von all seinen Bildern mein Favorit. Aber nun war alles weg, mein Mann, unser Heim und der

Wassertropfen.

Ich fand die Leinwand, die ich brauchte, brachte es fertig, nach Hause zu kommen ohne irgendjemanden mit meinem braunen Paket umzustoßen, als ich mich mit Straßen- und U-Bahn auf den Weg machte. Keine Unfälle, keine Begegnungen mit alten Damen zum Umrennen, um dann Entschuldigungen zu murmeln. Ich schätzte mich glücklich, einen so einfachen Rückweg gehabt zu haben.

Dann fiel ich hin. Ich näherte mich gerade dem Gebäude, ein paar Schritte vom Eingang. Ich saß auf dem Bürgersteig und besah mir mein kostbares Paket. Das Einwickelpapier war zerrissen, der hölzerne Rahmen der Leinwand gebrochen. Aber die Leinwand war noch in Ordnung.

Es ist nicht ganz so schlimm – dachte ich. Ich werde ein paar Holzlatten besorgen und den Rahmen reparieren.

Und dann passierte es. Einer der höllischen Bauarbeiter, der Renovierungssatan in Person erschien aus dem Nichts direkt vor mir.

„Lassen sie mich ihnen helfen, Fräulein", sagte er.

Bevor ich wusste, wie mir geschah, stand ich auf den Füßen. Oh, dieser Teufel war stark.

Ich schaute auf, und erblickte zu meiner Verwunderung die Inkarnation des Weihnachtsmannes, wenn das überhaupt möglich war! Aus einem jovialen, warmen, runden und alten Gesicht, dekoriert mit einer knubbeligen roten Nase schauten ein Paar kleine fröhlich wirkende Augen auf mich herunter. Selbst sein Bauch war genauso, wie er sein sollte, ein gemütlicher Kugelbauch. Und das weiße Haar – alles passte genau.

„Ist alles in Ordnung, Fräulein?", fragte der Weihnachtsmann.

Immer noch erschrocken von seinem plötzlichen Erscheinen nickte ich nur ein paarmal.

„Und was haben wir hier?" Er untersuchte jetzt meine unglückliche Leinwand. „Nichts, was ich dir nicht wieder richten könnte", er lächelte breit. „Kostenlos."

Und so war es. In kurzer Zeit hatte er einen neuen Rahmen für meine Leinwand gemacht. Er hatte schließlich auch alles Werkzeug, was man dafür brauchte, direkt zur Hand: das Holz, den Hammer, den Bohrer und die Nägel.

Ich erfuhr vom ihm, dass die Renovierungsarbeiten nur noch ein paar Tage dauern würden! Es konnte sein, dass es das einzige Mal in meinem Leben war, dass Bauarbeiter ihre Arbeit vor Ablauf der Frist beendeten.

Der Lärm schien an diesem Tag viel freundlicher zu sein. In meinen Ohren klang es eher nach der Werkstatt des Weihnachtsmannes als nach dem Orchester des Teufels.

Ich lag auf meiner Decke und ließ die Geräusche mit dem Rhythmus meines Atems verschmelzen. Alles trieb davon und ich kam mit einem Lächeln auf dem Gesicht im Tempel an.

***

Rhami-yata wartete schon in der Kammer der Sieben Mächte auf mich. Ich wollte ihn begrüßen, aber irgendwie wusste ich, dass er mich zuerst grüßen sollte. Ich war voller Vertrauen, fühlte mich wie jemand, der wichtige Dinge wusste.

„Willkommen, Tochter", sagte er. „Setz dich."

Wir setzten uns beide und er fügte hinzu: „Hm, dein Stolz steigt in dir hoch. Fühlst du dich wichtig?"

„Es tut mir sehr leid", sagte ich.

Er nickte.

„Vergiss nicht, die demütige Studentin zu bleiben, die du bist. Immer."

Ich wurde nicht rot. Es gab keinen Grund. Da war so viel Verständnis meiner kleinen Fehler in seinem Lächeln und so viel Würde in seiner Güte.

Meine Gedanken liefen mir davon, jagten tausend Dingen nach – der alten bescheidenen Dame, die von den Geheimnissen des Lebens wusste, dem jovialen Bauarbeiter, dem es Spaß machte, heil zu machen, was nicht funktionierte und der Vorstellung eines Gemäldes, das lebhaft vor meinem geistigen Auge stand und noch auf die Leinwand gebracht werden sollte. Ich konnte mich nicht konzentrieren, und der Meister bemerkte meinen Zustand.

„Wir können die Stunde verschieben bis du bereit bist."

„Nein. Bitte nicht. Ich bin bereit", sagte ich.

„Entfernung ist die Dritte Macht, die die Welt erschafft", fing er beinahe augenblicklich an. „Und sie wird durch die Nummer Drei repräsentiert, wie du schon weißt."

„Du sagtest vorher, Entfernung sei das gleiche wie Empfangen."

„Sich von der Illusion trennen, die ein Leben voller Missverständnisse der Welt und der Natur nach sich zieht, bedeutet Wahrheit zu empfangen. Sich davon zu verabschieden, von vorn herein festzulegen, was gut ist oder falsch, bedeutet, die Harmonie in allem zu erkennen, die Illusion von Schmerz und Unbehagen hinter sich zu lassen und die Gegenwart der Liebe willkommen zu heißen, die in allem Leben gleichermaßen ist."

Wie er so sprach, fühlte ich seine Worte in meinem Inneren. Alles, was er sagte, schien bereits quer über mein Herz geschrieben zu sein. In diesem Moment spürte ich die große Weisheit, die er mir zu vermitteln versuchte.

In gerade mal den letzten zwei Tagen hatte ich den Wechsel von Unbehagen, von dem er gesprochen hatte, hin zum Wahrnehmen von Liebe und Freude erlebt, die in allem Leben wohnt. Sowohl die alte Dame als auch der Bauarbeiter hatten mir menschliche Güte und das harmonische Zusammenspiel von Ereignissen vor Augen geführt.

Genau wie der Meister gesagt hatte: Es gab die Wahrheit der Dinge und die Illusion. Wahrheit war, die Liebe in allem zu erkennen. Illusion war, voller Schmerzen zu sein. Und die Dritte Macht, die die Welt erschuf, Entfernung war es, die den ganzen Unterschied machte. Ich fühlte, wie sich meine Arme ausbreiteten. Weit. In dem Moment konnte ich keine Materie um mich herum wahrnehmen, so als sei ich irgendwo jenseits aller Materie. Ich konnte meine eigene Gegenwart nicht fühlen und ich erinnerte mich nicht an meinen Namen. Nichts war wie vorher und alles wurde eins. In dieser Einheit war ich die Brücke.

Dann kamen mir wieder Worte in den Kopf wie schon zweimal vorher, und ich sprach ein Gebet:

> „Ich bete dich an, Macht der Entfernung,
> Öffne mein Herz der Einheit.
> Ich preise dich, Macht der Entfernung,
> Schenk mir die Gabe der Ewigkeit.
> Heilige Macht in jeder Dimension,
> Heilige Macht in der ganzen Schöpfung.
>
> Liebe und Gnade, seid gesegnet.
> Ich bin Eins mit Euch, Ihr seid Eins mit mir.
>
> Heiliges Pentagramm, erhebe dich in meinem Herzen,
> Heilige Schöpfung, für immer unberührt.
> Fünffacher geheiligter Lebensatem des Pentagramms,
> Fünf heilige Wächter, die uns heute führen,
> Fünf heilige Pfade, in Wahrheit vereint,
> Geheiligtes Tor, lass uns ein."

Als ich geendet hatte, hörte ich den Meister sagen: "Entzünde die Kerze für Entfernung, die Dritte Macht, die die Welt erschafft."

„Das kann ich nicht, ich fühle mich noch nicht bereit. Nicht... rein genug", sagte ich zu meiner eigenen Verwunderung.

„Benutze den Heilungsstein. Reinige dich mit dem Stein."

Ich fühlte einen großen, ovalen Gegenstand, der in meine Hand gelegt wurde. Was dann geschah, war auch sehr merkwürdig. Ich fing an eine Art Ritual zu verrichten und es war nichts, was ich jemals gelernt haben konnte. Doch mein Körper und mein Geist schienen zu wissen, was zu tun war. Ich brauchte es nur geschehen zu lassen, das war alles.

Ich berührte meinen Kopf mit dem Stein und sagte: „Ich reinige meinen Geist um die Wahrheit zu empfangen. Vertrauen erfüllt mich, Zweifel und Verwirrung treiben davon."

Dann berührte ich meine Lippen mit dem Stein. „Ich reinige meine Lippen. Die Wahrheit strömt ein und aus mit meinem Atem."

Ich berührte meine Stirn. „Nun öffne ich meine Sicht, um überall die Wahrheit zu sehen. Meine Augen können sehen, was für mich bestimmt ist."

Ich hielt den Stein an mein Herz. „Harmonie, zieh in mein Herz ein. Falschheit, verlass mich, mach Platz für wahren Frieden. Alles ist in Ordnung, alles ist gut."

Ich berührte meine Kehle mit dem Stein. „Geh, Furcht. Du wirst dich hier nicht mehr aufhalten."

Nun legte ich den Stein auf meinen Bauch. „Alle meine Eingeweide werden gereinigt. Keine giftigen Reste bleiben heute hier. Pure Energie kehrt in die Zellen meines Körpers ein, fließt in meinen Adern. Ich empfange Leben und Jugend."

Und dann berührte ich meinen Unterbauch. „Nun öffne meine Lenden. Die Energie fließt frei und schließt den Kreis. Ich bin nun sauber, ich bin rein."

Als ich geendet hatte, öffnete ich nicht gleich meine Augen. Ich fühlte immer noch das Eins sein, so als sei ich die Brücke der Einheit von allem.

Dennoch konnte ich fühlen, dass die dritte Kerze in der Kammer der Sieben Mächte angezündet war. Sie entzündete sich irgendwie, während ich sprach. Plötzlich spürte ich eine Bewegung in mir. Ich wusste, es war die Macht der Entfernung.

Ich merkte, wie sich meine Arme über der Brust kreuzten und die heiligen Insignien materialisierten sich in meinen Händen. Alles war sehr natürlich, vertraut. Eine andere Zeile kam mir in den Kopf und ich sagte: „Gesegnet sind die Mächte, gesegnet ist die Welt. Alles ist eins und im Gleichgewicht, innen und darüber hinaus."

Dann war da ein plötzliches Anschwellen von Energie, ein Feuerwerk in meinem Geist. Ich wurde mir schnell meiner Präsenz und der Umgebung bewusst. Ich öffnete die Augen und sah den Meister fragend an. „Du hattest soeben deine erste Initiation, Hermenethre", sagte er.

Ich schaute auf die Insignien, die ich noch immer in den Händen hatte. „Aber wie? Warum? Ich bin noch nicht bereit", sagte ich.

„Manchmal ist die Initiation ein Geschenk", lächelte er. „Du brauchst es nur entgegenzunehmen."

„Danke für das Geschenk", sagte ich nach einer Pause und beobachtete, wie sich die Insignien entmaterialisierten. Offenbar war die Zeremonie beendet.

Ich stellte auch fest, dass ich nicht mehr den kleinen grünen Rock mit den Goldstickereien trug. Ich war jetzt in ein weißes Gewand mit langen weiten Ärmeln gehüllt.

„Was ist mit meinem hübschen Rock geschehen?"

„So wirst du von jetzt an im Tempel gekleidet sein", sagte Rhami-yata. „Es ist ein Zeichen deiner Initiation."

Zärtlichkeit stieg in meinem Herzen auf und Tränen traten mir in die Augen. Ich streckte meine Hände aus, doch zu meinem Erstaunen verweigerte der Meister die Berührung.

„Nun, da du Priesterin geworden bist, kannst du mir nicht mehr die Hand geben."

„Warum? Wovon redest du?"

„Die Geste ist symbolisch unter den Priestern", erklärte er. „Es gibt eine Hierarchie zwischen uns. Die jüngeren Priester dürfen den Hohepriestern nicht die Hand geben."

„Warum das alles? Warum ist es so wichtig den Regeln zu folgen."

„Für dich ist es wichtig", sagte Rhami-yata, „weil du die Regeln brauchst und die Welt durch allerlei Symbole wahrnimmst. Das Wissen muss also in der Weise an dich weitergegeben werden, dass es dich erreicht. Wahrheit hat keine Form oder Gestalt. Sie wird also in Symbole verpackt, die für dich eine Bedeutung haben."

Ich nickte. Ich verstand.

„Was aber bedeutet es in meiner Welt der Symbole, wenn jemand einem Hohepriester in unserem Tempel die Hand gibt?", fragte ich und merkte, dass ich „unser" Tempel gesagt hatte. Es fühlte sich gut an. Es fühlte sich gut an dorthin zu gehören.

„Es bedeutet, dass man um Führung bittet, um Belehrung. Diejenigen, die noch nicht eingeweiht sind, dürfen jederzeit um Führung bitten. Aber die initiierten jüngeren Priester können das nicht mehr tun, weil die Hohepriester besser wissen, wann sie unterrichtet werden sollen und wie weit."

Ich war sicher, er hatte recht. Ich war schließlich auch nicht darauf vorbereitet gewesen, als meine Einweihung stattfand. Der Priester hatte entschieden, dass ich bereit war.

Ich bemerkte ein neues Gefühl in meinem Körper, wie ein elektrischer Strom. Ein Energiefluss durchströmte meine Adern.

***

Nachdem ich mich „um meinen Körper gekümmert" hatte, wie Rhami-yata das Erwachen aus der Trance nannte, war dieses neue Gefühl immer noch da. Ich nahm es stark in den Füßen und Handflächen wahr. Auch war eine Weichheit in meiner Wirbelsäule und etwas wie flüssige Wärme in meinem Herzen.

Stunden vergingen, bis ich all das aufgeschrieben hatte, das geschehen war. Die Bauarbeiter waren schon gegangen und im Gebäude herrschte Stille.

Vielleicht wird dieses Gefühl mit der Zeit ganz natürlich? – dachte ich. Wie ein Herzschlag oder der Puls. Vielleicht lerne ich es nicht mehr wahrzunehmen?

Ja, tatsächlich, über die Jahre fing ich sogar an, es zu mögen.

Kapitel 3

Die Augen der Wahrnehmung schließen

Das Bild, das ich gemalt hatte, war sehr einfach: auf einem wolkigen, roten und dunkelblauen Hintergrund Figuren, mit einem goldenen Strich gemalt, wie mit einem Gewebefaden, der Konturen und Muster zeichnet. Einige Männer und Frauen umrissen und miteinander verbunden durch den „Faden".

Ich schaute mir das fertige Bild an und lächelte. Es erinnerte mich an die jüngsten Ereignisse, als ich erfahren hatte, dass es eine Verbindung gab zwischen den Menschen, denen ich begegnet war und mir. Mir wurde deutlich, dass, wenn ich diese Linie tilgte, „den goldenen Faden" aus dem „Stoff" des Hintergrunds zog – würde nicht viel von dem Bild übrigbleiben. Nur die roten und blauen Farbklumpen, die hier und da scheinbar absichtslos hingetupft waren.

Ich hängte das Bild ins Wohnzimmer und beobachtete es einige Tage, so dass es mir „erzählen" konnte, welche Art Rahmen es haben wollte. Ich hatte immer das Gefühl gehabt, dass Malereien auf irgendeine Weise „ihre eigenen Rahmen auswählten". Diese aber schien hoffnungslos unentschlossen.

Naja – dachte ich. Eigentlich gefiel es mir ziemlich gut ganz ohne Rahmen, wie grenzenlos.

Am nächsten Morgen saß ich erstaunt über die Stille in meinem Plüscharmsessel. Die Bauarbeiten waren beendet und mir wurde klar, dass es sich fast surreal anfühlte. Der Lärm war so sehr Teil der Alltagsrealität geworden, dass er jetzt fast fehlte. Das Gebäude schien zu still, geradezu leblos ohne die „Weihnachtsmann-Brigade", die durch die alte Schäbigkeit hindurch bohrte und neuen Komfort an die Mauern nagelte.

Ich schloss die Augen und meine Gedanken eilten zum Tempel.

Rhami-yata hatte mir gesagt, ich solle eine Weile nicht zurückkommen, bis ich die Einweihung „in meine Seele" integriert hätte, wie er es ausdrückte. Was immer er damit meinte, ich fand, er hatte recht. Ich brauchte etwas freie Zeit. Ich musste kürzer treten, um zu verarbeiten, was er mich gelehrt hatte.

Die nächsten paar Tage hatte ich lange, erfrischende Spaziergänge gemacht und abends an meiner Malerei gearbeitet. Auch hatte ich mehrere Stunden am Telefon mit meinen engsten Freunden zugebracht, was mir half, mich langsam an meine neue Lage zu gewöhnen.

Ich hatte nicht viele Freunde. Ich hatte immer wenige solide den vielen lockeren Freundschaften vorgezogen. So gab es nur zwei Frauen, mit denen ich meine Geheimnisse, Gefühle und Gedanken teilen konnte. Sie waren auch die einzigen, außer John, die von meinen Treffen mit dem Meister wussten und den Lehren, die er mir vermittelt hatte. Basia und Stella, genau wie John, ermutigten mich, mein Abenteuer fortzusetzen.

„Der mysteriöse Meister kommt mit seinen uralten Weisheiten", sagte Basia neulich Abend am Telefon. „Jeder andere an deiner Stelle wäre begeistert! Kannst du dir auch nur im Entferntesten vorstellen, was er dir alles beibringen kann? Sieh mal, dein Leben hat sich jetzt schon verändert."

Naja, in einer Weise hatte sie recht. Basia, meine älteste Freundin auf diesem Kontinent, war in meinem Alter und Mutter wie ich. Wir hatten uns ein paar Jahre zuvor per Zufall kennen gelernt.

Ich hatte eine Anzeige in der Zeitung gelesen, die für ein Probevorsprechen für ein Stück warb, das in dem neuen polnischen Theater gespielt werden sollte. Das klang vielversprechend. Ich war glücklich und beeilte mich am fraglichen Tag zu der angegebenen Adresse zu kommen.

Es hatte sich schon eine große Gruppe von Leuten vor dem Gebäude angesammelt, die offenbar warteten, bis sie an der Reihe waren. Ich hatte eine nette, fröhliche Frau unter ihnen entdeckt. Sie war nicht groß, hatte einen Busch welliger, blonder Haare, glänzende, blaue

Augen und eine knabenhafte, verspielte Haltung.

„Glaubst du, dass es genügend Rollen für uns alle gibt?", fragte ich sie.

„Oh, ich bin sicher, du bekommst eine", sagte sie. „Ich bin keine Schauspielerin und ich brauche keine Rolle. Ich wollte bloß herausfinden, ob sie Sängerinnen benötigen, das ist alles."

Ich musste fast über ihre Antwort lachen, weil ihr Vertrauen bezaubernd war. Ich hielt mich für eine gute und erfahrene Darstellerin. Und diese Frau hatte mir gerade erklärt, ich brauche keine Sorge zu haben, sie hätte nicht die Absicht, mir meine Rolle wegzunehmen! Ich mochte sie, das war sicher.

Ich hatte recht. Es funkte zwischen uns vom ersten Moment an. Ich fand heraus, dass Basia Schullehrerin war. Sie gab außerdem Gesangs- und Klavierstunden. Und sie hatte eine wunderschöne Stimme.

Das Stück war ein Musical- Comedy mit dem Titel „Die gekidnappte Verlobte" und ich bekam die Hauptrolle. Nein, sie brauchten keine zusätzlichen Sängerinnen, aber Basia nie anders als fröhlich und enthusiastisch, war es egal, ob sie ein Star werden würde oder Zuschauer.

Sie hatte mir bei der Premiere zugejubelt, ich hatte ihre starke Stimme im Publikum gehört. Sie war eine anhängliche Freundin geworden und ein Riesenfan, die meine künstlerische Karriere viele Jahre mit vollen Herzen unterstützte.

„Weißt du, Basia", seufzte ich an diesem Abend in den Hörer, „mit einem hast du recht: die ganze Geschichte mit Rhami-yata ist eine haarsträubende Erfahrung, die Art von Abenteuer, für das man leben oder sterben kann. Sogar Miss Stella will, dass ich weitermache und mehr über den Meister herausfinde."

„Du machst Witze!"

„Sicher nicht! Sie sagt, es sei zu früh um zu sagen, ob es eine wirklich mystische Erfahrung ist oder das Werk des Teufels, wie sie es nennt."

„Oh mein Gott... Siehst du, sogar sie sieht nichts Falsches darin."

„Nein Basia. Es ist nicht so, dass sie es gutheißt. Sie verurteilt es nur noch nicht."

Miss Stella war fast siebzig Jahre alt. Basia und ich verehrten die dunkeläugige, resolute, abgekämpfte Dame sehr, die sich selten von ihrer Bibel und ihrer rigiden Meinung trennte. Sie war eine treue Kirchenanhängerin und eine Einzelgängerin. Sie mochte Menschen nicht sehr, hatte nie geheiratet. Miss Stella lebte eingeschlossen in ihrer eigenen Realität.

Sie war eine Weile in dem Haus, in dem mein Mann und ich ein Appartement gemietet hatten, als wir nach Toronto kamen, meine Nachbarin gewesen. Sie wohnte über uns und besaß eine alte Katze, die unser Sohn Matthias abgöttisch liebte. Ich hatte immer mal versucht, sie in ein nachbarliches Gespräch zu verwickeln, bis sie mir schließlich sagte: „Unsinn reden und Zeit vergeuden sei ihre Sache nicht." Als ich mich respektvoll zurückzog, hatte sie angefangen, mir unerwartete Besuche abzustatten, wann immer es ihr passte. Ich bewunderte ihren starken Willen und ihre beispiellose Art.

Starker Charakter, – dachte ich – wie aus einer Tschechows Geschichte oder einem Roman von Alexandre Dumas!

Aus irgendeinem Grund wandte sich Miss Stella mir zu. Ich wurde zur einzigen Person, der sie wirklich Einblick in ihr Leben gewährt hat. Ich habe sie geliebt mit ihrem kantigen, rauen Charakter. Unter der harten Schale lebte ein butterweiches Wesen. Oh, die Desserts aus Sago, die sie so gerne für mich zubereitete!

Nun waren die zwei Frauen und John meine einzigen Verbündeten, bei dem Erlebnis, das mein Leben umgekrempelt hatte. Sie teilten nicht die Sorgen, dass ich vielleicht „von bösen Mächten entführt" worden war oder meinen Verstand verlor. Im Gegenteil, sie waren der Ansicht, meine Geschichte war es wert, verfolgt zu werden. Konnte ich ihnen glauben? Oder besser, hatte ich die Wahl?

Ich stand von meinem Sessel auf und schaute aus dem Fenster. Der Morgen war grau und kalt. Obwohl schon März war, änderte sich das Wetter noch nicht.

Ich erinnerte mich, wie es in Polen gewesen war und dann in Westdeutschland, wo wir ein paar Jahre gelebt hatten, bevor wir nach Kanada kamen. Wenn dort einmal der März begonnen hatte, konnte man sofort den Unterschied spüren. Da war ein festes Frühlingsversprechen in der Luft. Aber nicht hier. Nein, der Winter regierte noch in Toronto und das würde nicht sobald vorbei sein.

Man kann die Dinge nicht zurückdrehen – dachte ich. Von nun an kann es nur vorwärts gehen. Es gibt kein Zurück. Ich hab ein neues Lebensabenteuer begonnen und die Richtung ist gänzlich unvorhersehbar.

„So ist es immer schon gewesen", sagte der Meister mir eines Tages. „Jeder von Euch ist einzigartig. Jeder hat auf seine Art und Weise Zugang zur Wahrheit. Und in der ganz eigenen Zeit."

Offensichtlich war es meine Zeit, alles zu vergessen, von dem ich annahm, dass ich es wüsste und alles von Anfang an neu zu lernen. Auch wusste ich, dass ich den nächsten Schritt auf meiner Reise machen musste.

Ich zog eine leichte Winterjacke und Laufschuhe an. Es war gut eine kleine Runde zu drehen, bevor ich Rhami-yata traf. Ich entschloss mich zu einem Besuch bei ihm, obwohl er mich bis jetzt noch nicht wieder in den Tempel eingeladen hatte. Aber ich wollte nicht länger warten. Es gab wichtige Dinge, die ich ihm sagen wollte.

Ich lief ein paarmal um den Block, mit geschlossenem Mund, um meinen Hals vor der beißenden Kälte zu schützen. Ich schnaufte durch die Nase wie ein medaillenträchtiges Rennpferd, das seine Runden vor einer jubelnden Menge dreht. Mm, es fühlte sich gut an heute Morgen ich zu sein, im Kreis zu laufen und die frostige Luft zu lieben, die meine Wangen rot färbte. Ja, das Leben schien fast perfekt, selbst mit der großen Ungewissheit, die über meinem Haupt schwebte.

***

Ich fiel schnell in Trance, driftete in ein anderes Land und erreichte die uralte Welt. Da wollte ich sein und da landete ich schließlich, obwohl ich mich diesmal in einem anderen Teil des Tempels wiederfand. Zuerst war ich verwirrt.

Entschlossen lief ich auf der Suche nach der Kammer der Sieben Mächte durch den Tempel. Es war das erste Mal, dass ich hier alleine war.

Es gab viele verschlungene Flure, die in verschiedene Richtungen führten. Sie glichen sich alle. Es waren weiße Steinwänden ohne Fenster, doch ausreichend beleuchtet durch Öllampen, die auf über ein Meter hohen Podesten standen. Es gab mindestens zwei Türen in jedem Korridor und auch sie glichen einander aufs Haar, schwere, eichene, geschnitzte Türen, mit Bronze verziert. Der Tempel schien es dem Besucher leicht zu machen, sich diesem Labyrinth von unterschiedslosen Formen und hoffnungslosen, endlosen Kombinationen von Möglichkeiten zu verlaufen.

Ich war verblüfft, wie leicht es mir gelang mich zurechtzufinden, die bekannte Umgebung wiederzuerkennen, als ob ich mich merkwürdigerweise erinnern würde, wo ich abbiegen und wohin ich gehen musste.

Nachdem ich ein paarmal nach links, rechts und dann wieder nach links abgebogen war, es ging, wie mir schien, mindestens eineinhalb Kilometer geradeaus. Ich trat selbstsicher in die Kammer der Sieben Mächte und fast noch zielbewusster als vorher.

Rhami-yata wartete schon und saß auf dem Boden in der Mitte des Raumes neben der brennenden Öllampe.

Ich setzte mich vor ihn und sah ihm in die Augen.

„Ich bin hier", sagte ich. Er nickte nur. „Ich weiß, du hast mich nicht gerufen, aber ich bin hier und ich gehe nirgendwo anders hin", wiederholte ich mit einem kühnen Ausdruck in meinem Gesicht.

„Mm hmm", sagte er.

„Ich werde hier sitzen, bis du mit mir redest, Vater."

Es war das erste Mal, dass ich ihn so nannte, statt ihn mit Meister oder mit seinem Namen anzureden. Es schien ihn nicht zu stören, er wollte mich auch nicht verbessern. Offenbar war es für ihn in Ordnung, dass ich ihn anredete wie einen einfachen katholischen

Priester. Ich wusste nicht, ob ich mich nur versprochen hatte oder etwas anderes. Vielleicht brauchte ich jemanden in meinem Leben, den ich so nennen konnte?

Mein Vater war getötet worden, als ich achtzehn Monate alt war. Ich konnte mich überhaupt nicht an ihn erinnern. Es waren immer nur meine Mutter und ich, auf uns selbst gestellt. Ich hatte niemanden vorher Vater genannt.

„Du bist nicht gezwungen, irgendwelchen Regeln zu folgen, Hermenethre." Er machte eine Pause. „Und ich erwarte nicht, dass du jemand anderes bist, als du selbst."

Nun fühlte ich mich dumm und undankbar. Ich biss mir auf die Lippe und senkte die Augen.

„Du und nur du hast die ganze Wahl", fügte er mit seiner friedvollen Stimme hinzu.

„Es tut mir leid, dass ich die Regeln gebrochen habe", sagte ich. „Ich… komme wieder, wenn du es mir erlaubst." Ich wollte aufstehen.

„Kein Grund zu gehen. In diesem Tempel ist die Absicht alles, was ist", hielt er mich auf. „Wir werden über die Bedeutung und Macht der Absicht später sprechen, ein andermal", fügte er hinzu, womit er schnell meine stille Frage beantwortete.

„Danke", nickte ich.

Für eine Weile schwiegen wir.

„Vater", sagte ich und hielt wieder inne.

Er sagte nichts, sah mich aber vorsichtig an.

Ich seufzte. „Ich… ich muss dich etwas Wichtiges fragen."

„Ja?", sagte er.

Ich nahm einen tiefen Atemzug. „Ich möchte wissen, was deine Pläne sind."

Er hob die Augenbrauen. „Meine Pläne?"

„Ja. Deine Pläne. Was willst du von mir? Wofür werde ich vorbereitet? Was ist das Ziel?"

Er lächelte. „Und was glaubst du, dass das Ziel sein kann?"

Ich zuckte die Schultern. „Ich habe keine Ahnung. Ich weiß nur, was nicht passieren soll."

Er nickte: "Sehr gut. Warum sagst du es mir nicht?"

„Sieh mal, meine Freunde scheinen zu denken, dass unsere Treffen so eine Art... Vision oder so sind. Und dass du mich vielleicht sehr bedeutsame Dinge lehrst. Und ich...".

„Und du willst nicht, dass dein Leben zu irgendetwas wird, das du nicht in vollen Zügen genießen kannst", vollendete er meinen Gedanken."

„Ja!", rief ich erleichtert aus. „Ich hoffe nur, Rhami-yata, dass du mich nicht darauf vorbereitest, irgendein... spiritueller Lehrer oder Guru zu werden, oder so was."

Ich bemerkte eine leichte Verwirrung in seinen Augen. „Habe ich bei dir je den Eindruck erweckt, dass das etwas sein würde, das du sein sollst?", fragte er.

„Nein, das hast du nicht", gab ich zu. „Ich wollte nur sicher gehen, dass das, was du für mich planst und das, was ich für mich möchte, genau das Gleiche ist."

Er nickte. „Und was möchtest du für dich?"

„Ich möchte in meiner künstlerischen Karriere weiterkommen. Ich möchte Filmemacherin werden und Regie führen. Und rate, was passiert ist? Ich fand heraus, dass die Ryerson Universität zu Fuß nur acht Minuten von meiner Wohnung entfernt ist! Und sie haben da die besten Filmschulen, verstehst du, und ich will mich einschreiben."

„Dann sind wir auf derselben Seite", lächelte der Meister. „Weil es genau das ist, was ich auch für dich möchte."

„Wirklich? Ich muss nicht... ich kann Filmemacherin werden?"

„Du kannst alles werden, was du willst. Du selbst bestimmst dein

Leben und hast alle Wahlmöglichkeiten."

„Dann ist es in Ordnung, deine Schülerin zu sein und dennoch, das Leben zu leben, das ich mir vorgestellt habe?"

„Du wirst immer die volle Unterstützung haben, Hermenethre, meine und die des Tempels. Denk immer daran."

„Danke dir", flüsterte ich.

„Und bist bereit für die nächste Lektion, liebes Kind?"

„Ja!" Ich lächelte immer noch glücklich. „Das bin ich." Dann überlegte ich es mir anders. „Nein. Moment noch." Ich stand schnell auf.

Rhami-yata beobachtete mich ruhig wie immer. Er war nicht der Typ, den man leicht überraschen konnte.

Ich seufzte tief und ging hinüber zu den Statuen.

„Ich möchte euch danken", flüsterte ich, „dass Ihr eine so wunderbare Welt erschaffen habt, Rhami-yata und dies alles", ich wies in die Runde. „Ich habe nicht die Weisheit oder das Wissen, um euch so zu erfassen, wie ich möchte. Aber ich spüre eure endlose Macht und eure große Liebe. Und ich bin aus tiefstem Herzen dankbar."

Ich ging zurück und setzte mich wieder. „Das musste mal raus, weißt du?", erklärte ich.

„Oh, dann war dein Morgenlauf nicht ausreichend?", sagte der Meister scherzhaft.

„Halt mal, wie weißt du... wieso hast du gewusst, dass ich joggen war?"

„Und warst du?", lächelte er.

Ich antwortete nicht. Was sollte ich sagen? Ihm verbieten mir nachzuspionieren oder über mich zu wachen. Was immer es war, dass er tat? Nein, es ergab keinen Sinn sich gegen ihn zu wenden oder auf irgendetwas zu beharren. Wieder wurde ich daran erinnert, dass er tatsächlich Macht über mich hatte und er konnte mein Leben, ganz wie er wollte, beeinflussen. Schließlich war er der höchstrangige

Priester im Tempel.

Er hätte nicht den Rang gehabt, folgerte ich, wenn er ihn nicht vollauf verdient hätte. Und dennoch, trotz all seiner Kräfte, war er der freundlichste, geduldigste und liebevollste Lehrer, den man sich nur vorstellen konnte. Und nun erlaubte er mir auch noch Filmemacherin zu werden.

„Ich bin bereit für deine Lehre", sagte ich mit großem Respekt.

„Die vierte Macht, die die Welt erschafft, ist Vergehen."

„Ich verstehe nicht", sagte ich sofort.

„Vergehen wird geboren aus Entfernung und gleichzeitig kreiert es Entfernung."

„Ich verstehe immer noch nicht", gab ich zu. „Besonders, weil das, was ich über Vergehen weiß, ist, dass alles, was stirbt, aufhört zu existieren."

„Du sprichst über den physischen Tod, Tochter", sagte er, „den du als Ende der Existenz wahrnimmst. Ich spreche von etwas anderem."

Ich bemerkte, dass es jetzt etwas anders klang, als er Tochter zu mir sagte. Etwas... wärmer als vorher. Ich mochte das. „In Ordnung. Ich werde mein Bestes tun, um den Unterschied zu erkennen", sagte ich.

„Materie und Geist sind nur eine Illusion", fing er seine Erklärung von neuem an. „Und diejenigen, die ihren physischen Tod sterben, verweilen immer noch in der Illusion von Materie und Geist. Ihre Seelen sind noch nicht befreit, obwohl ihr Körper tot ist."

„Halt. Wenn der Tod nicht dazu verhilft meine Seele zu befreien, was dann?"

„Die vierte Macht, die die Welt erschafft, Vergehen, ist das Tor zu wahrer Befreiung. Wenn jemand wirklich dahinscheidet, weg von Materie und Geist", fuhr er fort, „erst dann existiert er oder sie wirklich in der Einheit mit der Höchsten Schwingung."

Ich schwieg. Er will, dass ich sterbe, nicht nur physisch, sondern auch spirituell, – dachte ich – auf der Suche nach irgend so einem gelobten Land. Er nennt Gott die Höchste Schwingung und will, dass ich spirituellen Selbstmord begehe, um mich diesem Gott anzuschließen! Das ist es also. Jetzt zeigt er sein wahres Gesicht. Er ist vielleicht ein uralter Psychopath, was weiß ich, der sein nächstes Opfer sucht.

„Gut", sagte ich langsam. „Jetzt hast du mich verwirrt. Willst du mir sagen, dass der physische Tod nicht ausreicht, um zu Gott zu gelangen, dass der spirituelle Tod auch vonnöten ist?"

„Oh nein, Hermenthre, das habe ich nicht gesagt. Das hast du dir in deinem Kopf zusammengereimt."

„Wirklich? Warum sagst du mir dann nicht alles noch einmal so, dass ich es verstehe?"

„Warum versuchst du es dann nicht, statt in deinem alten Konzept von Tod und Seele stecken zu bleiben?"

„Du hast Recht", gab ich zu. „Offenbar beeinflussen mich die alten Vorstellungen noch immer."

„Schließ die Augen deiner Auffassung", sagte er. „Versuch nicht, das zu sehen, was deiner Vorstellung nach da sein sollte."

„Ja", sagte ich und schloss die Augen. Ich stellte mir vor innerlich leer zu sein, mich an nichts zu erinnern und offen zu sein für alles.

„Nichts kann im Zustand der Illusion wirklich existieren", hörte ich den Meister sagen, „ob tot oder lebendig. Wenn ein Mensch stirbt, entledigt er sich seines Körpers, wie ein alter Mantel. Nun bekommt er entweder einen neuen Mantel, einige nennen es Reinkarnation, oder sie laufen als Seele ohne Mantel in der spirituellen Welt herum. Sie sind jedoch immer noch im Zustand der Illusion."

Ich nickte. „Ich denke, dass ich anfange zu begreifen. Sie befinden sich in einer Art unbewusstem Schlaf. Richtig?"

„Ja, das ist richtig. Nun möchte ich, dass du dich zurückversetzt in den Moment während deiner ersten Initiation, als du keinerlei Gefühl deiner eigenen Gegenwart oder der materiellen oder spirituellen Welt hattest. Dein einziges Gefühl war, mit allem eins zu sein. Es gab keine Trennung zwischen dir und diesem Eins sein. Du als Person, die du bist, hatte aufgehört zu existieren. Erinnerst du dich?"

„Oh mein Gott, ich hab's verstanden!", rief ich glücklich aus und öffnete die Augen.

„Tatsächlich", bestätigte er.

„Vergehen ist die vierte Macht, die die Welt erschuf", sagte ich. „Scheiden aus der Welt der Materie und dem Geist ist das gleiche wie aus der Illusion erwachen. Es kennzeichnet den Anfang unserer wahren Existenz und ist nur ein Übergang, ein Schritt im ganzen Prozess der Kreation. Das, was nicht ist in der Illusion, ist in Einheit mit der Höchsten Schwingung. Nur diese Existenz ist real. Jenseits von Materie und Geist."

„Vergehen ist die vierte Macht, die die Welt erschuf", sagte Rhami-yata.

***

Mein Körper war wieder taub, als ich erwachte. Ich fühlte mich friedvoll und vollkommen. Ich musste über die Vierte Macht erfahren und sie in dem alten Tempel ehren. Ich war auch mit Rhami-yata übereingekommen, dass ich Filmemacherin werden konnte oder Fischer oder Cowboy, es war ihm egal! Niemand forderte mich auf mein Leben zu ändern und zu vergessen, woran ich wirklich Spaß hatte. Juhu!

Mein Stift bewegte sich schnell, als ich die Seiten meines Tagebuches füllte. Plötzlich bemerkte ich, dass die ersten Buchstaben der Namen der Mächte, die ich bis dahin kennengelernt hatte, anfingen eine Art Muster zu bilden:

R für Recht
E für Entwicklung
E für Entfernung
V für Vergehen

Was ist es, – dachte ich – eine Art Rune?

Ich konnte es nicht enträtseln. Da war es, ein weiteres ungelöstes Puzzle. Als ob mein neuerdings mysteriöses Leben nicht schon übervoll davon gewesen wäre.

***

In dieser Nacht hatte ich einen merkwürdigen Traum. Ich träumte, ich säße in meinem Plüscharmsessel im Wohnzimmer und es war Spätnachmittag. Leise Musik erklang im Hintergrund und die Melodien machten mich ein wenig müde.

Plötzlich betrat eine große, schlanke Frau den Raum. Sie war vielleicht ein paar Jahre älter als ich und ihre Kleidung war wirklich erstaunlich. Sie trug ein langes, mittelalterliches Gewand, weiß, mit langen Ärmeln. Ihr blondes Haar reichte fast bis zum Boden und war mit frischen Tausendschönchen geschmückt.

Sie ging geradewegs auf mich zu und ich nahm eine ungeheure Kälte wahr, als wenn die Temperatur im Raum gefallen wäre. Ich hatte bemerkt, dass die Miene der Frau angespannt war und ich gewahrte etwas in ihren blauen Augen, das mich wachsam werden ließ. Die Frau streckte die Hand aus und versuchte mich zu berühren. Einem unerklärlichen Impuls folgend stand ich schnell auf, um dem zu entgehen. Ich stellte mich hinter den Sessel. Nun, da ich die Lehne zwischen uns hatte, fühlte ich mich sicherer.

„Wer bist du", fragte ich.

Sie lachte. Es klang scharf und kehlig. Ich konnte mir nicht helfen, ich fand es künstlich, fast theatralisch.

„Hast du Angst vor mir?", fragte sie in einer kehlig falschen Stimme.

„Überhaupt nicht. Nicht mal ein bisschen", sagte ich. „Wirst du mir jetzt sagen, wer du bist?"

Sie runzelte die Stirn und streckte erneut die Hand nach mir aus.

Ich wich ihrer Berührung aus. „Hör damit auf, sofort. Ich erlaube ihnen nicht, mich anzufassen."

Sie stieß einen zischenden Laut durch die Zähne aus.

„Und versuch ja nicht mir Angst zu machen. Entweder sagst du mir sofort, wer du bist und was du von mir willst oder ich werfe dich hinaus."

Nun schaute sie mich merkwürdig schielend an, als versuche sie mich mit den Augen zu durchbohren. „Lächerlich", seufzte ich resigniert. „Da ist die Tür", ich deutete mit dem Finger. „Und ich möchte, dass du dahinter verschwindest."

„Bitte mach das nicht", sagte sie leise und fast normal. „Ich brauche deine Hilfe."

Ihr Gesicht hatte sich verändert. Die Anspannung, das Theatralische, war daraus verschwunden und nun sah sie traurig aus, fast so als hätte sie Schmerzen. Ja, sie sah wirklich aus wie jemand, der Hilfe brauchte.

„Gut", sagte ich nach einer Pause. „Geh zwei Schritte zurück und beweg dich nicht, bis ich es dir erlaube. Verstanden?"

„Ja." Sie tat, was ich ihr gesagt hatte. Ich bewegte mich langsam, setzte mich und schlug die Beine übereinander, das linke über das rechte.

„Du kannst jetzt sprechen", sagte ich.

„Ich bin ein Dämon!" Sie spuckte förmlich im selben Augenblick die Worte aus und wieder hatte sie diesen Ausdruck von Anspannung auf dem Gesicht. Diesmal glaubte ich ihr und mein Herz machte einen Satz. Aber instinktiv wusste ich, dass es besser war, keine Angst zu zeigen. Ich nickte nur, ohne mit der Wimper zu zucken.

„Ich bin hier schon seit vielen, vielen Jahren", fügte sie hinzu.

„Wo ist ‚hier'?", fragte ich mit ruhiger Stimme.

Sie seufzte. „Ich weiß es nicht. Ich laufe, wandere von Ort zu Ort, durch Wälder, Dörfer, Städte, durch die Wohnungen von Menschen. Immer verändert sich alles."

„Du meinst, du bist seit dem Mittelalter unterwegs?"

„Was ist das Mittelalter?", fragte sie.

„Richtig, das kannst du nicht wissen, verstehe." Ich nickte. „Ich meine die Zeit, in der sich die Menschen anzogen wie du."

Sie sah an ihrem langen Kleid herunter. „Ich weiß nicht... ich verstehe nicht. Ich erinnere mich einfach nicht." Sie klang hoffnungslos.

„Gut, an was erinnerst du dich?"

„Furcht. Da war immer Angst. Und Kälte. Da war immer Kälte."

„Verstehe."

„Ich bin verflucht", sagte sie. „Ich bin ein wandernder Dämon. Ich bin auf ewig verflucht."

„Oh nein!", antwortete ich. „Nein, nein. Warte mal. Wer hat dich verflucht?"

„Sie."

Ich nickte. Mir war nun alles klar. Die arme Frau musste im Mittelalter von der Kirche verflucht worden sein. Und ihre Seele war im Zustand der Illusion Jahrhunderte lang gewandert. In dem Glauben, dass ihr die himmlischen Belohnungen versagt waren, hatte sie die „Rolle" eines Dämons angenommen. Das half ihr irgendwie, mit der riesengroßen Angst vor der Hölle umzugehen. Als Dämon fühlte sie sich stark, unbesiegbar und sicher.

Arme Frau – dachte ich. So hat sie hunderte von Jahren gelitten!

„Hör zu", sagte ich, „Wie kommst du darauf, dass ich dir helfen kann? So geht das nicht."

„Du willst mir nicht helfen?" Ich sah Panik in ihren Augen.

„Oh nein. Es ist nicht so, dass ich dir nicht helfen will. Ich glaube nur nicht, dass ich die Richtige dafür bin."

Sie schüttelte den Kopf. „Ich weiß, dass du mir helfen kannst. Bitte! Ich weiß nicht, wohin ich gehen soll."

„Oh, meine Güte – lass mich überlegen."

Sie war still und schaute mich wie ein hilfloser kleiner Hund an, während ich mir die ganze Sache durch den Kopf gehen ließ.

Was soll ich bloß mit ihr machen? – dachte ich. Niemand hat mir beigebracht, mit Dämonen umzugehen, Himmel nochmal! „Weißt du", sagte ich nach einer Pause, „es gibt eins, was wir machen könnten. Aber du musst mir gut zuhören und genau tun, was ich sage."

„Ja, ja, das mache ich."

„Gut. Ich werde dir die Wahrheit sagen. Traust du mir?"

„Deshalb bin ich gekommen. Ich möchte die Wahrheit erfahren."

„Oh, du liebe Zeit!" Ich seufzte wieder. „Hör zu. Ich teile meine Wahrheit mit dir. Es ist das, woran ich glaube. Verstehst du?"

„Ich glaube schon. Du wirst mir sagen, was für dich wahr ist."

„Du bist eine intelligente Frau. Das mag ich", sagte ich glücklich. „Dann lass dir sagen, das, wo du so lange umher gewandert bist, ist eine Illusion."

„Eine Illusion?"

„Ja. Den Ort gibt es nicht."

Und dann teilte ich mit ihr, was ich über das Sterben von Rhami-yata gelernt hatte. Sie hörte mir genau zu, wie ich ihr mit den einfachsten Worten auseinandersetzte, was ich über den Unterschied zwischen Illusion und Wahrheit wusste. Dann erinnerte ich sie an die Liebe Gottes und mein Dämon brach in Tränen aus. Ich versicherte ihr, dass sie selbst sich verflucht habe. Egal, was sie getan hatte, es gab der Kirche nicht das Recht, sie von der Liebe Gottes zu trennen. Niemand hatte diese Macht.

Als sie mich fragte, was sie nun tun solle, um sich von der Illusion zu befreien, schlug ich vor, zunächst sich selbst für das zu verzeihen, wofür sie sich noch immer schuldig fühlte, denn ihr Fluch sei vor langer Zeit „abgelaufen".

„Dann wirst du in Einheit mit der Höchsten Schwingung verschmelzen. Und vertraue. Das ist alles."

„Danke", sagte sie. „Ich werde alles genauso befolgen, wie du gesagt hast. Da ist aber noch etwas, das ich von dir will."

„Ja?"

„Ich möchte, dass du mir vergibst."

„Aber ich habe nichts gegen dich", sagte ich. „Du bist diejenige, die dir selbst vergeben muss."

„Ich weiß. Ich verstehe alles, was du gesagt hast. Aber ich brauche jemanden, der mir vergibt, damit es sich für mich wirklicher anfühlt."

Ich nickte. „Ja, ich verstehe dich vollkommen. So sind wir Menschen aufgebaut. Wir möchten immer von anderen anerkannt werden, nicht wahr? Natürlich vergebe ich dir, liebe wunderschöne Seele. Und ich vergebe dir im Namen der ganzen Menschheit, wenn ich darf." Ich lächelte sie warm an.

Noch mehr Tränen strömten ihr über die Wangen. Sie warf sich nieder und versuchte meinen linken Fuß zu küssen. Instinktiv zog ich ihn schnell zurück und ihre Lippen streiften nur leicht meinen großen Zeh.

„Du solltest mich nicht berühren!", rief ich aus. „Schließlich bist du immer noch ein Dämon."

„Tut mir Leid", sagte sie. „Ich wollte dir nur danken."

„Ja, ich weiß. Aber das brauchst du nicht. Warum gehst du jetzt nicht und kümmerst dich um dich selbst."

Die Frau ging und ich träumte nichts weiter in dieser Nacht.

***

„Ein Dämon hat mich geküsst", teilte ich meinem Badezimmer am Morgen mit.

Ich möchte wissen, was das bedeutet – dachte ich. Oh verflixt! Ich hab total vergessen, dass Miss Stella zum Frühstück kommt!

Ja, Miss Stella wollte mich an dem Tag besuchen. Sie bestand darauf zu überprüfen, wie ich mich in meiner neuen Wohnung eingerichtet hatte. Ich war nur halb angezogen, als ich eilig das Appartement verließ. Ich musste ein paar Dinge einkaufen, bevor sie kam.

Als ich die Treppe erreichte, verlor ich das Gleichgewicht und stolperte. Ich fiel von oben nach unten die Treppe runter, bevor ich auch nur wusste, was geschah.

Schockiert sammelte ich mich und setzte mich auf den Treppenabsatz. Ich schien in Ordnung zu sein, nichts war gebrochen, hoffte ich. Aber ich fühlte einen pochenden Schmerz in meinem linken Zeh. Ich zog schnell Stiefel und Socken aus und sah meinen Fußnagel buchstäblich vor meinen Augen blau anlaufen.

Heilige Sch...! – dachte ich. Das ist dass Letzte, was ich vor Miss Stellas Besuch gebrauchen kann. Und dann wurde mir klar, dass ich mich an der gleichen Stelle verletzt hatte, wo die Frau in meinem Traum mich geküsst hatte.

„Der Kuss des Dämons", flüsterte ich ungläubig.

Ich stand auf und humpelte zurück in mein Appartement. Es gab keine Möglichkeit mehr in den Laden zu gehen.

Ich prüfte Kühlschrank und Küchenschränke. Da gab es nicht viel, was ich für meinen Gast als halbwegs annehmbares Frühstück zubereiten konnte. Nur ein paar Haferflocken und einige Bagel.

Wenigstens habe ich noch etwas Butter und Frischkäse – dachte ich. Aber wenn sie nun Eier möchte? Ich seufzte. Es war ein Desaster!

Ich wusste, Miss Stella würde mir nie vergeben, wenn ich sie nicht angemessen empfing. Sie ist leicht durch nichtige, bedeutungslose Kleinigkeiten zu beleidigen. Und nicht für ihren Besuch gerüstet zu sein war definitiv keine Kleinigkeit.

Um zehn Uhr klingelte es an der Tür. „Da bin ich", sagte Miss Stellas Stimme in der Gegensprechanlage.

Sie war pünktlich, genau ihr Stil, da gab es keine Überraschungen. Ich drückte auf den Knopf und ließ sie ein.

Sie betrat das Appartement, einen Regenschirm und eine Plastiktüte unterm Arm. Sie wollte sich beides nicht abnehmen lassen und bat, in die Küche geführt zu werden.

„Was ist passiert?" Sie bemerkte, dass ich humpelte.

„Oh, nichts Ernstes, wirklich. Es ist eine lange Geschichte, Miss Stella. Ich erzähle sie ihnen später."

Sie sah mich vorsichtig an und setzte ihr Paket auf dem Küchentresen ab.

„Selbstgemacht", sagte sie mit Stolz.

Ich öffnete vorsichtig die Plastiktüte und schaute hinein. Miss Stella nickte aufmunternd. Da war ein großes Gefäß in der Tüte und ich hob den Deckel.

„Piroggen!", rief ich freudig aus. „Mm, sie sind noch warm. Haben sie sie heute Morgen gemacht, Miss Stella?"

„Natürlich", sagte sie. „Sonst wären sie doch nicht frisch. Aber die Füllung habe ich schon gestern Abend gemacht. Wildpilze und Sauerkraut."

„Oh, das ist so nett von Ihnen. Danke. Wissen Sie, Miss Stella, " ich sah sie listig an, „wir sollten sie vielleicht gleich essen. Sie sind doch immer noch warm."

„Was für ein Unsinn ist das denn?", entgegnete sie. „Wer würde Piroggen zum Frühstück essen?"

Ich seufzte resigniert. Der Trick hatte nicht funktioniert. „Und was darf ich ihnen anbieten?"

„Heißer Tee mit Zitrone und ein Croissant mit Butter wäre ideal."

„Das hört sich gut an, Miss Stella", sagte ich, froh, dass sie keine Eier erwähnte. „Ich fürchte ich habe keine Croissants bekommen, aber ich habe ein paar Bagel."

„Das genügt doch", nickte sie und ich hatte sie in dem Moment besonders gern.

„Möchten sie etwas Frischkäse mit dem Bagel?"

„Ich hasse Frischkäse." Sie betonte das Wort „hasse" mit solcher Freude, dass man glauben konnte, es sei ihr Lieblingswort. „Etwas Erdbeermarmelade wäre schön", fügte sie hinzu."

„Aber da steht doch ein Glas Erdbeermarmelade, Miss Stella!", rief ich mit solcher Freude aus, dass sie mich verwirrt ansah.

Sie aß den Bagel und ich Haferflocken. Ich bemerkte, dass sie die Marmelade offensichtlich mied, obwohl sie direkt vor ihr auf dem

Tisch stand. Vielleicht war sie misstrauisch wegen meines übertriebenen Ausrufs? Dachte sie, ich wolle sie vergiften oder was? Als sie stattdessen um den Frischkäse bat, gab ich keinen Kommentar ab, ich versuchte nur, mein Lachen mit einem Husten zu kaschieren.

Nachdem wir gegessen hatten, bat Miss Stella um eine Führung durch das Appartement. Es war keine großartige Tour, da meine Wohnung recht klein war. Sie ging langsam, ihren Schirm fest in der Hand und prüfte jedes Detail. Ich fragte mich, wozu sie überhaupt einen Schirm brauchte, da es doch weder draußen noch in meiner Wohnung regnete. Das Rätsel sollte sich bald lösen.

Während wir so dahinschritten, Miss Stella ordentlich einen Fuß vor den anderen setzend und ich ungeschickt humpelnd, benutzte sie ihren Schirm. Sie klopfte damit hier und da die Wände mit dem Griff ab und murmelte: „Gut. Solide. Gar nicht schlecht."

Nach sorgfältiger Prüfung der Schlafzimmerwände wandte sich Miss Stella mir zu und nickte mit offensichtlicher Befriedigung. „Schöne Wohnung. Sauber."

„Verstehe." Ich sah sie ein wenig verwirrt an. Ich hatte keine Ahnung, wie sie durch Klopfen mit ihrem Schirm an die Wände zu ihrem Urteil kam. Aber dann – niemand würde je Miss Stellas Logik nachvollziehen können.

Wir betraten das Wohnzimmer. Miss Stella machte es sich auf dem Sofa bequem und ich nahm in meinem Armsessel Platz. Sie fragte mich noch einmal, warum ich humpelte.

„Sehen Sie, ich hatte letzte Nacht einen merkwürdigen Traum", begann ich. Sie unterbrach mich nicht ein einziges Mal, während ich ihr die ganze Geschichte mit meiner Traumbegegnung mit dem Dämon erzählte, einschließlich der Einzelheiten meines Ratschlags.

Dann fügte ich noch an, wie es zu dem Unfall am Morgen gekommen war.

Als ich geendet hatte, schwieg Miss Stella weiter. „Was denken Sie?", fragte ich, neugierig auf ihre Reaktion, schließlich.

„Sie müssen wirklich von jetzt an vorsichtig sein", sagte sie.

„Was meinen Sie damit? Soll ich keine Dämonen in mein Wohnzimmer lassen? Das heißt in meinen Träumen?", verbesserte ich mich.

Miss Stellas große, dunkle Augen wurden sogar noch größer und sie kniff die schmalen Lippen zusammen.

„Die Treppe", sagte sie fest. „Passen Sie auf, wohin sie treten. Sie sind meistens in Gedanken."

Und das war's. Das war ihr ganzer Kommentar. Stattdessen fragte sie mich beunruhigt, was ich denn vorhabe mit meinem Leben. Ich erzählte ihr von meinen Plänen, mich an der Universität einzuschreiben und Filmemachen zu studieren.

„Hmmm", nickte sie. „Sie sind eine hübsche Frau, ich denke also, man wird froh sein, Sie als Regisseur zu haben."

Mir blieb vor Staunen der Mund offen stehen, ich schloss ihn aber schnell wieder, weil mir einfiel dass Miss Stella immer großen Wert auf meine Manieren legte.

„Oh, Miss Stella. Wenn es nur mein Aussehen wäre, das mich in die Filmschule brächte", sagte ich lachend. „Aber trotzdem danke ich Ihnen für Ihre freundliche Unterstützung."

Nachdem sie gegangen war, badete ich lange. Das half, den Schmerz in meinem Zeh zu lindern. Dabei dachte ich über Miss Stellas kantigem Charakter nach.

Da sind zahllose Schichten von Wärme unter ihrem harschen Verhalten – dachte ich. Wenn sie sich bloß öffnen und diese Freundlichkeit anderen entgegenbringen könnte. Sie wäre nie mehr alleine. Und ich weiß, sie leidet unter ihrer Einsamkeit, wenn sie es auch nie zugeben würde. Was ist es, dass sie so bitter und unnahbar macht?

„Werde ich wie Miss Stella, einsam und bitter, nun da ich geschieden bin?", fragte ich mein Spiegelbild, als ich mir die Haare trocknete. „Niemand kann glücklich sein, ohne geliebt zu werden."

Das war ein beängstigender Gedanke. Dann bemerkte ich auch noch, dass ich laut mit mir selber sprach! Nein, ich wollte sicher keine einsame, unglückliche Frau werden. Ich verspürte einen plötzlichen Drang, zum Tempel zu gehen und mit Rhami-yata über all das zu sprechen.

***

Ich fand mich wieder in der Kammer der Sieben Mächte und bemerkte, dass es mich mehr Mühe und Konzentration kostete, um dorthin zu gelangen.

Ich schaute auf meine Füße. Sie sahen normal aus. Keine geschwollenen Zehen oder blaue Fußnägel. Mein linker großer Zeh war gesund. Offenbar hatte der Kuss des Dämonen hier im Tempel keine Macht. Aber ich stellte fest, dass da etwas Ungewöhnliches mit meinem Gewand war... Mein Gewand war rot!

„Ich werde zu einer Verführerin", sagte ich mit einem Lächeln.

Wow! Das Gewand war wirklich verführerisch. So fühlte ich mich auch: verführerisch und schön. Es war aus roter Seide mit Goldstickerei verziert.

Es ist nicht wirklich angemessen – dachte ich. Schließlich ist das hier ein Tempel!

Dennoch liebte ich mein neues Aussehen und ich konnte einfach dieses dumme, selbstbewusste und dreiste Lächeln nicht unterdrücken, das mich verriet.

Rhami-yata warf mir einen schnellen Blick zu, bevor er ankündigte: „Wir fahren fort, über die Mächte zu sprechen."

„Uh huh", war alles, was ich zu äußern imstande war, während ich weiter mein Gewand bewunderte.

„Die fünfte Macht", sagte er, „ist das Erkennen und die Wahrnehmung der Liebe."

„Welcher Liebe?" Ich war neugierig.

„Die Höchste Schwingung ist ‚aus Liebe gemacht', wie man sagen würde. Und tatsächlich ist reine Liebe einer der Aspekte der Höchsten Schwingung. Und diese Liebe findet man in allem."

„Meinst du Gottes Liebe?" Ich starrte ihn an. „Aber schau, was ich anhabe! Weißt du, es ist ein verführerisches Gewand. Was hat das mit Gottes Liebe zu tun?"

„Ich denke, dass die romantische Liebe die einzige Art ist, die du als wirkliche Liebe in deinem Leben erfahren hast", sagte mein großer Lehrer.

Ich dachte an meine Kindheit, meinen toten Vater und meine oft ärgerliche Mutter. Ich dachte an meine Großeltern mit ihrer liebevollen Verbindung zu mir. Aber sie hatten sich in ihrem Leben immer gequält und die Quellen ihrer Zärtlichkeit für einander waren schließlich versiegt. Dann dachte ich an das tiefe Gefühl, das mich mit meinem Sohn verband. Genau wie die Liebe meiner Mutter oder die meiner Großeltern. Sie war natürlich, biologisch, etwas das eher vorgegeben war, als eine bewusste Sache. Nein, ich hatte nicht viel Erfahrung mit Liebe, außer dieser biologischen „Vorgabe" oder der verführenden, romantischen Leidenschaft, die Liebende füreinander empfinden.

Ich strich über mein wunderschönes, rotes Gewand und sah den Meister an. „Was genau ist diese Fünfte Macht?"

„Sie wird Erkennen genannt. Wenn du erst imstande bist, alles als Teil der Höchsten Schwingung wahrzunehmen, bist du fähig reine Liebe zu erkennen. Erkennen ist durch die Nummer Eins repräsentiert."

„Warum die Nummer Eins?", fragte ich.

„Eins steht für Einheit. Alles mit reiner Liebe wahrzunehmen vereint und erkennt alles als gleich. Alles wird eins. Und ich meine <u>alles</u>. Keine Ausnehme."

Mein dümmliches, selbstbewusstes Lächeln war längst verschwunden. Ich freute mich jedoch immer noch an meinem verführerischen, roten Gewand, aber weder glaubte ich nun, es sei unangemessen es zu tragen, noch dass die romantische Liebe weniger heilig war, als jede andere Art von Liebe.

Im Stillen hatte ich zugestimmt, dass alles eins in Gott war, der

Höchsten Schwingung, wie Rhami-yata Ihn nannte. Tatsächlich gefiel mir der Name immer besser: „Die Höchste Schwingung". Er schien mir viel genauer als Beschreibung für die erstaunliche Kraft, die das gesamte Universum, wie ich es kannte, erschuf.

„Gott in anderen und allem zu erkennen bedeutet, Ihn anzuerkennen und willkommen zu heißen", sagte ich langsam. „Gott schwingt in reiner Liebe. Reine Liebe in allem zu erkennen bedeutet Gott, die Höchste Schwingung anzuerkennen."

„Ja", sagte Rhami-yata. „Darum geht es bei dem Erkennen."

Ich strich noch einmal über den roten Stoff, der so schön diese Lektion symbolisierte. Ich fühlte Freude und Dankbarkeit.

„Ich liebe dieses Gewand." Ich sah den Meister an.

„Sehr gut", sagte er. „Es ist ein hübsches Gewand."

Ich breitete die Arme aus und ein Gebet strömte mir von den Lippen. Ich pries die Macht der Wahrnehmung und mein Herz öffnete sich weit der Liebe.

Ich schaute hinüber zu den Statuen auf der linken und der rechten Seite und fühlte ihre Heiligkeit. Die fünfte Statue auf der linken Seite repräsentierte die Wahrnehmung reiner Liebe in aller Materie. Und die fünfte Statue auf der rechten Seite repräsentierte die Wahrnehmung reiner Liebe in allem Geistigen. Ich entzündete die Kerze für die Fünfte Macht.

Rhami-yata beobachtete mich und ich lächelte ihm zu. „Ich weiß, dass mein Leben niemals einsam sein wird, Vater. Ich werde versuchen, Liebe in allem zu finden. Ich werde nicht bitter werden wie Miss Stella. Sie leidet ganz einfach an Mangel an Liebe, genau wie der Dämon in meinem Traum."

„Ich verstehe", sagte der Meister.

Ich erwachte ziemlich abrupt aus der Trance. Das rote Gewand war verschwunden. Verflixt! Ich hatte so sehr gehofft, ich könnte es irgendwie behalten. Es war gleichzeitig heilig und verführerisch und das Schönste, was ich je angehabt hatte.

Ich öffnete mein Tagebuch und schrieb die heutigen Begebenheiten nieder. Ich notierte den Namen der Fünften Macht. Natürlich notierte ich „E" für „Erkennen". Oh ja, sicherlich hatte die Folge der Anfangsbuchstaben der Namen eine spezielle Bedeutung. Das merkwürdige Muster setzte sich fort:

R E E V E

***

Ich entschloss mich, Miss Stella die letzte Lektion am Telefon vorzulesen. Sie hörte genau zu und schwieg einen Moment, als ich geendet hatte.

„Wissen Sie, ich sehe in diesen Lehren nichts, was gegen das wäre, was in der Bibel steht", sagte sie. „Alles das klingt annehmbar. Es ist... gut. Es ist eine gute Sache."

Mein Mund klappte auf und ich konnte nicht gleich antworten. Ich starrte den Hörer in meiner Hand an und überlegte, ob ich überhaupt richtig gehört hatte.

„Sie glauben also nicht, dass das Teufelswerk ist oder so etwas?", fragte ich schließlich.

„Oh nein", sagte Miss Stella. „An dem, was Sie mir gerade erzählt haben, ist nichts falsch oder gefährlich. Es geht nur um Gottes Liebe. Es ist alles gut."

Kapitel 4
Jenseits der Tür zum Überfluss

Meine Agentin Fran wollte, dass ich für eine Rolle in einer animierten TV-Serie vorsprach. Ihr Anruf weckte mich früh am Morgen und ich schrieb mir die Anweisungen im Halbschlaf auf, ohne weiter darüber nachzudenken.

Fran war überzeugt, ich würde den Job gut machen. Der Produzent brauchte jemanden mit einem russischen Akzent, die Stimme einer kleinen Prinzessin. Ich hatte vorher noch nie für eine Animationsserie gearbeitet, aber ich sprach russisch und konnte leicht den Akzent imitieren.

Fran war in den letzten zwei Jahren meine Agentin gewesen. Ich hatte die große, dunkelhaarige, starke Frau nach einer kleinen Hauptrolle in „Sam & ich" kennengelernt, ein Film von einer angesagten, kanadischen Starregisseurin namens Deepa Mehta. Es war Deepas erster Film dieser Art; sie hatte vorher schon für TV Kindershows Regie geführt. Das Drehbuch, das ein junger Schauspieler namens Ranjit Chowdhry verfasst hatte, war exzellent. Die Geschichte spielte in Toronto - eine zu Herzen gehende Erzählung über einen alten exzentrischen Großvater und seinen jungen Pfleger.

Ich liebte Deepa mit ihren immer freundlichen und aufmerksamen dunkeln Augen, jugendlichen Körper und langem, glänzenden dunklen Haaren. Es war das erste Mal in meinem Leben, dass ich mit einer Regisseurin für Features arbeitete. Regisseurinnen findet man häufiger in Dokumentarfilmen, nicht in Features. Vielleicht war Deepa sogar diejenige, die mich dazu inspirierte, Filmemacherin zu werden? Ich bewunderte diese hoch intelligente, supertalentierte Frau. Tatsächlich bewiesen die späteren Jahren ihr erstaunliches Können. Sie wurde zu einer der wichtigsten kanadischen Regisseurinnen und ihre Filme erfreuten sich größter Anerkennung.

Die kleine Rolle in Deepa Mehtas Film, eine Mrs. Jarulewski, war meine erste Filmrolle auf dem neuen Kontinent. Ich hatte die Zeilen mit meinem Englisch-Polnisch Wörterbuch gelernt, ohne sie ganz zu verstehen. Als zielstrebige Schauspielerin sah ich mich hier und da nach weiteren Rollen um, es war aber nie genug.

Die Dinge waren hier anders als in Polen, wo Berufsschauspieler hoch angesehen waren, die Theater staatliche Unterstützung genossen und die meisten Schauspieler dauernd beschäftigt waren.

Nach der Premiere von „Die gekidnappte Verlobte" am polnischen Theater, die auch der Beginn meiner Freundschaft mit Basia gewesen war, wurde mir klar, dass ich mehr Arbeit haben konnte, wenn ich auch in Polnisch spielte. Basia und ich hatten eine kleine Theatergruppe gegründet, SMYK, und ich hatte eine Weile in Schulen mit polnischem Kulturerbe in ganz Ontario gearbeitet. Ich war Autor, Produzent und Regisseurin geworden und es gefiel mir. Später wurden einige meiner Stücke in Englisch übersetzt und wir engagierten einige talentierte Schauspieler, die dann an kanadischen Schulen spielten.

Dann hatte ich die Idee, ein kleines Stück als eine TV Show zu produzieren. Das Stück heiß „Puss'n Boots" und ich spielte darin auch alle weiblichen Parts. Mein Kollege Krysztof Jaworski spielte alle männlichen Parts und das Ganze stellte sich als großer Spaß heraus. Wir hatten sowohl die Unterstützung als auch die Ausrüstung eines Kabelsenders und hatten alles in einem Tag im Kasten. Wir hatten in Polnisch gedreht mit englischen Untertiteln und das Band an Schulen in Kanada und den USA verkauft. Ermutigt durch den kleinen Erfolg hatte ich ein kleines Skript zu einem Fernsehfilm verfasst und wieder mit der Hilfe des Kabelsenders produziert, Regie geführt und gleichzeitig darin mitgespielt.

Mir war klar geworden, dass mir viel mehr als die Schauspielerei das Regie führen Spaß machte und ich begann davon zu träumen, in großen Spielfilmen die Regie zu führen. Und nach einigen Kabel TV Shows konnte ich meinen Traum nur verwirklichen, indem ich mir all die Geheimnisse des Filmemachens aneignete. Nun wusste ich, was zu tun war. Wie groß waren meine Chancen in einer der besten

Filmschulen, der Ryerson Politechnic University, acht Minuten Fußweg von meiner Wohnung entfernt?

Es ist ein Orakelspruch – hatte ich sehr vertrauensvoll gedacht.

Nun nach Frans Anruf wusste ich, dass ich sie zurückrufen musste. Ich nahm den Hörer ab.

„Möchtest du mehr über das Vorsprechen wissen?", fragte sie höflich.

„Nein", sagte ich. „Ich weiß alles, was nötig ist. Aber es gibt etwas, das ich dir erzählen muss."

Ich berichtete ihr von meinen Plänen, und dass das bevorstehende Vorsprechen das Letzte sein würde, das ich bereit war mitzumachen. Ferner wollte ich die Anmeldefristen für die Filmschule in Erfahrung bringen und was ich alles für die Anmeldung brauchte.

„Wenn ich erst einmal in der Schule bin, kann ich vier Jahre lang nicht mehr schauspielern. So lange sind die Filmkurse und ich werde sehr mit dem Studium beschäftigt sein."

„Aber du bist wirklich eine gute Schauspielerin", sagte sie. „Willst du all die Jahre als Schauspielerin opfern?"

„Das ist kein Opfer, Fran. Wirklich. Ich möchte weiterkommen. Weißt du, Schauspielen ist nicht genug für mich. Nicht mehr."

Schließlich musste sie zugeben, dass sie schon meine Passion fürs Regie führen und Produzieren bemerkt hatte, die größer war als die Schauspielerei.

In zwei Tagen war das Vorsprechen. Eingeschlossen in eine schalldichte Kabine las ich die Zeilen meiner Rolle, sprach sanft in das schwarze Mikrophon, das mir vor dem Gesicht hing.

Als ich das Studio verließ, kam ich an einer russischen Schauspielerin vorbei. Ich erkannte sie an ihren braunen, lockigen Haaren und der großen Brille. Ich hatte sie bei einem anderen Vorsprechen im letzten Jahr kennengelernt und mochte sie.

Sie umarmte mich und ich ertappte mich dabei, dass ich dachte, sie sei eigentlich eher diejenige, die die Rolle verdiente, ja, ich konnte sie mir leicht in dem Part der russischen Prinzessin vorstellen. Sie hatte diese spontane Wärme, die für die Rolle nötig war.

Das Tonstudio war mitten im Zentrum, nicht weit von meiner Wohnung. Ich entschloss mich zu Fuß zu gehen und auf dem Weg in der Ryerson Universität vorbeizuschauen. Der Campus war groß, aber günstig geschnitten. Man konnte problemlos alle Abteilungen erreichen. Das Anmeldebüro befand sich im Herzen der Anlage und man wies mich zu dem Gebäude mit den Studios.

Die junge Frau an der Rezeption teilte mir mit, dass es in diesem Jahr über zweitausend Anmeldungen gäbe und dass nur fünfzig von uns zugelassen würden. Ich wusste, es würde schwer werden angenommen zu werden.

Das Zulassungspaket sollte Essays, Beispiele visueller Arbeiten, Videobänder von geschauspielerten Szenen derjenigen, die das professionell taten und andere kreative Projekte beinhalteten. Und natürlich Durchschnittspunktzahlen aus dem Zeugnis der letzten Schule, die man besucht hatte. Ich war stolz, sowohl auf mein Portfolio, als auch auf meine Zeugnisse. Sie waren stark! Der einzige Schwachpunkt war meine Sprache. Ich sprach zu der Zeit immer noch einfaches Englisch und wusste nicht, ob ich an der Universität damit zurechtkam. Aber mehr als alles in der Welt wollte ich Filmemacherin werden und ich konnte mir kein glückliches Leben ohne die Erfüllung meiner Träume vorstellen.

Die Anmeldefrist endete im Mai und mir blieben zwei Monate für die Vorbereitung meiner Zulassung. Das war gar nicht so schlecht!

Strahlend vor Freude legte ich die Anmeldeformulare auf meinen Schreibtisch/Tisch in der Essecke meines Wohnzimmers.

Ich hatte das Gefühl tanzen zu müssen, und das tat ich auch. Ich tanzte summend und lachend durch mein Appartement. Ich hatte noch keine Stereoanlage, konnte also keine Musik machen. Auch nicht mit Radio oder Fernseher, die gab es auch nicht in meiner Wohnung. Eigentlich fand ich es gut so: die Stille der weißen Wände, die Gesellschaft mit mir selbst, die langen Stunden der Trance und die Lektionen mit Rhami-yata.

Aber an dem Tag fand ich, dass ich einen CD Player brauchte, sodass ich meine glücklichen Momente besser genießen konnte. Ich besaß viele CDs mit klassischer Musik und Rock&Roll. Aus irgendeinem Grund war das meine Lieblingsmusik. Ich fand sie beides: gleichartig und ansprechend wegen ihres dynamischen Ausdrucks und ihres leidenschaftlichen Charakters, den beide Arten von Musik hatten. In den nächsten Tagen wollte ich mir eine Stereoanlage besorgen.

***

Als ich mich in der Kammer der Sieben Mächte wiederfand, begrüßte mich der Meister warm. Ich war von großer Freude erfüllt, einfach nur, indem ich ihm in die Augen sah. Nein, ich hatte keine Angst mehr, dass er meine Seele kidnappen würde.

Ich sah mich um, wie jemand der zurück nach Hause kommt. Ich liebte das Gefühl von Alter in dem Zimmer, das Licht der Öllampen und die frische Luft. Und natürlich die Statuen.

Ich erinnerte mich daran, wie sie mir Angst eingejagt hatten. Nun fühlten sie sich an wie geliebte Freunde und ich sah mit Dankbarkeit zu ihnen hinüber. Und dann... entdeckte ich die Tür. Ich hatte sie vorher nie gesehen und betrachtete sie erstaunt. Wie war es möglich, dass ich sie nicht gesehen hatte?! Sie befand sich genau hinter den Statuen, ich konnte sie nicht übersehen haben. Der Tempel hatte Geheimnisse. Ich sah schnell zu Rhami-yata, aber irgendetwas sagte mir, dass es das Beste war, nicht zu fragen, wohin die Tür führte.

Wenn er ein Gehcimnis für mich daraus macht, – dachte ich – dann soll ich es noch nicht wissen. Am besten warte ich, bis er es mir von sich aus enthüllt.

Wir saßen auf dem Boden. Ich fühlte eine augenblickliche Verbindung mit dem Meister, obwohl wir nicht per Gedankenübertragung miteinander kommunizierten. Vom ersten Augenblick meiner Initiation an hatte er mir sehr viel Freiheit für die angemessene Wahl der Worte gelassen, die ich benutzte, um seine Lektionen niederzuschreiben.

Ich konnte meine Gedanken nicht von der rätselhaften Tür abwenden und konnte mich nicht sammeln. Es war eine ermüdende Erfahrung.

„Ich kann mich nicht konzentrieren, Vater", sagte ich schwach. „Ich bin so müde."

„Dann musst du dich ausruhen", sagte er einfach.

Wo ich saß, legte ich mich auf den Steinfußboden und er deckte mich mit einem weißen Umhang zu. Woher hatte er den? – dachte ich ein wenig schwindelig.

Die Kammer der Sieben Mächte verschwamm im Nebel. Wie lange ich geschlafen hatte, wusste ich nicht, aber als ich erwachte, war ich wieder völlig ausgeruht. Rhami-yata saß immer noch neben mir, bewegungslos.

Ich setzte mich auf, der weiße Umhang war nicht mehr da. Ich wusste nicht, ob ich ganz wach und aufnahmefähig war und wollte nicht nach den Mächten fragen. Der Meister, der mich beobachtet hatte, entschied sich dafür fortzufahren.

„Die Sechste Macht, über die du heute erfahren wirst, wird Erlauben genannt", sagte er.

„Erlauben?", wiederholte ich. „Du meinst Zulassen?"

„Erlauben, Zulassen, Wählen", sagte Rhami-yata. „Durch Erlauben entstehen Dinge oder eben nicht. Es muss eine Wahl getroffen werden für alles, was die Höchste Schwingung erschafft."

„Ja, ich verstehe. Es kann keine Manifestation stattfinden, wenn keine Erlaubnis dafür da ist."

Der Meister nickte. „Das ist richtig."

„Welche Zahl repräsentiert die Sechste Macht?", fragte ich.

„Die Neun repräsentiert das Erlauben."

„Nummer Neun – die Wahl", wiederholte ich.

Ja, ich verstand vollkommen und spürte in diesem Augenblick die Macht des Erlaubens. Im Laufe meines Lebens hatte ich schon oft erfahren, wie wichtig es war eine Wahl zu treffen, damit Dinge geschehen konnten. Es erstaunte mich nicht, dass Erlauben und eine Wahl treffen auch in der Erschaffung der Welt eine Rolle spielte.

Meine Arme öffneten sich weit um sich symbolisch mit der sechsten Figur auf der linken und der rechten Seite zu verbinden. Und bevor ich wusste, was geschah, pries ich die Sechste Macht, die die Welt kreierte

>„Ich preise Euch, Heiliges Erlauben,
>Ihr seid die Wahl der Existenz,
>Ich preise Euch in jeder Dimension,
>Heiliges Erlauben, in aller Kreation.
>
>Liebe und Gnade, seid gesegnet.
>Ich bin Eins mit Euch, Ihr seid Eins mit mir."

Die sechste Kerze entzündete sich von selbst, während ich mein Gebet sprach. Ich bemerkte, dass ich heute wieder das rote Gewand trug, im Tausch gegen das weiße, das ich nach meiner ersten Einweihung bekommen hatte. Ich wusste, dass die Symbolik des roten Gewandes mir half, die Lehren auf noch einer anderen Ebene aufnehmen zu können, einer unbewussten. Für die Liebe geöffnet erkannte ich die uralte Weisheit ohne Vorbehalte an.

***

Ich dachte noch weiter über das Erlauben nach, als ich aus der Trance erwachte. Es war schon dunkel und in der Stille meines Appartements rief ich mir wieder ins Gedächtnis, wo ich kürzlich eine Wahl getroffen hatte. Ich hatte meinen Ehemann verlassen, hatte meine Studien mit dem uralten Meister in einem esoterischen Klassenraum aufgenommen. Und die neueste Wahl: meine Schauspielerei aufzugeben, um Filmemachen zu studieren. Nichts von all dem war einfach gewesen. Und ich war nicht einmal sicher, ob meine Wahl die richtige gewesen war oder nicht!

Ich stand vom Bett auf und knipste die Lampe im Tiffanystil an. Ich liebte ihre braunen, rostfarbenen und goldenen Töne. Sie warf einen warmen Kreis von Licht in mein Schlafzimmer und es fühlte sich gemütlich und sicher an.

Dann verstand ich auf einmal! Die Wahl und die Entscheidungen, die wir trafen, waren alle gut! Es gibt keine Fehler. Wie Pferde im Schlaf immer ihren Weg finden, so finden auch wir den unseren und wir folgen ihm schlafwandlerisch, auch wenn wir viele überraschende Umwege machen. Es ist sowieso nichts von Dauer. Das Leben ist eine ständige Veränderung, mit oder ohne unsere Zustimmung. Und das ist eigentlich ein Segen.

***

Die Tage gingen schnell dahin. Gleich nachdem ich einen kleinen Stereoturm gekauft hatte, begann mein Sohn Matthias mich drei - oder viermal in der Woche nach der Schule zu besuchen. Er liebte meine selbstgekochten Suppen und ich kochte sie gerne für ihn und seinen Freund Oskar, den er ab und zu mitbrachte. Wir hörten gemeinsam Musik und manchmal machte er an meinem Schreibtisch/Tisch seine Hausaufgaben. Ihm gefiel meine neue Wohnung. Er meinte, sie sei warm und gemütlich.

Ja, es war herrlich ihn bei mir zu haben, selbst für kurze Zeit und ich stellte mir schon vor, wie es sein würde, wenn er im nächsten Jahr bei mir einziehen würde.

Er wächst schnell – dachte ich. Noch kann man ihn mit meinen selbstgekochten Suppen glücklich machen, aber bald braucht und verlangt er mehr. Wie werde ich das liefern können? Gerade hatte ich meiner Agentin gesagt, sie solle keine weiteren Engagements für mich in die Wege leiten. Um des Himmels Willen! Ich werde eine arme Studentin sein, die zwei Jahre lang von ihrem schmalen Studentendarlehn leben wird. War das meinem Sohn gegenüber fair?

Natürlich musste ich immer noch in die Filmschule gehen und ich hatte keine Garantie, dass ich angenommen würde, aber ich dachte weiter. Mein Mann war nicht reich und nach der Scheidung konnte er nicht allzu viel Unterhalt für Matthias zahlen.

Ich hatte schon herausgefunden, dass die Anforderungen des Kurses ein harter Brocken sein würde. Er schloss nicht nur reguläre Stunden während des Tages ein, sondern auch endlose Projekte, Übungen und die Herstellung von kurzen Filmen jedes Jahr. Wenn diese Ausbildung wirklich etwas nützen sollte, würde nicht genug Zeit für einen Nebenjob bleiben.

Vielleicht war es etwas voreilig gewesen. Fran zu bitten, mir keine

Jobs mehr zu besorgen? – dachte ich. Nein. Ich schüttelte den Kopf. Zu schauspielern und gleichzeitig Vollzeit zu studieren, das würde nicht funktionieren. Beides verlangte viel Energie, wenn man erfolgreich sein wollte.

Als Matthias mich nach meinen Sorgen fragte, wusste ich nicht, ob solche Dinge mit meinen Kind besprechen sollte. Schließlich sollten Kinder sorgenfrei aufwachsen und sich nicht mit den Problemen der Eltern herumschlagen müssen.

Mein Sohn war jedoch zu sensibel, ich konnte ihm nichts vormachen. Also sagte ich ihm die Wahrheit. „Ich mache mir Sorgen, ob wir genügend Geld haben werden", sagte ich. „Ich bin ziemlich arm. Ich werde dir nicht viel geben können."

„Du, Mommy?" Er sah mich erstaunt an. „Du wirst niemals arm sein! Du hast so wertvolle Dinge in dir, dass du sie außen nicht brauchst. Wir kommen zurecht. Ich bin stolz auf meine Mum."

Er umarmte mich mit soviel Zärtlichkeit, dass mir Tränen in die Augen traten. Mein Sohn wurde zu einem so starken Mann, das konnte ich jetzt sehen und auch, wie sehr er an mich glaubte.

Es wird schon irgendwie gehen – dachte ich. So wie immer. Ich muss den Dingen nur erlauben zu geschehen.

Ich lächelte meinem wunderschönen Dreizehnjährigen zu und küsste ihm auf den Kopf.

Eine weitere Woche verging, bevor ich wieder für eine neue Lektion bereit war. John, der Yogalehrer hatte sich entschlossen nach Europa zu gehen und ich verbrachte vor seiner Abreise ein paar Tage mit ihm. Ich hatte das Gefühl, einen wichtigen Teil meines neuen Lebens zu verlieren. Er war schließlich der erste, der mich ermutigt hatte, Rhami-yata zuzuhören und er war es auch, der über genügend Wissen verfügte, um mir den Sinn meines merkwürdigen Abenteuers zu erklären.

In der Nacht, bevor er abreiste, saßen wir in einer Saftbar gleich bei mir um die Ecke und nippten an einem Glas mit frisch gepresstem Mango- und Passionsfruchtsaft. Es war ein kleines Lokal mit nur einigen Plastiktischen und Stühlen. Hinter dem großen Tresen werkelte ein junger, dunkelhaariger Mann geschickt zwischen Bergen von frischen und gefrorenen Früchten.

„Ich möchte Dir für alles danken", sagte John zu meinem größten Erstaunen.

„Wovon redest du? Du hast mich doch beraten, nicht anders herum."

Er lächelte. „Ratschläge zu erteilen ist einfach. Du machst den Mund auf und gibst vor, ein wichtiger jemand zu sein und schlau. Und meistens kaufen es die Leute dir ab."

Ich schüttelte den Kopf. „Nein. Das mag in anderen Fällen richtig sein. Manchmal! Aber nicht zwischen uns beiden."

Er lehnte sich über den Tisch. „Und woher weißt du, dass ich dir nicht etwas vorgemacht habe?"

„Weil du diese Dinge weißt. Du hast viel studiert. Lange."

„Aha... Und woher weißt du, das ich überhaupt etwas gelernt habe?"

„Ach komm! Ich weiß es sicher, weil man es sieht."

Er zuckte mit den Schultern. „Wir sehen nur, was wir sehen wollen. Und du willst mich so sehen."

„Du bist zu bescheiden, John."

Er lachte. „Oh, du hast ja keine Ahnung, wie wenig bescheiden ich bin." Er wurde ernst. „Ich möchte dir danken, weil du mich daran erinnert hast, was wichtig in meinem Leben ist. Ich bin zu bequem geworden. Ich vergaß aufmerksam zu sein und meiner Bestimmung zu folgen. Du mit deiner Hingabe an die Wahrheit hast mir gezeigt, dass ich zurück muss auf meinen Weg."

„Du hast dich verloren gefühlt?" Ich war überrascht. „Du?"

„Oh, du hast ja keine Ahnung", lächelte er.

Er reiste am nächsten Tag nach Europa. Ich sah, wie glücklich er war, dass er sich dafür entschieden hatte. Da wusste ich, dass es ihm da drüben gut gehen würde.

***

Ich war zurück im Tempel und stand in der Mitte der Kammer der Sieben Mächte dem Meister gegenüber. Keiner von uns bewegte sich. Ich bemerkte, dass diesmal noch andere Priester hinter ihm standen. Wie viele es waren, konnte ich nicht erkennen.

Rhami-yata hatte mich einmal gebeten, „die Augen der Wahrnehmung", wie er sich ausdrückte, zu schließen, um wirklich sehen zu können. Daran erinnerte ich mich jetzt, schloss die Augen und bat meinen Geist still zu sein. So wusste ich, es standen vier Priester hinter dem Meister. Ich konnte die Augen wieder öffnen.

„Ich möchte, dass du einen Namen für die letzte der Sieben Mächte findest, die die Liebe ist", sagte Rhami-yata. „Dies sind die Worte, von denen du wählen kannst: Freude, Anerkennung, Respekt, Gleichheit."

„Freude, Vater?" Ich war glücklich das zu hören.

„Ja", lächelte er, „Freude, die von der Anerkennung der Höchsten Schwingung kommt. Und Respekt, wenn die Gleichheit von allem in der Höchsten Schwingung erkannt wird."

„Freude, Anerkennung, Respekt, Gleichheit", wiederholte ich.

„Du kannst auch die folgenden benutzen", fügte er hinzu. „Hingabe, Ausgleich, Versöhnung. Hingabe an den Willen der Höchsten Schwingung, damit es Ausgleich zwischen Materie und Geist gibt, das heißt Versöhnung mit der Höchsten Schwingung."

„Hingabe, Ausgleich, Versöhnung", sagte ich. „Das macht sieben. Sieben Namen für die Siebte Macht."

Er beobachtete mich, wie ich mich mühte, den Namen zu wählen. Ich war hin- und hergerissen zwischen „Freude" und „Respekt". Von Geburt an, sozusagen, war ich voll Freude; „Freude" war der Name, der meinem Herzen am nächsten war. Doch ich fühlte sehr stark, dass es da etwas gab, das ich noch zu lernen hatte: bescheiden zu sein. So wie John.

Warum sollte ich die Siebte Macht mit einem Namen bedenken? – dachte ich. Ist das eine Art Trick? Verflixt! Was soll ich machen?

Ich schloss wieder die Augen, um meinen Geist leer zu machen.

„Welches ist die Zahl, die die Siebte Macht repräsentiert?", sagte ich mit geschlossenen Augen.

„Vier. Vier ist die Zahl."

„Vier? Und nicht Sieben?" Ich war erstaunt.

„Sieben repräsentiert Leben, erinnerst du dich?"

„Oh ja, natürlich... So ist es."

Ich öffnete die Augen und sagte fest: „Respekt. Das ist der mächtigste Name."

„Tatsächlich. Das ist ein mächtiger Name."

Ich seufzte erleichtert. Ich fühlte mich gut. Ich mochte diesen Namen.

„Warum wird sie von der Vier repräsentiert?", fragte ich.

„In der materiellen Welt muss Respekt vier Gesichter haben, um zur gleichen Zeit in alle Richtungen der Welt schauen zu können. Im Reich des Geistes öffnet Respekt vier Grenzen, die zur Versöhnung mit der Höchsten Schwingung nötig sind. Diese Grenzen werden von vier Initiationen in unserem Tempel symbolisiert, die der ersten folgen."

„Ich verstehe", nickte ich. „Worum ging es bei meiner ersten Initiation?"

„Sie symbolisierte deine Öffnung für die Wahrheit, indem du den Bereich der Illusion verlassen hast und zum Verständnis der Höchsten Schwingung gelangt bist."

Ich fühlte eine riesige Welle in mir aufsteigen, die alle meine Fragen und Zweifel hinwegschwemmte. Und ich hörte mich sagen: „Ich möchte mich reinigen, bevor ich meine zweite Initiation empfange."

Ich stand vor Rhami-yata, die vier Priester hinter ihm und fing an, die rituellen Worte der Reinigung zu wiederholen, die ich bei meiner ersten Initiation gebraucht hatte.

Als ich geendet hatte, fühlte ich weder meine Gegenwart, weder Bedürfnisse oder Ziele, noch Vergangenheit oder Zukunft.

Ich schwebte horizontal in der Luft und spürte, wie die Priester zu mir kamen. Rhami-yata war an meinem Kopf und die anderen vier an meinen Händen und Füßen,

„Du bist eins mit uns", hörte ich die Stimme des Meisters sagen. „Und unsere Energie ist eins mit deiner. Wir sind nun alle eins in der Höchsten Schwingung. Du bist unsere Hoffnung, Hermenethre, unsere Grünäugige Hoffnung."

Ich fühlte einen elektrischen Strom von den Priestern fließen. Er erfüllte mich mit Freude. Dann fühlte ich, wie mein Kopf zu einem Kanal wurde, der die kosmischen Strahlen einließ, während meine Hände sich mit den Schwingungen von Geist und Materie verbanden. Meine Füße empfingen Energie von der Erde, der Wiege meines Daseins.

Und so fand meine zweite Initiation statt.

„Ich will eine Kerze anzünden für die Siebte Macht, die Liebe ist und die ich Respekt nenne", sagte ich einige Augenblicke später. Ich kreuzte meine Arme und sah die heiligen Insignien sich in meinen Händen materialisieren.

Ich sah auch, dass ich ein völlig anderes Gewand anhatte. Es war weiß wie das alte, hatte aber eine andere Form. Es war tief ausgeschnitten, hatte sehr lange Ärmel, die mit goldener Stickerei verziert waren.

Ich entzündete eine Kerze, ich begann ein Gebet, dass die Siebte Macht pries, die die Welt erschuf.

Als ich geendet hatte, wandten sich die Priester zu der rätselhaften Tür, die ich vorher hinter den Statuen entdeckt hatte.

„Komm mit uns", sagte Rhami-yata.

Die Tür öffnete sich. Der Meister schritt als erster hindurch, ich ging ihm nach, die vier Priester folgten. In der Reihenfolge, in der wir gingen, fühlte ich mich sicher.

Wir liefen nach links in einen engen gewundenen Korridor, der von Öllampen beleuchtet war. Ich schaute zurück, um festzustellen, wie weit wir uns von der Kammer der Sieben Mächte entfernten.

„Du wirst immer den Weg finden", sagte Rhami-yata. „Mach dir keine Sorgen, es sieht bloß kompliziert aus."

Wir liefen eine Weile, bis er auf eine geschnitzte Eichentür auf der rechten Seite deutete.

„Von jetzt an werden dir die Schätze dieser Kammer von Nutzen sein", sagte er.

Wir traten ein. Es war ein sehr großer Raum, kilometerlang, voll von Statuen und Truhen, die mit zahllosen Dingen gefüllt waren. Alle waren von Gold.

Mein Mund klappte auf vor Erstaunen. „Ist dies …? Ist dies die Schatzkammer des Tempels?!"

„Das ist die Kammer der Fülle, des Überflusses", sagte der Meister.

„Es wird die Zeit kommen, da du seine Macht zu gebrauchen imstande bist, Hermenethre. Überfluss ist dein Geburtsrecht. Du musst es jedoch von neuem erlernen. Alles, was du hier siehst, ist nur Illusion."

Ich schaute mich ungläubig um. Ich wusste nicht, dass so viel Reichtum überhaupt existierte. Und sie teilten ihr Geheimnis mit mir!

Rhami-yata lächelte, wie ich bemerkte, aber ich wollte mir keine Gedanken darüber machen. Es gab zu viel um mich herum, das meine ungeteilte Aufmerksamkeit erforderte.

Ich fühlte mich magisch von einer kleinen Statue angezogen, die etwa vierzig Zentimeter hoch war. Aus irgendeinem Grund hatte ich das starke Bedürfnis, sie zu besitzen, sie mit nach Hause zu nehmen. „Kann ich diese Statue dort haben?", fragte ich.

„Du möchtest sie wirklich so gerne haben?", Rhami-yata fuhr fort zu lächeln.

„Natürlich möchte diese wunderschöne Statue aus purem Gold haben, machst du Witze?!"

„Gut. Du kannst sie haben", antwortete der Meister.

„Nein, du verstehst nicht", sagte ich. „Ich möchte sie nicht <u>hier</u>

haben, sondern bei mir zu Hause. An meinem Zufluchtsort, weißt du?"

„Hermenethre, du kannst sie haben. Nur nicht gleich. Du bekommst sie später."

Als wir die Kammer des Überflusses verließen, drehte ich mich um und warf noch einen letzten Blick auf meine Statue. Sie stellte eine sitzende Gottheit dar. Der Körper war vereinfacht in Form und Haltung dargestellt, die an alte ägyptische Kunst erinnerte. Nur ihr eckiger Kopf passte nicht zu dem Stil.

Wir gingen rechts den Gang entlang, rechtwinklig zu dem, den wir gekommen waren und erreichten eine weitere Eichentür. Hier befand sich die Kammer der Liebe. Ich sah, dass meine rote Robe hier wie zufällig auf einem Möbelstück zurückgelassen worden war. Ich bemerkte die warmen Farben der Kammer.

„Du kannst auch die Kräfte dieses Ortes nutzen", sagte Rhami-yata, „wann immer du sie brauchst." Er hielt mich davon ab, eine Frage zu stellen, indem er die Hand hob. „Ja, dieser Ort ist auch angefüllt mit Kräften", erklärte er.

Wir gingen weiter den Gang entlang, während Rhami-yata mir einige besondere Bewegungen zeigte. Die sollte ich mir aneignen, wenn ich die Kräfte von irgendeinem der Kammern benötigte. Dazu gab es noch eine Formel, die ich sprechen musste.

Ich hatte gedacht, dass nun unsere Tour beendet sei, aber wir bogen noch einmal rechts ab und erreichten eine weitere Eichentür. Rhami-yata und ich gingen hinein, die anderen vier Priester blieben dieses Mal draußen.

Ich fühlte die Schwere der Luft in diesem Raum, doch meine Sinne konnten nichts erfassen. Ich war nicht in der Lage zu sagen, wie er aussah.

„Dies ist die Kammer der Ultimativen Macht", sagte der Meister. „Du darfst ihre Macht noch nicht benutzen."

„Was geschieht hier drinnen? Ich spüre eine dichte Atmosphäre, aber ich kann nichts sehen, Vater."

„Das Schicksal der Menschheit und der Welt wird hier entschieden."
Er führte mich hinaus und die Tür schloss sich.

„Ich bin sehr müde", sagte ich.

In einem Augenblick waren wir zurück in der Kammer der Sieben Mächte. Die anderen Priester waren nicht mehr mit uns.

„Du wirst dich hier ausruhen und deine Kräfte erneuern."

Ich legte mich sofort auf den Boden und Rhami-yata deckte mich mit einem Umhang zu. Ich schloss die Augen. In der Kammer der Sieben Mächte fühlte ich mich sicher.

„Danke, Rhami-yata", flüsterte ich beim Einschlafen. „Danke für alles, was mir geschieht."

Kapitel 5

Bürger jenseits von Zeit und Materie

Ich wachte auf und setzte mich auf mein Bett. Die Erinnerung an die Lektion war noch sehr stark. Die Priester, die Schätze, die Initiation. Ja, ich liebte das Abenteuer und ich fand es großartig, einen immer höheren Rang im Tempel einzunehmen.

In der Geschwindigkeit, in der ich vorankomme, – dachte ich – sollte ich alle meine Einweihungen innerhalb eines Monats beenden! Ich werde ebenso wichtig sein wie Rhami-yata und fähig, das zu tun, was er tun kann. Moment mal, was ist es denn eigentlich, das er tun kann? Ich wusste es nicht genau.

Ich war sicher, ein außergewöhnlich guter Schüler zu sein und ich wäre der nächste Star im Tempel. Ich dachte, ich könne mir in null Komma nichts die alten Weisheiten aneignen, schnell einer der Hohepriester werden, um dann die ungeheuren Reichtümer, Mächte und andere Privilegien genießen zu können.

Wo ist der Tempel eigentlich genau? – dachte ich. Irgendwo jenseits von Zeit und Materie, soviel ist sicher. Das ist doch da, wo sie sich alle aufhalten.

Ich badete lange und dachte weiter an die Priester und den Tempel. Und dann schrieb ich mit meinem nassen Finger die ersten Buchstaben der Namen der Sieben Mächte in den beschlagenen Spiegel meines Badezimmers:

REEVEER

Was ist das bloß? – ich war verwirrt. Wieso ist das so perfekt symmetrisch? Hm... Sieben Mächte für die materielle und die geistige Welt. Dann sollte es vielleicht so sein?

Ich schrieb noch einmal auf dem Spiegel. Jetzt sah ich ein anderes

Muster:

REEVEER REEVEER

Sie spiegeln sich – dachte ich. Aber was bedeutet das?

Ich hatte nie ungelöste Rätsel leiden können. Ich wollte immer schon den Dingen auf den Grund gehen. Und ich wollte immer die Symbolik der Zahlen ergründen, die Rhami-yata benutzte. Ja, er hatte mir bereits früher gesagt, sie ständen für die Qualität der Energien und Prozesse, die darin eingebunden sind.

„Er mag also Mathematik, aus welchem Grund auch immer", sagte ich laut. Ich zog mir schnell meinen weichen weißen Bademantel über und eilte aus dem Badezimmer, ohne mich um meine nassen Haare zu kümmern.

Ich setzte mich an meinen Schreibtisch/Tisch vor mein Tagebuch und notierte die vierzehn gespiegelten Buchstaben.

Vierzehn, – dachte ich – eins plus vier.... ist fünf! Fünf, wie das Pentagramm, das irgendwo erwähnt worden ist. Oder die fünf Sinne, die man braucht, um die materielle Welt zu erfassen und fünf Wege, die gegangen werden müssen, um die geistige Welt zu begreifen. Auch waren da fünf Priester, Rhami-yata eingeschlossen, während meiner zweiten Initiation.

Dann ging ich die Zahlen für die Mächte durch, die man mir gegeben hatte:

      Die 1. Macht (Recht) – keine Zahl gegeben
      Die 2. Macht (Entwicklung) – Nummer 5
      Die 3. Macht (Entfernung) – Nummer 3
      Die 4. Macht (Vergehen) – keine Zahl gegeben
      Die 5. Macht (Erkennen) – Nummer 1
      Die 6. Macht (Erlauben) – Nummer 9 (die gleiche Zahl für Wahl)
      Die 7. Macht (Respekt) – Nummer 4

      Leben (Leben gleichbedeutend mit Liebe) – Nummer 7

Ich starrte auf die Seite. Die Kombinationsmöglichkeiten waren endlos. Man konnte sie addieren, multiplizieren und in vielerlei Gruppen zusammenstellen. Ich seufzte und schloss mein Tagebuch. Mathematik war nie meine Stärke gewesen. Kunst war mein Ding, nicht Zahlen und Rechnereien. Ich liebte jedoch die Herausforderung und hatte nie aufgegeben.

Ich habe nicht genug Information – dachte ich. Es gibt keine Zahlen für die Erste und die Fünfte Macht. Und es sah so aus, als würde noch mehr in dieser Richtung kommen. Aber irgendwann werde ich noch mehr Zahlen zu Verfügung haben, dann löse ich das Rätsel!

Ich lächelte, doch dann erlosch mein Lächeln schnell, als mir ein anderer Gedanke kam: Das ist doch verrückt! Ich glaube wirklich, dass ich durchdrehe. Sieh mich an: hier sitze ich, allein, schreibe Zahlenpuzzle aufs Papier und versuche, einen Sinn darin zu finden. Oh Gott!

Ich verließ ohne Frühstück die Wohnung. Ich musste eine Weile im „wirklichen" Leben sein, menschliche Gesichter auf der Straße sehen, die Märzluft in der Nase spüren.

Die Stadt erwachte langsam. Mir war gar nicht klar gewesen, wie früh am Morgen es noch war, obwohl der Coffeeshop um die Ecke schon geöffnet hatte.

Ich war der erste Gast und ein Bagel mit Frischkäse gehörte um diese Zeit zu meinen Favoriten. Ich dachte an meine Mutter, während ich aß. Sie hatte immer dafür gesorgt, dass ich gut gegessen hatte und ordentlich angezogen war. Als alleinstehende Mutter ohne großes Einkommen muss es sehr schwer für sie gewesen sein, aber sie hatte es immer geschafft, eine starke Frau, die für mich sorgte, so gut sie konnte. Sie hatte mich mit allem versorgt, was ich brauchte. Mit Dingen. Sie konnte mir ihre Liebe nicht geben, außer durch Dinge, die sie mir kaufte. Sie konnte ihren Zorn, ihren riesengroßen Ärger und ihre Enttäuschung vom Leben ausdrücken, nicht aber ihre Liebe. Und doch war so viel Wärme in ihr. Ich hatte mich immer nach einer Berührung von ihr gesehnt oder einer Umarmung, aber selten bekam ich sie.

Nun war ich selbst alleinstehende Mutter und es gab so viel, was ich noch lernen musste!

Ich hörte das Telefon läuten, als ich die Tür zu meinem Appartement aufschloss. Ich eilte hinein und nahm den Hörer ab. Da war ein Mann am Apparat. Er stellte sich als Zbyszek Swiderski, kurz Ziggy, vor und entschuldigte sich, so früh bei mir anzurufen. Er hatte eine Radiosendung, die jeden Sonntagmorgen ausgestrahlt würde und sehr beliebt sei in der polnisch-kanadischen Gemeinde.

Er bot mir einen Job als Moderatorin an. Er sagte, er habe immer meine Schauspielerei und meine Stimme bewundert und nun wollte er, dass ich der „Star der Sendung" würde, wie er sich ausdrückte. Meine Aufgabe würde sein, die Sendung zu leiten und außerdem Life Interviews mit Politikern zu führen, die einen polnischen Hintergrund hatten oder mit berühmten Filmstars, Musikern und allen Arten von interessanten Persönlichkeiten, die ständig Toronto besuchten oder hier lebten.

Zuerst lehnte ich ab. Es würde eine Menge Arbeit auf mich zukommen mit all den Vorbereitungen jede Woche und mit geringer Bezahlung. Aber dann sagte ich, ich wolle es mir überlegen und ihn zurückrufen.

Es ist nicht wirklich ein Schauspieljob – dachte ich. Aber ich kann viele wertvolle Kontakte knüpfen. Wer weiß, was für eine angehende Filmemacherin gut ist? Außerdem machen Radiosendungen so viel Spaß.

Ich rief meine Agentin an und hinterließ eine Nachricht. Ich wollte wissen, was sie über die ganze Sache dachte.

Es war erst neun Uhr am Morgen und so viel war bereits passiert. Und ich hatte noch den ganzen Tag für eine weitere Lektion mit Rhami-yata, für mehr Abenteuer und vielleicht mehr ungelöste Rätsel. Ich streckte mich auf meinem herrlichen Eichenbett aus, schickte meine Sinne zur Ruhe und weckte meinen reiselustigen Geist irgendwo zwischen Zeit und Materie.

***

Ich ging mit einem Schmunzeln auf dem Gesicht über den

Steinfußboden. Jeder Schritt machte mehr Freude. Und da war sie! Meine kleine goldene Statue. Sie stand mitten in der Kammer der Sieben Mächte. Zitternd vor Erregung kniete ich mich neben ihr auf den Boden. Er hatte sie mir geschenkt! Dann sah ich seine Füße. Rhami-yata trug wie üblich Sandalen. Ich schaute auf. Seine Augen lächelten. Nun waren sie fast grün. Er schien auch jünger zu sein. Ich hatte schon früher bemerkt, dass sein Alter fließend war, genauso wie die Farbe seiner Augen. Das war wirklich seltsam. Aber sein zurück gekämmtes Haar, sein Gewand und die Sandalen würden immer gleich bleiben.

„Willkommen, Vater", sagte ich und stand auf. „Danke für das Geschenk." Mein Gesicht strahlte vor Freude. Ich versuchte, die Statue hochzuheben und es gelang mir. Ich drückte sie an die Brust. „Warum ist sie so leicht? Sie soll doch aus Gold sein."

„Es ist Gold, aber das Gesetz der Schwerkraft gilt nicht im Tempel", sagte er.

„Oh." Ich sah mich um, entschied aber, es auf sich beruhen zu lassen. Ich wusste, er würde das Thema sowieso fallen lassen. Stattdessen fragte ich nach der Statue. „Ein interessantes Kunstwerk. Warum ist es so andersartig?"

Tatsächlich. Trotz der Form der Schenkel, Knie und Füße, die typisch waren für eine ägyptische Skulptur passte der eckige Kopf nicht zu dem Rest.

„Du hast Recht", sagte Rhami-yata. „Ein ägyptischer Künstler hat sie gemacht, aber die Gottheit wurde auf Bali angebetet, nicht in Ägypten."

„Eine ägyptische Statue, die eine balinesische Gottheit darstellt? Wie geht das zu?"

„Komm mit mir", sagte der Meister. Ich stellte die Statue zurück auf den Boden und bevor ich noch einmal Atem schöpfen konnte, verschwand die Kammer der Sieben Mächte.

Wir saßen auf Stühlen aus Stein. Sie waren am Abhang eines Tals aufgestellt und sie waren unbequem. Ich schaute hinunter und entdeckte meine Statue. Sie stand auf einer großen steinernen Plattform am Grund des Tals. Nun aber hatte sie die Größe eines Riesen, sie war mindestens dreieinhalb Meter hoch. Sie schien aus Holz zu sein und sie hatte auch keine grünen Streifen. Die Form war fast die gleiche, nur dass die Beine dicker waren, massiver. Wunderschöne langhaarige Frauen legten Früchte und Blumen zu ihren Füßen nieder. Ich sah Gefäße, die gefüllt waren mit Wasser, Asche oder bläulichem Feuer. Und ich sah Berge von Feldfrüchten. Alles war mit Blättern verziert. Menschenmengen sangen fröhlich und wiegten sich im Rhythmus dazu. Alles wurde von der strahlenden Sonne beschienen.

Ich sah Rhami-yata an. Wir passten überhaupt nicht ins Bild, zwei geisterhafte Gestalten in weißen Gewändern. Der Meister fing meinen Blick auf. „Wir sitzen auf den Besucherstühlen", sagte er. „Manchmal kamen einige ägyptische Priester hierher, um der Zeremonie beizuwohnen. Ebenso wie wir jetzt beobachteten sie die Opferzeremonien für die Fruchtbarkeitsgöttin. Die Frauen von Bali führten ein Ritual durch, um sich einer erfolgreichen Geburt zu versichern."

„Gute Idee."

„In der Zeit, die wir gerade beobachten, war es ein absolutes Muss für sie, kein reguläres Ritual."

„Wie kam das?"

„Ihr gesamter Volksstamm litt unter einer genetischen Störung. Viele Frauen verloren ihre Kinder durch Fehlgeburten."

Ich schaute hinunter zu den singenden Frauen. Ich konnte ihren Schmerz spüren. Ich sah die Hingabe in ihren Augen, wie sie zu dem quadratischen Gesicht beteten, das sich über das Tal erhob. „Ihr Kopf, Vater, warum ist er quadratisch?"

„Warum fragst du sie nicht?"

Schlagartig war ich mitten in der Menge. Ich wandte mich an die Frau neben mir. „Ein quadratischer Kopf? Niemand hat einen solchen Kopf...".

„Natürlich nicht", sie sah mich erstaunt an. „Es ist die perfekte Form. Nur gut für Götter."

„Viereckig?" Nun war ich erstaunt. „Ich dachte immer, der Kreis sei die perfekte Form."

„Was ist ein Kreis?", fragte die Frau.

„Sie wissen nichts über den Kreis!", rief ich dem Meister zu und war auf der Stelle an seiner Seite.

Wir waren zurück in der Kammer der Sieben Mächte. Ich vergewisserte mich rasch, dass meine goldene Statue noch da war. Ja, da stand sie. Genauso wie wir sie verlassen hatten.

„Sie wurde für eine wohlhabende ägyptische Dame angefertigt, die das Ritual in Bali gesehen hatte. Die ägyptischen Priester gestatteten Gästen manchmal mitzureisen. Die Dame bestellte die Statue, weil sie glaubte, sie würde ihr bei ihren Schwangerschaftsproblemen helfen."

„Aber wie konnten sie in Raum und Zeit reisen?"

„Diejenigen, die das konnten, wussten, wie man Materie beherrscht."

Ich sah ihn an. „Genauso wie du, richtig?"

„Zeit und Raum sind dein Konzept. Eine Voraussetzung für die Zeitreise ist, diese Art Konzepte loszulassen."

„Lerne ich die Materie zu beherrschen?"

„Hoffentlich auch das", sagte er.

„Wow!" Meine Augen weiteten sich vor Aufregung.

„Materie zu beherrschen ist das eine. Den Geist zu beherrschen ist weit schwerer."

„Was genau ist ‚beherrschen'?"

„Es bedeutet zu wissen, wie man die Mächte benutzt, imstande ist zu erschaffen oder ungeschehen zu machen, Dinge zu verändern. Und am wichtigsten, wenn du Materie und Geist beherrschst, ist, dass du frei bist von ihnen."

Ich fühlte mich wie eine kleine Hexe und mein zufriedenes Lächeln verriet mich.

„An diesen Fähigkeiten ist nichts Ungewöhnliches, Hermenethre. Es ist einfach eine natürliche Ordnung in der Evolution."

„Evolution?"

„Ja. Beides, Materie und Geist sind in Evolution begriffen. Wegen der zweiten Macht, Entwicklung. Richtig?"

„Erzähl mir mehr von über Materie und Geist, Vater."

„Die Höchste Schwingung manifestierte sich in Materie und Geist, wie du bereits gelernt hast. Die Dualität der Manifestation wird repräsentiert durch die Zahl zwei im Tempel."

Uh huh – dachte ich. Es geht los. Noch eine Zahl. Es ist etwas Merkwürdiges an diesen Zahlen. Ich hatte Recht!

„Nummer zwei steht für die Dualität der Manifestation von Materie und Geist," sagte ich laut.

Für einen Augenblick beobachtete ich einen opalisierenden, leichten, grünen Schleier oder eine Wolke, die sich uns langsam näherte. In seiner Mitte war ein großer Ball, weiß und ebenfalls opalisierend. Es war ein wunderschönes Phänomen. Der Meister und ich beobachteten es eine Weile stumm. Ich spürte ungeheuren Frieden von dem Schleier oder der Wolke ausgehen.

„Vergiss nicht", sagte Rhami-yata. „Materie und Geist sind lediglich Konzepte deiner Vorstellungen."

Merkwürdig! Während ich die opalisierende Wolke beobachtete, verstand ich irgendwie. Ich brauchte keine weiteren Erklärungen und hatte keine Zweifel.

„Hermenethre, deine Pflichten erwarten dich."

Ich nickte. Es war an der Zeit, Kerzen für die Sieben Mächte, die die Welt kreierten, anzuzünden. Ich goss das brennende Öl der Lampe in sieben kleine, bronzene Gefäße, die am Rand der Säule aufgestellt waren.

„Recht, Ihr seid das Ergebnis und der Grund von allem im Universum,
Entwicklung, Ihr gebt uns eine helfende Hand auf dem Weg zum Glück,
Entfernung, Ihr bringt uns das heilige Geschenk des Verständnisses,
Vergehen, Ihr seid die Wiege, der heilige Wille am Ende,
Erkennen, Ihr zeigt uns das Erkennen aller Schöpfung,
Erlauben, Ihr seid die Güte der Manifestation,
Respekt, Ihr seid die Freude, das Gleichgewicht und das Heil,

Liebe und Gnade, seid gesegnet.
Ich bin Eins mit Euch, Ihr seid Eins mit mir."

Die Kerzen brannten hell in der Kammer der Sieben Mächte. Ich schaute in die flackernden Flammen, die tanzende Schatten auf die sieben Statuen warfen. Ich dachte an das, was ich früher an diesem Morgen in mein Tagebuch geschrieben hatte. Dass sie nämlich Spiegelbilder ihrer selbst waren, die Sieben Mächte der materiellen und der geistigen Welt. Nun konnte ich erkennen, warum die Balance zwischen den Mächten so wichtig war.

Absolute Liebe – dachte ich, begünstigt niemanden oder irgendetwas. Das Gleichgewicht muss aufrechterhalten werden, damit wir alle eine Chance haben – diejenigen, die wir „gut" nennen und die, von denen wir sagen, sie seien „böse". Es ist nicht leicht zu akzeptieren, dass das Böse nur ein Nebenprodukt ist in Gottes Kreation der Materie. Aber so ist es. Materie, Geist, Gut und Böse sind nur Konzepte in der Vorstellung. Dennoch, wie vergab man einem Mörder? – seufzte ich.

„Das ist alles für heute, Hermenethre", sagte der Meister. „Du kannst jetzt gehen."

***

Ich schrieb einige Stunden lang in mein Tagebuch, indem ich sorgfältig die Lektionen des Tages und der vorangegangenen Nacht wiedergab. Auch fügte ich eine neue Zahl zu meinem „mathematischen" Puzzle hinzu:

Dualität der Manifestation (die Höchste Schwingung manifestiert sich in Materie und Geist) – Nummer 2.

Was war das bloß? – dachte ich. Wieso ist man im Tempel so fixiert auf Zahlen? Hm. Rhami-yata sagte, alles sei ein Konzept des Denkens. Ja, so wie der Kreis und das Viereck. Wir können nur erfassen, wovon wir glauben, dass es existiert. Wir würden das Unbekannte nicht sehen, selbst wenn es uns ins Gesicht starren würde. Wir können aber die Sonne ansehen und beschließen, dass sie ein Quadrat ist.

Ich schaute aus dem Fenster. Die Sonne schien noch immer. Genau wie die auf Bali. Und dann wird es Frühling – ich lächelte. April ist um die Ecke. Ganz bald schon.

***

Am nächsten Tag besuchte ich Jakob und Matthias. Es war das erste Mal seit unserer Trennung im Vormonat, dass ich sie aufsuchte. Immer hatte mich Matthias alleine besucht.

Mein bald Ex-Ehemann war dünner, als ich ihn in Erinnerung hatte. Er lächelte mich an, als wir im Wohnzimmer auf der beigefarbenen Couch saßen und Weißwein tranken. Aber seine Augen lächelten überhaupt nicht. Auch meine nicht. Es war noch immer sehr viel Schmerz in uns. Alles war zu frisch. Wir redeten über Matthias, der jeden Augenblick von seinem Freund zurück sein musste. Dann sprachen wir über die Scheidung. Meine Rechtsanwältin hatte mir gesagt, dass alles gut verlaufen würde, da es zwischen Jakob und mir keine Differenzen gab. Wir waren mit allem einverstanden. Wir wollten beide das Beste für Matthias und füreinander. Ich bekam das Sorgerecht für unseren Sohn und unsere Scheidung sollte endgültig im Juni stattfinden, im gleichen Monat, in dem wir Jahre zuvor geheiratet hatten.

Als Matthias zurückkam, besserte sich die Atmosphäre. Wir lachten gemeinsam über einige lustige Filme, die unser Sohn mit nach Hause gebracht hatte.

Hmmm, fast wie in alten Zeiten – dachte ich. Fast, aber doch nicht ganz.

Es wurde spät und Jakob bot mir an, dass ich bei ihnen übernachten könnte. „Noch nicht", sagte ich. „Ein anderes Mal."

Er fuhr mich nach Hause. Wir sagten „gute Nacht" und ich sah ihn in seinem Auto davon fahren. Seine Reifen machten „schhhhhh", als sie den März-Schneematsch durchschnitten.

Ich saß an diesem Abend im Dunkeln in meinem Armsessel. Ungewollt vermisste ich das alte Leben mit meinem Mann und meinem Sohn.

Ich stand auf, stellte mir Musik an und entzündete eine Kerze. Ich lehnte mit zurück in meinem Sessel. Nun war alles besser. Mein neues Heim hüllte mich ein und beschützte mich. Vor der Kälte, vor der Nacht und vor meinen Erinnerungen.

Plötzlich fiel mir ein, dass ich jemanden zurückrufen sollte. „Verflixt! Das hab ich total vergessen!" Ich suchte unter den Papieren auf meinem Schreibtisch/Tisch nach dem Zettel mit der Nummer von Ziggy.

An diesem Morgen hatte ich mit Fran gesprochen, die mir geraten hatte, das Angebot anzunehmen. Es war ein dauerhafter Job, ein Vertrag für mindestens ein paar Jahre und einerlei, wie gering die Bezahlung sein würde, es war sowohl für Schauspieler als auch für zukünftige Regisseurinnen wichtig, möglichst viele Verträge abzuschließen. Abgesehen davon war es unwiderstehlich, so viel Spaß live auf Sendung haben zu können.

Fran sagte mir auch, dass ich die Rolle in der Animationsserie im Fernsehen nicht bekommen hätte. Die russische Schauspielerin hatte das Rennen gemacht. Das allerdings machte mich glücklich.

Noch ein Orakel – dachte ich. Schauspielern steht jetzt nicht für mich auf dem Programm. In der Tat!

Ziggy ging ans Telefon. „Wirklich?", sagte er glücklich. „Können wir uns gleich morgen früh treffen?"

„Leider nicht", sagte ich höflich. „Ich habe schon andere Pläne gemacht. Aber der frühe Nachmittag wäre großartig. Was meinst du?"

„Jederzeit und überall." Er war sehr charmant.

Ich lud ihn zu mir nach Hause ein und erklärte ihm, wie er fahren musste.

***

Der nächste Morgen eignete sich ideal dafür, im Bett zu bleiben. Der März zeigte sein wahres Gesicht – mit Regen und Sturm. Schwerem Sturm.

Ich machte mir heißen Tee mit Zitrone und trank ihn im Bett. Danach wollte ich mich mit Rhami-yata treffen, aber meine Augen fühlten sich schwer an und ich legte meinen Kopf auf das Kopfkissen, nur für einen Augenblick.

Als ich wieder aufwachte, war es schon Mittag. Ich bekam die Panik, weil nur noch eine Stunde Zeit war, bevor Ziggy vor der Tür stand. Ich wusste, er würde pünktlich sein. Der Sturm war vorbei.

Ziggy w a r pünktlich und blieb nicht lange. Er war ein schlanker Mann mit blonden Haaren, etwas älter als ich. Er trug eine hübsche Brille, die er immer wieder mit der Spitze seines Zeigefingers zurecht rückte.

Wir einigten uns auf die Details dieses ersten Abschnitts, die Logistik und die Möglichkeiten. Er sollte mich immer früh am Sonntagmorgen abholen und mich zur Radiostation in Brampton fahren, wo die Sendung ausgestrahlt werden sollte. Er würde Ko-Moderator sein, wobei ich den größeren Teil zu bestreiten hatte. In jeder Woche würden mindestens zwei Gäste zu interviewen sein. Manchmal würde ich lange vorher von ihnen wissen, manchmal aber auch erst kurz vorher. Ziggiy würde mich immer wieder nach Hause bringen und alles würde „leicht und glatt" vonstattengehen, wie er sich ausdrückte.

Ich nickte zu allem, was er vorschlug. Ich wusste nicht wirklich, was ich zu erwarten hatte und was ich fragen sollte. Ich war gut darin, meine Stimme am Mikrophon einzusetzen, konnte augenblicklich improvisieren und mit interessanten Leuten zu plaudern machte immer Spaß. Das war alles, was ich zu der Zeit zu bieten hatte, aber offenbar wollte er auch nicht mehr. Ziggy wusste, dass ich keine Radioerfahrung hatte, was aber kein Problem zu sein schien.

Er war schnell wieder verschwunden und ich war bereit für meine Tageslektion. Ich hatte für den Tag genug vom im Bett bleiben und entschied mich, auf dem marineblauen Wollteppich im Wohnzimmer in Trance zu fallen.

Ich machte es mir bequem und schloss die Augen. Ich fing an, langsam zu atmen und meine Muskeln zu entspannen. Es funktionierte und ich fing an davon zu driften, als das Telefon zu läuten begann. Ich hielt die Augen geschlossen und schwankte, ob ich es abstellen sollte, da klingelte es an der Tür.

Das war's dann! Ich stand auf und drückte den Knopf der Gegensprechanlage.

„Ich habe meinen Ordner vergessen", rief Ziggy von unten. „Macht es dir etwas aus, wenn ich raufkomme?"

Ich fand heraus, dass dieser Ordner für ihn das Wichtigste auf der Welt war. Er enthielt alle Verträge, die Papiere für die Radiosendungen, Zeitpläne und Gott weiß was noch alles. Er meinte, er könne nicht leben oder atmen ohne diesen Ordner. Ich händigte ihm das unschätzbar wertvolle, dunkle Ledermonster aus und schon war er wieder weg.

Später fand ich heraus, dass Ziggy ständig in Bewegung war. Sein Leben fand zwischen den Seiten des Ordners und in seinem Auto statt. Diese Radioleute waren verrückter, als man sich vorstellen konnte!

Ich zog mir den Mantel an, griff mir meinen Schirm für alle Fälle und verschloss demonstrativ die Tür. Mir reichte es! Ich wollte in den örtlichen Coffeeshop gehen um kichernden Schulmädchen, flüsternden Liebenden, bärtigen Lesern und gehetzten Geschäftsleuten zuzusehen.

Es wird an so einem Regentag dort sicher voll sein – dachte ich. Aber wen schert es. Heute kann ich auf keinen Fall in Trance fallen.

***

Rhami-yata nahm mich am nächsten Tag auf eine ungewöhnliche Reise mit. Also, ja, alle Treffen mit ihm waren weit entfernt vom Gewöhnlichen, aber diese war nochmal etwas anderes.

„Komm mit mir", sagte er und ich wusste, dass er ein besonderes Abenteuer ankündigte.

Augenblicklich waren wir an einem seltsamen Ort, umgeben von Farbtönen, gefärbten Wolken nebliger Energien. Sie umrundeten uns langsam, wie Rauch sich in der Luft bewegen würde. „Wo sind wir?!", rief ich aus. „Es sieht aus wie das Szenenbild in einem Sciencefiction-Film."

Der Anblick von einmaliger Schönheit war erfüllt von Frieden. Ich bemerkte, dass der Frieden aus der Abwesenheit von Materie entstand. Rings um uns her, Kilometer im Umkreis gab es nichts als Wolken bunter Energie, die sich sanft bewegten, sich ineinander falteten und sich ausbreiteten. „Ich nehme an, das ist fast so, als ob man Drogen nimmt", flüsterte ich.

„Du hast Recht", sagte Rhami-yata. „Einige Menschen, die Drogen nehmen, schaffen es hierher zu kommen. Aber sie sind nicht soweit, diesen Ort zu verstehen und sie können seine Bedeutung nicht erkennen."

„Was also bedeutet dieser Sciencefiction-Himmel?", fragte ich fasziniert. „Sind wir im Weltall?"

Aber wir waren weder im Himmel noch im All. Der Meister erklärte, wir seien am Grunde des „dritten Auges". Es war eins der Chakren, wie manche sie nannten, die die Zentren der Energie im menschlichen Körper waren. Das „dritte Auge" befand sich auf der Stirn etwas oberhalb der Augenbrauen.

„Ganz sicher", sagte ich, „musst du mir mehr über die Chakren beibringen."

Er meinte, ich könne einiges Basiswissen aus Büchern lernen. Es gab viele davon. Dann wäre er imstande, mein Wissen angemessen zu erweitern. „Aber jetzt ist nicht der Moment dafür", fügte er hinzu. „Ich werde dich wissen lassen, wenn der Moment gekommen ist."

Ende der Geschichte. Ich wusste, es gab keine Möglichkeit über seinen Standpunkt zu reden, oder über die Strategie seiner Lehrmethode. Also lernte ich eine ganze Weile nichts über die Chakren.

„Hier, am Grunde dieses ‚dritten Auges' gibt es einen weit offenen Tunnel für kosmische Energie", sagte er abschließend.

Einen Moment lang betrachtete ich das Fließen der Energie durch den Tunnel. Es war ein außergewöhnlicher Anblick. Ich sah die opalisierende kosmische Energie hereinströmen und bewirken, dass die bunten Wolken sich bewegten.

„Aber wie funktioniert das? Wie können wir mit diesem merkwürdigen Auge ‚sehen'?"

„Impulse und Botschaften von überall im Universum werden hier empfangen", sagte er.

Ich lernte, dass sie wie „Negative" von Photographien waren. Nicht einfach zu lesen. Diese Botschaften wurden von Gedanken interpretiert, dann waren sie leicht wie normale Photographien zu lesen. Doch das Interpretieren der Botschaften war ein trickreicher Vorgang und viele Menschen machten oft Fehler.

„Erklär mir, wie man es macht!" Natürlich erregte mich die ganze Sache sehr.

„Die beste Möglichkeit, die Botschaften zu entschlüsseln ist, hierher zu kommen, auf den Grund des ‚dritten Auges'. Hier bekommen die Gedanken ein klares Bild und es ist einfach, die ‚Negative' der Botschaften zu lesen. Je weiter entfernt man vom Grund des ‚dritten Auges' ist, desto nebulöser, unklarer wird die Botschaft."

„Warum kommen dann die Menschen nicht immer hierher, um Fehler zu vermeiden?", fragte ich.

„Weil viele, die es versuchen, niemals hier ankommen. Sie denken, dass sie da sind, sind sie aber nicht."

„Warum?"

Er sagte, sie schienen nur bis zum Eingang dieses Chakras zu gehen und nicht bis auf den Grund. Das jedoch konnte auch schon ein tiefgreifendes Erlebnis sein. Und so würden sie davon geblendet und ihre Gedanken würden sie austricksen. Deshalb wären die Botschaften, die sie lesen, unklar, entstellt und ungenau.

„Wie kann ich mich vergewissern, dass ich die Botschaft richtig verstehe?", fragte ich.

„Vergewissere dich stets, wo du dich befindest. Du musst wissen, ob du am Eingang oder auf dem Grund des ‚dritten Auges' bist."

Offensichtlich war es wichtig zu erkennen, wo ich war, damit ich wusste, ob ich es mit einem verdrehten Bild oder der reinen Botschaft zu tun hatte.

„Jedes Bild kann gelesen werden", erklärte er, „nur in unterschiedlicher Weise. Und das ist der ganze Trick. Das ist alles."

Ich platzte heraus: "Ha, ha, ha, ha! Wirklich... nichts weiter!"

„Also, ja...," sagte er und ich sah seine leichte Verwirrung durch meine Reaktion. „Wenn du ein Problem damit hast deinen Standpunkt zu ermitteln oder verdrehte Botschaften zu entschlüsseln, dann überspringe diesen Schritt und vergewissere dich immer, dass du auf dem Grund deines ‚dritten Auges' bist."

Ich lachte nicht mehr, aber dafür war mein Gesicht mit einem dümmlichen Lächeln geschmückt. Der Meister seufzte resigniert. Darüber musste ich schon wieder lachen.

Er erklärte, dass „dritte Auge" diene auch als Starthafen, von dem aus Zeit- und Raumreisen unternommen wurden. Er zeigte mir, wie ich eine solche Reise starten könne. Es schloss unter anderem ein, durch den Tunnel zu reisen, der zu der kosmischen Energie führte. Huiiiiiii! Das war eines der herrlichsten Gefühle, die ich je gehabt hatte.

Aber das war nur der Anfang der Reise und ich wollte Einzelheiten darüber wissen, wie es weiter ging. Ich befragte ihn zu der Reise nach Bali, die wir gerade unternommen hatten.

„Wie sind wir dorthin gekommen, Vater? Ich erinnere mich, dass du mich in null Komma nichts mitnahmst zum alten Bali. Wie hast du das gemacht?"

„Der einfachste Weg für Priester zu reisen, ist, sich in Protonen und Elektronen aufzuspalten. Dann transportieren sie sich als eine goldene Wolke von Protonen zu ihrem Ziel. Das gleiche gilt für den Transport von Gegenständen. Es basiert alles auf dem gleichen Prinzip."

„Atome spalten?" Meine Augen weiteten sich.

„So wurde es durch alle Zeitalter hindurch gemacht", versicherte er, „und so geht es am schnellsten."

Er sagte mir, der genetische Code des Astralkörpers eines jeden befinde sich in den Protonen seines physischen Körpers. Das gleiche gelte für den Astralcode von Dingen. Wenn die Protonenwolke erst einmal an einen anderen Ort oder in eine andere Zeit transportiert worden sei, so sei es einfach, das Ganze mit den Elektronen zu vervollständigen. Sie seien überall im Universum die Gleichen. Das einzige, was sie besäßen, sei elektromagnetische Energie, das sei alles.

„Aaaha", sagte ich, „aber da fehlt noch etwas. Ein Atom ist zusammengesetzt aus Protonen, Elektronen und dem Atomkern. „Sind wir alle gleich aufgebaut? Und wenn, was geschieht dann mit dem Kern, wenn du ein Atom spaltest oder einen Menschen?"

„Das ist eine sehr wichtige Frage, nicht wahr?" Er sah mir in die Augen.

Ich fühlte Wellen von Gedanken durch mein Gehirn fließen. Ich schob sie beiseite. Ich wusste, sie waren nutzlose Geräusche.

„Was ist ein Kern, Hermenethre?"

„Die Höchste Schwingung manifestierte sich in Materie und Geist", erinnerte ich mich. „Rhami-yata! Der Kern! Es muss das gleiche sein wie die Höchste Schwingung! Könnte es sein...?"

„Sehr gut", lächelte er. „Der Kern ist nichts anderes als vibrierende Energie. Und tatsächlich muss es auf der höchst möglichen Stufe vibrieren. Es ist jedoch nicht die Höchste Schwingung selbst. Auch wenn du es gerne hättest."

***

Lange Tage voll von harter Arbeit folgten der Lektion. Rhami-yata bat mich, das Spalten eines Atoms zu üben und es in Raum und Zeit zu transferieren. Ich wählte meine kleine Goldene Statue, die ich von dem Meister im Tempel bekommen hatte, als Übungsobjekt.

Nach einigen Tagen war ich erstmals in der Lage, eins ihrer Atome in mein Appartement zu transferieren. Stolz, erschöpft und glücklich veranstaltete ich einen kleinen Siegestanz in meinem Wohnzimmer.

Ich stoppte meinen Tanz abrupt und ließ mich auf meine Couch fallen.

Wenn ich nicht verrückt werde, muss das hier ein Traum sein – dachte ich. Dieser John! Er ist so weit weggezogen, dass ich ihn nicht einmal anrufen kann, ohne mein fest eingeplantes Budget zu sprengen. Oh Gott!

Ich stand auf, ging zu meinem Schreibtisch/Tisch und schaute das goldene Atom an, das dort lag.

Ist das Ding real? Wie kommt es, dass ich es sehen kann?

Ich schloss die Augen. Ich konnte das Atom immer noch sehen, auch mit geschlossenen Augen.

Nun, – dachte ich – entweder ich bin tatsächlich verrückt geworden, oder aber ich kann es mit meinem „dritten Auge" sehe. Es ist die einzige Erklärung, die es gibt.

Ich nahm eine Flasche Wasser aus dem Kühlschrank und setzte mich in meinen Plüschsessel.

Ich dachte über die ganze Sache nach. Und ich hatte kein sehr gutes Gefühl dabei. Selbst wenn ich nicht verrückt war, und wenn ich tatsächlich in der Lage war, ein Atom zu spalten und es in Zeit und Raum in mein Wohnzimmer zu transportieren, warum sollte ich das tun? Es würde mich Jahre kosten, die ganze Statue hierher zu transferieren. Natürlich hatte ich Rhami-yata gesehen, wie er mich und sich selbst in Bruchteilen von Sekunden transportiert hatte, es musste also eine Abkürzung geben. Er hatte aber offensichtlich nicht vor, mir das zu diesem Zeitpunkt beizubringen.

Ich seufzte. Für mich sah das nach einer Art Hexenkunst aus, das heißt, wenn ich nicht verrückt wurde oder mir einfach das ganze Abenteuer nur einbildete.

Oh, – dachte ich – es wäre schon schön, wenn ich nicht durchgedreht wäre und alles wäre wahr. Ich könnte so viele erstaunliche Dinge tun, genau wie Rhami-yata. Außer einem: ich hätte keine Lust, Jahrzehnte damit zu verbringen, Goldfiguren von einem Ort zum anderen zu transportieren. Ich kann mich weiterhin an meiner Statue erfreuen, wenn sie da bleibt, wo sie jetzt ist, nämlich in der Kammer der Sieben Mächte, richtig?

Ich hatte das Gefühl, dass ich ein paar Tage Pause brauchte. Ein normales Leben leben, sehen, was andere in der realen Welt so taten. Um einigen Abstand zu haben und um feststellen, ob ich noch wie andere Menschen funktionierte. Ohne ungewöhnliche Erlebnisse, ohne einen uralten Meister, der mein Leben auf den Kopf stellte.

Kapitel 6
Das Gesetz von Feinden und von Freunden

Mein Radiojob begann am folgenden Sonntag. Ich hatte Lampenfieber, meine erste Sendung lief jedoch einwandfrei.

Wir kamen eine halbe Stunde vor Beginn der Sendung in Brampton an. Das Studio hatte eine ausreichende Größe mit einer großen gläsernen Trennungsscheibe und dem Techniker dahinter. Er hieß Piotr Prusinski, und er hatte zuvor Bassgitarre in populären Rock Bands, wie zum Beispiel Roxa, Papa Dance und Ex-Dance gespielt. Nun war er für das Timing und Abspielen all der Musik und der Werbung in unserer Sendung verantwortlich, manchmal half er auch bei der Produktion. Wir sahen ihn während der Sendung hinter der Glasscheibe und er gab uns meistens ein Zeichen, wenn ein Musikstück zu Ende ging. Manchmal gaben wir ihm durch Gesten zu verstehen, wenn wir wollten, dass die Musik kürzer sein oder langsam leiser werden sollte. Es war an uns, Ziggy und mir, alles, was wir vorbereitet hatten in den Sendeplatz einzupassen. Jede Sekunde und jedes Wort musste beachtet werden. Die Sendung war Life und das war der größte Spaß.

Ziggy und ich saßen uns gegenüber am Studiotisch und ich mochte die großen sensiblen Mikrophone. Ich weigerte mich, Kopfhörer zu benutzen, wie Leute gewöhnlich sie in Studios verwenden. Ich hatte das Gefühl, mehr Kontrolle über meine Stimme und das, was sich tat, zu haben, wenn ich mich nicht durch das Mikrofon sondern Life hörte. Das wurde während meiner Radiozeit zu meiner normalen Routine für die nächsten paar Jahre. Meines Wissens bin ich wohl die einzige Radiomoderatorin gewesen, die unter keinen Umständen Kopfhörer benutzte.

Ziggy brachte mich am frühen Nachmittag wieder nach Hause. Sein silberner Wagen fuhr schnell und gleichmäßig.

Auf unserer Fahrt hörten wir uns die Aufnahme unserer Sendung vom Morgen an.

Ziggys „Silbergeschoss" brauste davon und ich hatte den Rest des Sonntags ganz für mich.

Ich lief die Treppe hinauf und öffnete die Appartementtür. „Hi, ich bin wieder da!" – wollte ich rufen, wie ich es üblicherweise getan hatte, wenn ich in den alten Zeiten von einer Theatertournee zurückkam. Dann aber wurde mir bewusst, dass niemand auf mich wartete. Niemand, dem ich von meinem ersten Tag in der Radiostation erzählen konnte.

Ich schloss die Tür und seufzte. Schade – dachte ich. Nun, wo ich etwas freie Zeit habe, gibt es niemanden, mit dem ich sie teilen kann.

Ich ging ins Badezimmer und betrachtete mein Spiegelbild. Das Make-up war genau richtig, zart und pastellfarben, passend sowohl zu dem Morgenjob als auch zu einem ruhigen Sonntagnachmittag. Beim Händewaschen sang ich leise eins von Nirvanas Liedern:

> „Wenn die Lichter gelöscht sind,
> Ist es weniger gefährlich
> Hier sind wir nun –
> Unterhalte uns
> Ich fühle mich dumm und ansteckend
> Hier sind wir nun –
> Unterhalte uns."

Dann bürstete ich mir die Haare und wusch mir noch einmal die Hände. Langsam drehte ich den Wasserhahn zu.

Welches Leben ist für mich „normal" an einem Sonntagnachmittag? – dachte ich. Kochen? Lesen? Radio hören? Das auf keinen Fall, ich hatte gerade den ganzen Vormittag mit einer Radiosendung verbracht.

Ich verließ eilig das Badezimmer, griff mir meinen Mantel und verschloss die Appartementtür.

In der Stadt ging es wie gewöhnlich lebhaft zu. Aber an diesem Tag war das Gedränge irgendwie anders. Meistens junge Paare oder

Familien schlenderten umher und sahen in die Schaufenster. Dann gingen sie zum Mittagessen in eins der zahlreichen Lokale. Ich sah sie spazieren gehen und reden und alle schienen dem gleichen Muster zu folgen: eine gewisse Art lebhafter Unterhaltung, die Bewegung des Kopfes, das Lächeln, die Männer, wie sie sich zu ihren Frauen neigten, die Kinder, wie sie herumrannten und ihre Eltern umrundeten.

Wie auf einem großen Filmgelände – dachte ich. Wenn der Regisseur verlangt, dass die Statisten natürlich aussehen, dann verhalten sie sich in einen koordinierten Rhythmus.

Ich aß in einem vegetarischen Restaurant zum Mittag, wo die Leute etwas anders waren, ruhiger, weniger zum Plaudern aufgelegt. Dennoch folgten auch sie einem bestimmten Muster in ihren Bewegungen und erinnerten mich damit an eine „arrangierte" Gruppe. Die Konversation schien in Zeitlupe stattzufinden, die Kinder spielten leise mit ihrem Essen, anstatt herumzurennen.

Langsam ging ich nach Hause und zog mir den Mantel aus. Der Sonntagnachmittag war vorüber und ich hatte noch einiges zu tun. Nun da ich erlebt hatte, was andere da draußen trieben, konnte ich zu meinem eigenen Rhythmus zurückfinden. Es wurde Zeit, die Dinge, die ich für die Anmeldung an der Filmschule brauchte, zusammenzustellen. Und das erledigte ich freudig.

In den nächsten Wochen war ich oft damit beschäftigt, meine vielen Ideen in die Tat umzusetzen, wie ich meine Anmeldung für die Juroren unwiderstehlich machen konnte.

Eines Morgen bekam ich einen Anruf aus Europa von John. Ich war außer mir vor Freude! Er erzählte mir, er sei sehr glücklich dort und gerade auf dem Weg zu einem Kloster. Er klang, als sei seine Nase etwas verstopft, so als bekäme er eine Erkältung, aber er war aufgekratzt und fröhlich. Er meinte, sein Leben habe in die richtigen Bahnen zurückgefunden und das fühle sich großartig an.

Wir konnten nicht lange reden, weil es so teuer war, aber die Zeit reichte, ihn nach seiner Meinung zu den jüngsten Ereignissen zu fragen: Atome spalten, Zeitreisen unternehmen und der Blick durch das dritte Auge, zu dem ich offenbar neuerdings imstande war. Nein, er hatte seine Meinung über mein Abenteuer mit dem Meister nicht geändert. Wie vorher fand er es tiefgreifend und weit entfernt von verrückt.

„Sieh mal, da liegt ein goldenes Atom auf meinem Schreitisch!", rief ich aus. „Es ist immer noch da, ich kann es sehen. Und ich weiß nicht, ob ich schon durchgedreht bin oder ob ich wirklich durch das ‚dritte Auge' sehen kann."

Er sagte, es sei nichts wirklich Mysteriöses an dieser Art zu schauen. In anderen Kulturen, beispielsweise in Indien, betrachte man es keineswegs als merkwürdig.

„Aber ich bin nicht in Indien und ich scheine das verflixte Ding aus der Antike geradewegs in mein Wohnzimmer transferiert zu haben. Wie soll ich verstehen, was da passiert ist? Ich habe keine andere Erklärung, als dass meine Verrücktheit wirklich fortgeschritten ist."

John stimmte nicht zu. Er erklärte, es sei nichts Ungewöhnliches oder Schändliches dabei, Atome zu spalten oder Dinge in Raum und Zeit zu transportieren. „Die Wissenschaft experimentiert schon seit langem mit all dem", fügte er hinzu.

„Rhami-yata sieht definitiv nicht nach einem experimentierenden Wissenschaftler aus", protestierte ich.

„Ich glaube nicht, dass er irgend etwas ausprobiert," sagte John. „Er hat wahrscheinlich eine Methode, die besser ist als das, was alle Wissenschaftler zusammen bis jetzt herausgefunden haben. So einfach ist das."

Ich schaute mir erstaunt den Hörer an und fragte ihn, ob er das wirklich alles glaube. „Warum nicht?", sagte er. „Ob das, was dir da geschieht, real ist oder bloß symbolisch, ist nicht der Punkt."

„Für dich ist das einfach zu sagen. Für mich sind Realität und Symbolik zwei verschiedene Dinge", seufzte ich. „Oh, John, was soll ich bloß tun?"

Er bat mich, meine Alltagsrealität im Auge zu behalten. Zu beobachten, wie Rhami-yatas Lehren meine Wahrnehmung beeinflussten.

„Schau auf den Unterschied zwischen Illusion und Wahrheit. Benutze dein ‚drittes Auge' dafür. Und freu dich daran, Himmel nochmal! Es ist alles gut, vertrau mir. Es ist ein Segen, du dummes Mädchen. Und ich beneide dich sehr."

Die Unterhaltung mit John beruhigte mich nicht. Aber ich wurde neugierig und ich wollte ausprobieren, was er vorschlug, wenigstens für eine Weile.

Mal sehen, was geschieht – dachte ich. Was könnte ich mit diesem „dritten Auge" sehen?

Ich füllte weiter mein Bewerbungspaket und es wurde besser und besser. Da gab es schon meine Essays, einige Bänder mit meinen Schauspielszenen und ein kurzes Filmskript. Ich fügte ein Dia von meiner neuesten Malerei hinzu und merkte dann, dass ich noch mehr visuelle Arbeiten in dem Paket brauchte.

Meine Cannon Kamera hatte verschiedene Linsen und man konnte damit interessante Bilder machen. Ich ging in die Stadt und fotografierte Leute auf der Straße und im Restaurant. Ich versuchte mein Gefühl zu vermitteln, dass sie Statisten an einem Filmset waren, wie ich es an dem Sonntagmorgen erlebt hatte. Es war nicht einfach, weil sich die Leute ständig umher bewegten und ich musste sehr schnell sein, um ihre Bewegungen und den Ausdruck auf ihren Gesichtern rechtzeitig einzufangen.

Da gab es ein fünfjähriges blondes Mädchen an der Hand ihrer großen, grobknochigen Mutter. Das Kind hatte neugierige, helle Augen. Sie sah etwas fehl am Platze aus mit ihrem ernsten und beunruhigten Ausdruck, der ungewöhnlich war für ihr Alter. Ich entschloss mich, das Mädchen wie einen „Hauptcharakter" zu behandeln und machte mehrere Aufnahmen von ihr gegen den Hintergrund der Menge der „Statisten."

Ich holte meine entwickelten Dias einige Tage später ab, suchte diejenigen heraus, die meiner Idee entsprachen und fügte sie zu meinem Bewerbungspakt hinzu.

Zwischendurch folgte ich neugierig, was wohl dabei herauskommen würde, Johns Ratschlag und übte mich darin, durch mein „drittes Auge" zu schauen. Als ich versuchte, Dinge durch die Augen der alten Priester zu sehen, stellte ich fest, dass nichts physisch solide genug war, um real zu sein, nicht die Leute auf der Straße, nicht die Bäume oder Steine. Alles sah aus wie ein Bündel leuchtender Flecken, die vibrierten, eine schimmernde Wolke von Dunst. Ich konnte sehen, wie die vibrierenden Flecken sich gruppierten und Formen bildeten. Ich hielt zum Beispiel auf einem Spaziergang inne, um einen Stein aufzuheben oder eine Baum zu berühren, der noch kaum Blätter hatte und langsam im Aprilsonnenschein erwachte. Meine Finger fuhren mit Vorliebe über die verschiedenen Strukturen und Temperaturen, um sie zu spüren.

Der Unterschied jedoch zwischen der Wahrheit und dem, was meine Sinne mir sagten, war klar. Alles um mich herum, mein Körper eingeschlossen, war nichts als ein Trugbild. Dann sah es so aus als kehrten die Dinge zurück zu dem, was sie vorher waren. Meine „besondere" Art zu sehen verschwand und die Welt war wieder real.

Ich hatte nie in meinem Leben Drogen genommen. Aber ich hatte von Leuten gehört, die damit experimentierten, Visionen und Halluzinationen gehabt und die Realität anders wahrgenommen hatten. Vielleicht ähnelt das, was sie „sehen" dem, was ich sehe? Ich fragte mich, ob sie erkannten, dass alles eine Illusion ist?

Ich erinnerte mich daran, dass Rhami-yata einmal gesagt hatte: „In einer Illusion leben kann Spaß machen, solange du nicht glaubst, dass es die Wahrheit ist. Dein Ziel ist nicht von dort zu entkommen, wo du bist, sondern aufzuwerten, zu verstehen und zu genießen, was dir geschenkt worden ist."

Als ich schließlich alles zusammen hatte für mein Bewerbungspaket, deponierte ich es vorsichtig auf einem der Ahornbücherborde, in die Nähe meines Plüschsessels. So konnte ich es immer sehen. Das kostbare Paket war sicher und wartete, bis ich es zum fraglichen Termin in der Universität ablieferte.

Jetzt konnte ich zurück in den Tempel gehen.

***

„Willkommen, Tochter", sagte der Meister. Und das Abenteuer ging weiter. Wir saßen auf dem Steinfußboden in der Kammer der Sieben Mächte, die durch die grauen Figuren repräsentiert wurden, welche lange tanzenden Schatten warfen.

„Ich habe geübt, durch das ‚dritte Auge' zu schauen", sagte ich. „Und nichts scheint wirklich zu sein. Bist du böse mit mir, weil ich nicht an dich geglaubt habe?"

Er lächelte. „Es wäre besser, du glaubtest an dich selbst und nicht an mich. Es scheint, du nimmst deinen eigenen Fortschritt nicht ernst, weil du annimmst nicht dazu fähig zu sein. Wenn das, was dir passiert ist, jemandes anderen Erlebnis gewesen wäre, würdest du dich nicht so schwer tun und es einfach akzeptieren, wie es ist, ohne zu versuchen, es zu erklären."

„Vielleicht", nickte ich. „Vielleicht hast du Recht."

Er bat mich, mich mehr mit dem Grundriss des Tempels vertraut zu machen, sodass ich mich besser zurechtfinden konnte. „Es wird Zeit, dass du dein neues Zuhause besser kennenlernst", sagte er.

Er führte mich in die Tempelbibliothek. Wenn man von der Kammer der Sieben Mächte aus dorthin ging, musste man eine andere Tür benutzen als die geheime, hinter den Statuen versteckte Tür. Der reguläre Eingang in die Kammer befand sich den Statuen gegenüber, und wenn man den gewundenen Korridor betrat, nachdem man die Kammer verlassen hatte, fand man alsbald die Bibliothek. Deren Tür befand sich auf der rechten Seite des Korridors, an dessen Ende ein Innenhof war.

Immer von Sonnenschein durchflutet und dekoriert mit blühenden Pflanzen war dieser Hof der einzige Ort im Tempel, der Tageslicht hatte. Außer der Bibliothek, die eine Reihe großer, auf den Hof hinausgehender Fenster hatte, besaßen alle anderen Räume, die ich bisher kennengelernt hatte, überhaupt keine Fenster. Sie wurden von ständig brennenden Öllampen erhellt.

Als ich zum ersten Mal die Bibliothek besuchte, war es so als stände ich Aug in Auge mit der Geschichte, die seit Jahrhunderten schlief und an einem vergessenen Ort ruhte. Verwirrt schaute ich mich in dem Raum um, der angefüllt war von Gipstafeln, Papyrusrollen, Büchern, Bändern, Platten, Chips, und einigen winzigen runden Disketten von der Größe der Linse eines Auges. Diese letzteren sahen sehr nach Sciencefiction aus und ich mutmaßte, dass sie wahrscheinlich noch gar nicht erfunden waren. Ich fragte mich, wie sie wohl zu verwenden waren.

So also sieht eine antike Bibliothek aus – dachte ich. Warte, bis ich ihn nach den Disketten und den Chips frage! Macht er Witze mit mir oder was?

Aber der Meister lächelte nur und erinnerte mich an die Illusion von Zeit. Oh, würden die Dinge je wieder normal werden? Ich konnte meine alltägliche Wirklichkeit nicht mehr auf die alte Weise betrachten und ich fühlte mich unbeholfen im Tempel. Nirgendwo passte ich richtig hinein, überall war ich die Merkwürdige.

Als nächstes gingen wir in den Hof und setzten uns auf Steinbänke einander gegenüber. „Werden wir heute eine Stunde haben?"

„Ja", sagte er, „aber lass uns sehen, was in der Kammer der Sieben Mächte vor sich geht."

Er bat mich, eine besondere Geste zu machen und eine Formel zu sprechen, die er mir früher beigebracht hatte, mit der man aus der Entfernung in die Kammer sehen konnte. Und da war sie, ich konnte sie direkt vor mir sehen wie ein schimmerndes, holographisches Bild.

„Da ist jemand drin!", rief ich.

Ich sah eine Gestalt, die sich hinter den Statuen auf der rechten Seite versteckte. Zusammengekauert versuchte sie sich unsichtbar zu machen.

„Vater, da ist ein Eindringling. Was soll ich tun?"

„Lass ihn, Hermenethre. Geh in die Kammer und tu deine Pflicht, aber lass ihn nicht wissen, dass du ihn bemerkt hast. Bleib mit mir durch deine Gedanken in Verbindung."

Ja, auch das hatte er mir am gleichen Tag beigebracht, an dem er mir die besonderen Gesten gezeigt hatte. Seitdem hatte ich sie aber nie verwendet.

Ich lief eilig durch den Korridor, vorbei an der Bibliothek. Ich stellte sogleich fest, dass die Eichentür nicht richtig geschlossen war. Das war ein Zeichen, das vor einem Eindringling warnen sollte. Niemandem außer den Priestern war es erlaubt sich hier aufzuhalten. Und nur sie wussten, wie man diese Tür richtig benutzte.

„Er war auch in der Bibliothek", sandte ich in Gedankenform an Rhami-yata im Hof. Und es funktionierte! Fast augenblicklich bekam ich seine Antwort.

„Ich weiß, Tochter. Entspann dich, ich bin da", sagten mir seine Gedanken.

Ich betrat die Kammer der Sieben Mächte. Mein Herz schwoll vor Angst und stieg mir in die Kehle. Das war vom anatomischen Standpunkt aus sehr interessant. Doch es musste möglich sein, denn ich hätte schwören können, dass ich es erlebte.

„Beginn deine Gebete." Ein neuer Gedanke erreichte mein Gehirn.

Ich goss das brennende Öl von der heiligen Lampe, um sieben Kerzen für die Mächte zu entzünden. Meine Hände zitterten. Ich konnte sie nicht stillhalten. Plötzlich riss ein lebhaftes Bild mir die Füße unter dem Körper weg und ich landete kniend auf dem Fußboden. Ich erkannte die Gestalt, die jede meiner Bewegungen beobachtete.

Es war Erehmenthre. Ich hatte ihn früher kennengelernt und wusste, dass er Anführer der Wachen im Tempel war. Er schien immer freundlich zu mir zu sein. Aber eine plötzliche Vision ließ mir das Blut in den Adern gefrieren.

Ich sah mich in weit, weit zurückliegender Vergangenheit, vor neuntausend Jahren. Ströme von Bewusstsein schossen wie Blitze fortwährend durch meine Gedanken. Im Verlauf der Vision sah ich mich hier im Tempel an einer Wunde sterben. Ich war achtzehn Jahre alt und war zwei Jahre lang einer der Hohepriester gewesen. Ich kannte meine Eltern nicht, war im Tempel aufgezogen worden und Rhami-yata war wie ein Vater zu mir. Es war in den letzten

Momenten meines Lebens eine tiefe Furcht und Resignation in meinen Augen. Ich kannte meinen Mörder gut. Erehmenthre sah mir beim Sterben zu und reinigte dabei mein Blut von seinem Dolch.

Die Vision endete. Ich hatte keine Zeit, einen Sinn darin zu finden. Ich wusste nur, dass irgendwie mein Mörder zurückgekehrt war – neuntausend Jahre später. Er hatte mich vorher umgebracht und er konnte es wieder tun. Egal wie irrwitzig das Ganze zu sein schien, es fühlte sich real an.

Ich breitete meine Arme aus und begann mein Gebet. Ich pries die Mächte, die die Welt erschufen und dankte ihnen für ihre Segnungen. Noch immer zitterte ich am ganzen Leib.

„Bete weiter und fürchte dich nicht. Versichere dich, dass er jedes Wort hört." Ich bekam eine neue gedankliche Nachricht von Rhamiyata. Das beruhigte mich, weil ich wusste, dass ich nicht allein gelassen wurde.

>„Recht, Ihr seid der gerechteste Führer für Feind und Freund,
>Entwicklung, Ihr gebt uns die gleiche und immerwährend liebende Chance,
>Entfernung, Ihr bringt uns Schönheit und heiliges Verstehen,
>Vergehen, Ihr seid die Gnade der Vergebung am Ende,
>Erkennen, Ihr zeigt uns die Göttlichkeit der Manifestation,
>Erlauben, Ihr liebt das Licht und die Dunkelheit in der Kreation,
>Respekt, Ihr seid die freudige Straße und das großzügige Heil,
>
>Liebe und Gnade, seid gesegnet.
>Ich bin Eins mit Euch, Ihr seid Eins mit mir."

Ich kreuzte die Arme vor der Brust und die heiligen Insignien manifestierten sich augenblicklich. Ich schaute in die machtvollen Gesichter der Statuen und fuhr fort zu beten.

„Ich weiß, dass ich nichts als eine unwissende Närrin bin, die versucht sich euch zu nähern in der Hoffnung auf eure Geschenke. Ich weiß. Vielleicht geschieht das niemals für mich. Aber was immer für mich in der Zukunft liegt, ich nehme es von Herzen an."

Ich spürte, dass der Eindringling sich auf mich zubewegte, ich betete jedoch weiter und gab vor, seine Gegenwart nicht zu bemerken.

„Ich habe schon gelernt, dass alles gleich ist und heilig", sagte ich. „Und ich beginne Liebe zu fühlen, die Mörder nicht verurteilt, die nichts und niemanden ablehnt. Danke für die Barmherzigkeit der Akzeptanz. Danke dafür, dass ihr mich die Liebe fühlen und verstehen lasst."

Ich beendete das Gebet und die Insignien verschwanden. Ich stand auf.

„Geh friedlich", sandte Rhami-yata mir in Gedankenform. „Ich erwarte dich im Innenhof."

Ich versuchte ruhig zu bleiben und verließ die Kammer.

Eilig, eilig raschelten meine Sandalen über den Tempelboden. Ich rannte schnell in dem Moment, als ich den Korridor betrat. Meine Fußkettchen klimperten laut und verrieten meine Beunruhigung. In Windeseile erreichte ich den Innenhof und sank dem Meister gegenüber auf die Steinbank.

„Beruhige dich, Tochter, alles ist gut."

„Was passiert jetzt, Rhami-yata?"

„Wir fahren mit der Lektion fort", sagte er.

„Aber er versteckt sich hinter den Statuen! Die geheime Tür, was, wenn er sie findet?"

„Niemand findet diese Tür ohne unsere Erlaubnis, Hermenethre. So ist es immer gewesen. Die Kammer der Fülle und die Kammer der Ultimativen Macht sind sicher."

In dem Augenblick sah ich Erehmenthre wieder. Er war mir offenbar gefolgt und fand uns nun im Innenhof.

„Er kommt hierher! Was soll ich tun?"

„Bitte ihn zu uns zu kommen. Beruhige dich."

„Was?!"

„Lad ihn ein, sich zu uns zu setzen. Du musst ihn von deiner Akzeptanz überzeugen", sagte der Meister in einem sachlichen Ton.

Ich war nicht sicher, dass ich den nächsten Augenblick überleben würde. Aber ich stand gehorsam auf und ging dem angsteinflößenden Mann entgegen.

Er war groß, hatte rabenschwarzes Haar und trug eine Lederrüstung mit Bronzeverzierungen. Und, ja, er trug immer ein Schwert und einen Dolch bei sich. Jetzt schaute ich den Dolch mit anderen Augen an, jetzt, da ich mich an seine kalte Klinge erinnerte.

„Willkommen, Erehmenthre." Ich konnte meine angespannte Stimme nicht wiedererkennen. „Rhami-yata erlaubt dir, die heutige Stunde mit anzuhören. Komm und setz dich zu uns. Möchtest du das?"

„Ja", war die knappe Antwort.

Wir setzten uns auf die gleiche Bank dem Meister gegenüber. Wir schwiegen alle drei. Mir wurde klar, dass Rhami-yata im Augenblick nichts sagen würde, aber ich bemerkte einen Vogelkäfig neben ihm und deutete darauf.

„Sieh mal die Vögel, Erehmenthre. Sind sie nicht wunderschön?"

Es waren vier weiße Tauben. Er warf einen schnellen Blick auf die Vögel und wendete sich dann mir zu. „Ja", sagte er.

Ich fand, dass ich meine Sache gut machte. Ich hatte zweimal ein „Ja" von ihm bekommen und das fühlte sich wie eine Leistung an. Er schaute mir geradewegs in die Augen. Merkwürdig, diesmal fand ich es nicht unangenehm.

„Diese Vögel", sagte ich langsam, „sind ein Geschenk, das ich einmal bekommen habe, weißt du?", ich wandte mich an meinen Lehrer. „Nicht wahr?"

„Du erinnerst dich gut", sagte Rhami-yata. „Dies sind die Tauben, die Rhantuassam dir geschenkt hat."

Ich erinnerte mich nur vage an den Namen, konnte nicht sagen, wie und wann ich das Geschenk bekommen hatte. Das war komisch.

„Die meisten Leute", fuhr er fort, „sehen in Vögeln Symbole der Freiheit, Hermenethre. Selbst wenn die Vögel im Käfig sind. Es scheint, dass man ihnen die Freiheit nicht nehmen kann, nicht mal wenn man sie tötet. Man kann sie einsperren und sie sind immer noch frei."

Der Meister schaute jetzt unseren Gast an.

„Weil es ein heiliges Geschenk ist, Erehmenthre. Diejenigen, die das vergessen und versuchen, die Freiheit zu kaufen, sind nicht wirklich frei. Diejenigen die sie gewaltsam zu gewinnen suchen, können sie auch nicht erringen. Auch die nicht, die sie erflehen oder sie von verbotenen Orten stehlen wollen. Wahre Befreiung erwächst nur aus der Reinheit der Gedanken."

Er wandte sich zu mir. „Was möchtest du mit diesen Vögeln tun, Hermenethre?"

Ich stand sofort auf und öffnete den Käfig. Die Tauben verließen ihr Gefängnis, flogen aber nicht davon. Sie ließen sich auf meinen Schultern nieder und flatterten vor meinem Gesicht herum. Dann flogen sie auf einen Baum in der Nähe, kamen aber sofort zurück. Ich strahlte über das ganze Gesicht vor Freude und Dankbarkeit, dass sie nicht wegflogen.

„Sie sie dir an", fuhr Rhami-yata fort, „die kindliche Person, die sie ist. Ihre Seele wird befreit werden, weil sie im Herzen unschuldig ist."

Die ganze Situation war aufregend für mich, die Tauben, die sich so gerne auf meine Schultern setzten, der Meister, der mich lobte und ich konnte nicht mehr an mich halten und platzte heraus:

„Ich weiß, warum es vier Vögel sind, Vater! Wirklich! Weil nämlich die Zahl Vier für Liebe steht, für Hingabe, Akzeptanz, Freude und all das! Alles ist gleich, und deshalb ist alles wunderbarerweise gut in den Augen der Liebe. Erehmenthre, egal, wer wir sind und was wir getan haben, – wir sind alle gleich. Und Liebe (oder Respekt) erinnert uns immer an diese Wahrheit."

Ich blickte den Befehlshaber der Wachen an und lächelte weiter. Da sah ich, oder vielleicht war es nur mein Wunsch, ein leises Lächeln in den Winkeln seiner dunkeln Augen.

***

Ich erwachte aus der Trance und lief sofort ins Badezimmer, um mir mein Gesicht zu waschen. Der Spiegel zeigte meinen freudigen Gesichtsausdruck und ich brach in Lachen aus.

So reagiere ich also auf das Treffen mit meinem Mörder? – dachte ich. Und wieso wollte er mich noch einmal töten? Einmal war wohl nicht genug? Moment mal! Warum erdolchte er mich eigentlich vor langer Zeit und ich lebe immer noch?

Ich versteckte mein Gesicht in dem Handtuch und verharrte so eine Weile. Es fühlte sich gut an.

„Nichts als Illusion", flüsterte ich durch den Stoff. „Mein Leben ist nur eine Illusion."

Das Appartement war still und friedlich. Lange Zeit war niemand außer meinem Sohn und seinem Freund zu Besuch gewesen.

Ich nahm mein Bewerbungspaket und drückte es an mein Herz.

Nur noch ein paar Monate – dachte ich. Das Schuljahr beginnt im September und mein Leben wird sich wieder verändern. Ich werde umgeben sein von allen möglichen Leuten, die alle möglichen Visionen haben. Und wir alle lernen, eine Illusion auf der Leinwand zu kreieren.

Ich hatte immer die erstaunliche Fähigkeit der Filmemacher bewundert, die es fertigbrachten, die Menschen an die Illusion glauben zu machen, die sie kreierten und die mit Hilfe von Requisiten, Schauspielern und Kameras Wirklichkeit wurde.

Es ist so nahe an der wahren Erschaffung der Welt, als man irgend im Leben kommen kann – dachte ich lächelnd.

Ich nahm den Hörer und setzte mich in meinen Plüschsessel, mein Paket auf dem Schoß.

Dann wählte ich Basias Nummer. „Ich habe gerade meinen Mörder getroffen", sagte ich.

„Waaas?!", rief sie aus. „Wo ist er jetzt?"

„Nicht hier."

„Schließ die Tür ab. Schnell! Ruf die Polizei."

Ich bewunderte, wie cool Basia in allen Situationen immer war. Sie hatte nicht einmal gefragt, wie ich mich fühlte, wer der Mörder war und warum er hinter mir her war. Sie erfasste rasch die Situation und wollte, dass ich erst einmal das richtige tat. „Das erste zuerst" war immer ihre Lebensregel. Einfach und logisch.

„Er ist nicht wirklich mein Mörder", sagte ich. „Das heißt nicht mehr. Jedenfalls erst einmal. Er hat mich schon einmal umgebracht und vielleicht tut er es noch einmal, vielleicht auch nicht. Wir werden sehen."

Da war eine lange Pause, bevor Basia wieder sprach. „Bleib, wo du bist. Verlass nicht das Haus, was immer du tust! Mach dir einen Tee mit Zitrone und warte auf mich. Wir werden mal sehen, was wir tun können, wenn ich bei dir bin."

Ich lachte und versicherte ihr, dass es keinen Grund für sie gab, durch die ganze Stadt zu fahren, da ich noch nicht komplett verrückt war. Dann erzählte ich ihr von der heutigen Stunde im Tempel und von meinem Erlebnis mit dem mutmaßlichen „Mörder aus der Vergangenheit".

„Hmmm", sagte sie, „Menschen haben die verschiedensten Einsichten, manche bekommen sie in ihren Träumen, manche, wenn sie glockenhell wach sind. Du bekommst deine Einsichten in Trance. Ich verstehe."

„Vielleicht ist es eine neue Methode von Rhami-yata, weißt du?", sagte ich. „Eine Art praktische Drama Lektion. Ich fand es gut! Ich erfasse die Dinge wirklich mit meinen ganzen Körper, nicht nur mit dem Kopf. Weil ich die Stunde erlebe, als sei es das reale Leben."

Basia stimmte mir zu. Sie sagte, Lehrer würden mit kleinen Kindern oft die gleiche Technik anwenden. Diese sollten eine Geschichte spielen und dann wurde darüber diskutiert. Die Kinder waren normalerweise sehr gut bei dieser Methode, einfach weil es Spaß machte.

„Es gibt aber noch eine andere Möglichkeit", sagte sie.

„Welche?"

„Dass der Meister dich nicht mit einem Trick dazu bringt, etwas durch die praktische Drama Methode zu lernen."

„Was könnte es denn dann bedeuten. Was denkst du?"

„Ich weiß nicht...", sie zögerte. „Aber vielleicht gibt es noch eine andere Wirklichkeit, eine andere Welt, in der du ein anderes Leben lebst?"

Ich gab zu, dass alles möglich war und dass wir bis jetzt nicht alles durchschauten.

„Siehst du", sagte sie mit Genugtuung.

Ich seufzte. „Das ist das Problem, Basia. Ich sehe noch nicht klar und ich weiß nicht wirklich, was vor sich geht."

Basia hatte schon immer an mich geglaubt, egal was ich tat oder plante. Für sie war es keine Frage, dass ich es schaffen und am Ende das Rätsel lösen würde.

In dieser Nacht konnte ich nicht einschlafen und als es schließlich soweit war, träumte ich, Basia säße auf der Fensterbank meines Schlafzimmers mit einer großen Bratpfanne in der einen und einer Dose Haarspray in der anderen Hand. Eine dunkle Gestalt klettere an der Wand hinauf und versuche in mein Schlafzimmer zu gelangen. Basia würde ihr mit der Pfanne auf den Kopf schlagen und sie mit dem Haarspray zu verjagen suchen. Sie wäre nicht loszuwerden und würde sie weiter abwehren.

Am Morgen war ich müde und hungrig. Ich setzte die Bratpfanne auf und bereite mir ein paar köstliche Pfannkuchen zu. Ich wollte sie mit Erdbeermarmelade und heißem Tee mit Zitrone genießen. Gerade als ich mich an meinem Schreibtisch/Tisch niederließ, klingelte das Telefon. Ziggy rief an. Er war in der Nähe und wollte mir ein Fotoalbum vorbeibringen. Unser neuester Gast in der Radiosendung war ein talentierter junger Maler und Ziggy wollte, dass ich mich mit seiner Arbeit bekannt machte.

„Das trifft sich gut! Magst du Pfannkuchen?"

Er mochte. Und ich musste noch mehr braten, um seinen Appetit zu befriedigen. Während ich den Teig vorbereitete, unterhielt er mich mit dem neuesten Klatsch über die örtlichen Berühmtheiten.

Das wurde ihm dann langweilig und er bat mich um eine Schürze. Ich hatte nur die eine, die ich selbst umhatte und so schlang er sich ein Küchenhandtuch um die Taille, bat mich beiseite zu treten und beendete meine Arbeit.

Ich musste zugeben, dass seine Pfannkuchen noch besser waren als meine. Perfekt kross, gerade die richtige goldbraune Farbe und fast gar nicht fettig.

Wir aßen sehr viele. Ich hab noch nie in meinem Leben so viele Pfannkuchen gegessen.

Ziggy bestand darauf, den Abwasch zu machen und verlangte von mir, mich hinzusetzen und zu entspannen. Ich nahm das Album zur Hand, das er mitgebracht hatte und blätterte durch die Bilder. Die abstrakten Malereien gefielen mir. Sie waren meist in den Grundfarben gehalten – rot, gelb, blau mit nur etwas weiß und überraschenderweise schwarz. Schwarz fand man nicht oft in der Malerei. Die Farbe galt als „tote" Farbe, die auf dem Bild die Illusion eines „Lochs" vortäuschte.

„Er ist gut", sagte ich zu Ziggy, „aber ich weiß nicht, ob er gut genug ist, um erfolgreich die Regeln umgehen zu können, um eigene Gesetze für seine Kunst zu erschaffen. Nur die besten unter den Meistern der Malerei waren dazu in der Lage. Was wohl aus dem Mann einmal wird? Ich mag ihn."

Jahre später ging ich in eine Ausstellung dieses Malers und sah, dass er seine Farbauswahl verändert hatte. Nun bevorzugte er grün, braun, grau und ein wenig purpur. Er war immer noch ein erstaunlich experimentierfreudiger Künstler und brach alle nur möglichen Gesetze des Malens. Einige Kritiker lobten ihn, andere wieder lehnten ihn rundweg ab. Seine Fähigkeiten waren noch immer nicht gut genug, um neue gültige Gesetze zu schaffen, die auf seinen Visionen und seinem Stil basierten.

Nachdem Ziggy gegangen war, Machte ich einen Spaziergang um den Block. Ich füllte die Lungen mit der frischen Luft, während ich die Nachbarschaft mehrmals umrundete, bis mein Körper gesättigt war.

Dann lief ich wieder hinauf in mein Appartement.

Eine schnelle Dusche, – dachte ich – dann werde ich wohl imstande sein in Trance zu gehen.

Ich hatte ein dringendes Bedürfnis, den Tempel näher zu erforschen, genauso wie Rhami-yata vorgeschlagen hatte, zwischen den uralten Mauern zu laufen und das Klimpern meiner Fußkettchen zu hören.

***

Ich verbrachte die nächsten paar Tage, indem ich durch den Tempel wanderte. Ich liebte die gewundenen Flure, die unerwartet abbogen, wenn man es am wenigsten erwartete.

In dem sonnigen Innenhof machte es mir Freude, all die Pflanzen zu besuchen, und ich drehte lange Runden von den hohen glücklichen Bäumen zu den winzigen fröhlichen Blumen. Rhami-yata erlaubte mir, ihnen Namen zu geben. Zuerst benutzte ich die Terminologie der Edelsteine und bald war der Hof angefüllt mit Diamanten, Opalen, Rubinen, Smaragden und Perlen. Dann änderte ich meine Strategie und versuchte die Persönlichkeit der Pflanzen zu „erfühlen". Und so gab es da einige Lebhafte, Freundliche, Erstaunliche, Stille oder Starke. Das Namen geben hätte endlos so weiter gehen können, denn es wuchsen immer neue Arten aus dem Boden.

Ich bemerkte, dass der Kommandant der Wachen mir diskret folgte. Seine dunklen Augen waren ständig wachsam, wie er mich aus der Entfernung betrachtete. Ich befragte Rhami-yata dazu, aber er sagte, es sei in Ordnung. Bald gewöhnte ich mich an Erehmenthres Gegenwart und nahm ihn gar nicht mehr wahr.

Der Meister und ich trafen uns wieder in der Kammer der Sieben Mächte. Wir standen vor den steingrauen Statuen auf der linken

Seite: Recht, Entwicklung, Entfernung, Vergehen, Erkennen, Erlauben, Liebe (Respekt). Ihre Gesichter waren bewegungslos und sie waren ihren Zwillingsstatuen auf der rechten Seite zugewandt. Aber es fühlte sich trotzdem so an, als würden sie uns beobachten.

„Um die Materie zu beherrschen, musst du die Mächte gut verstehen", sagte Rhami-yata.

Ich sah sofort zu ihm hinüber. Ja! Jetzt sprach er von richtigen Dingen.

„Lass uns das Recht oder das universale Recht, wie wir die erste der Mächte nennen, noch eingehender untersuchen."

„Das gleiche Recht, das wir für den Geist haben, richtig?"

„Nicht genau gleich", sagte er. Da gibt es ebenso das Recht, das die geistige Welt erschafft, aber seine Natur ist kompliziert. Und es ist schwerer, den Geist zu beherrschen."

„Gut. Dann lass uns die Materie beherrschen!", rief ich begeistert aus. Er schien das aber nicht zu beachten.

Ich berührte die Statue, die das Recht repräsentierte. „Was genau sind diese Mächte, Vater? Ich verstehe das nicht ganz."

„Der Wille der Höchsten Schwingung manifestiert sich durch sie. Sie sind wie Stellvertreter, Statthalter dieses Willens." Nun entfernte er sich von den Statuen und setzte sich auf den Boden neben die brennende Lampe. Ich folgte ihm eilig und setzte mich auch, völlig fasziniert.

„Das universelle Recht", fuhr er fort, „besteht aus mehreren Bestandteilen. Es gibt acht davon. Und die Zahl Acht repräsentiert das Universelle Recht in unserem Tempel."

Ich malte eine unsichtbare Acht auf den Fußboden und ich fühlte mich sogleich an das Symbol der Ewigkeit erinnert:

War das ein Zufall? – fragte ich mich.

„Der erste der Bestandteile des Rechts ist das Gesetz von Ursache und Wirkung." Rhami-yata warf einen kurzen Blick auf meine unsichtbare Zeichnung. „Du kannst es auch das ‚Gesetz von Ursache und Reaktion' nennen oder das ‚Gesetz von Ursache und Lösung'."

„Wäre das das Gleiche wie das Gesetz des Karmas, Vater?" Ich schaute ihn überrascht an.

„Manche benutzen einen solchen Namen", bestätigte er.

„Uh huh", sagte ich. „Das ‚Gesetz von Ursache und Wirkung' ist also der erste Bestandteil des Universellen Rechts. Wie interessant! Und es bedeutet, das nichts ohne Konsequenzen bleibt, richtig? Keine Tat und kein Gedanke." Ich erinnerte mich daran, was ich von John über das Gesetz des Karmas gehört hatte.

„Das ist richtig", stimmte mein Lehrer zu. „Außerdem verursacht eine Wirkung, die du auch Reaktion nennen kannst oder Lösung, eine weitere Wirkung. Und so weiter."

„Aber das ist nicht fair, Vater." Nun schaute er mich mit offensichtlichem Erstaunen an. „Alle unsere vorherigen Taten", fuhr ich fort, „würden die nächsten bewirken! Wenn wir nun einen Fehler machen? Was, wenn wir es nicht so gemeint haben?"

Rhami-yata nickte. „Es ist nicht so schlimm, wie du denkst. Aber das behandeln wir später. Du musst zuerst mehr über die Bestandteile des Rechts erfahren, um die ganze Struktur zu verstehen, warum alles so gestaltet ist."

Mir gefiel die Art, wie er über die „Gestaltung" sprach, ich war wieder vollkommen fasziniert.

Es gibt also ein Design dafür, wie die Welt funktioniert – dachte ich. Das hörte sich vielversprechend an. Der Meister wusste interessante Dinge, musste ich zugeben.

Er sagte mir, dass die Bestandteile des Gesetzes für die Materie zumeist auf dem Prinzip von Kreisen basierte. Und wenn ich mir das merken könne, würde es einfacher für mich sein, sie zu verstehen.

„Kreise", wiederholte ich, „gut, ich kann mir Kreise vorstellen. Welches ist das nächste Gesetz?"

„Das Gesetz vom Entstehen, vom Wachsen und vom Vergehen."

Ich sah sogleich den Innenhof vor meinem geistigen Auge und die Pflanzen, die ich mit so großer Hingabe benannt hatte. Sie kamen aus dem Boden, wuchsen und blühten und wurden wieder zu Erde, wenn sie vergangen waren. Und dann kamen sie wieder.

„Richtig, Vater", sagte ich. „Die Dinge werden, entwickeln sich und vergehen wieder. Das ist einfach!", rief ich erleichtert aus.

„Das freut mich", sagte er. „Dann haben wir das Gesetz vom Rückgang und von der Ausweitung. Es ist ein Kreis, der auf dem Pulsschlag der Kosmischen Energie basiert. Die Materie als ein Teil der Kosmischen Energie pulsiert weiter, sie dehnt sich aus, nimmt wieder ab, dehnt sich aus und so weiter."

„Ich glaube, das hab ich verstanden", nickte ich.

„Sehr gut. Möchtest du, dass wir eine Pause machen?" Er beugte sich leicht zu mir herüber.

„Auf keinen Fall! Ich möchte die Materie beherrschen!"

„Das glaube ich gerne", lächelte er. „Könntest du wiederholen, was du gelernt hast?"

„Das Universelle Recht für die materielle Welt besteht aus acht einzelnen Gesetzesteilen", begann ich glücklich. „Du sprachst bis jetzt von dreien. Sie sind zyklisch angeordnet und man nennt sie ‚Gesetz von Ursache und Wirkung', das ‚Gesetz von Entstehen, Wachsen und Vergehen' und das ‚Gesetz vom Rückgang und der Ausweitung'."

Er nickte und ich war stolz, dass ich mir all die Namen merken konnte. Mein Gedächtnis war gut trainiert, mein Schauspielberuf war also selbst hier sehr nützlich. Außerdem schienen mir die Namen der Gesetze äußerst logisch zu sein. Ich hab sie in meinem Leben schon oft wahrgenommen – dachte ich.

Tatsächlich war alles, was ich kannte und jeder in irgendeiner Weise von diesen Gesetzen betroffen. Was immer wir getan hatten, hatte einen unsichtbaren Effekt. Wir alle und unsere Gedanken entstanden, wuchsen und vergingen wieder. Alles war fließend, manchmal dehnte es sich aus, manchmal zog es sich zusammen, Leute, die Natur, Ereignisse, Leben.

Nein, es war nicht schwer zu sehen, wie die Gesetze in der Welt um mich herum arbeiteten.

„Als nächstes haben wir das Gesetz der Erscheinung", sagte der Meister.

Unbewusst strich ich über mein Weißes, goldgesäumtes Gewand. „Schöner Name", sagte ich.

„Ja", sagte er lächelnd, „und tatsächlich hat es damit zu tun, wie die Dinge aussehen."

„Wirklich?" Die Ästhetik der Dinge war mir immer wichtig gewesen und ich war angenehm überrascht von dieser Mitteilung.

Der Meister erklärte, das Gesetz der Erscheinung basiere auf dem Prinzip, dass es einen augenscheinlichen Verlust gab, während etwas gewonnen wurde und offensichtlicher Gewinn, wenn etwas verloren wurde.

„Das verstehe ich nicht", sagte ich enttäuscht. Wir würden also doch nicht über Ästhetik sprechen.

„Hast du bemerkt, Hermenethre, dass du das üblicherweise irgendwie zurück bekommst, was du gegeben hast?"

Ich dachte einen Moment nach. Ja, das hatte ich bemerkt. Manchmal kamen die Geschenke, die ich machte, in anderer Form wieder zu mir zurück, jedoch sichtlich sehr ähnlich dem, was ich verschenkt hatte.

„Du kannst also sagen", fuhr er fort, „dass du sichtlich etwas einbüßt, wenn du gibst, dass du aber in Wirklichkeit gewinnst. Weil alles zu dir zurückkommt, richtig?"

„Tatsächlich", stimmte ich zu. Aber ich verstand noch immer nicht, warum ich verlor, während ich gewann. War damit gemeint, dass wenn ich zum Beispiel ein Geschenk annahm, dass ich dann verlor? Ich fragte ihn danach.

Rhami-yata stand auf. Ich tat es ihm gleich. Er ging zum Ausgang und ich folgte ihm. An der Tür blieb er stehen und sagte: „Es würde von der Schwingung abhängen."

„Welche Schwingungen?"

Er verließ den Raum und wandte sich nach rechts. Ich folgte ihm eilig und fragte mich, wohin wir wohl gingen. Wir wanderten eine Weile schweigend durch den dämmerigen gewundenen Korridor.

Mir fiel wieder auf, wie all die geschnitzten Eichentüren sich glichen. Und die brennenden Öllampen. Es gab keine eindeutigen Besonderheiten, keine Anhaltspunkte, die man sich hätte merken können. Die Priester waren niemals unsicher, wussten stets wo sie waren. Jeder andere musste sich leicht verlaufen, wenn er hier nichts zu suchen hatte. Und zudem konnte man keine der Türen so einfach öffnen, ohne den Trick zu kennen. Wenn es dennoch jemand schaffte, wusste er nicht, wie man sie richtig wieder schloss, sodass die Priester sofort auf den Eindringling aufmerksam wurden.

Rhami-yata stand an der Bibliothekstür still. Sie war mit einem zusätzlichen versteckten Schloss gesichert. Also konnten weder die Wachen, weder offizielle Gäste, Lehrlinge noch Tempelhelfer und Handwerker die Bibliothek ohne Erlaubnis der Priester betreten.

Auch gab es da Kammern, die nur die Hohepriester betreten durften, wie die Kammer der Fülle oder die Kammer der Ultimativen Macht. Der Tempel hatte seine Regeln und jeder musste ihnen gehorchen.

Rhami-yata öffnete die Tür. „Verstehst du etwas von Radiowellen?", fragte er. „Das hat man dir in der Schule beigebracht, nicht wahr?"

Wir betraten die Bibliothek und ich war von neuem erstaunt über die Größe des Raumes. Die Bücherei und die Kammer der Fülle waren die größten Räume im Tempel. Sie schienen kilometerlang zu sein und ebenso breit. Der einzige Unterschied bestand darin, dass die Kammer der Fülle von den üblichen Öllampen beleuchtet war und die Bibliothek eine ganze Wand mit großen Fenstern hatte, die auf den Innenhof hinausgingen.

„Ja, Vater", antwortete ich. „Ich weiß, dass Radiowellen mit verschiedenen Wellen schwingen, einige schneller, einige langsamer."

Er ging zu einem Regal und ich bemerkte, dass dort die winzigen Disketten von der Größe von Augenlinsen gelagert waren, die mir schon früher aufgefallen waren. Rhami-yata nahm eine von ihnen in die Hand und bevor ich noch wusste, was geschah, setzte er sie in mein linkes Auge.

„Autsch!", rief ich mehr vor Erstaunen als vor Schmerz aus, weil ich auch wirklich nichts gespürt hatte.

Auf einmal verschwand Rhami-yata, die Bücherei und sogar mein eigener Körper und alles, was ich sah, war eine Menge schimmernder Punkte.

„War es das, was du gesehen hast, dass du geübt hast durch dein ‚drittes Auge' zu schauen?", hörte ich die Stimme des Meisters.

„Oh ja, genau", bestätigte ich. „Manchmal nahmen sie die Form von Personen an oder von Bäumen. Aber sie waren trotzdem nur schimmernde Punkte. Genau wie jetzt, Vater. Was hast du mit mir gemacht?" Ich berührte mein linkes Auge und schlagartig waren die schimmernden Punkte verschwunden. Alles war wieder normal.

Ich sah auf meine Hand, mit der ich das Auge berührt hatte und da war sie! Die winzige Diskette lag auf meiner Handfläche.

„Was ist das für eine Technik?" fragte ich fassungslos. „Es ist erstaunlich! Dient sie dazu, Leuten zu helfen, durch ihr ‚drittes Auge' zu sehen? Oder ist es eine Art Demonstrationswerkzeug?"

Er nahm mir die Diskette aus der Hand und legte sie wieder auf das Regal. „Dies ist in der Tat eine sehr nützliche Technik. Aber wir müssen uns an das Thema unserer Unterrichtsstunde halten", sagte er.

Er erklärte mir, dass diese Punkte Partikel der Kosmischen Energie seien. Alle Materie im gesamten Universum bestehe daraus. Und das schließe Planeten, Menschen, andere Spezies, die Natur, das Wasser und alles, was lebendig ist, tot oder künstlich mit ein. Alle Arten von Materie ohne Ausnahme bestünden aus Bündeln schimmernder Punkte.

„Wie das Bild auf dem Fernseher!" Ich war glücklich zu verstehen.

„Das ist richtig. Und ebenso wie die Radiowellen schwingen diese schimmernden Flecken", sagte er.

„Alles vibriert?"

„Ja. Egal, wie dicht der materielle Gegenstand ist. Dein Körper, der Tisch oder ein Stein, alles sind vibrierende Wellen der Kosmischen Energie."

Ich probierte wieder mein „drittes Auge" aus, um einen besseren Blick auf die Flecken zu haben und wie sie vibrierten. Es funktionierte erstaunlich gut. Vielleicht war mein Gehirn besser trainiert, nun da Rhami-yata mir die merkwürdige Linsendiskette ins Auge gesetzt hatte.

Ich beobachtete die schimmernden Punkte. Sie vibrierten wirklich genau wie er gesagt hatte.

„Und wie ist das mit unseren Gedanken?", fragte ich. „Ich habe gehört, dass manche Menschen auf telepathischem Wege kommunizieren. Kommt das, weil sie Gedanken einfangen können? Wie ein Empfänger, der Radiowellen einfangen kann?"

„Gedanken sind vibrierende Wellen. Wie alles andere auch", sagten die schimmernden Punkte neben mir mit der Stimme von Rhami-yata.

„Aber wie kann das sein?", fragte ich und schaltete zurück auf normales Sehen.

Er sagte, Gedanken gehörten zur materiellen Welt, obwohl man sie nicht sehen könne. Genauso wie Radiowellen seien sie Teil von Materie.

„Dann kann man in jemandes Gedanken eindringen!", rief ich aus. Ich begann mir vorzustellen, dass ich erlernen könnte, die Gedanken anderer zu lesen. Das würde Spaß machen. Was für endlose Möglichkeiten!

„Nur, wenn du weißt, wie man Materie beherrscht", sagte der Meister. „Und nur, wenn du dir der Konsequenzen bewusst bist."

„Weiter! Erzähl mir mehr darüber."

„Gut. Lass uns zurückgehen zu dem Gesetz der Erscheinung und der Schwingungen", sagte er und verließ die Bibliothek.

In dem matt beleuchteten Flur versuchte ich mich im Üben der „speziellen" Sichtweise, um die vibrierenden Flecken zu sehen. Es funktionierte wieder einwandfrei. Offenbar hatte die mäßige Beleuchtung keinerlei Auswirkung auf mein „drittes Auge".

„Jede Handlung, jeder Gedanke hat einen Ausgangspunkt," fuhr der Meister fort. „Er wird der Startpunkt genannt. Kannst du folgen?"

„So weit, so gut." Ich war wieder zurück in meiner normalen Sichtweise.

„Die Vibrationen, die für den Startpunkt gebraucht werden, diese Gedanken oder Gefühle, wenn du so willst, werden Absichten genannt."

Ich sah ihn rasch an und hoffte, er würde nicht gerade jetzt meine Gedanken lesen. Ich dachte noch immer an den Tag, an dem ich lange genug die Sichtweise meines „dritten Auges" geübt haben würde und imstande wäre, die Gedanken anderer zu lesen. Ich kam mir ziemlich dumm vor, als er die Absichten erwähnte.

Aber Rhami-yata sah überhaupt nicht in meine Richtung. Er lief mit dem gleichen freundlichen Gesichtsausdruck weiter.

„Oh ja, das ist klar", sagte ich zögernd. „Wir haben Absichten an Anfang eines jeden Gedanken und jeder Handlung."

„Mm hmm", nickte er. „Und diese Absichten, die am Startpunkt verwendet werden, vibrieren in verschiedenen Frequenzen, genauso wie die Radiowellen."

„Warum?"

Wir erreichten die Kammer der Sieben Mächte schneller als ich dachte. Wir traten ein und der Meister führte mich zu den grauen Statuen. „Die Frequenzen sind abhängig von der Bewusstheit des einzelnen, oder dem Bewusstsein, wie manche es nennen", sagte er.

„Verstehe."

„Je mehr Fortschritte du in deiner Entwicklung machst, Hermenethre, desto höher ist dein Bewusstsein."

Ich sah hinüber zu der grauen Gestalt, die den Fortschritt

repräsentierte.

„Je höher dein Bewusstsein, desto schneller die Schwingungen deiner Absichten", schloss er.

Ich drehte mich zu ihm um. „Wird Gott deshalb die Höchste Schwingung genannt, Rhami-yata? Heißt das, dass Gott das höchste Bewusstsein hat?"

„Wir unterhalten uns heute nicht über das Bewusstsein Gottes. Kehren wir zu unserem Thema zurück."

„Ich hasse es, wenn du das tust."

„Versuch, dein Bewusstsein zu entwickeln. Dann hörst du auf zu hassen."

Ich schaute ihn ungläubig an. Es war das erste Mal, dass ich ihn einen Scherz machen hörte. „Ich liebe es, wenn, du Scherze machst!" Ich lächelte breit.

„Warum glaubst du, dass ich scherze?", sagte er mit ausdruckslosem Gesicht.

Er verwirrte mich. Mein Lächeln verschwand und ich wusste nicht, was ich sagen sollte.

„Und also hängt es von der Frequenz deiner Absichten am Startpunkt ab, ob du gewinnst oder verlierst. Hohe Frequenzen deiner Absichten lassen dich gewinnen, niedrige – ein Verlust", sagte er und sah mir in die Augen.

„Dann ist es nicht ganz so schlimm wie ich dachte. Wir dürfen ein paar Fehler machen. Wir können unsere Absichten jederzeit ändern und sie werden unsere dummen Taten korrigieren, richtig?"

„Ja", bestätigte er. „Deine Absichten sind entscheidend."

Ich seufzte erleichtert.

„Und wenn ich jemandem ein Geschenk mache, ein Lächeln oder Geld, bekomme ich immer etwas zurück. Weil ich etwas gegeben habe, ist das richtig?"

„Nicht ganz." Er ging zur Mitte der Kammer und setzte sich bei der brennenden Öllampe nieder. Es musste sein Lieblingsplatz sein, denn dahin kehrte er oft zurück.

Mir gefiel dieser Platz auch, besonders, seit meine wunderschöne goldene Statue auch dort stand. Ich setzte mich so vor ihn hin, dass ich sowohl ihn als auch meine goldene Göttin sehen konnte. Seit ich es aufgegeben hatte, sie in meine andere Wohnung zu transportieren, genoss ich ihren Anblick hier, sooft ich konnte.

„Wenn du in der Erwartung schenkst, dafür etwas zurückzubekommen", sagte Rhami-yata, "bekommst du vielleicht gar nichts zurück. Deine Tat passte nicht zu deiner Absicht. Du hast vorgegeben, großzügig zu sein, wolltest aber eigentlich nur handeln."

Ich schaute meine Statue an und mir kam ein neuer Gedanke. „Willst du damit sagen, dass handeln schlecht ist?", fragte ich.

Wie wär's, wenn ich mit ihm handelte? – dachte ich. Was könnte ich ihm geben, damit ich dafür die goldene Statue in meinem Appartement hätte?

„Handeln ist nicht falsch", sagte der Meister.

„Oh, wirklich?" Ich schaute ihn voller neuer Hoffnung an.

„Aber vorzugeben großzügig zu sein und dann Dinge zu grapschen zeugt nicht von hohem Bewusstsein, oder, Hermenethre?"

„Nein, das nicht", gab ich zu. Ich darf die Statue nicht haben, – dachte ich resigniert – egal was ich ihm dafür biete. Weil nämlich der Grund, warum ich sie so sehr haben will, immer noch ist, dass ich nach Dingen grabsche. Ich muss lernen mich an der Welt und ihrer Schönheit zu freuen, ohne alles gleich besitzen zu wollen, was ich mir wünsche. Er ist ein mächtiger, weiser Meister und ich bin eine dumme Gans gewesen.

Rhami-yata machte eine Pause, während ich meine Gedanken sortierte. Ich war sicher, dass er sie als vibrierende Punkte sehen könnte. Ja, jetzt verstand ich, wie es möglich war, dass er alles über mich wusste, ohne mich zu belauschen oder mich heimlich zu beobachten.

Es ist nicht nötig, genau zu wissen, was jemand denkt – dachte ich abschließend. Die Frequenz der Gedanken verrät mir ohnehin seine Absichten.

„Nur wirkliche Großzügigkeit", schloss er seine Lektion ab, „hat eine hohe Schwingungsfrequenz. Wenn du also wahrhaft gibst, gewinnst du wirklich."

„Das Gesetz der Erscheinungen ist sehr trickreich, scheint mir, Vater. Was rätst du mir?"

„Entwickele dein Bewusstsein. Arbeite an dir und es wird keine Fehler geben."

Ich lächelte. „Ich danke dir. Ich werde natürlich mein Bestes versuchen."

Und ich meinte es auch so. An dem Tag wurde mir klar, dass Rhami-yatas Macht real war. Er wusste wirklich, wie man die materielle Welt beherrschte, die Illusion, wie er sie nannte. Und er beherrschte sicher auch die Geistige Welt. Ich war mir ganz sicher, dass er seine Macht nicht für persönliche Gewinne missbrauchte. Ich empfand auf einmal einen ganz andersartigen Respekt für meinen Lehrer, der viel mächtiger war, als ich gedacht hatte.

„Du hast heute über vier Gesetzesteile des Rechts etwas erfahren", sagte er. „Wir werden diese Lektion später fortsetzen."

„Warte", sagte ich. „Ich vergesse immer wieder dich zu fragen: welche Zahl symbolisiert die Vierte Macht, die Vergehen genannt wird? Das hast du mir nie gesagt."

Er gab mir die Antwort und bat mich dann, die Kerzen anzuzünden. Nachdem ich das getan hatte, lief ich hinaus in den Innenhof, um einen der Bäume zu umarmen, den ich Überraschend genannt hatte. Ich spürte die dunklen Augen von Erehmenthre, die mich wieder beobachteten. Es machte mir nichts aus. Ich wusste, eines Tages würde ich imstande sein, die Frequenzen seiner Absichten zu erkennen. Für jetzt vertraute ich Rhami-yata, der mir versichert hatte, es sei nichts falsch daran, dass der Befehlshaber der Wachen mir überallhin folgte. Mörder oder nicht, wenn der Meister ihn so akzeptierte wie er war – warum sollte ich das nicht auch tun?

***

Ich erwachte aus der Trance und streckte mich langsam, um das Taubheitsgefühl loszuwerden. Es war schon dunkel und ich schwankte zwischen dem Anmachen der Lampe und dem Entzünden einer Kerze. Schließlich gewann die Kerze, weil ich die friedliche Stimmung des Tempels noch eine Weile verlängern wollte. Ich trug die Kerze ins Wohnzimmer, um in meinem Plüschsessel zu sitzen.

Die Gesetze gelten für jeden, egal wer sie sind – dachte ich. Wir entscheiden immer, wer wir bei einem Ereignis sein wollen. Wir können uns entscheiden, Freund, Mörder, Retter oder nur ein vorübergehender Fremder zu sein. Es gibt jedoch keinen neutralen Part, den wir im Leben spielen könnten. Egal was wir tun oder denken, immer kommt das Gesetz zur Anwendung.

„Und", fügte ich laut hinzu und lächelte, „das Universelle Recht zu brechen und sich seine eigenen Regeln aufzustellen, ist für niemanden empfehlenswert, der nicht weiß, wie man die Welt um sich herum kunstvoll ‚gestaltet'."

Das Telefon klingelte und ich nahm den Hörer ab. Es war Basia. Sie wollte sich vergewissern, dass bei mir alles in Ordnung war.

„Besser als je zuvor. Ich bin glücklich und warm, die Kerze brennt hell und ich werde in nächster Zeit keine Gesetze brechen."

„Gut", sagte sie. „Vergiss nicht, die Kerze zu löschen, bevor du schlafen gehst."

Kapitel 7
Die Grenzen der Gedanken überschreiten

Ich öffnete das Fenster in meinem Schlafzimmer weit. Die frische Morgenluft fühlte sich angenehm warm in meiner Nase an. Ja, ich roch wirklich den kommenden Frühling und war bereit, die letzten Reste der grauen, matschigen Saison wegzuschaufeln. Der April ging zu Ende.

Dann duschte ich lange mit geschlossenen Augen und ließ das Wasser meinen Kopf und Körper liebkosen, bis sich meine Fingerspitzen wie Trockenpflaumen anfühlten.

Frühstück ließ ich ausfallen. Auch zog ich mich nicht an. Mein weicher, weißer Bademantel war angenehm und angemessen für das, was ich vorhatte.

Es waren noch vier Tage Zeit bis zur sonntäglichen Radiosendung. Ich entschloss mich, alle Vorbereitungsarbeiten in eins am Sonnabendnachmittag zu erledigen. Meine Gedanken waren mit etwas anderem beschäftigt, das mich zum sofortigen Erledigen zu zwingen schien. Ich saß an meinem Schreibtisch/Tisch und starrte auf eine mathematische Formel, die da auf ein Stück Papier geschrieben war:

$$7 - 5 + 2 \rightarrow 4\,(4)$$

Es war das Symbol, das Rhami-yata mir am Tag vorher gegeben hatte und es repräsentierte die Vierte Macht: Vergehen.

So also teilen Priester ihr Wissen, hatte ich gedacht. Sie verwenden eine gewisse Zahlensprache dafür. Wie faszinierend!

Ich hatte mir spannende Möglichkeiten der Kommunikation vorgestellt. Man sandte Signale in Form von mathematischen Formeln quer über den Globus oder sogar ins gesamte Universum, wenn man schon mal dabei war! Es reichte, die Bedeutung der Zahlen zu wissen und man konnte vieles miteinander teilen. Die Priester verraten mir uralte, verbotene Geheimnisse! – dachte ich aufgeregt.

Ich hatte Rhami-yata nach der merkwürdigen Zahl Vier in Klammern gefragt: „(4)". Er hatte mir erklärt, dass eine Zahl Vier sich unterscheiden könne von der anderen Vier. Vier Äpfel wären etwas anderes als vier Orangen oder vier Elefanten oder vier Straßenbahnen. Ihre Qualität sei nicht die gleiche. Und so bedeutete das Symbol in Klammern, dass diese spezielle Zahl Vier sich auf die Vierte Macht beziehe. Es müsse auf diese Weise zu unterscheiden sein von einer anderen Zahl Vier, die die Siebte Macht, die Liebe (Respekt) repräsentiere. Mir gefiel sehr, was er da sagte. Ich lebte in einem echten Sciencefiction/Mystery/Fantasy – Film, keine Frage!

Auf der Stelle hatte ich die Zahlen Sieben und Fünf wiedererkannt. Ich hatte mich erinnert, dass die Fünf für Entwicklung stand, die Dritte Macht und Sieben bedeutete Leben (was gleichzusetzen ist mit Liebe).

Rhami-yata hatte die Formel vorgelesen und es klang wirklich wie eine geheime Chiffre:

$$7 - 5 + 2 \rightarrow 4\,(4)$$

Leben minus Entwicklung plus Dualität der Manifestation führt zur Zahl Vier (die Vierte Macht).

Er wollte, dass ich beachtete, dass der „$\rightarrow$" für „resultiert aus" stand. Das war etwas anderes als „=", was für „ist gleich" steht.

Und nun saß ich an meinem Schreibtisch /Tisch und starrte auf die Formel. Ich muss den verflixten Code herausbekommen, es koste, was es wolle – dachte ich.

Die Zahlen und mysteriöse Mathematik begreifen war nicht so einfach, wie es im Tempel den Anschein gehabt hatte. In Trance konnte ich all die Lehren erfühlen, erkennen und verstehen. Aber hier, in der physischen Welt war mein Kopf nicht so klar wie „drüben".

Aber ich wollte wirklich das Rätsel lösen und meinen Lehrer in

Erstaunen versetzen, wenn ich zurück im Tempel war. Hatte ich erst einmal alles herausbekommen, vielleicht würde er mich dann die Materie beherrschen lassen, genauso wie er es tat.

Schließlich hatte ich in ganz kurzer Zeit gelernt, durch das „dritte Auge" zu sehen – dachte ich stolz. Irgendetwas machte ich richtig!

Ich zog mit dem Bleistift einen Kreis um die Zahl Zwei.

Sie steht für die Dualität der Manifestation – dachte ich. Rhami-yata hat mir noch nicht genug über die Manifestation Gottes beigebracht. Kein Wunder, dass er mir die Formel nicht gesagt hatte, als wir über das Vergehen sprachen und ich musste sie ihm buchstäblich gestern aus der Nase ziehen.

Ich stand auf, bereitete mir eine Tasse Tee mit Zitrone und vergoss sie anschließend beinahe, weil ich so schnell zu meinem Schreibtisch/Tisch zurück lief: „Ich glaube ich hab's!", schrie ich laut.

Während ich an dem heißen Tee nippte, schrieb ich meine Gedanken nieder. Worte und Sätze erschienen rasch unter der Spitze meines Stiftes.

$$„7 — 5 + 2 \rightarrow 4 \ (4)$$

Die Zahl Vier (die Vierte Macht) ergibt sich aus Leben minus Entwicklung plus Dualität der Manifestation. Das heißt:

Wenn das Leben aufhört, sich weiterzuentwickeln (physischer Tod), dann wird die materielle Entwicklung von dem Leben ‚abgezogen'. Und wenn jemand gelernt hat, die Illusion zu verlassen, dann erwacht er/sie in der Wahrheit (das heißt, er wird der Dualität der Manifestation ‚zugezählt').

Der gesamte Vorgang „resultierte" im wahrhaftigen Vergehen: 4 (4)."

Ich war sehr stolz auf mich. Schnell schrieb ich die Zahlen der Mächte auf und war gespannt, was ich damit machen konnte. Ich schrieb „4 (4)" für die Vierte Macht, Vergehen und „4 (7)" für die Siebte Macht, Liebe (Respekt).

Hmmm. Warum nicht die Zahlen aller Mächte zusammenzählen und sehen was passiert?

Ihre Summe ergab vierunddreißig. Und was war die Quersumme von vierunddreißig? Die „resultierte in" der Zahl Sieben. Die Sieben Mächte, miteinander verbunden „resultierten" also in Leben. Tatsächlich! Die Mächte, die die Welt erschufen, kreierten das Leben!

Ich hatte das Gefühl, etwas geleistet zu haben und ein zufriedenes Lächeln verbreitete sich über mein Gesicht. Warte, bis ich ihm das erzähle – dachte ich und stellte mir den Gesichtsausdruck Rhami-yatas dabei vor.

Ich fuhr fort zu schreiben. Verschiedene mathematische Formeln erschienen auf vielen Seiten. Ich addierte, subtrahierte, „resultierte" und „setzte" alle möglichen Kombinationen von Zahlen gleich.

Stunden vergingen. Ich hatte zwei Tage lang weder gegessen noch geschlafen. Und alles, was meine Bemühungen gebracht hatten, war zusammenhanglos. Außer den erfolgreichen Resultaten mit der Formel, die Rhami-yata mir gegeben hatte und den Quersummen, der Zahlen, die die Mächte repräsentierten, hatte ich nichts erreicht.

Am folgenden Abend warf ich zufällig einen Blick in den Badezimmerspiegel ich schaute in zwei weit aufgerissene, ruhelose Augen. „Ich werde verrückt", flüsterte ich, als ich mir das Gesicht mit kalten Wasser wäscht. „Nein. Ich bin schon irre."

Ich lief ins Wohnzimmer und raffte die zahllosen Papiere von meinem Schreibtisch/Tisch, den Stühlen und von Fußboden zusammen und trug sie, so wie ich war in meinem Bademantel zur Hintertür auf der Rückseite des Gebäudes. Als ich den Packen Papier in die große Mülltonne geworfen hatte, seufzte ich erleichtert.

Wieder zurück in meinem Appartement saß ich einen Moment still mit dem Telefonhörer und einem Zettel in der Hand in meinem Plüschsessel. Dann wählte ich die Nummer von John in Europa. Dort war es schon spät, fast Mitternacht. Aber er hatte mir gesagt, er gehe nie vor eine Uhr zu Bett. Er meditierte gerne spät in der Nacht.

„Ich glaube, ich habe das alles nicht mehr im Griff", bekannte ich am Telefon. Dann berichtete ich ihm von meinen Versuchen, der Mathematik des Tempels auf die Spur zu kommen und meine

Enttäuschung damit. Er sagte, ich solle mich nicht beunruhigen, die Tempelmathematik sei nicht wichtig. Es war sowieso alles Illusion.

„Oh, speis mich nicht mit der ‚Alles-ist-Illusion-Theorie' ab." Ich ärgerte mich. „Ich brauch jetzt keine Philosophie. Ich brauch Hilfe."

Er schwieg einen Augenblick.

„Ich verstehe", antwortete er schließlich warm.

„Nein, tust du nicht! Für dich ist das eine faszinierende Geschichte, das ist alles. Aber dir passiert das ja nicht. Ich bin diejenige, die das alles erlebt. Und ich merke, dass ich den Verstand verliere."

„Gut, beruhige dich", sagte er. „Ruh dich einen Augenblick aus und überleg mal, was du tun willst."

„Ich weiß, was ich tun will! Ich möchte jemanden Professionelles aufsuchen. Einen Psychologen oder einen Psychiater."

„Warum nicht?", sagte er nach einer Pause. „Wenn dir das hilft."

Ich seufzte.

Als nächstes sprach ich mit Basia und danach fühlte ich mich ein bisschen besser. Sie versprach, für mich nach Hilfe zu suchen.

Ein paar Stunden später rief sie wieder an und wies mich auf die Anzeige einer Psychologin in der Zeitung hin, die meine Muttersprache sprach und die erste Konsultation umsonst anbot.

Sie hieß Iwona Majewska und sie war gleich am Telefon. Ich erzählte ihr von meinen Visionen, Trancen und Merkwürdigkeiten, die ich erlebt hatte und dass ich dachte, ich sei verrückt. Dass ich jemanden brauche, der mir sagte, ob all das real war, oder ob ich mir die Geschichte zusammenfantasierte, sie erfinde. Sie war einverstanden, mich am nächsten Tag eine Stunde lang anzuhören, obwohl ich ihr gesagt hatte, dass ich nicht in der Lage sei, ein zahlender Patient bei ihr zu werden.

Ich war erleichtert. Und fühlte mich gleichzeitig schuldig. Es war wie Verrat an Rhami-yata. Gut schlafen konnte ich nicht in dieser Nacht.

Iwonas kurze rötliche Haare und die runde Brille gefielen mir. Ihr Büro, das sich in ihrer Wohnung befand, war sparsam eingerichtet. Es gab ein paar hübsche Pflanzen und Bücherregale, einen Schreibtisch und zwei Sessel, das war alles.

„Ich freue mich, dass sie mir ihre Geschichte erzählen wollen", sagte sie freundlich.

Ich fühlte mich wohl. Und dann schüttete ich alles vor ihr aus. Ich fand es wunderbar, sich mit einem Psychologen zu unterhalten. Sie stellte mir Fragen nach meiner Kindheit, Vergangenheit und machte sich viele Notizen. Wir überzogen die vorgesehene Zeit. Iwona entschuldigte sich und verließ den Raum, um ihren Tag neu zu organisieren.

Ich schloss die Augen und ruhte mich aus, bis sie zurückkam. Sie meinte wir könnten noch zwei Stunden weitermachen. Ich hatte mein Tagebuch mitgebracht und Iwona bat mich, ihr einige von Rhami-yatas Lehren daraus vorzulesen.

Als die Zeit schließlich um war, forderte ich sie auf, mir die Wahrheit zu sagen. Ich war auf alles vorbereitet.

„Du erfindest das alles nicht", sagte sie. „Du erlebst wirklich eine machtvolle Lehre des Meisters, die er durch dich hindurchfließen lässt."

Ich glaubte ihr nicht ganz. „Ich bin Künstlerin", sagte ich, „mit einer blühenden Phantasie."

„Ja, aber dein Gesicht log nicht, als wir redeten."

„Wie kannst du sicher sein?", beharrte ich. „Ich bin Schauspielerin."

„Das menschliche Gehirn ist auf besondere Weise verdrahtet. Wenn jemand spricht, verraten die Bewegungen der Augen, auf welchen Bereich des Gehirns er zurückgreift. Ob es der Bereich der visuellen Phantasie ist oder die wirkliche Erinnerung, Furcht, ob es Wünsche oder einstudierte Information, und so weiter sind. Wenn ich erst einmal das Muster der Augenbewegungen eines Patienten durchschaut habe, kann ich sagen, woher die Information kommt, die er mir gibt."

„Aber kann man dich auch hintergehen?" Ich gab nicht auf.

Konnte ich ihr glauben? – dachte ich. Jeder macht Fehler. Was, wenn sie falsch liegt und ich verrückt werde?

Iwona lächelte. „Es ist ein unterbewusster Vorgang, die Augen bewegen sich ungewollt. Selbst wenn du die Regeln kennen würdest, könntest du ihn nicht beeinflussen. Deine Geschichte ist wahr. Das geschieht dir wirklich."

Nachdem ich ihr Büro verlassen hatte, machte ich einen langen Spaziergang, und durchdachte noch einmal alles, was sich an dem Tag ereignet hatte. Nein, ich glaubte Iwona nicht ganz und ich hatte keine Ahnung, was ich sonst noch tun konnte.

Es gab einen kleinen Park, der auf meinem Weg lag. Da setzte ich mich auf eine Bank. Die vielen Kinder dort, Teenager, machten ziemlichen Krach, was mich nicht störte. Ich konnte in ihrer Gegenwart entspannen.

Bald waren die Kinder nicht mehr da und ich hatte den Park für mich alleine. Eine Weile überließ ich mich ganz meinem Atem. Das beruhigte mich etwas, jedenfalls ließ meine Beklemmung ein wenig nach. Und nun hatte ich Hunger.

Ich fuhr mit der U-Bahn zurück und machte bei dem Café bei mir um die Ecke Halt. Ich bestellte ein Bagel mit Frischkäse. Alle Plätze waren besetzt bis auf einen am dem Tisch, wo der bärtige Mann mittleren Alters, den ich schon oft vorher gesehen hatte, saß und seine Tageszeitung las. Das gehörte wohl zu seinem Tagesablauf. Er hatte nichts dagegen, dass ich ihm Gesellschaft leistete und wir saßen eine Weile schweigend da, jeder mit seinen eigenen Dingen beschäftigt.

Dann aber hatte er sein Zeitungsstudium beendet und wir fingen an uns zu unterhalten. Sein Name war Paul und er erzählte mir, er sei schwul. Tatsächlich waren viele Leute in dieser Gegend homosexuell. Ich war erstaunt. Nun ja, ich hatte mich nicht mit allzu vielen Leuten in der Nachbarschaft unterhalten, seit ich vor zwei Monaten dorthin gezogen war. Und irgendwelche Andersartigkeiten hatte ich auch nicht bemerkt. Nun erinnerte ich mich, dass ich Männer oder Frauen zusammen gesehen hatte, die miteinander lachten und besonders freundlich zueinander waren. Aber alles, was ich dachte, war, dass es hier in der Nachbarschaft wirklich nette Leute gab. Weiter nichts.

„Du musst blind gewesen sein!", lachte er. „So viel zu dem äußeren Erscheinungsbild."

Er erzählte mir seine Lebensgeschichte. Sie war lang und angefüllt mit Ereignissen, wo andere ihn schlecht behandelt, ihn ausgelacht hatten wegen seiner Andersartigkeit, oft beleidigend waren und ihm sogar in Extremfällen seine menschlichen Rechte aberkannten. Dann nahm die schmerzliche Geschichte einen fröhlicheren und hoffnungsvolleren Verlauf. Der bärtige Paul liebte diese Gegend, wo jeder auf die eine oder andere Weise anders war. Die Leute in dieser Nachbarschaft halfen einander, es gab viele gleichgeschlechtliche Paare unter ihnen. Hier fühlten sie sich sicher und hier konnten sie offen zeigen, wie sie waren.

Ja – dachte ich. Hier fühle ich mich auch sicher. Obwohl ich nicht lesbisch bin, bin ich auch anders.

Ich dachte über Paul nach, während ich nach Hause ging. Er hatte mir gezeigt, dass die Dinge oft anders aussahen als sie waren. Und was verrückt, empörend und inakzeptabel in manchen Kreisen war, mochte in anderen vollkommen normal sein. Nein, ich war nicht wirklich überzeugt, dass ich „richtig" in Kopf war. Aber an dem Tag und beeinflusst von Pauls Mut versuchte ich aufzuhören, mich gegen meine eigene Lebensgeschichte aufzulehnen, wenn auch nur für eine Weile.

An dem Abend ging ich früh zu Bett. Der nächste Tag war Samstag und ich musste mich auf die sonntägliche Radiosendung vorbereiten.

Ziggy hatte mir gesagt, dass ich bekannte Rock & Roller interviewen sollte, die ein Konzert in Toronto gaben und danach eine Tour durch Ontario planten. Ich erinnerte mich aus meiner Teenagerzeit an die Band mit dem Namen „Budka Suflera". Das waren damals unsere

Götter. Sie standen in den Jahrzehnten, die folgten, permanent in den Charts, es gab goldene und Platinplatten und sie brachten Dutzende von Hits heraus. Ihr Ruf und ihre Qualität waren kaum zu überbieten.

Gut, – dachte ich – schon im Halbschlaf. Genug Aufregung für einen Tag. Lasst uns zur Abwechslung mal mit ein paar Rock & Rollern sprechen.

***

Der Sonntagmorgen war sonnig und warm, der Winter lange vorbei. Nun regierte der Mai die Stadt, ließ jedermanns Augen leuchten und verbesserte allgemein die Stimmung.

Wir hatten zwei Rock & Roller im Studio, den Sänger Krzysztof Cugowski und den Komponist/Keyborder der berühmten Band, Romuald Lipko. Sie waren beide nett und witzig, wir sprachen über ihre Karriere und ihre Ontario- Tour, die gerade begann. Mich beeindruckten besonders die wache Intelligenz des Komponisten und seine Manieren. Romuald Lipko hatte schulterlanges blondes Haar und blaue Augen. Der Weltklassekünstler war bescheiden, zugewandt und freundlich. Er war bereits eine Legende, der über zweihundert Hits sowohl für seine Band als auch für viele andere Künstler in Polen geschrieben hatte.

Ich wurde zu ihrem Konzert eingeladen und nahm meinen Sohn dorthin mit. Die Konzerthalle war brechend voll. Die Leute waren aus ganz Kanada angereist, um die Band zu hören. Alle schrien, einige weinten, hingerissen von der Musik, die sie mit sich nahm in die Erinnerungen, Hoffnungen und Träume, die sie in ihren Herzen trugen.

Matthias hatte sich in die Band verliebt, besonders in meinen Freund Romuald. Ich glaube, das war für meinen Sohn ein entscheidender Augenblick, die Inspiration seines Lebens. In all den kommenden Jahren begleitete ich ihn in Gedanken, wie er hunderte von Liedern komponierte und aufnahm, die erfüllt waren von Leidenschaft und Zärtlichkeit, die er in jenem Konzert erlebt haben muss.

Romuald und ich blieben Freunde und ich habe nie aufgehört sein enormes Talent und sein großes Herz zu bewundern, die über die

Jahrzehnte der Grundstein für seine Karriere waren. Er war der lebendige Beweis dafür, dass große Künstler die bescheidensten von allen waren.

Eine Woche später marschierte ich mit meinem kostbaren Paket unter dem Arm zur Universität. Das Bewerbungsbüro befand sich im ersten Stock und ich war erleichtert, an dem Tag keine Riesenmenge davor Schlange stehen zu sehen. „Wie lange wird es bis zur Entscheidung dauern?", fragte ich die Sachbearbeiterin.

Ich beobachtete sie fast religiös. In dem Moment war sie die wichtigste Person auf der Welt. Die Repräsentantin der Filmabteilung konnte mein Leben verändern und meine Träume wahrmachen. Sie musste in ihren frühen Vierzigern sein mit ihren dunklen leicht ergrauenden Haaren und dunklen Augen, die sie hinter einer großen Brille verbarg.

„Zwischen acht und zehn Wochen", sagte die Frau und es fühlte sich wie ein Urteil an.

„So lange?" Ich war überrascht.

„Mach dir keine Sorgen, es wird schon alles gut gehen", lächelte sie.

Ich fragte sie nicht, woher sie denn das wisse, nickte nur und verabschiedete mich.

Ich verbrachte den Tag damit, mir auszumalen, ich wäre angenommen und studierte nun die Arbeiten eines Meisters der Filmkunst. Den nächsten Tag brachte ich damit zu, mir Sorgen zu machen, weil ich vielleicht nicht angenommen würde. Schließlich hatte ich genug von dem Tanz zwischen Hoffnung und Verzweiflung. Ich beschloss loszulassen. Es funktionierte irgendwie und ich fühlte mich am nächsten Tag fast sorgenfrei.

Dann wieder hatte ich ein banges Gefühl, weil ich nicht wusste, wie Rhami-yata auf meinen neuerlichen „Verrat", den Besuch beim Psychologen reagieren würde und ich beschloss, ihn um weitere Unterrichtsstunden zu bitten.

Ich streckte mich auf meinem antiken Eichenbett aus und mit erstaunlicher Leichtigkeit war ich in der Lage meinen Körper und

Geist zu entspannen und ich spürte, wie ich in den Tiefen der Trance dahinschmolz.

***

„Ich musste es wissen, Vater", sagte ich. „Es war wichtig für mich, es herauszufinden."

„Und hat der Psychologe geholfen?", lächelte er.

„Ich bin nicht sicher." Ich zuckte die Achseln. „Menschen machen Fehler."

Ich schaute mich in der Kammer der Sieben Mächte um. Alles war noch genauso, wie vor zwei Wochen, als ich sie verlassen hatte. Die brennende Öllampe in der Mitte der Kammer, meine kleine, goldene Statue neben ihr, die vierzehn Steinstatuen gegenüber dem Eingang und die versteckte Geheimtür hinter den Figuren.

Hier fühlte ich mich friedvoll, es war, als sei ich zu Hause.

„Möchtest du, dass wir die Stunden unterbrechen, bis du sicher bist, dass alles in Ordnung ist?", fragte der Meister.

Ich sah ihn rasch an. Sein Gesicht hatte einen zärtlichen Ausdruck. Ich dachte, dass er sich um mich gesorgt haben musste.

„Nein, das wäre noch schlimmer", sagte ich. „Kannst du mir vergeben?"

„Tochter, du hast nichts falsch gemacht." Er legte seine Hand auf meine Schulter.

„Aber ich habe an dir gezweifelt. Wieder." Ich schlug die Augen nieder. Ich fühlte mich gar nicht wohl.

Da ist er, – dachte ich – der große Meister. Großzügig, freundlich. Er sorgt für mich und tut alles, um meine dumme Seele zu erziehen. Ich liebe ihn und möchte dankbar sein. Und es gelingt mir auch, hier, wenn ich in Trance bin, wenn ich im Tempel bin. Aber in dem Moment, in dem ich erwache, ist mein Vertrauen in seine Lehren vielleicht dahin.

Ich sah auf. Seine Augen waren jetzt fast blau mit einem Funken

Gold in der Mitte. Mir gefiel es, dass sie die Farbe dauernd wechselten.

„Ich zweifele weiter an dir", sagte ich.

Er schüttelte den Kopf. „Nicht an mir. Du zweifelst weiter an dir."

Ich nickte.

Er lächelte und setzte sich. Ich setzte mich erleichtert, dass er es sich bequem machte, ihm schnell gegenüber. Das bedeutete zweierlei: erstens, wir würden nicht weiter meinen „Umweg" diskutieren, der „wegführte vom Vertrauen". Zweitens, er würde gleich seine Lektion beginnen. Ich musste über meine Gedanken lächeln. Seine ruhige Gegenwart verhalf mir dazu, mich wieder selbst zu spüren und schließlich entspannte ich mich.

„Weißt du, du könntest etwas Außergewöhnliches tun, um mich zu überzeugen, dass du wirklich bist", sagte ich mit einem verschmitzten Lächeln. „Wie zu Beispiel einen Sturm in meinem Wohnzimmer anfachen oder mir sagen, ob ich es in die Filmschule schaffe",

„Ich bin kein Bühnenzauberer oder Wahrsager", sagte er. „Und ich bin nicht hier, um dir irgendetwas zu beweisen."

„Schade. Es könnte Spaß machen", sagte ich und grinste wieder.

„Das glaube ich gerne", nickte er. „Und du kannst das gerne für dich alleine tun."

„Kein Problem", sagte ich und dachte, dass er wohl der einzige Meister auf der Welt war, der die albernen oder humorvollen Bemerkungen seiner Schülerin in einer so würdevollen und spielerischen Weise aufnehmen konnte. Nein, Meister Rhami-yata war nie wichtigtuerisch oder autoritär gewesen. Er war sehr menschlich in seiner Art, zugänglich. Und ich hatte nie gesehen, dass er aus irgendeinem Grund verletzt oder aufgebracht war.

„Sehr gut", sagte er. „Nun lass uns zu den Teilgesetzen des Universellen Rechts für die Materie zurückkehren. Kannst du dich noch an alle erinnern, von denen du bisher gehört hast?"

„Das ‚Gesetz von Ursache und Wirkung', das ‚Gesetz von Entstehen,

Wachsen und Vergehen', das ‚Gesetz von Rückgang und Ausweitung' und das ‚Gesetz der Erscheinung'," rezitierte ich glücklich.

„Gut", sagte er. „Der nächste Gesetzesbestandteil ist das Gesetz der Kettenreaktion."

Aus irgendeinem Grund dachte ich sofort an den Dominoeffekt. In meiner frühesten Jugend spielte ich gerne Schach und Domino mit meinem Großvater. Manchmal stellte ich die Dominosteine so hintereinander auf, dass, wenn ich dem ersten einen kleinen Stoß gab, berührte er den nächsten und so weiter, bis alle Steine umgefallen waren. Ich vertrieb mir oft damit die Zeit.

„Ich mag den Namen: das „Gesetz der Kettenreaktion". Jeder einzelne Gegenstand hat eine Wirkung auf alles um ihn herum, richtig?"

„Ja, so ist es", sagte der Meister, „aber ich möchte dich auch noch auf etwas anderes aufmerksam machen."

Ich kann mehr über den Dominoeffekt zu erfahren, – dachte ich – mal sehen, was es noch gibt.

„Ja?", sagte ich.

„Als wir über das Gesetz der Erscheinung sprachen, hielten wir fest, dass, wenn du etwas hergegeben hast, du in irgendeiner Form etwas zurückbekommst. Erinnerst du dich?", fragte er.

„Uh huh", bestätigte ich.

„Bekommst du genau das zurück, was du verschenkt hast?", fragte er weiter und ich erwartete einen Trick von ihm.

„Ja, ich denke schon", sagte ich langsam.

„So etwas würde tatsächlich passieren", fuhr der listige Meister fort, „wenn nicht das Gesetz der Kettenreaktion wäre. Wie du schon weißt, ist Materie ein Teil der Kosmischen Energie. Alles einschließlich der Gedanken schwingen wie Radiowellen. Aber die Häufigkeit der Schwingungen variieren. Weißt du, warum?"

„Das hängt ab von der Wahrnehmung, auch Bewusstsein genannt."

Ja, ich erinnerte mich daran von der letzten Lektion.

„Wovon noch?", fragte der Meister.

Ich schwieg einen Augenblick und versuchte herauszufinden, woran ich mich erinnern sollte. Plötzlich wusste ich es wieder.

„Es gibt einen Anfang für jede Handlung und jeden Gedanken, genannt der Ausgangspunkt", sagte ich. „Von den Absichten, die wir haben, hängt es ab, ob wir gewinnen oder verlieren. Je reiner die Absichten desto höher die Häufigkeit ihrer Schwingungen."

Er nickte. „Du hast ein sehr gutes Gedächtnis. Nun ist es ungeheuer wichtig zu wissen, dass, wenn ein Element der Materie schwingt, sich die Schwingungen im nächsten Element fortsetzen und dann wieder ins nächste und so weiter. Wie in einer Kettenreaktion."

„Der Dominoeffekt", sagte ich lächelnd. „Ist das nicht genau das gleiche?"

„Guter Vergleich, Hermenethre", lächelte er.

Oh, es fühlte sich gut an. Ich begann zu verstehen! Dann kam mir ein anderer Gedanke. „Aber Vater, welches ist denn das Element, das die Schwingungen überträgt? Beim Dominoeffekt stößt man einen Stein an und das hat Auswirkungen auf den nächsten. Aber wie ist es bei der Kettenreaktion, von der du sprichst?"

„Sehr gute Frage." Er nickte beifällig. „Wenn wir zu den Elementen von Materie kommen, so beeinflussen diejenigen mit höherer Schwingungsfrequenz diejenigen mit niedriger Frequenz. Das gilt für die niedrigste, atomare Stufe ebenso wie für komplexere Zusammenballungen von Materie, wie zum Beispiel ein Tier oder ein Mensch."

„Wenn wir also die Regel auf Menschen anwenden, dann würde jemand mit einem höheren Bewusstsein die anderen beeinflussen?", sagte ich erstaunt.

„In der Theorie, ja."

Ich dachte an Mahatma Gandhi. Oh ja, er hatte in der Tat viele Leben mit seinem hohen Bewusstsein beeinflusst. Und nun sagte Rhami-yata, dass es eine Regel zu sein schien.

Naja gut, – dachte ich – wenn das der Fall ist, werden wir mit all den gütigen Menschen auf der Welt am Ende einen Punkt erreichen, an dem es keinen Schmerz, oder Hunger, keine Armut und all das Leiden mehr gibt.

„In vielen Fällen jedoch", sagte Rrhami-yata, „wenn du das Gesetz der Kettenreaktion auf menschliche Interaktionen anwendest, wirst du kein klares und vorhersehbares Ergebnis bekommen."

„Wieso denn, Vater? Warum nicht?" Ich hatte den Eindruck, als habe er gerade mit seiner Aussage meine Hoffnung auf den Weltfrieden zerstört.

„Wegen einer ganz komplexen Reihe von Störungen, die oft viele Menschen betreffen und sie stark auf der emotionalen und spirituellen Ebene berühren."

„Welche Störungen? Du hast mir nie von irgendwelchen Störungen erzählt." Ich war sowohl enttäuscht als auch beunruhigt.

„Wir können sie ‚Schatten' nennen, da eine Wortwahl wie diese schon verwendet worden ist, zum Beispiel in der Psychologie. Das ist aber heute nicht unser Thema, Hermenethre. Im Moment brauchst du dich nur daran zu erinnern, dass, wenn es solche Störungen (Schatten) gibt, die Situation weniger vorhersehbar ist. Ohne sie würden die höheren Schwingungen immer schnell die niedrigeren beeinflussen."

Peng! Da war es wieder: „Heute nicht das Thema."

Er hört immer am interessantesten Punkt auf und lässt mich im Dunkeln sitzen – dachte ich. Wie soll ich jemals etwas über diese ‚Schatten' herausfinden?

Ich sah hinüber zu den Steinstatuen, als erwarte ich Hilfe von ihnen oder Inspiration. Ihre identischen Gesichter strahlten wahre Macht aus, die hinter ihrer rätselhaften Form verborgen war. Mir kam wieder eine neue Idee.

„Vater, da die höheren Schwingungen stärker sind als die niedrigeren, muss Gott als Höchste Schwingung doch eine enorme Macht besitzen. Und ich wette, dass er stärker ist als jeder mysteriöse

‚Schatten', von dem du redest."

Rhami-yata sah mich mit einem Lächeln an.

„Die Höchste Schwingung hat die größte Macht, um die Elemente der Materie zu beeinflussen. Ja."

„Warum wird dann die höchste Schwingungsfrequenz nicht zum kleinsten Teilchen der Materie geschickt und wir werden ein Paradies auf Erden haben. Keine Kriege, keine Armut, kein Schmerz." Ich war stolz auf meine Argumentation.

„So werden die Dinge n i c h t getan." Er betonte das „nicht".

„Oh, gib mir einfach die Adresse Gottes. Ich mache einen Plan und wir werden die Welt retten."

„Zurück zu unserem Thema", sagte er in seinem ruhigen, nüchternen Ton.

Ach, was sollte ich nur mit ihm machen? Er hatte all das Wissen und die Macht, und ich möchte wetten, selbst Gott würde auf seine Vorschläge hören, und er wollte nicht meinem brillanten Plan folgen!

Hoffnungslos, – dachte ich – wahrlich hoffnungslos.

„Jeder Gedanke, jede Tat wird vom dem Ausgangspunkt aus entsendet", fuhr er fort, „und die Häufigkeit ihrer Schwingungen haben Einfluss auf andere. Stimmen wir darin überein?"

„Ja", seufzte ich. „Wir können dem Dominoeffekt zustimmen."

„Etwas anderes, das du wissen musst, ist, dass alle Schwingungen kumulative Bestrebungen haben. Sie arbeiten wie Magneten und sie ziehen Schwingungen mit gleichen Frequenzen an. Sie werden so zu Anhäufungen gleicher schwingender Wellen."

Ich erinnerte mich sofort an den Sinnspruch: „Gleich und Gleich gesellt sich gern." OK; das ergab einen Sinn. Gleiches zieht Gleiches an. Das war besonders für Menschen zutreffend. Alle meine Freunde hatten irgendetwas gemeinsam, ob es nun ein Charakterzug war oder die Interessen, die übereinstimmten. Ja, wir waren sozusagen auf der gleichen Wellenlänge. Es gab sogar einen Ausdruck, den ich gehört hatte, dass nämlich Leute die gleichen „Schwingungen" hatten.

„Was passiert dann in den Anhäufungen von schwingender Energie?", fragte ich.

„Derjenige mit der höchsten Frequenz unter ihnen beeinflusst die anderen und alle beginnen mit einer höheren Frequenz zu schwingen", erläuterte er.

„Hmmm. Es sieht so aus, als ob höher schwingende Frequenzen ‚ansteckender' sind als andere", stellte ich fest. „Ähnlich wie beliebte Leute oder Berühmtheiten."

„Vielleicht", stimmte er zu. „Nun lass uns zu unserem Beispiel zurückkehren. Du verschenkst etwas. Deine Absichten am Ausgangspunkt waren wahrhaft großzügig. Aufgrund des Gesetzes der Kettenreaktion beeinflussen sie, wirken anziehend und ballen sich da draußen zusammen. Und nun kommt das, was du ausgesandt hast, zu dir zurück, nur dass es jetzt eine ganze Anhäufung gleicher Schwingungen ist. So bekommst du also mehr zurück, als du ausgesandt hast."

„Oh, das gefällt mir!", rief ich aus. „Weißt du, es gibt wahrhaft großzügige Menschen auf der Welt. Wenn sie fortfahren, alles herzugeben, was sie haben, werden sie am Ende Millionäre."

Ich sah meine goldene Statue an und mein Verlangen wuchs. Wenn ich nun all meinen Besitz weggeben würde? – dachte ich. Vielleicht würde er sie mir dann schließlich lassen?

Rhami-yata beobachtete mich. „Du liegst vollkommen falsch, Hermenethre. Du willst Materielles ansammeln, indem du das Gesetz der Kettenreaktion auf dein Verlangen nach Besitz anwendest. Wie erwartest du, dass das funktionieren soll?"

Ich seufzte. „Ja, ja. Es ist ja gut!", sagte ich. „Materielles an sich raffen ist kein Gedanke von hoher Schwingung. Ich hab verstanden."

„Nein, hast du nicht", lächelte er. „Obwohl ich verstehe, dass deine goldene Statue reizend ist."

„Oh, du hast ja keine Ahnung." Ich nickte resigniert.

Er stand auf und tat es ihm nach. „Warum zündest du nicht eine Kerze an?", sagte er.

Ich nahm eine Öllampe auf und goss etwas von dem brennenden Öl in eins der Bronzegefäße. Meine Flamme zuckte und tanzte wie im Takt zu meinen eilenden Gedanken.

„Du sagst, Vater, dass wir mehr zurückbekommen, als wir gegeben haben, wenn unsere Absichten rein sind", sagte ich und schaute in meine Flamme. „Aber was geschieht, wenn sie es nicht sind? Was wird aus den habgierigen, selbstsüchtigen, durchtriebenen Gedanken und Taten, die ausgesandt worden sind?"

„Niedrige Frequenzen von Schwingungen ziehen auch andere an." Rhami-yata hob die Kerze auf und kreierte eine neue Kerze. Seine Kerzenflamme zuckte ebenfalls. „Selbst wenn sie einen schwächeren Effekt auf höhere Schwingungen haben. Aber sie sind dennoch stark genug, niedrigere Schwingungen anzuziehen", fuhr er fort, „und sind dem Gesetz der Kettenreaktion unterworfen. Wieder bekommst du mehr als du gegeben hast. Manchmal jedoch kann es sein, dass du gar nichts zurückbekommst."

Jetzt hielt er seine Handfläche über seine und meine Kerze. Als er sie wieder fortzog, waren beide Kerzen nicht mehr da. Es war nur noch Öl in den beiden Gefäßen. Keine Flamme mehr.

„Das Gesetz der Kettenreaktion funktioniert in solchen Fällen nicht?", fragte ich.

„Nein. Es funktioniert immer", sagte er und schüttelte den Kopf. „Alle Teilgesetze arbeiten immer. Es gibt jedoch noch ein anderes Charakteristikum, das du kennen lernen musst, wenn wir von niedrigen Frequenzen sprechen."

Ich konzentrierte mich ganz auf seine Worte. Er zeigte auf die Tür und ich sah, wie ein Bild erschien, ein holographisches, schimmerndes Bild.

Ich ging näher an das Bild heran, um es besser zu erkennen. Es war eine Graphik und sah etwa so aus:

Niedere Frequenzen von Schwingungen

DER MEISTER UND DIE GRÜNÄUGIGE HOFFNUNG

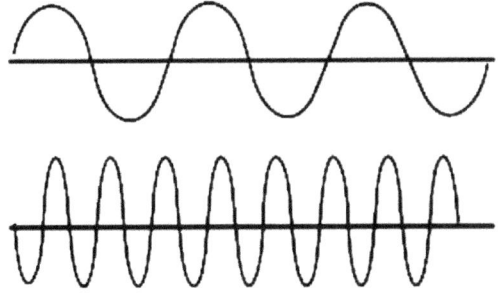

Höhere Frequenzen von Schwingungen

Rhami-yata kam auch näher und stand nun neben mir. „Wie du sehen kannst", sagte er, „haben die höheren Frequenzen unten kürzere Wellenlängen, als die niederen Frequenzen oben."

„Uh huh", ich nickte.

Er bewegte seine Hand und die holographische Zeichnung veränderte sich.

„Je niedriger die Frequenz der Schwingung, desto länger die Wellen." Er deutete auf die neue Zeichnung:

„Sie sehen fast aus wie eine Linie", stellte ich fest.

„Das ist richtig. Allmählich werden sie zu einer geraden Linie."

Ich sah ihn rasch an. „Und was dann?"

„Dann hören sie auf zu schwingen und erlöschen." Er bewegte wieder seine Hand und die holographische Zeichnung war verschwunden.

Ich sah mich in der Kammer der Sieben Mächte nach der Graphik um. „Und erscheinen wo?", fragte ich.

„Nirgendwo", sagte der Meister. „Es gibt sie nicht mehr." Er ging zurück in die Mitte der Kammer und setzte sich neben die Öllampe.

Ich folgte ihm langsam und dachte über das nach, was er gesagt hatte. „Ist das überhaupt möglich?", fragte ich, indem ich mich ihm gegenüber niederließ.

„Ja, das ist es", war seine Antwort. „Deshalb führen manche Ideen, Pläne oder Aktionen, die mit niederen Schwingungen gestartet wurde, ins ‚Nichts'. Wenn du zum Beispiel eine goldene Statue haben möchtest, nur weil du Dinge raffen und dir selbst eine Freude machen willst, dann wird sich die Aufgabe, sie zu bekommen, als sehr schwierig herausstellen."

Ich saß einen Augenblick ganz still.

Klar, – dachte ich – wenn man seine Absichten, die von niedriger Schwingung waren, aufrecht erhielt, so war das nicht wirklich der Weg zum Fortschritt oder um etwas zu erreichen. Hm, tatsächlich war jede Leistung, deren Ursprung Gier, Hass oder Selbstsucht war, nicht besonders befriedigend oder sie war kurzlebig. Und was war mit unseren Seelen? – dachte ich. Was wurde aus denen, die sich nicht weiterentwickelten und die Frequenzen ihrer Schwingungen sanken? Sie ‚sind dann nicht mehr' und das war's?

„Vater", sagte ich schließlich. „Gibt es überhaupt irgendetwas, das nie aufhört zu sein?"

„Die Höchste Schwingung hört niemals auf zu sein. Sie ist immerwährend." Er sah mich an und nun wurden seine Augen grau.

„Sind unsere Seelen nicht ewig? Ich habe gelernt, dass sie niemals aufhören zu sein. Ist das so?" Jetzt bekam ich Herzklopfen. Ich war keinesfalls auf solche Eröffnungen vorbereitet, eher hoffte ich auf ein Märchen, bei dem ich mich wohlfühlte, das mich beruhigte. Ich wollte weiter die Sorglose bleiben, die ich immer gewesen war.

„Nur wenn sie so mit der gleichen Frequenz schwingen wie die Höchste Schwingung." Der Meister war gnadenlos.

Ich war wieder ganz still. War denen, die keine Verantwortung für ihren spirituellen Fortschritt übernehmen wollten, eigentlich die schreckliche Wahrheit klar? Die Möglichkeit des Todes ihrer Seele? Mir wurde kalt und ein Schauer lief mir den Rücken hinunter. Meine Hände und Füße waren plötzlich auch kalt. Ich begann zu zittern.

„Vater", sagte ich durch meine klappernden Zähne, „was ist mit dem versprochenen Himmel für diejenigen, die ihre Sünden gestehen?"

Er fuhr fort mich mit diesen grauen Augen anzusehen ohne etwas zu sagen. „Was wird aus den Belohnungen?!", rief ich aus. „Was denn?"

„Das ist heute nicht unser Thema", sagte er mit einer Stimmen, die keine Widerrede duldete.

„Ein Nichts", sagte ich bebend. „ich kann es spüren. Es ist kalt."

Er prüfte einen Augenblick mein Gesicht. „Kind, du brauchst dich nicht zu fürchten. Das Gesetz ist weder blind noch erbarmungslos. Es ist fair. Und Entwicklung hilft gerne denen, die ein williges und suchendes Herz haben. Es hängt alles von euch Menschen ab. Niemand lässt dich im Dunklen sitzen, vertrau mir. Du hast zu allen Zeiten die Wahl gehabt."

Ich schaute ihn ungläubig an. „Aber wer in aller Welt würde wählen sich in Luft aufzulösen, zu verschwinden?"

Rhami-yata berührte liebevoll meine Hand. „Ich glaube, du hast noch nicht viele Selbstmörder getroffen, Hermenethre. Nicht nur physische Wesen haben die Freiheit der Wahl. Seelen auch. Es ist ihr angeborenes Recht. Und es ist das Allerschönste, nicht wahr? Sein Schicksal wählen zu können."

Er zog seine Hand zurück und ich bemerkte, dass ich nicht mehr zitterte. „Es ist also wegen der niedrigen Häufigkeit der Schwingungen", sagte ich, „manche verschwinden an einem bestimmten Punkt, jemand bekommt vielleicht nichts zurück, nachdem er gewisse Gedanken oder Taten ausgesandt hat. Nicht einmal mehr von dem gleichen Ärger, dem Hass oder der Gemeinheit."

„Das ist richtig", nickte der Meister.

„Genau wie Diebe, die nicht erwischt werden", fügte ich hinzu.

„Wenn du so willst." Er lächelte liebevoll.

„Was wird dann aus denen, die Verbrechen begehen, Rhami-yata? Werden sie niemals bestraft?"

„Was denkst du denn?", das Lächeln auf seinem Gesicht schwand langsam.

„Ich kann mir niemanden vorstellen, der gemein ist und voller Hass und der dabei glücklich ist. Und Ich glaube, dass das Unglücklich sein keine hohe Schwingungsfrequenz hat. Irgendwann, ‚strecken' diese armen Teufel ihre eigenen Wellen, denke ich. Aber wie ist es, wenn sie es nicht besser wissen, Vater? Wenn sie einfach nur ignorante Seelen sind und keine Selbstmörder?"

Er schaute mich wortlos an.

„Ich weiß, ich weiß", seufzte ich. „Nicht das heutige Thema."

„Und das schließt unsere Lektion über das Gesetz der Kettenreaktion ab". Der Meister stand auf. „Komm morgen zurück und erfahre mehr über die Teilgesetze."

„Danke, Rhami-yata."

„Kümmere dich um deinen Körper", sagte er.

Ich erwachte aus der Trance und schrieb alles, woran ich mich erinnern konnte, in mein Tagebuch. Die Regeln in der materiellen Welt sind sehr strickt – fasste ich meine Gedanken zusammen. Jeder Gedanke, jede Tat beeinflusst in bestimmter Weise alles andere. Welch eine Riesenverantwortung lastet auf uns, wenn wir erst verstehen, wie das Gesetz der Kettenreaktion arbeitet.

***

Am nächsten Morgen aß ich meinen Bagel mit Frischkäse in dem Coffeeshop um die Ecke, diesmal zur Abwechslung mit einem Pfefferminztee dazu. Ich hatte festgestellt, dass der viele Schwarztee mit Zitrone mich in der Nacht nicht schlafen ließ. Zuviel Tein.

Paul war nicht da und mit den andern zwei Gästen, zwei Damen im mittleren Alter, die die gleiche Ausgabe der Tageszeitung studierten, sprach ich nicht. Sie tauschten in stiller Harmonie Teile des Blattes aus.

Der Tag war wunderschön und sonnig und ich machte einen Spaziergang. Unbewusst endete er auf dem Universitätscampus. Ach, warum nicht einen Blick riskieren?

Da waren einige Leute im Anmeldebüro der Abteilung der

Filmstudios, die ihre Pakete ablieferten. Ich stand eine Weile im Flur und beobachtete sie, wie sie mit der netten Sachbearbeiterin sprachen. Sie musste sich an mich erinnert haben, weil sie lächelte. Mir war es ein bisschen peinlich, ohne Grund da herumzulungern. Ich nickte nur und ging eilig.

Sechs bis acht Wochen – dachte ich, als ich das Gebäude verließ. Wie um alles in der Welt sollte ich das überleben?

Ich lief die Treppe zu meiner Wohnung hinauf, immer zwei Stufen auf einmal. Matthias kam am Nachmittag und ich wollte vor seinem Besuch noch meine Lektion mit Rhami-yata absolvieren.

Ich öffnete den Kühlschrank und griff mir einen Topf mit Tomatensuppe. Ja, es war genug da für ihn und seinen Freund Oskar, falls er sich entschloss, ihn mitzubringen. Es sah so aus, als hätte ich mich um alles gekümmert. Warum schob ich dann meine Trance auf?

Hatte ich Angst vor dem gnadenlosen Gesetz der Kettenreaktion? – dachte ich. Oder war es das schöne Wetter, das ich heute genießen wollte?

Ich ging ins Schlafzimmer und legte mit auf die Decken. Das Fenster stand offen und ich konnte die warme frische Luft spüren. Ich fing an, meine Atemzüge zu zählen und die Muskeln zu entspannen. Dann verschwanden alle Gefühle und ich versank in tiefe Trance.

***

Der Meister wartete schon auf mich. Er führte mich zu meiner großen Freude in den Innenhof.

„Das ist eine großartige Idee, Rhami-yata!", rief ich aus. „Es ist so schönes Wetter heute."

Er schaute mich erstaunt an. „Ich kenne es gar nicht anders hier", sagte er.

„Richtig", nickte ich. Ach ja, ich hatte schon bemerkt, dass das Wetter sich niemals änderte. Jedes Mal, wenn ich in den Hof gegangen war, oder von der Bibliothek aus hinausgeschaut hatte, war es sonnig und warm.

Als ob es dort überhaupt keinen Regen, keine Stürme gab, nur einen ewig angenehmen sonnigen Tag.

Wie seltsam – dachte ich.

Wir setzten uns auf die Steinbank. Ich sah Erehmenthre in einiger Entfernung, der uns beobachtete. Rhami-yata winkte ihm diskret zu und der Befehlshaber der Wachen nickte unmerklich. Dann war er schnell verschwunden.

Aha, der Meister will, dass wir alleine sind – dachte ich. Dies wird also eine besondere Lektion. Nicht für jeden bestimmt.

„Stell dir einen Bumerang vor, der zurückkehrt", sagte er.

Ich schaute auf und versuchte, ihn zwischen den Bäumen des Innenhofes fliegen zu sehen. „Er scheint eine Schleife zu beschreiben, während er sich dreht. Er kommt dorthin zurück, woher er gekommen ist", sagte ich. „Ich weiß nur nicht, wieso."

„Weil die Kombination von Drehung und Vorwärtsbewegung den Flügeln ungleichmäßig Auftrieb gibt", erklärte Rhami-yata. „Zu jeder Zeit rotiert einer der Flügel in der Richtung des Fluges vorwärts und der andere rotiert rückwärts gegen die Richtung des Fluges. Der ungleichmäßige Auftrieb lässt den Bumerang fast umkippen. Aber genauso, wie wenn du dich auf einem fahrenden Fahrrad vorbeugst, das eine Kurve fährt, verdreht das Kreiseln des Bumerang die Kraft des Auftriebs im rechten Winkel und der Flug macht eine Kurve."

Ich war fasziniert von der Genialität des Designs. Vor allem, dass die Erfinder des Bumerangs Aborigines aus Australien waren.

Wie konnten sie bloß auf eine solche hochentwickelte Idee kommen, ohne sich in der Physik auszukennen? – dachte ich.

„Muss man nicht gebildet sein, um die Physik zu verstehen?", fragte ich.

„Es gibt nicht nur Menschen, sondern auch Tiere, die diese Dinge verstehen, einfach nur durch die Beobachtung der Natur", sagte der Meister.

Ich stimmte zu. Ich erinnerte mich an Vögel, die sehr ausgeklügelte

Nester konstruierten. Ameisen bauten ganze Städte und Biber wussten, wie man Flüsse umleitete.

„Offenbar sind nicht nur die Menschen die Schlauen", schloss ich.

Rhami-yata nickte und seine Augen wurden grün. „Das nächste Teilgesetz basiert auf dem Prinzip vergleichbar mit dem Bumerangeffek," sagte er. „Was auch immer ausgesandt wurde, kommt zum Ausgangspunkt zurück."

„Es wird allerdings während seines ‚Flugs' verändert wegen des Gesetzes der Kettenreaktion, richtig?", sagte ich, glücklich, dass ich so viel schon wusste.

„Sehr gut", lächelte er. „Siehst du, es ist nicht schwer, über die Gesetze zu lernen. Auch wenn du kein Physiker bist."

„Das hoffe ich", seufzte ich. „Bitte weiter."

„Was du aussendest, kommt zurück", fuhr der Meister fort. „Das ist das Gesetz. Selbst wenn nichts zurückkommt, dann nur wegen des Prinzips der Kettenreaktion. Wegen der niedrigen Frequenzen deiner Absichten, die sich auf ihrem Weg zu dir zurück in Nichts aufgelöst haben."

„Und wie heißt das ‚Bumeranggesetz'?"

„Das ist das Gesetz von der Rückkehr zum Selbst", sagte er.

„Wie wahr! Alles, was wir ausschicken, schicken wir an uns selbst", sagte ich mit einem breiten Lächeln.

Was wir anderen zugedacht haben, – dachte ich – hat Auswirkungen auf uns selbst. Wir sind letztlich die Empfänger unserer eigenen Ideen und Kreationen.

Ich stellte mir ein Meer voll von zahllosen Wellen und Wirbeln vor. An einem sonnigen Tag würde das Wasser verdunsten und zu Wolken werden. Dann würden sich die Wolken in Regenwolken verwandeln und der Regen fiele auf die Erde. Tief unten irgendwo in der Erde entstünden Quellen, die dann an anderer Oberfläche hervorbrechen. Sie würden zu Flüssen, Strömen, um sich schließlich ins Meer zu ergießen.

Das Gesetz von der Rückkehr zum Selbst arbeitet genau so – dachte ich.

„Rhami-yata", sagte ich, „ich habe sechs Gesetzesteile gezählt. Du sprachst von acht. Und die anderen zwei?"

Er stand auf und bedeutete mir, ihm zu folgen. Wir gingen in die Bibliothek. Dieses Mal öffnete i c h die in der geschnitzten Eichentür verborgenen Schlösser.

Ich fragte mich, warum wir dorthin zurückkehrten. Eine weitere Präsentation mit einer Linsendiskette? Ich glaubte nicht, dass er von mir erwartete, ich würde das Material aus einem Buch lernen. Er hatte mich mehrmals darauf hingewiesen, dass Intellekt seinen Platz hatte, aber bestimmte Wahrheiten zu erkennen, konnte man nicht mit der Kapazität des Gehirns erfassen.

Wir setzten uns an einen langen Holztisch, an dem bequem ein Dutzend Leute Platz gefunden hätten. Ich liebte die Berührung von rustikalem Holz. Die vielen Kratzer und Unebenheiten auf seiner Oberfläche schienen von den vorherigen Besuchern zu erzählen, die genau diesen Tisch benutzt hatten. Er hatte seine eigene Geschichte und ebenso wie die Bibliothek bewahrte er Berichte aus der Vergangenheit.

Einen Moment lang sagte niemand etwas und ich hatte Zeit, die natürliche Stille dieses Raumes in mich aufzunehmen.

„Wenn du dich hier umsiehst, Hermenehre, was siehst du?"

„Geschichte der Vergangenheit. Und Geschichte des Geistes", sagte ich.

„Ja. Das können wir hier hauptsächlich finden", nickte der Meister. „Nun stell dir die Kosmische Energie des Universums vor, die das gleiche in Besitz hat wie diese Bibliothek hier. Sie ist in der Lage, jeden einzelnen Bericht eines Gedanken oder einer Tat zu speichern."

„Naja, es wäre ziemlich schrecklich, wenn das der Fall wäre." Ich schüttelte den Kopf.

„Das ist aber der Fall", sagte Rhami-yata.

„Wie erbarmungslos", ich war angewidert.

„Wie weise und freundlich", erwiderte er.

Das gab mir zu denken. Und machte mich neugierig. Ich bemerkte auch, dass seine Augen nun hellblau waren. Ich fragte mich, ob die Veränderung der Farben von seiner Stimmung oder seinen Gedanken abhing.

Nein, das konnte nicht sein. Ich hab ihn niemals mit irgendwelchen Stimmungen erlebt. Er schien stets friedlich und freundlich zu sein. Es musste mit etwas anderem zusammenhängen.

Ich schaute meinen nun hellblauäugigen Lehrer an und er fuhr mit seiner Lektion fort.

„Jetzt stell dir vor, die Berichte, die die Kosmische Energie speichert, dienen nicht nur dazu, sich der vergangenen Taten oder Gedanken zu erinnern", sagte er. „Sie werden auch zu einer Matrix, einem Fußabdruck, einer Gussform, wenn du so willst, um Resultate vergangener Taten oder Gedanken zu erzielen."

„Da kommt also alles her!", rief ich aus. „Es gibt einen Aufbewahrungsort für die Gussformen all dessen, was wir getan oder gedacht haben."

„Ja", bestätigte er. „Die Resultate werden zu denen zurückgesandt, die sie verursacht haben. Wie ein Echo folgen sie ihrer Quelle. Und genau wie ein Echo können sie voluminöser sein als das Original. Das Echo kann dich überwältigen oder sogar zu Boden werfen."

Ich erinnerte mich an eine Fahrt zu der Kathedrale in Krakau vor vielen Jahren. Wir waren zu mehreren, alles junge Kunststudenten und Studentinnen. Wir bewunderten die vielen wunderschönen Figuren des Altars, vor Jahrhunderten von einem berühmten Bildhauer namens Wit Stwosz geschaffen. Wir stiegen auf den Glockenturm, auf dem wir versehentlich zu lange blieben. Als die Glocken ihr Konzert begannen, zwang mich das gewaltige Echo hinunter auf die Knie. Ich dachte meine Ohren würden anfangen zu bluten.

„Wir nennen das Gesetz das ‚Gesetz der Matrix und des Volumens'", fuhr der Meister fort. „Es ist verknüpft mit dem ‚Gesetz von Ursache und Wirkung', oder dem ‚Gesetz des Karma', wie manche es lieber nennen und es ist verantwortlich für alle Ereignisse, die in die Kosmische Energie eingegraben sind und von denen das ‚Echo' als Resultat zu ihrer Quelle zurückkehrt."

Ich dachte eine Weile darüber nach. Mir schien, dass nichts unbemerkt blieb, egal was wir getan oder gedacht hatten.

„Dann," sagte ich, „entscheiden die beiden Gesetze, ob wir belohnt oder bestraft werden für all das, was wir getan haben."

Rhami-yata schüttelte den Kopf. „Hermenethre, es gibt weder Strafe noch Belohnung für irgendetwas. Das sind die Vorstellungen des Geistes. Die Dinge geschehen so wie sie geschehen, weil alles in der materiellen Welt den Gesetzen unterworfen ist. Das ist alles."

„Bestrafung oder nicht", sagte ich bitter, „denn was immer ich getan habe, wird in eine Form gepresst für das Echo meiner Taten, die früher oder später auf mich zurückfallen, richtig?"

„Naja", sagte er, und machte eine Pause. „Es gibt Möglichkeiten, die Matrix zu verändern. Genau wie in jeder Form, die man auf irgendeine Weise verändern kann."

„Was? Und das hast du mir nicht gesagt?! Wie kann ich meine Gussform verändern, Rhami-yata?"

Er lächelte. „Glaubst du, dir ginge es besser, wenn du sie verändern könntest?"

„Aber ja! Ich bin nicht wirklich eine Heilige gewesen, weißt du. Es gibt so vieles, das ich bedaure und anders machen würde, wenn ich könnte."

„Ich verstehe", sagte er und nickte. „Diejenigen, die die Materie beherrschen, wissen, wie man Veränderungen herbeiführt, Hermenthre."

Er machte mich wirklich froh. „Dann gibt es Hoffnung für uns alle. Das Karma kann trotz allem korrigiert werden!"

„Tochter", sagte er, und legte mir die Hand auf die Schulter, „das ist etwas, womit man äußerst vorsichtig sein muss. Es ist nicht empfehlenswert, irgendjemandes Karma ohne tieferes Wissen aller Gesetze der Materie und des Geistes zu verändern."

Ich schaute ihm in die Augen und nickte schließlich. Er nahm die Hand von meiner Schulter.

„Ein unsachgemäßer Eingriff kann jemanden eines Erlebnisses berauben, dass zu seinem Wachstum beitragen würde. Und ohne Wachstum kann man seine Schwingungen nicht erhöhen, um näher zur Höchsten Schwingung zu gelangen."

Ich nickte wieder, weil ich anfing zu verstehen. Jedes Erlebnis war wichtig, selbst die, die wir unangenehm fanden oder peinlich.

„Es gibt keine guten oder schlechten Ereignisse", sagte er. „Sie sind alle Möglichkeiten zu wachsen. Das Karma zu verändern unterbricht nicht nur die Entwicklung dieser besonderen Person. Es beeinflusst auch noch andere entsprechend dem Gesetz der Kettenreaktion."

Als ich ihm so zuhörte, hatte ich eine neue Idee. Sie sah aus wie eine glänzende Lösung von jedermanns Problemen, die das Karma betrafen.

„Was würde geschehen", sagte ich mit einem selbstzufriedenen Lächeln, „wenn man alle Gussformen auf einmal veränderte?"

„Warum würdest du das denn wollen?", fragte Rhami-yata. Ich wunderte mich, dass er nicht verstand, was ich damit andeuten wollte.

„Die Schwingungen aller würden gleichzeitig in die Höhe gehen! Wir alle gingen auf geraden Wege zu Gott, der Höchsten Schwingung."

„Du hast den Gedanken nicht aufgegeben, die ganze Welt zu retten, oder?", sagte er lächelnd.

„Werde ich auch nicht", gab ich zu. „Es muss einen Weg geben."

„Die Aktion, die du da gerade beschrieben hast", erläuterte er, „wäre ein Versuch, Entwicklung, die Zweite Macht, die die Welt erschafft, fortzuschicken. Entwicklung erlaubt eine natürliche und harmonische Evolution und ist einer der Gouverneure, die den Willen der Höchsten Schwingung repräsentieren. Alle Sieben Mächte müssen zu allen Zeiten im richtigen Gleichgewicht sein. Verstehst du?"

Ich seufzte. „Es wird sich also nie etwas für die materielle Welt ändern?"

„Es kommt darauf an", sagte er in seiner gewöhnlichen neutralen Stimme.

„Auf was?" Meine Hoffnungen stiegen wieder.

„Ob alle Materialteilchen lernen, die Gesetze anzuwenden und sich von ihnen zu befreien. Bis dahin ändert sich nach dem letzten Teilgesetz, dem ‚Gesetz der Unendlichkeit' für die materielle Welt nichts."

„Erzähl mir mehr über das Gesetz der Unendlichkeit", sagte ich.

Er stand auf und nahm ein Buch aus einem der Regale. Er zeigte es mir und sagte: „Dies ist eins der weisesten Bücher der menschlichen Welt."

Ich besah mir erstaunt den Titel. Es war die Bibel.

„Ich möchte, dass du nach Hause gehst und in der Bibel die Worte des Evangelisten Matthäus nachliest. Einer der Verse beschreibt auf präziseste Weise das Gesetz der Unendlichkeit."

„Aber ich hab keine Bibel zu Hause", sagte ich. „Außerdem habe ich niemals gründlich die Bibel studiert und würde nicht einmal wissen, wonach ich suchen soll. Kannst du mir auf andere Weise sagen, was es mit dem Gesetz auf sich hat?"

Er sah hinüber zu den winzigen Linsen in einem der Regale. Er zögerte.

„Weißt du was? Nein, das ist nicht nötig." Ich traf eine plötzliche Entscheidung. „Ich werde eine Bibel finden."

„Denk daran, suche nach den Worten des Matthäus. Das Gesetz der Unendlichkeit ist das letzte der Teilgesetze des Universalen Rechts. Du kannst jetzt gehen, Hermenethre."

***

Ich zeichnete die Lektion in meinem Tagebuch auf, als ich aus der

Trance erwachte. Ich wusste, ich würde andernfalls das meiste vergessen.

Als ich fertig war, war es schon Nachmittag. Ich schaute auf die Uhr.

Matthias wird in einer halben Stunde hier sein – dachte ich.

Das Telefon klingelte und ich nahm ab in der Annahme, es sei mein Sohn. Aber es war Basia. Ich erzählte ihr von Rhami-yatas Anweisungen.

„Aber i c h habe eine Bibel", sagte sie. Ich hörte sie in einem Buch herumblättern. „Was soll ich dir von Matthäus vorlesen?"

Ich hab keine Ahnung", gab ich zu. „Lies mir alles vor."

„Aber das sind ungefähr hundert Seiten."

Ich erkannte das Problem. „Oh, dann lies mir nur die Überschriften vor, vielleicht führt das irgendwohin."

„In Ordnung". Sie fing an zu lesen. Als sie an die Stelle mit den acht Segnungen kam, stoppte ich sie.

„Basia, hör zu!", rief ich. „Es gibt acht Teilgesetze des Universellen Rechts. Die Acht Segnungen müssen es also sein."

Sie las die Passagen, aber das war nicht die Stelle. Wir waren beide enttäuscht.

„Was nun?", fragte sie.

„Weiß ich nicht. Lies es noch einmal. Vielleicht haben wir irgendetwas übersehen?"

„Warte mal", sagte sie, „das geht noch weiter. Jesus spricht über das Gesetz: ‚Glaubt nicht, dass ich gekommen bin, das Gesetz der Propheten aufzuheben; ich bin nicht gekommen um aufzuheben, sondern um zu erfüllen'."

„Weiter, weiter!"

„Denn wahrlich, ich sage euch, bevor Himmel und Erde vergehen, wird nicht der kleinste Buchstabe noch ein Häkchen vom Gesetz vergehen, ehe nicht alles erfüllt ist."

„Basia, das ist das Gesetz der Unendlichkeit! Das ist genau das, was Rhami-yata gesagt hat! Sieh mal, ‚Himmel und Erde' bedeutet Geist und Materie. Bis sie ‚vergehen' bedeutet, bis sie sich von der Illusion befreit haben und zu Gott zurückkehren, der Höchsten Schwingung."

„Die vierte Macht, von der du mir erzählt hast, Vergehen", sagte Basia, „ist in Wirklichkeit ein Segen für die Welt."

„Du hast Recht." Ich bewunderte ihren scharfen Geist. „Absolut richtig. Und „nicht der kleinste Buchstabe oder das kleinste Häkchen vom Gesetz werden vergehen, bevor nicht alles erfüllt ist." Das bedeutet, dass nicht das kleinste Teilchen von Materie vom Gesetz der Unendlichkeit frei sein kann, bevor nicht beide, Geist und Materie, imstande sind, zu ihrer heiligen Quelle, der Höchsten Schwingung, zurückzukehren."

„Du meinst Gott", fügte Basia hinzu.

„Welchen Namen wir auch immer bevorzugen."

„Das ist ein recht machtvolles Gesetz, dieses Gesetz der Unendlichkeit", sagte sie, „und wir haben es in der Bibel gefunden."

„Ja, das haben wir", pflichtete ich ihr wieder bei, „nun kennen wir also alle Teilgesetze des Universellen Rechts der Materie. Die Zahl, die das Universelle Recht repräsentiert, ist acht, genau wie die Zahl der Teile."

„Die Acht gleicht auch dem Symbol der Unendlichkeit", fügte Basia hinzu, „deren Definition wir gerade in der Bibel gefunden haben. Matthäus 5, Vers 17 und 18."

„Ich hab dich lieb, Basia", sagte ich.

„Das ist sehr schlau von dir", sagte sie und wir lachten beide.

Als wir aufgelegt hatten, nahm ich den Topf mit der Tomatensuppe aus dem Kühlschrank und wärmte sie. Es war Matthias' Lieblingssuppe.

Er kam mit seinem Freund Oskar und wir genossen gemeinsam das Essen, dabei hörten wir uns eine Aufnahme der Gruppe „Nirvana" an, die die Jungs sehr gut fanden. Ich spielte die Platte manchmal am

Morgen, um meinen Geist zu wecken.

Später am Abend schrieb ich die Namen der Gesetze auf eine kleine Karte:

> Das Gesetz von Ursache und Wirkung
> Das Gesetz von Entstehen, Wachsen und Vergehen
> Das Gesetz von Rückgang und Ausweitung
> Das Gesetz der Erscheinungen
> Das Gesetz der Kettenreaktion
> Das Gesetz der Rückkehr zum Selbst
> Das Gesetz der Matrix und des Volumens
> Das Gesetz der Unendlichkeit

Ich schaute mir die Karte an und dachte über all die möglichen Wege nach, von denen wir wählen konnten.

Es liegt tiefe Weisheit in jedem einzelnen, entschied ich. Genau wie Basia und ich, die die Definition des Gesetzes der Unendlichkeit in der Bibel gefunden hatten, so kann man überall Anleitung finden. Wer wollte über die Wirksamkeit jeder dieser Wege urteilen? Liebe (Respekt) erwacht in mir wie eine spontane Freude, wenn ich allem auf die gleiche Weise mit Ehrerbietung begegne, weil alles in den Augen Gottes gleich ist. Für meinen Freund John, dessen Weg Yoga ist, würde sich Liebe (Respekt) wie Frieden anfühlen oder wie Unterwerfung. Die gleiche Liebe (Respekt) stieg zweifellos in den frühen Christen auf, wenn sie eifrig das Leiden willkommen hießen und sich daran als von ihrem Herrn gesandt erfreuten. Trotz aller Unterschiede der einzelnen Wege schienen sie alle zur gleichen Wahrheit zu führen.

Ich schlief wie ein Stein. Da gab es keine Ängste und Zweifel, die sich in meine Gedanken schlichen.

Kapitel 8

Die Matrix von Räubern und Heilern

Am nächsten Morgen hatte ich ein langes Gespräch am Telefon mit Iwona Majewska.

„Wie geht es dir?", fragte sie.

„Ich hab einen Entsafter gekauft." Ich saß in meinem Plüschsessel, in der einen Hand den Hörer und in der anderen ein großes Glas Saft aus Karotten, roter Beete und Sellerie. „Rhami-yata will, dass ich mich um meinen Körper kümmere. Er meint, ich brauche Nahrung für mein Hirn", fügte ich hinzu.

„Ich freue mich, das zu hören." Ich spürte ihr Lächeln am anderen Ende der Leitung. Sie riet mir, auch Nahrungsergänzungsmittel zu nehmen und sprach von vegetarischen Pillen, die man einmal am Tag nehmen sollte, um mit allen erforderlichen Vitaminen und Mineralstoffen versorgt zu sein. „Wusstest du, dass viele Leute, die Geisteskrankheiten haben, nur aufgrund von Mangelernährung des Gehirns darunter leiden? Man könnte ihnen durch große Dosen von Ergänzungsmitteln helfen", sagte sie.

„Ich hab's gewusst!", rief ich aus. „Du gibst also doch endlich zu, dass etwas mit mir nicht stimmt."

„Überhaupt nicht", gab sie zurück. „Deine Besessenheit, herauszufinden, ob die Lehren des Meisters Einbildung sind, ist gegenstandslos."

„Es muss doch aber eine Möglichkeit geben, das zu beweisen", protestierte ich.

Iwona seufzte. Sie sagte, ob ich mir Rhami-yata einbilde oder nicht, sei nicht wichtig. Alles, was zähle, sei, dass ich die Lehren des Meisters empfange, ein Wissen, das mein Leben verändern würde. Es habe keine Bedeutung, dass es mir von einer gewissen Person aus uralter Zeit in Form von Lektionen übermittelt würde.

„Halt dich nicht mit solcherlei Kleinigkeiten auf", fuhr Iwona fort. „Für dich ist die Begegnung mit dem Meister real. Das ist alles, was zählt. Es ist für dich real, deshalb ist es real. Verstehst du?"

„Nein", sagte ich. „Wie kann es wirklich sein, wenn es nicht wirklich ist?"

„Das ist die Schönheit des Lebens. Es geht nur um die Interpretation von Ereignissen und darum, ihnen einen Sinn zu geben. So entscheiden wir, was ‚wirklich' ist und was nicht."

Ich dachte über das nach, was sie gesagt hatte. Mir war schon aufgefallen, dass meine Erinnerungen unterschiedlich waren. Es kam darauf an, wie ich sie sehen wollte. Die gleichen Ereignisse konnten fröhlich oder traurig sein, je nachdem, was ich wählte.

Als ich Iwona dazu befragte, meinte sie, dass wir verändern könnten, wie wir die vergangenen Erlebnisse sahen, wenn wir ihnen eine andere emotionale Antwort „zuordneten". Das gefiel mir! Mir fielen auf der Stelle Möglichkeiten ein, wie man diese simple Methode auf die schweren Lasten anwenden konnte, die wir jahrelang mit uns herumschleppten.

Nachdem wir aufgelegt hatten, gönnte ich mir noch ein weiteres Glas vegetarischen Saft. Ich begann, den Geschmack zu mögen, der sich wahrhaft von dem unterschied, was ich normalerweise zu mir nahm.

Beim Säubern des Entsafters läutete wieder das Telefon. Ich wischte mir rasch die Hände ab und hob den Hörer auf. Es war Ziggy, der mir sagte, ein polnischer Senator, Aleksander Gawronik, würde für unsere nächste Sendung am Sonntag erwartet.

„Er ist sehr scharfzüngig", sagte er, „und ihm gefällt es, wenn sein Interview eine unerwartete Wendung nimmt."

Na großartig – dachte ich. Und was soll ich dagegen tun? Ich habe die Politik nicht wirklich so verfolgt, dass ich eine adäquate Gegnerin in einer derartigen Unterhaltung abgeben würde. Es war immer Jacob gewesen, der alles wusste. Jacob...

Ich rief meinen demnächst Exehemann an und lud mich bei ihm zum Abendessen ein. „Mattias und ich freuen uns, wenn du zu uns kommst", sagte er höflich und ziemlich kühl.

Ich seufzte. Naja, eine Radiomoderatorin schien mir mehr abzuverlangen, als ich gedacht hatte. Das Telefon klingelte wieder. Eine weibliche Stimme begrüßte mich. Die Frau hieß Ella.

Iwona hatte mich während unserer morgendlichen Unterhaltungen gefragt, ob ich bereit sei, eine ihrer Freundinnen kennen zu lernen. Zuerst zögerte ich. Mir war meine Zurückgezogenheit heilig und ich war nicht sonderlich sozial eingestellt. Aber dann stimmte etwas in mir zu und ich freute mich auf die neue Bekanntschaft. Ella hatte gerade ihre Tanzstunden ein paar Straßen weiter beendet, also lud ich sie gleich zu mir ein.

Sie kam in einem wunderschönen, blumenbedruckten, langen Rock in mein Refugium, das normale Outfit, das sie zu ihrer Tanzstunde trug. Ich mochte gleich ihr helles Gesicht, das umrahmt war von blondem, gewelltem Haar und ihre weit offenen ehrlichen Augen. Sie waren grün wie meine.

Es funkte sofort zwischen uns. Ella war sehr neugierig auf meine Erlebnisse mit Rhami-yata. Sie erzählte mir, dass sie Bücher über Spiritualität verschlang und fasziniert war von Iwonas Geschichte über die Frau, die aus erster Hand esoterisches Wissen erhielt.

Wir tranken Pfefferminztee und redeten mehrere Stunden lang. Ich erzählte ihr von meiner ersten Lektion und es fühlte sich natürlich und angenehm an. Ich spürte, dass ich meinem grünäugigen Gast trauen konnte und beschloss, dass wir wirklich Freunde werden konnten. „Ich komme nächste Woche nach meiner Tanzstunde wieder", sagte Ella beim Abschied und umarmte mich. Wir wurden tatsächlich Freunde. Eine lebenslange Freundschaft ist eine Kostbarkeit, die nicht jeden zuteil wird.

Ich nahm die U-Bahn, um zu Jacob und Matthias zu kommen. Es war nur ein paar Minuten Weg von der U-Bahnstation. Es war diesmal etwas weniger merkwürdig als beim ersten Mal, als Gast hierher zu kommen, die Klingel zu betätigen und ganz formell begrüßt zu werden. Jacob und ich waren weniger angespannt und wir waren schon mehr an die neue Situation gewöhnt. Wir aßen an dem hölzernen Küchentisch zu Abend und Matthias war an diesem Abend unser Chef. Er und sein Vater hatten ein neues Rezept erfunden: ein interessantes Gemisch aus Gemüse und Gewürzen, womit sie ein Pita Brot gefüllt hatten. Es war lecker!

Nach dem Abendbrot gingen wir auf das Dach des Gebäudes. Es war ein zehn Stockwerke hohes Hochhaus und Jacob hatte den einzigen Schlüssel zu der Tür zum obersten Stockwerk. Dort stand eine Couch, die durch eine Sonnenblende geschützt war. die horizontal an der Wand befestigt war. Ich war schon vorher manchmal dort gewesen und bewunderte wieder den atemberaubenden Blick auf die Stadt. Nun saßen Jacob und ich schweigend da und nippten an unserem Weißwein.

Ich erinnerte mich, wie ich einmal auf der gleichen Couch eingeschlafen war und Jacob mich mit einer Decke zugedeckt hatte. Als ich dann bei Sonnenaufgang wach geworden war, war der Anblick so wunderschön, dass mir die Tränen die Wangen hinunterliefen. Die Sonne, die rasch hinter den Gebäuden hervorkam, sah feucht aus wie eine halbe Orange. Dann wurde sie heller, „trocknete" in Null Komma nichts und verbreitete ihre Wärme in der ganzen Innenstadt von Toronto.

Genau wie ein Baby – dachte ich damals. Die Sonne wird geboren, feucht und zart und dann lächelt sie zum ersten Mal.

Ich erkundigte mich bei Jacob nach Senator Gawronik. Ich musste diesen Mann interviewen und Jacob war eine Goldmine, wenn es um Informationen ging.

Aleksander Gawronik war ein Milliardär, der schnell zu Geld gekommen war, weil er sich durch Gesetzeslücken Vorteile verschafft hatte. Seine Finanzfirma hatte entlang der deutsch-polnischen Grenze durch Handel mit Zoll- und Steuererstattungen der Importeure Geldgeschäfte getätigt. Es war nicht ganz durchschaubar, ob seine Transaktionen legal waren oder nicht. Senator Gawronik hatte einen scharfen Verstand, hatte ein ganzes System erfunden, das ihn mithilfe finanzieller Machenschaften zum Milliardär gemacht hatte. Die neuesten Nachrichten sprachen von Anklage wegen Zoll- und Steuerbetrug, aber niemand wusste, ob er wirklich ein Verbrechen begangen hatte.

Jakob fuhr mich später am Abend nach Hause und sprach auf der Fahrt weiter über die Ansichten des Senators und seinen politischen Werdegang. Ich war ihm dankbar, denn es war der beste und kürzeste Weg für mich, vor dem Interview an Informationen zu kommen. Das war in den frühen neunziger Jahren, bevor der Internetboom einsetzte. Man informierte sich gewöhnlich in Bibliotheken, den Medien oder man erfuhr gerüchteweise etwas. Aber für jemanden, der nicht regelmäßig spezielle Nachrichten verfolgte, hätte es einen wirklich großen Arbeitsaufwand bedeutet, etwas über polnische Politiker in kanadischen Bibliotheken zu finden.

Ziggy war ein schlauer Professioneller und mir voraus. Er legte mir sehr früh am nächsten Morgen einige alte und neue polnische Zeitungen auf den Tisch. „Ich dachte, die könntest du vielleicht gebrauchen", sagte er schlicht, als ich ihm noch im Halbschlaf und im Bademantel die Tür öffnete. Noch ehe ich ihm eine Tasse Tee anbieten konnte, war er wieder auf dem Weg. Ich verbrachte den größten Teil des Tages damit, die Zeitungen zu lesen und mit dem zu vergleichen, was ich von Jacob erfahren hatte.

Im Studio dann befragte ich den Senator über den Finanzskandal – völlig unerwartet mitten in seine elaborate Ansprache über seine politischen Pläne hinein. Er machte nur eine Sekunde eine Pause bevor er antwortete.

Ich war beeindruckt von der Intelligenz und dem Auftreten dieses leicht ergrauten, gut aussehenden Mannes in den Vierzigern. Er war schnell und klar. Und seine klugen Augen verloren niemals den höflichen wachsamen Ausdruck.

Als er anfing, sich über die Anschuldigungen und die mögliche Strafe zu beklagen, einschließlich seiner Inhaftierung, wenn seine Immunität aufgehoben würde, fragte ich ihn, einfach so, ob er stattdessen körperliche Bestrafung vorziehen würde.

„Ich könnte Sie öffentlich auspeitschen", sagte ich, „vielleicht würde das Ihre Probleme lösen. Wissen Sie, das wird da und dort noch praktiziert als Bestrafung für diejenigen, die das Gesetz brechen."

Ich sah, wie Ziggy die Stirn runzelte und blass wurde. Wenn Blicke hätten töten können, hätte er es getan. Du bist zu weit gegangen, sagten seine Augen. Und das ist das Ende für uns!

Aber der Senator lachte bloß und meinte, meine Idee sei interessanter als die üblichen Strafen, die das System vorsehe. Er fügte noch hinzu, dass es vielleicht sogar ein Vergnügen sei, wenn meine schönen Hände die Strafe ausführten.

Er lud Ziggy und mich am Sonntagabend in ein nettes französisches Restaurant ein, ein sicheres Zeichen dafür, dass er zufrieden war mit seinem Interview. Wir drei saßen an einem bequemen runden Tisch mit schneeweißem Tischtuch. Ich bestellte ein vegetarisches Menü, um schwere Fleischspeise am Abend zu vermeiden. Senator Gawronik machte es ebenso. Ich lehnte auch den Wein ab und trank stattdessen eine Flasche Perrier.

Der schöne Senator reiste am nächsten Tag wieder zurück nach Europa und später bekam ich von seinem Büro einen offiziellen Brief, in dem man mir für das Interview dankte. Wir waren also gerettet und Ziggy konnte sich entspannen.

Bis spät in der Nacht hielten mich die Geschehnisse des Tages glockenhell wach. Der dunkle Himmel hinter meinen Schlafzimmerfenstern war garniert mit vielen Sternen. Sie ähnelten den brennenden Öllampen und ich sehnte mich nach dem Tempel. Ich streckte mich auf den Decken aus. Tiefe Atemzüge ließen mich entspannen, in tiefe Trance versinken und in eine andere Welt „transportieren", die es vor tausenden von Jahren gegeben hatte.

***

Ich lief Treppen hinauf, viele, viele Stufen und ich lief sehr schnell. Mein Atem keuchte in der trockenen Kehle. Ich schaute auf und stellte fest, dass ich auf dem Weg zum Tempel war. Zum ersten Mal sah ich ihn von außen, sein Dach schien sich seit Millionen von Jahren in die Wolken zu schmiegen und wohl auch in den kommenden Äonen. Ich hielt inne und schaute zurück. Dort unten war eine Stadt, die sich in einer Wüste ausdehnte. Die Hitze brannte in meinen Lungen. Ich sehnte mich nach den weißen Mauern des Tempels mit dem verschwenderischen Schutz ihrer kühlen Kammern.

Oh Gott, wie viel höher, wie viele Stufen noch... ich hastete weiter, schneller noch.

Mich schien eine fremdartige Furcht zu jagen, ein hartnäckiger Gedanke schrillte ohne Pause in meinem Kopf: „Schneller, schneller! Solange ich noch rechtzeitig komme, solange ich sie noch warnen kann...".

Ich verstand gar nichts, konzentrierte mich nur auf jenen Gedanken, mich an den Grund meiner Angst zu erinnern und auf diese wahnsinnige Jagd. Ja, da war ein flüchtiger Blick auf etwas dort unten in der Stadt. Was hatte ich in der Gasse gesehen?

Ich jagte meine Gedanken konzentrierend weiter. Dann entsann ich mich, dass ich mich hinter der Ecke einer Lehmhütte versteckt hatte. Einige der Häuser in der Stadt waren aus Lehm gebaut, andere aus blassem Stein. Man konnte den Tempel von der Stadt aus erkennen. Seine weißen Mauern erhoben sich hoch oben über der Wüste wie ein Gespenst bis hinein in den Himmel.

Da! Endlich erreichte ich das Tor. Es schien aus Holz zu sein, sah jedoch nur so aus. Es war viel härter, so wie Eisen. Ich ballte die Faust und hämmerte mit allen mir gebliebenen Kräften daran.

„Öffnet das Tor!", schrie ich, „Öffnet!" Meine Stimme war nicht wiederzuerkennen. Drinnen waren die Wachen zu hören, die sich unterhielten. Ich fuhr fort zu schreien und ans Tor zu hämmern. „Sofort aufmachen!"

Sie kamen meiner Bitte nicht nach, aber sie sandten stattdessen nach dem Kommandanten. Er ließ mich schließlich ein.

„Oh, Erehmenthre", flüsterte ich erleichtert, wie gut dich zu sehen...", ich taumelte vor Erschöpfung.

Das Tor schloss sich hinter mir.

„Alles ist gut", sagte er und stützte mich mit seinen starken Armen. „Lass mich dir helfen."

Ich atmete ein paarmal tief ein. Merkwürdigerweise war die Luft hinter dem Tempeltor herrlich kühl und frisch. Die erstickende Wüstenhitze war hier in dem kleinen Hof verschwunden. Ich fragte mich, wie das möglich war, entschied aber nicht länger darüber nachzudenken. Es gab wichtigere Dinge, die mich beschäftigten. „Wo sind die Priester?", fragte ich. „Ich muss Rhami-yata sprechen, sofort! Es gibt Aufstände in der Stadt."

„Ich werde mich um alles kümmern", sagte Erehmenthre. „Dafür bin ich hier."

„Ja. Aber ich muss sie sofort warnen." Ich gab nicht auf.

„Alle Priester haben sich in der Gebetskammer versammelt. Sie sind über die Rebellen informiert, Hermenethre."

„Oh wirklich?"

„Ja. Und sie warten auf dich."

Ich eilte zur Gebetskammer. Der Korridor dorthin war voller Leute. Alle, die den Tempel bewohnten, waren hier: Studenten, Diener, Gäste, Assistenten, Eingeweihte. Sie gingen beiseite, um mir Platz zu machen. Und ich erreichte schnell die Kammer. Erehmenthre hatte Recht, alle Priester waren schon dort versammelt.

„Schnell auf deinen Platz, Hermenethre." Rhami-yata sandte mir einen Gedanken und wies auf einen leeren Platz unter ihnen.

Es war keine Zeit, ihn zu fragen, warum ich zwischen den Hohepriestern sitzen durfte.

Meister Rhami-yata, der Höchste Priester, stand vor der Heiligen Statue im Hintergrund und ich bewunderte ihre schlanke Form und die genaue, meisterliche Handwerkskunst. Die Arme der Statue waren ausgebreitet, genauso wie meine, wenn ich den Statuen im Gebet huldigte.

Rhami-yata hatte die gleiche Pose eingenommen. Alle Hohen Priester und auch ich standen vor ihm zu beiden Seiten der sieben Stufen, die zu der Statue führten. Die Priester auf der linken Seite standen denen auf der rechten Seite gegenüber, während diejenigen auf den rechten Seiten auf die Mitte der Gebetskammer blickten.

Ich stand auf der rechten Seite, auf der letzten Stufe. Ich repräsentierte die Siebte Macht der spirituellen Welt, Liebe (Respekt). Das gefiel mir. Ich zog die rechte Seite vor. Irgendwie unterbewusst setzte ich sie immer noch gleich mit „gut" und die andere mit „böse". Es war nicht so, dass ich das, was Rhami-yata mich gelehrt hatte, nämlich dass es Konzepte waren, nicht verstanden hätte. Aber meine alten Gewohnheiten saßen sehr tief und ich fühlte mich sicherer, wenn ich sie nicht unterdrückte.

In der Gebetskammer standen die Menschen dicht gedrängt, ebenso im Flur. Mir fiel auf, dass ich die einzige Frau zwischen den Hohepriestern war und auch die jüngste. Sie hatten ihre Köpfe kahlgeschoren und ich fragte mich, ob ich würde das Gleiche tun müssen.

Rhami-yata begann zu beten und die Hohen Priester taten es ihm nach. Ich betete auch mit ihnen und hörte mich in einer uralten Sprache sprechen, deren Ursprung mir verborgen war. Ich schien das Gebet genau zu kennen, ich rezitierte es fehlerfrei, verstand aber kein Wort. Tief in meinem Herzen jedoch kannte ich die Bedeutung.

Nachdem wir das Gebet beendet hatten, betraten Soldaten des Tempels die Kammer. Einer nach dem anderen näherten sie sich den Stufen, auf denen wir standen. Die Menge teilte sich, um sie passieren zu lassen. Die Soldaten warfen mehrere Waffen auf den Boden, Speere und Piken. Sie selbst waren mit Dolchen und Schwertern ausgerüstet, von denen sie sich aber nicht trennten.

Es war ein Gemurmel in der Kammer. Ich fühlte wieder Angst, als ich den Haufen Waffen zu unseren Füßen sah.

Was bedeutet das? – dachte ich. Ist Krieg?

„Ja, Hermenethre, es ist immer Krieg, ein Kampf um Macht und Kontrolle." Rhami-yatas Antwort in Gedankenform drang in meinen Geist ein. „Aber hierbei geht es um die Aufstände in der Stadt. Dies sind die Waffe, die man den Rebellen abgenommen hat."

Er machte eine Bewegung mit der Hand und in der Kammer wurde es still. „Ein Diener der Dunkelheit verbirgt sich im Tempel", gab er bekannt, „wir müssen entscheiden, was zu tun ist."

Es kam Bewegung in die Soldaten. „Ein Diener der Dunkelheit? Im Tempel?", fragten einige.

„Ja", bestätigte unser Höchster Priester. Dann wandte er sich an mich. „Berichte uns, was du gesehen hast, Hermenethre."

Das kam so überraschend, dass ich nicht wusste, was ich sagen sollte. Er schaute mir in die Augen und auf einmal wusste ich, was ich in der Stadt gesehen hatte.

„Da war ein Priester", begann ich, „der mit einem der Diener des Königs Taurah-Anassa sprach. Sie schmiedeten ein Komplott. Ich hab es genau gesehen."

„Unmöglich", sagte einer in der Menge. „Bist du sicher, es war einer unserer Priester?"

„Ganz sicher, ohne jeden Zweifel", sagte ich, „Ich habe ihn an seinem kahlen Schädel erkannt. Er versteckte die Stücke kostbaren Metalls in seiner weißen Robe, die er von dem Diener erhalten hatte."

Ein Aufschrei ging durch die Kammer der Gebete. „Sein Schädel war rasiert! Er war also ein Eingeweihter! Aber das kann nicht sein! Wer war es? Sag es uns, Hermenethre."

In diesem Augenblick fühlte ich einen kräftigen Schlag auf die Brust. Ich verlor das Gleichgewicht und mir war, als werde es dämmriger. Ich war kurz davor in Ohnmacht zu fallen. Da war er, der Priester, den ich gesehen hatte. Sein Gesicht war ganz nah vor mir und er holte zum nächsten Schlag aus. Ich wusste, diesmal würde er mich töten.

Er führte den Schlag aus, doch verlor er an Kraft, noch bevor er mich erreichte. Der Boden tanzte unter meinen Füßen. Aber ich war noch am Leben. Meine Gedanken und Sinne verwirrten sich, wie in einem Nebel. Ich sah den kahlen Schädel meines Angreifers vor mir abtauchen.

„Müssen wir wirklich kahl sein?" Ich sandte diese verschwommene Nachricht in Gedankenform an Rhami-yata.

Jemand fing mich auf, bevor ich auf dem Fußboden aufschlug. Es war Erehmenthre. Mir wurde klar, dass er es war, der mir gerade das Leben gerettet hatte.

„Rasieren Priesterinnen auch ihren Kopf?" Ich sandte eine weitere Gedankennachricht an Rhami-yata.

„Nicht die gleiche Anzahl wie Männer, ja, einige Frauen auch", bekam ich als belustigte Antwort.

„Aber ich möchte meine Haare behalten!"

„Niemand zwingt dich dazu", beruhigte mich seine gedankliche Nachricht. „Das ist eine Tradition, keine Regel."

Mein Bewusstsein kehrte zurück und ich konnte wieder klar sehen und hören. Erehmenthre war nicht mehr in meiner Nähe. Er bewachte jetzt den Priester, der mich angegriffen hatte, denn die Soldaten des Tempels waren fest entschlossen, selbst das Recht in die Hand zu nehmen.

„Meister, was werden wir jetzt mit ihm machen?", wurde Rhami-yata gefragt.

„Wir berufen eine Versammlung ein", antwortete er und verließ die Gebetskammer.

Die Hohen Priester begleiteten ihn, gefolgt von Erehmenthre und zwei anderen Wachen, die den Angreifer mitführten. Wir erreichten bald die Kammer der Ultimativen Macht. Rhami-yata hatte mir einmal erklärt, dass das Schicksal der Menschheit und der Welt manchmal dort entschieden werde.

Ich schaute mich in der Strenge der Kammer um und ich fürchtete mich fast vor den Gemälden, die die Wände zierten. Hier, an diesen überwältigenden Ort gehörte ich nicht. Ich fühlte mich wie ein Schulmädchen, das beim Mogeln erwischt worden war. All sie Hohen Priester waren voll Würde und ihre Gesichter strahlten pure Weisheit aus. Zwischen ihnen fühlte ich mich wir ein Narr und ich konnte kaum frei atmen. Wir wurden gebeten, uns in der Mitte der Kammer zu versammeln, das heißt die Hohen Priester, ich, Erehmenthre und der, der mich zu töten versucht hatte. Den anderen zwei Wachen war nicht gestattet, diese Kammer zu betreten. Sie blieben vor der Tür stehen.

Rhami-yata sah mich an. „Hermenethre, was möchtest du mit diesem

Mann tun?"

Seine Frage machte mir Angst. „Warum fragst du mich, Vater?"

„Du bist es, die die Entscheidung treffen sollte. Willst du ihn töten?", fragte er.

„Ihn töten?", sagte ich schockiert. „Ich möchte nicht einmal seinen Namen wissen. Ich hatte niemals die Absicht, er wusste es nur nicht."

Rhami-yata sah den Priester an, der mit erhobenem Haupt und einem starren Gesichtsausdruck zur Seite schaute. „Das jedoch, was sich zwischen euch ereignet hat, ist abhängig von den Gesetzen. Du hast sie kennen gelernt und du weißt, wie sie wirken", sagte der Meister und ich war nicht sicher, ob er zu mir sprach oder den Mörder meinte.

„Aber du bist der Höchste Priester", sagte ich nach einer Pause. „Vater, bitte nimm mir diese Entscheidung ab. Ich bin noch nicht in der Lage, solche Probleme zu lösen."

„Du hast zwei Möglichkeiten", sagte er, ohne meine letzte Bemerkung zur Kenntnis zu nehmen. „Du kannst ihm vergeben und sein Lehrer werden oder du kannst ihn töten."

„Machst du Scherze?!"

„Das sind deine Möglichkeiten, Hermenethre." Seine Stimme war fest und offiziell.

„Was?"

„Wenn du ihn tötest, hast du es mit deiner Angst und der unmittelbaren Gefahr zu tun. Doch du wirst dann karmisch an ihn gefesselt sein und ihr müsstet euch wieder begegnen. Zu einer anderen Zeit und an einem anderen Ort."

Ich öffnete fassungslos den Mund. „Wovon um alles in der Welt redest du?"

„Vom Gesetz von Ursache und Wirkung, vom Gesetz der Kettenreaktion, vom Gesetz der Rückkehr zum Selbst, dem Gesetz der Matrix und dem Volumen und dem Gesetz der Unendlichkeit", sagte der Höchste Priester. „Jene Gesetze werden dich und ihn beeinflussen."

„Aber ich möchte nichts mit ihm zu tun haben, er ist ein Mörder!"

Rhami-yata nickte. „Wenn du dich entscheidest, ihm zu vergeben und sein Lehrer zu sein, dann wirst du in seinem Leben für ihn verantwortlich sein. Und das würde dem Gesetz von Ursache und Wirkung entsprechen, dem Gesetz von Entstehen, Wachsen und Vergehen, dem Gesetz der Erscheinungen, dem Gesetz der Kettenreaktion, dem Gesetz der Rückkehr zum Selbst und dem Gesetz der Matrix und dem Volumen."

Ich schaute den Kriminellen mit dem steinernen Gesicht an, der demonstrativ alles, was um ihn herum geschah, ignorierte. „Ich will aber nicht!", rief ich aus. „Ich möchte ihn niemals wiedersehen, weder in diesem noch in irgendeinem anderen Leben."

„Die Fesseln sind bereits vorhanden", sagte der Meister. „Entscheidest du dich dafür, ihm zu vergeben, wirst du für das Wachstum in seinem Leben verantwortlich sein. Und wenn du ihn tötest, wirst du ihn zu einer späteren Zeit wiedertreffen und die Frage des Tötens lösen", sagte er meine Wahlmöglichkeiten mit der gleichen formellen Stimme wiederholend.

Ich glaubte ein kleines, nervöses Zucken im linken Auge des Gefangenen zu sehen, er war also doch nicht ganz so „cool" wie er vorgab. Er würde vielleicht sogar wieder angreifen, wenn Erehmenthre ihn nicht fest im Auge hatte?

Mein ‚alter' Mörder rettete mir das Leben, indem er mich vor meinem ‚neuen' Mörder beschützte – dachte ich. Welches Gesetz veranlasste ihn, das zu tun? War ich nun dazu verdammt, mit all meinen Mördern für den Rest der Ewigkeit zu tun zu haben? Halt! Es wurde nichts über das Gesetz der Unendlichkeit gesagt, wenn ich dem Mann vergab.

Ich näherte mich ihm und schaute ihm in die Augen. Er ignorierte mich weiterhin, aber nun konnte ich wie in einem Spiegel in seinen Augen die gleiche Furcht erkennen, die sich in meinen verbarg. Ich wandte mich an Rhami-yata und sagte: „Ich habe mich nicht bereit erklärt, irgend jemanden zu töten. Nicht jetzt und zu keiner anderen Zeit. Lass ihn gehen."

„Gut", sagte der Höchste Priester, "Erehmenthre, führe den Gefangenen in die Kammer der Sieben Mächte."

Sie gingen und ich schaute ihn mit Groll an. „Du lässt einen Mörder auch noch meine Kammer betreten. Wie soll ich mich um die Sieben Mächte kümmern mit all diesen Kriminellen, die dort herumstehen?"

„Hör auf dein Herz", sagte er lächelnd.

„Was soll ich ihm überhaupt beibringen?"

Wieder lächelte er und zeigte auf mein Herz. „Geh und tu, was man dir sagt, Hermenethre."

Ich seufzte und verließ die Kammer der Ultimativen Macht. Ich muss zugeben, dass ich erleichtert war, diesen stickigen, strengen Ort zu verlassen. Aber immer noch war da ein Groll gegen Rhami-yata und die neue Aufgabe, die er mir gerade zugewiesen hatte. „Du und dein honigsüßer Ratschlag...", murmelte ich durch die zusammengebissenen Zähne.

Ich betrat die Kammer der Sieben Mächte. Die zwei Männer warteten schon auf mich und ich sah den Gefangenen nach meiner kleinen goldenen Statue schielen, die noch immer dort, neben der heiligen Öllampe thronte.

Richtig. Nicht nur ein Mörder, sondern auch ein Dieb – dachte ich.

„Wohin soll er sich stellen?", fragte Erehmenthre.

„Da wo er steht", sagte ich. „Nimm ihm seine Fesseln ab."

Der Befehlshaber der Wachen tat, wie ihm geheißen.

Ich hatte keine Ahnung, was ich als nächstes tun sollte. „Wie heißt du?", fragte ich den Priester.

„Mein Name ist Taurah-Anaasa", sagte er voll Stolz.

„Nein, das ist er nicht." Ich schüttelte den Kopf. „Das ist der Name des Königs. Du hast einen anderen Namen."

Seine Augen verengten sich, als er grinste. „Vielleicht", sagte er. „Ich hab den Namen gewählt, um wie der König zu sein. Und so werde ich mich nennen."

„Das ist <u>nicht</u> dein Name und es ist auch kein angemessener Name für dich", gab ich zurück.

Er sah mich fest an. „Aber er bedeutet ‚der, der nach Reichtümern strebt', das ist genau das, was ich will."

Ich nickte. „Die Priester", sagte ich ruhig, „haben dir den Namen Bergham-Arrata gegeben wegen deiner wunderschönen Stimme und der Art, wie du die Hymnen singst. Dein Name bedeutet ‚der, der Gebete singt' und so werde ich dich nennen, Bergham-Arrata. Bitte komm hierher, näher zu mir und bleib im Schein der Kerzen."

Er zögerte, machte dann aber ein paar Schritte und stand vor mir. „Ich habe den Namen Taurah-Anaasa ausgesucht und ich will, dass du mich so nennst!", schrie er mir wütend ins Gesicht.

Ich sah Erehmenthre schnell nach seinem Schwert greifen, stoppte ihn aber mit einer Handbewegung. „Ich respektiere deine Wahl, Bruder Priester", sagte ich. „Doch ich erinnere mich, wie du das erste Mal in den Tempel kamst. Und wie du dich verändert hast, als du deinen Namen bekamst. Du wurdest friedlich und warst glücklich. Es war zweifellos kein Ärger in dir. Dein Name ist Bergham-Arrata und so werde ich dich nennen, ob es dir gefällt oder nicht."

Wir maßen uns mit Blicken, ein wortloses Gefecht gleich starker Willenskräfte. Schließlich senkte er die Augen.

„Diese Statuen", begann ich ohne zu wissen, wohin mich meine Rede führen würde, „repräsentieren die Mächte, die die Welt erschufen. Sie sind die Stellvertreter des Willens der Höchsten Schwingung. Es gibt einen Grund, warum wir sie ‚Mächte' nennen. Denn nur das, was mit der Zustimmung dieses Willens existiert, ist eine wahre Macht."

Er schaute mich rasch an. Ich wusste, er wollte mehr wissen. „Macht" war ein magisches Wort für ihn. „Viele wollen diese Kräfte besitzen", fuhr ich fort, „und alles, was damit zu erreichen ist: unbegrenzte Macht über die Welt."

Seine Augen leuchteten. Er saugte meine Worte auf.

„Bergham-Arrata, heute hab ich gesehen, wie du versucht hast, dem Diener des Königs die Blaupausen unseres Tempels zu verkaufen, sodass er unbegrenzt Macht gewinnen kann, indem er die Kammer der Ultimativen Macht betritt. Ist das richtig?"

„Ja, das ist wahr", gab er nach einer Pause zu.

„Auch dachtest du, der König und du könntet unbegrenzte Reichtümer in euren Besitz bringen, indem ihr die Kammer des Überflusses ausraubt", fügte ich hinzu.

Es gab eine lange Pause, bevor er sprach. „Ja. Ich wäre aber nicht in der Lage, es selbst zu tun. Ich brauchte die Armee des Königs, um mir zu helfen. Der Diener jedoch war nicht ehrlich mit mir und behielt die Blaupausen für sich. Er weihte nie den König in den Plan ein und die Soldaten kamen nie hier an. Also hab ich in der Stadt einen Aufstand angezettelt und erzählte den Menschen, sie könnten all das Gold, das sie im Tempel finden würden, für sich behalten. Dann wäre überall Tumult. Den hätte ich ausgenutzt und mich selbst der Schätze bemächtigt, wenn du nicht dazwischen gekommen wärest." Er schaute mich ärgerlich an.

„Warum wolltest du das tun, Bergham-Arrata?", fragte ich. „Du bist einer der Priester, du bist auf dem Wege, wirkliche Macht zu erlangen."

„Warum so lange warten?", sagte er. „Und außerdem hab ich in meinem Leben gelernt, dass man mit Reichtum alles haben kann, was man will. Er erlaubt dir alles zu tun, was du willst und du bist frei. Reichtum bedeutet Macht in der materiellen Welt, so ist das."

Ich nickte. „Tatsächlich, Bergham-Arrata, so würde es sein, wenn der Reichtum dich auch dazu befähigte, Materie zu beherrschen."

„Aber das tut er", sagte er.

„Aber das tut er nicht." Ich schüttelte den Kopf. „Der Reichtum, von dem du redest, ist Teil der Illusion. Er ist selbst Illusion. Denk mal, wie schnell er zerronnen sein kann. Wie schnell materielle Dinge vergehen. Vermögen können über Nacht verloren gehen."

„Ja, aber etwas kann ein Leben lang erhalten bleiben", machte er mir klar.

„Dann aber, mit dem Tod deines physischen Körpers verschwindet diese Art illusorischer Macht auch, an der du so viel Freude hattest", sagte ich. „Nicht nur das, auch du, der du dich in keiner Weise weiterentwickelt hast, bleibst gefangen in der Illusion und bist weiter machtlos. Und die Freiheit, in der du dich wähntest, erweist sich auch als Illusion. Du bleibst in niederen Schwingungen stecken zusammen mit solch niedrigen Energien und du bist Gefangener deines eigenen Geistes, aber du bist auch auf dem Wege, dich selbst zu zerstören. Du weißt ganz genau, dass nur die Schwingungen, die den Frequenzen der Höchsten Schwingung gleichen, ewig leben."

Er sagte kein Wort. Nun wusste ich, dass ich zu ihm durchdrang. Er fürchtete sich wie jeder und alles, tot oder lebendig, vor der Nicht-Existenz, vor dem Nichts.

„Welchen Einfluss die wenigen Dekaden deines physischen Leben auf das ewige Leben deiner Seele haben wird, liegt allein in deiner Hand", schloss ich.

„Wenn also etwas falsch daran ist, sich materiellen Reichtum zu verschaffen", sagte er, „sollte es verboten werden und die Menschen müssten wissen, dass Armut sie freier machen würde."

„Auf gar keinen Fall!", protestierte ich. „Du hast es noch nicht verstanden, Bergham-Arrata. Reich zu sein, bedeutet, in der materiellen Welt Spaß zu haben. Und das ist in Ordnung. Das ist durchaus akzeptabel."

„Ja?"

„Ja natürlich!", versicherte ich ihm. „Solange der Spaß dich nicht an deinem Wachstum hindert. Manche weisen Seelen wissen nicht nur, wie man an seinen materiellen Gütern Freude hat, sondern auch, wie sie diese Güter in hilfreiche Werkzeuge verwandeln können. Sie verwenden ihre Habe zu ihrem eigenen Fortkommen, aber verhelfen auch anderen zu ihrer Entwicklung."

Ich machte eine Pause und zeigte auf meine kleine goldene Statue. „Hast du eigentlich bemerkt, dass keiner der Hohen Priester unseres Tempels arm ist? Sie erfreuen sich am Reichtum und sie wissen, wie man ihn verteilt. Doch sie verwechseln Gold nie mit wahrer Macht und sie lernen, wie man wirklich Geist und Materie beherrscht. Nun sag mir, hat das Gold, das nur dem Spaß dienen soll und lediglich ein paar Jahrzehnte dem menschlichen Leben zur Verfügung steht, hat dieses Gold irgendeine Bedeutung, wenn man es damit vergleicht?"

Er schüttelte den Kopf. „Es ist Staub."

„Ja, es ist nur Staub", wiederholte ich.

Erehmenthre hatte unserem Gespräch schon die ganze Zeit zugehört. Auch er wollte offenbar mehr erfahren.

„Lass uns die Situation, in der du dich befindest, einmal näher betrachten, Bergham-Arrata", sagte ich. „Erinnere dich an das Gesetz von Ursache und Wirkung, das Gesetz der Kettenreaktion, das Gesetz der Rückkehr zum Selbst, das Gesetz der Erscheinungen, das Gesetz der Matrix und des Volumens und das Gesetz der Unendlichkeit?"

Er bestätigte es mit einem Nicken.

„Wenn du erfolgreich gewesen wärest und die Kammer der Fülle ausgeraubt hättest, dann hättest du gemäß all dieser Gesetze nur einen scheinbaren Gewinn gehabt. Außerdem aber hätten dich die Konsequenzen deiner Handlung nicht nur in diesem Leben eingeholt, sondern auch in einer der nächsten Inkarnationen. Du hattest die Chance zu lernen, über Materie und Geist zu herrschen, Bruder Priester. Und du wolltest es eintauschen für ein paar Stücke edlen Metalls."

„Was kann ich denn nun tun, um den Schaden, den ich angerichtet habe, wieder gut zu machen?", fragte er still nach einer Pause.

Ich ging hinüber zu der brennenden Öllampe, goss etwas von dem Öl in eins der Bronzegefäße und stellte so eine Kerze her. Der Priester kam zu mir. Ich wusste, was er vorhatte. Ich nickte und schaute ihm in die Augen. Er nahm auch etwas Öl und kreierte noch eine Kerze. Die Flammen der beiden Kerzen tanzten miteinander. „Bergham-Arrata", sagte ich und sah ihn an. „Ich möchte, dass du aufrichtig in dir nach der Antwort suchst. Ich weiß, du hast sie schon gefunden. du brauchst nur den Zugang zu deiner eigenen Weisheit zu finden."

„Danke", sagte er.

„Na komm, umarme mich", sagte ich lächelnd. „Und bitte, sing weiter mit deiner wunderschönen Stimme die Hymnen. Ich mag sie sehr und hab sie so vermisst im Tempel."

Er trat schüchtern vor und umarmte mich. Es gab im Tempel nicht viel physischen Kontakt aber ich war eine gewohnheitsmäßige „Umarmerin" und es war mir egal, ob ich dabei meine Autorität verlor.

Nachdem er die Kammer der Sieben Mächte, gefolgt von Erehmenthre verlassen hatte, setzte ich mich auf den Boden und hob meine kleine goldene Statue auf. Manchmal war auch ich noch immer scharf darauf, alles Gold, das ich bekommen konnte, in die andere Realität, die meines Appartements zu transferieren. Ja, ich verstand den Wunsch Bergham-Arratas nach Sicherheit vollkommen und auch, dass er sie mit Gold zu erreichen versuchte. Ja, auch ich war bisweilen anfällig für die Vorhaben mit den niedrigen Schwingungen.

„Du hast es geschafft." Eine Gedankennachricht von Rhami-yata kam mir in den Kopf.

„Ich bin nicht sicher", antwortete ich mit meinen Gedanken. „Ich konnte nicht einmal die richtigen Worte finden."

Ich erwartete die nächste Gedankennachricht von ihm und sie kam nach kurzer Pause.

„Siehst du, Hermenetre, beim Lehren geht es niemals um Worte. Das Wichtigste ist, Zugang zu deinem Schüler zu finden. Und dir hat deine Intuition geholfen. Du bist zu ihm durchgedrungen und er hat seinen Selbstheilungsprozess begonnen. Du hast einer verlorenen Seele geholfen, Tochter, wieder auf den richtigen Weg zu finden. Das ist alles, was von einem guten Lehrer erwartet wird. Die Einzelheiten, die Dogmen, wenn du so willst, sind nicht wichtig. Nichts als die Wahrheit zählt. Und die Wahrheit ist jenseits von Dogma oder Worten."

„Was ist mit den gestohlenen Blaupausen?", fragte ich.

„Erehmenthre hat sich darum gekümmert", in Gedankenform lächelte er mich an.

***

Als ich aus der Trance erwachte, dachte ich an das, was sich gerade ereignet hatte und was ich bei der Begegnung mit dem gierigen Priester gelernt hatte. Es gibt viel Korruption in unserer Welt – dachte ich. Und niemand von uns ist ganz lupenrein. Wir alle wollen Reichtum und Macht, um damit unser Glück zu festigen. Es sind nicht nur die Politiker, Regierungen, Kriminellen oder Diebe. Wir definieren unsere eigene Welt. Jeden Tag.

Ich rief Miss Stella an und erzählte ihr von meiner Lektion. Sie stimmte zu, dass das Vergeben eines Sünders der wahrhaft spirituelle Weg war, mit ihm umzugehen. Doch ich konnte mir nicht helfen, ich fand, dass diese abstrakte Situation im Tempel recht einfach zu lösen gewesen war. Aber was geschah mit den „realen Tätern", denjenigen, die unser physisches Leben bedrohten? Was würde dem netten Senator Aleksander Gawronik, den ich getroffen hatte, passieren und seinen Mittätern, Familien und Freunden?

Es gibt im Leben keine einfachen Antworten – dachte ich. Und manchmal reicht ein ganzes Leben für eine Seele nicht aus, um mit all den Schäden, die durch die menschliche Furcht und die Raffgier entstanden sind, fertig zu werden.

„Die Menschen besitzen die Fähigkeit, ihr Schicksal durch eine schlichte Sinnesänderung ihres Herzens zu verändern", sagte Miss Stella, und sie schien damit einen alten Sinnspruch zu zitieren, den sie ganz früher einmal gelernt hatte.

Aber ich fand, es war ein wunderbarer Spruch. Ja, es gab etwas Hoffnung.

In jener Nacht schlief ich tief und traumlos.

Vom Schlaf erholt machte ich am Morgen einen langen Spaziergang und freute mich an dem warmen Wetter.

Ich übte mich im Schauen durch mein „drittes Auge", indem ich die Passanten auf der Straße betrachtete. Mir war aufgefallen, dass ich dabei merkwürdige Muster innerhalb und außerhalb ihres Körpers wahrnehmen konnte. Es waren gewöhnlich leuchtende Farben: rot, purpur, gelb, blau, orange und grün. Manchmal sah ich aber auch bräunliche oder dunkle Farben in ihrem Inneren und außen. All diese bunten Muster hatten geometrische Formen.

Fasziniert und ein wenig beunruhigt entschloss ich mich, auf den Bagel mit Frischkäse im Café an der Ecke zu verzichten und eilte nach Hause. Ich rannte die Treppe hinauf und sah im Augenwinkel ein Bild von mir im Flurspiegel. Das bremste meinen Lauf und ich sah noch einmal in den Spiegel. Da waren sie, die gleichen bunten Muster, die ich auf der Straße gesehen hatte. Ich sah sie auch innerhalb und außerhalb meines Körpers! Komisch – flüsterte ich. Was um Himmels Willen ist das? Werde ich wieder verrückt?

Ich öffnete eilig meine Appartementtür und versuchte mich zu beruhigen. Vielleicht hab ich irgendeine Sehstörung – dachte ich. Nichts, was eine gute Portion Nährstoffe nicht beheben könnte – überzeugte ich mich selbst, eingedenk der Theorie Iwonas.

Ich füllte den Entsafter mit Karotten und roter Beete. Meine Selleriestangen waren alle, aber das machte nichts. Die „Saftheilkur" tropfte ins Glas. Ich trank schnell und seufzte vor Erleichterung. Ein Energieschub fuhr mir durch die Adern. Gut – seufzte ich. Und noch heute besorge ich mir diese „Einmal-am-Tag" Vitaminpillen.

In meinen Plüschsessel sitzend rief ich Iwona an. Ich war dankbar, dass sie abnahm. „Es wird schlimmer!", rief ich aus. „Ich kann nicht mal nach draußen gehen."

„Erzähl mir alles", sagte ihre ruhige Stimme am anderen Ende der Leitung.

Ich berichte, was ich gesehen hatte. Diese merkwürdigen bunten Kreise, Rechtecke, Dreiecke oder manchmal gerade Linien. Innerhalb und außerhalb der Körper von Leuten. Und meinem eigenen.

Sie war einen Augenblick still und dachte über das Gehörte nach. „Und du sagst, dass geschah, als du versucht hast, durch dein ‚drittes Auge' zu sehen?", fragte sie.

„Genau", bestätigte ich.

„Du musst zurück in den Tempel", sagte sie. „Ich glaube, es geschieht gerade etwas ganz Entscheidendes mit dir. Und ich denke, ich weiß, was es sein könnte."

„Was denn?"

„Am besten sprichst du darüber mit deinem Lehrer. Alles was ich dir dazu sagen kann, ist, dass du auf dem Weg zu einer erstaunlichen Reise bist. Ich hab von diesen Dingen bisher nur gehört oder gelesen. Und es ist wunderbar, dass dir das passiert."

Sie wollte nichts weiter erklären und bestand darauf, dass ich Kontakt mit dem Meister aufnahm. Sie wollte mich am folgenden Tag anrufen, damit wir über diese Dinge sprechen konnten, wenn ich mit ihm gesprochen hätte. Wir hängten ein und ich seufzte resigniert. Egal wie oft mir Iwona versicherte, dass ich nicht meinen Verstand verlor, so hatte ich doch dazu meine eigene Meinung.

Ich stand auf und reinigte den Entsafter. Ungewaschen würde seine metallene, sich drehende Schleuder eine unschöne dunkle Farbe annehmen. Ich konnte mir gut die vielen Bakterien vorstellen, die sich auf der Gemüsepulpe entwickelten. Man musste den Entsafter am besten gleich nach Gebrauch wieder sauber machen.

Ich lag immer noch seufzend auf den Decken, unsicher, ob ich überhaupt bereit war, jetzt mit der ganzen Geschichte wirklich weiterzumachen. Ich fühlte mich nicht wohl dabei. Die Muster, die ich gesehen hatte, machten mir Angst, und wieder wusste ich nicht, ob ich genügend Kraft hatte, mich dem Unbekannten zu stellen.

Ich begann meine Atemzüge zu zählen und lauschte meinem Herzschlag. Das beruhigte mich. Es kostete mich eine ziemliche Anstrengung meine Angst vollkommen loszulassen, aber schließlich fiel ich in Trance.

Kapitel 9
Die dunklen Ecken der Ewigkeit

"Jeder der Priester unseres Tempels muss durch diese Art Training gehen", sagte Rhami-yata in der Kammer der Sieben Mächte.

Ich schaute in seine golden-grünen Augen, die sich in diesem Moment blau färbten. „Ich verstehe nicht", sagte ich. „Von welchem Training sprichst du?"

Die brennende Öllampe warf Schatten hinter die Statuen. Dadurch sahen sie noch mächtiger und geheimnisvoller aus. Ich beobachtete die Schatten und versuchte zu verstehen, was ich gerade gehört hatte.

„Du hast den Wunsch zu heilen, um anderen zu helfen", sagte der Meister. Deshalb kannst du die Energiemuster der Menschen erkennen. Diese Muster dienen zwei Bestimmungen. Erstens, um dir zu zeigen, welche Art Krankheit sich gerade entwickelt oder den Menschen schon erfasst hat. Zweitens, um zu zeigen, was du brauchen wirst, um das Energiemuster der Person zu verändern und sie zu heilen."

Das war nun definitiv nicht das, was ich vorhatte.

„Aber ich will Filmemacherin werden, Vater", protestierte ich. „Kein Heiler!"

„Wie ich schon gesagt habe: Jeder Hohepriester unseres Tempels muss seine Heilungsfertigkeiten erlernen", sagte er geduldig. „Dafür musst du deine Träume nicht aufgeben."

„Wirklich nicht?", sagte ich nach einer Pause.

„Auf keinen Fall. Niemand verlangt so etwas von dir. Du wirst dir alles in deinem Leben erfüllen, deine Ziele und Träume, vollständig, wenn das dein Wunsch ist. Du und nur du kannst darüber entscheiden. Du bist für dein eigenes Glück verantwortlich und ich bin dafür verantwortlich, dir das nötige Rüstzeug dafür zu geben."

Ich setzte mich auf den Steinfußboden und er tat es mir nach. Meine kleine Statue beobachtete uns mit ihren goldenen Augen.

Was soll ich sagen? – dachte ich. Rhami-yata wollte, dass ich Dinge tat, die nicht zu meinem ‚Repertoire' gehörten. Ich kann malen, singen, tanzen, schauspielern sogar eine Radiomoderatorin sein, wie sich herausgestellt hat. Und ich hoffe, eine gute Mutter zu sein. Aber diese Heilungsgeschichte steht absolut nicht auf meinem Programm!

Gab es eine Möglichkeit, mich ihm zu widersetzen? Ich seufzte. Keine große Chance. Das hatte ich schon gelernt: Er war sehr mächtig.

Nun saß er da und beobachtete mich. Was verbirgt sich da in ihm? – dachte ich.

Ich versuchte, ihn mit dem Sehen durch mein „drittes Auge" zu erkennen. Nein, ich sah keine Energiemuster in ihm. Ein sanft schimmerndes Licht war alles, was zu sehen war. Aber seine Augen! Seine Augen waren überhaupt nicht blau. Sie waren golden. Genau wie die meiner kleinen Statue.

Als ich wieder zu meinem gewöhnlichen Sehen wechselte, waren sie wieder blau. Es war noch immer still und sah mich an. Ich erinnerte mich, dass er einmal gesagt hatte: „Alles, was dir geschieht, hast du dir selbst gewählt."

Meine Wahl – ich seufzte wieder. „Soll ich einen Kurs im Verwenden von Heilungsenergien absolvieren, die ich an Leuten anwende oder was? Wie die Bioenergie-Therapeuten es tun oder die Reiki Leute?", fragte ich.

„Nein, Hermenethre." Rhami-yata schüttelte den Kopf. „Das alles kannst du schon."

„Das kann ich?"

„Ja. Du bist eine Heilerin. Du brauchst nur ein wenig Führung", sagte er.

„Warum glaubst du, dass ich eine Heilerin bin?" Ich war überrascht.

„Denk zurück in deine Kindheit. Erinnerst du dich, wie du manchmal zukünftige Ereignisse vorhergesagt hast? Oder wie die Bekannten deiner Mutter Schlange standen, um bei dir zu babysitten? Erinnerst du dich, warum sie das taten?"

Ich lachte. Ja, es gab einige Geschichten darüber aus meiner frühen Kindheit. Man war in einigen Kreisen abergläubisch und der Überzeugung, ich sei eine Art ‚Glücksbringer'. Wenn zum Beispiel ein Paar keine Kinder bekommen konnte, reichte es, einige Tage auf mich aufzupassen. Schon klappte es mit dem Kinderkriegen.

„Und was geschah, nachdem sie auf dich aufgepasst hatten?", fragte Rhami-yata.

„Tja, weißt du, die verheirateten Paare bekamen zufällig ziemlich schnell ihre Babies. Also glaubte jeder, ich sei der Grund dafür." Ich lachte wieder.

„Und wieso, glaubst du, passierte ihnen das?", fragte der Meister.

„Ich bin nicht sicher." Ich zuckte mit den Schultern. „Hmmm. Wenn sie nur einfach etwas anders denken mussten? Wenn es reichte, darauf zu vertrauen, dass es geschehen würde?"

„Gut ausgedrückt. Ja, das hätte reichen können. Und dennoch war es deine Gegenwart, die die Veränderung möglich machte."

Ich schaute ihn wortlos an. Ich wusste nichts zu sagen oder auch nur zu denken.

Der Meister lächelte. „Du warst schon damals ein ‚offener Kanal', Hermenethre. Du warst nur ein paar Jahre alt und hast Menschen geholfen, ohne es zu wissen."

Ich sah ihn weiter an und verband in Gedanken meine Kindheit mit dem, was er mir zu vermitteln versuchte. „Was ist ein ‚offener Kanal'?", fragte ich schließlich. „Werde ich wieder einer werden?"

Er legte die Hand auf meine Schulter. „Du hast ihn niemals verschlossen, liebes Kind. Deine Fähigkeiten hast du niemals verloren. Du hast sie nur nicht verstanden und oft hast du sie für

Intuition gehalten oder für Zufall. Du konntest dich immer schon mit den Energien um dich herum verbinden und warst ein ‚offener Kanal', um die Höchste Schwingung durch dich hindurchfließen zu lassen."

„Was soll ich also tun?" Das Ganze verwirrte mich noch immer.

Er stand auf und ich ebenfalls. Er ging zu den Statuen und ich folgte ihm. Wir standen eine Weile vor ihnen und schauten sie an mit ihren Schatten, die hinter ihnen tanzten.

„Die Zeit ist gekommen, dass du dir deiner Fähigkeiten bewusst wirst und sie weiterentwickelst." Der Meister wendete sich mir zu.

Ich nickte und beobachtete seine leuchtenden Augen, die nun grau waren wie die Statuen. „Wo soll ich anfangen?", seufzte ich verhalten. „Wie kann ich eine Hilfe sein?"

Er sagte, mein Leben sei der Ausdruck meiner selbst und dass man nicht davonlaufen solle vor den Erfahrungen, die man noch machen müsse. Er sagte, niemand sei imstande, dadurch, dass er sein Leben aufgebe, sich auf die Höchste Schwingung einzustimmen, auch nicht, wenn man sich vor ihr verschlösse.

„Lebe, freu dich und lerne." Er sah mich freundlich an. „Lebe und halte dein Herz weit offen, egal was geschieht, egal ob du dir wehtust. Das Leben ist ein Paket voll von den verschiedensten Erfahrungen. Sie alle sind Geschenke, die dem Menschen erlauben, sich zu einem größeren, weiteren, schöneren und bewussteren Selbst zu entwickeln."

„Lebe dein Leben. Freu dich und lerne", wiederholte ich fast andächtig.

Er nickte und lächelte. „Zeit für eine Unterbrechung", sagte er. „Was gibt es zum Mittagessen?"

„Was?!", rief ich glücklich aus. „Du willst mit mir zum Mittag essen?"

Er lachte. „Ja, das will ich. Aber es ist jetzt noch nicht möglich. Geh und iss dein Mittagessen. Wir treffen uns später. Wie klingt das?"

„Ich möchte nicht, dass du solche Späße machst", sagte ich enttäuscht. „Nur, wenn du versprichst, dass du dich eines Tages vor meiner Tür materialisierst."

Er nickte nur und dann war er verschwunden. Einfach so. Er sagte nicht einmal das übliche „kümmere dich jetzt um deinen Körper".

***

Basia war nicht allzu überrascht von den neuesten Nachrichten. Ich hatte fast den Eindruck, sie klang am Telefon ein wenig stolz auf mich, als wir darüber sprachen, was mir passiert war. Nein, sie fand es nicht besonders ungewöhnlich, Leuten zu helfen, wieder gesund zu werden. Für Basia war das alles eine „ganz natürliche Entwicklung der Dinge".

„Du hast dich geöffnet", sagte sie, „und nun strömen interessante Kräfte durch dich hindurch. Ich finde das gut. Was willst du sonst mit deinem Leben machen, außer dass es dich mitnimmt auf neue Abenteuer mit unvorhergesehenen Wendungen?"

Basia war immer die Tapfere. Ihre Lebensphilosophie lautete einfach und gesund: „Wenn wir uns etwas wünschen, müssen wir es anpacken." Und sie war der lebende Beweis dafür.

Ich dachte zurück an die Anfänge unserer kleinen Theatergruppe. Basia war der administrative Kopf und sie wusste, wenn wir in Schulen spielen wollten, die in ganz Ontario Wert auf den Erhalt des polnischen Spracherbes legten, brauchten wir ein offizielles Empfehlungsschreiben des Generalkonsulats der Republik Polen.

Wir bereiteten die erforderlichen Papiere vor, die unser kleines Unternehmen beschrieben, Details unseres Repertoires, unsere Lebensläufe und so weiter. Der nächste Schritt war, an den Generalkonsul Andrzej Brzozowski heranzutreten. Ich erwirkte ein kurzes Treffen mit ihm, um die Papiere abzugeben. Er versprach, in den nächsten Wochen einen Blick darauf zu werfen. Basia und ich waren aufgeregt. Die Dinge entwickelten sich gut!

Zwei Tage nach meinem Treffen mit dem Konsul erhielt ich eine offizielle Einladung des Konsulats, adressiert an unsere

Theaterkompanie. Es würde im Konsulat am gleichen Abend eine Zusammenkunft von Geschäftsleuten stattfinden und einige wichtige Firmen würden daran teilnehmen. Auf einer beigefügten Notiz der Sekretärin ließ mich der Konsul wissen, dass er unsere Angelegenheit während des Abends mit uns besprechen wollte.

Ich rief in der Schule an, wo Basia arbeitete und bat die Sekretärin, Basia möchte mich in der Pause zurückrufen.

„Aber ich habe überhaupt keine Zeit, nach der Arbeit nach Hause zu gehen, um mich für die Veranstaltung umzuziehen", sagte Basia, als sie mit zurückrief.

„Was hast du an?"

„Einen legeren Pullover und kniehohe Gummistiefel, um Gottes Willen!" antwortete sie. „Es schüttet heute wie aus Eimern. Willst du, dass ich in einer solchen Aufmachung im Konsulat erscheine?"

„Ja!" Ich sagte ihr, ich könne auf keinen Fall alleine gehen. Oh, nein. Sie sei der Kopf unseres Geschäfts und ich sei außerstande, die Einzelheiten mit dem Konsul zu besprechen. „Außerdem ist das ein ganz lockerer Abend", versicherte ich ihr. „Einfach Leute, die über Geschäfte sprechen, weißt du? Keine Galaparty."

Basia war nicht begeistert von der ganzen Idee, aber sie gab schließlich nach und war einverstanden, mich zu begleiten.

Wir trafen uns vor dem Konsulat, Basia in ihren kniehohen Gummistiefeln und ich mit meinen Stöckelschuhen. Ihr Wollpullover und mein hellgraues Kostüm waren ein interessanter Kontrast. Mein kurzer Rock sah sehr gut mit meinen hoch absätzigen Schuhen aus und ich schaffte es, unter Basias ärgerlichen Blicken auf den Stufen nicht zu stolpern.

„Ich hasse dich!", flüsterte sie mir ins Ohr, und es hörte sich an wie das Todesurteil einer Klapperschlange. Ich verschloss meine Ohren, um mir nicht durch das Gift ihrer leidenschaftlichen Verwünschungen meine wunderbare Laune verderben zu lassen.

Es gab eine kurze Konferenz, bevor der zwanglosere Teil des Abends begann. Man sah nur Businessanzüge, Krawatten und auf Hochglanz polierte Schuhe. Ich schlug die Beine übereinander, um meine wunderschönen Stöckelschuhe zur Geltung zu bringen und Basia reagierte darauf, indem sie mich anschielte, was sehr interessant aussah. Ihr Gesicht versprach mir einen langsamen und qualvollen Tod.

„Meine Geschäftspartnerin", stellte ich Basia dem Generalkonsul nach der kurzen Konferenz vor.

Die Augen des Konsuls glitten hinunter zu den Gummistiefeln, als sie Hände schüttelten.

Ich beobachtete beide aufmerksam. Weder der Konsul noch Basia zeigten irgendeine Reaktion.

Ein Meisterstück – dachte ich. Sie sind sich gewachsen und Basia schießt den Vogel ab!

Sie besprachen unser Unternehmen im Einzelnen und ich war lediglich Zuschauer. Ich war tief beeindruckt von Basias geschmeidiger Professionalität. Und dem Konsul Andrzej Brzozowski ging es nicht anders.

Als wir das Konsulat verlassen hatten, blieb Basia lange stumm. Sie war immer noch wütend auf mich, obwohl das Ganze rein zufällig war. Schließlich war ich nie zuvor auf einer solchen Veranstaltung gewesen!

„Du hättest es wissen können", sagte sie schließlich.

„Aber du warst absolut großartig!", sagte ich mit dem charmantesten Lächeln, das mein Gesicht jemals imstande war zu produzieren.

Einige Tage nach der Veranstaltung hatten wir ein schönes Empfehlungsschreiben des Generalkonsulats der Polnischen Republik in Toronto in Händen. Unser kleines Theater hatte grünes Licht bekommen und das nur durch Basias Auftritt in Gummistiefeln im Konsulat!

„Ja, ich weiß", sagte ich zu Basia am Telefon und streckte meinen Rücken in dem Plüschsessel, „man muss tun, was man tun muss. Gummistiefel oder nicht."

Wir lachten beide. „Basia in Gummistiefeln trifft Generalkonsul von Polen" ist über die Jahre zu unserer Lieblingsgeschichte geworden.

„Es ist jetzt an dir, die Gelegenheit beim Schopfe zu ergreifen", sagte sie. „Wenn Rhami-yata will, dass du Heilen lernst, dann solltest du es tun. Es gibt einige, die so etwas machen. Daran ist nichts Ungewöhnliches."

Für sie war alles immer ganz einfach.

„Weißt du", antwortete ich, „tatsachlich hat mir Rhami-yata gesagt, ein ‚offener Kanal' zu sein sei etwas, das jeder lernen könne, wenn er wirklich wolle. Es scheint also überhaupt nichts Magisches zu sein. Einfach das richtige Training, sagt er."

Basia war glücklich, das zu hören. Sie sagte, ich könne, wenn ich wolle, an ihrer Familie ein bisschen Heilen üben.

„Du wohnst zu weit weg," sagte ich.

„Na und? Wenn du soweit bist, kannst du es per Telefon machen."

Nichts, aber auch gar nichts war mir in den Augen meiner getreuen Freundin unmöglich. Ich stand „hoch im Kurs" bei ihr und sie hat mich immer im allerbesten Licht gesehen.

***

Ein bewusst „offener Kanal" zu sein war ein ganz schön anspruchsvoller Job. Rhami-yata bat mich, mir ein Buch über Chakren zu besorgen, um mehr darüber zu lernen. Nachdem ich das getan hatte, gab er mir eine Übung, die ich machen sollte.

Ich sollte auf einer belebten Straße spazieren gehen und die Passanten beobachten. Ich sollte schnell, innerhalb von Sekunden, die bunten Muster, die mit den Chakren und den Organen verbunden waren, beurteilen. Rhami-yata bat mich ferner, mich darin zu üben, die Auswirkungen der Energiestörungen zu bewerten und herauszufinden, in welchem derzeitigen Zustand die betroffenen Organe waren. Die Muster zu erkennen und den momentanen Gesundheitszustand zu beurteilen war nicht so schwierig wie das Ganze in einer begrenzten Zeit zu tun, während die Leute so schnell vorbeieilten. Ich übte mehrere Tage, bevor ich schließlich in der Lage war, die Übung erfolgreich auszuführen. Dann entschied Rhami-yata, dass wir fortfahren konnten.

Er fing damit an, mich die Heiltechniken zu lehren, die, wie der Meister es ausdrückte, meinen natürlichen Fähigkeiten und Neigungen entsprach. Lange Tage, gefüllt mit holographischen Demonstrationen folgten, zahlreiche Fälle, über die zu erfahren war, endlose Stunden, in denen ich das ganze Material aufschrieb und auswendig lernte.

***

Wir saßen auf dem Steinfußboden neben der brennenden Öllampe und meiner goldenen Statue. Mir war ganz schwindelig von all dem Wissen, das ich versucht hatte, mir in den Kopf zu stopfen.

An dem Tag sah Rhami-yata so viel jünger aus! Ich konnte nicht anders als zu denken, dass vielleicht das Thema Heilen diesen Effekt bei ihm hervorrief. Er glühte förmlich vor Jugendlichkeit und Gesundheit.

„Denk daran, dass jeder Heiler seine eigene einzigartige Methode benutzt, um die negativen Schwingungen auszumerzen, die die Funktionsstörung und die Krankheit hervorrufen. Sicher, ihre Studenten und Assistenten verwenden bewährte Methoden. Die Techniken des Heilers wirken jedoch niemals auf die gleiche Weise, wenn jemand anderes sie benutzt."

„Nein?" Das war wirklich überraschend. Ich hatte angenommen, die Technik zu erlernen und zu üben sei das Wichtigste.

„Nein, Hermenethre. Jeder Patient und jeder Heiler ist einmalig. ‚Ein Kunstwerk', wie du einmal das menschliche Wesen so schön beschrieben hast. Man kann lediglich wertvolle Hinweise bekommen und dann muss er seine eigene Methode entwickeln, damit sie vollkommen wirksam ist. Sonst wird seine besondere Kraft verwässert und das Ergebnis der Heilung ist nicht, was es sein könnte."

Ich nickte.

„Du wirst auch mit der Zeit lernen", fuhr er fort, „dass manchmal nur der Patient selbst die Heilung in die Hand nehmen muss. In einem solchen Fall darf niemand sich einmischen."

Das war nun wirklich schockierend. Wie konnte er von mir erwarten, dass ich mich nicht einmischte, wenn jemand Hilfe brauchte und ich sie leisten konnte? „Vater, das kann ich nicht versprechen", sagte ich.

Er lächelte. „Hermenethre, du misst alles Leben von einem physischen Standpunkt aus, der begrenzt und vorläufig ist. Eine Krankheit geht viel tiefer. Jenseits von Störungen in Chakren, Gefühlen und im Körper. Die Quelle liegt immer in der Wahl, die die Person für ihren Weg zu ihrer Entwicklung trifft."

„Das verstehe ich nicht", gab ich zu. „Warum würde jemand sich aussuchen krank zu werden?"

Rhami-yata stand auf und bewegte sich auf die Statuen zu. Ich sah ihn an ihnen vorbeigehen und durch die geheime Tür hinter ihnen verschwinden. Ich folgte ihm rasch und bemerkte, dass die Öllampe sich verdunkelte, als wir die Kammer der Sieben Mächte verließen.

Fangen sie an Energie im Tempel zu sparen? – dachte ich ein bisschen belustigt. Oder ist es eine neue Art Regel, all die ‚Geheimnisse' im Dunkeln zu halten, wenn niemand da ist, der sie genießt?

Wir wanderten weiter durch den gewundenen Korridor und Rhami-yata fuhr mit seiner Lektion fort.

„Eine Krankheit hilft den Menschen, zurück auf ihren Weg zu finden. Sie haben die Verbindung zu dem, was ihnen am wichtigsten ist, verloren. Sie haben vor allem den Grund vergessen, warum sie auf der Welt sind. Sie haben vergessen, was sie erfahren und lernen müssen, um Fortschritte zu machen. Und nun würden sie alles tun, um diesen verlorenen Grund wiederzufinden. Sie werden nur dann wirklich wieder gesund, wenn sie das erreicht haben. Manchmal werden sie gesund und manchmal sterben sie bei dem Versuch. Darum können nicht alle Patienten geheilt werden."

„Aber das ist ja entsetzlich!", rief ich aus. Im gleichen Moment stolperte ich und der Meister fing mich auf.

„Nur wenn du dieses Leben als das Ende der Straße wahrnimmst", sagte er.

Ich schwieg einen Moment. Wir wanderten weiter und nun sah ich hinunter auf die Straße vor mir. Sie war nicht so eben, wie ich gedacht hatte und es war leicht zu stolpern, wenn man nicht aufpasste.

„Was kann ich denn tun, um ihnen zu helfen?", fragte ich.

„Zunächst hilfst du ihnen, so gut du kannst, damit sie gefühlsmäßig und physisch gesund werden. Das würde ihre Wahrnehmung entscheidend verändern. Ihre Symptome oder die Krankheit verschwinden vielleicht vollständig. Das ist der erste Schritt. Ihre Symptome kehren jedoch vielleicht zurück oder sie bekommen eine andere Krankheit, wenn der wahre Grund für ihren Zustand nicht erkannt oder behandelt wurde."

Er stand still und sah mir in die Augen. Er sah anders aus als sonst. Die brennenden Öllampen im Korridor waren viel dunkler als in der Kammer der Sieben Mächte. Aus irgendeinem Grund sah er größer und schlanker aus. Auch konnte ich die Farbe seiner Augen überhaupt nicht erkennen.

„Du musst dich darauf konzentrieren, die Leute stark zu machen", sagte er, „ihnen vorschlagen oder in ihnen das Bedürfnis wecken, Seelenforschung zu betreiben. Sie müssen tiefer graben. Dazu müssen sie ermutigt werden, wenn sie wirklich gesund werden und weitere Rückfälle in ihre Krankheit vermeiden oder gar eine neue bekommen wollen."

„Rhami-yata, nachdem, was du gesagt hast, kann ich sie nur in die richtige Richtung lenken. Unter manchen Umständen werde ich sie nicht richtig heilen können", sagte ich überrascht.

„Richtig", bestätigte er und ging weiter. „Du kannst den Menschen helfen, von ihrer Krankheit oder den Symptomen loszukommen. Entweder ganz oder teilweise. Sie werden aber wieder krank werden, wenn sie nicht den Anschluss an ihre verlorene Bestimmung wiederfinden."

„Dann ist es der traurigste Beruf auf der ganzen Welt, ein Heiler zu sein! Man kann nicht wirklich etwas für sie tun, wenn sie sich nicht selbst helfen."

Der Meister hielt bei einer Tür inne, die ich zuvor noch nie wahrgenommen hatte. Wie all die anderen Türen des Tempels war sie von geschnitztem Eichenholz und mit Messing verziert.

„Aber du bist es, der sie zu solchen Veränderungen bewegen kann", sagte er.

„Ach ja? Du hast jedoch gesagt, sie können wieder krank werden!" Ich war immer noch nicht zufrieden mit der ganzen Idee.

Rhami-yata nickte und schaute mich eine Weile wortlos an. „Tochter, ich möchte dass du dich jetzt beruhigst und mir genau zuhörst."

Ich seufzte ganz tief, nickte aber verträglich.

„Sieh mal, das größte Geheimnis eines wahren Heilers und seine größte Macht anderen zu helfen, ist etwas, das nicht viele verstehen würden."

„Ich bin bereit. Rede weiter", sagte ich.

„Es geht nicht um dich. Es geht nicht darum, wie erfolgreich du bist, wie viel Lob du von deinen Patienten bekommst. Wie viele ‚geheilte' Leute dich verlassen und in dir ein angenehmes Gefühl hinterlassen. Es geht nicht darum, dein Ego zu befriedigen. Es geht nur darum, denen zu helfen, die sich die Mühe gemacht haben dich zu finden. Ihre Seelen verlangten nach deiner Hilfe. Konzentriere dich immer, immer nur darauf. Nicht darauf, was für eine wundervolle Heilerin du bist."

Ich erlebte, wie der Meister eins der größten Mysterien der Heilkunst mit mir teilte. Eine große Zärtlichkeit stieg in meinem Herzen und in meinem Leib auf. Ich wusste, dies war einer der wichtigsten Augenblicke meines Zusammenkommens mit der uralten Weisheit, die da von Rhami-yata geradewegs in meinem Herzen ausgegossen wurde.

Er öffnete die Tür. Nun erkannte ich die Kammer. Oh ja, hier war ich vorher schon gewesen. Rhami-yata hatte nur eine andere Tür gewählt, die ich noch nicht kannte.

Offenbar führten verschiedene Türen in die Kammer der Ultimativen Macht und man musste wissen, welche zu benutzen war. Das hing davon ab, mit welcher Absicht man in die Kammer eintrat, wo oft das Schicksal der Menschen und der Welt entschieden wurde.

***

Es war schon Anfang August und ich hatte immer noch keine Antwort von der Filmabteilung. Ich rief dort an und erreichte die nette Sachbearbeiterin. Als ich mich darüber beschwerte, dass schon viele Wochen vergangen seien, ohne dass eine Antwort gekommen sei, bat sie mich, Geduld zu haben und zu warten.

Ich gehöre nicht zu denen, die gut warten können. Ich habe gerne Kontrolle über mein Leben und Warten fühlt sich für mich an wie Strafe. Ja, im Tempel hatte man ein Gefühl von Zeitlosigkeit. Aber hier in der physischen Welt, wo das Leben voller Ereignisse war, voller Gefühle und Schwung, da war Zeit ein hoch geschätzter „Besitz". Manche hatten Zeit, manche nicht. Manche machten ihre Zeit zu Geld und hatten dann keine Zeit mehr ihr Leben zu leben. Andere wiederum waren ständig in Sorge, die Zeit würde nicht reichen, alles das zu tun, was sie sich vorgenommen hatte, wie ich zum Beispiel. Zeit war definitiv in der physischen Welt um mich herum vorhanden. Und ihr Wert war stets gestiegen.

Ich war enttäuscht. Mein Traum vom Filmemachen schien immer unmöglicher zu werden.

Das Telefon klingelte fast augenblicklich, nachdem ich mit der Filmabteilung gesprochen hatte. In der Hoffnung, die Sachbearbeiterin würde mich mit guten Nachrichten zurückrufen, nahm ich den Hörer ab. Vielleicht hatte sie schon herausgefunden, dass man eine Antwort für mich hatte?

Es war Ella, die anrief und sie teilte meine Sorgen überhaupt nicht.

„Wenn sie sagt, diese Dinge brauchen normalerweise ihre Zeit, solltest du dich beruhigen", sagte sie. „Dazusitzen und zu schmollen hilft sicher überhaupt nicht."

Sie berichtete mir, dass ihre Freundin Monique, die eine Naturheilkundeärztin war, sich bereit erklärt hatte, mich mitzunehmen zu einem Markt für Heiler, der nördlich der Stadt stattfand und in vier Stunden mit dem Auto zu erreichen war.

„Du könntest interessante Leute dort treffen", sagte Ella. „Dahin kommen eine Menge Heiler und vielleicht könnten sie dir einige der Phänomene erklären, die du erlebt hast?"

Hmmm. Sie hatte Recht. In meinem Appartement zu sitzen und mir Sorgen um meine Filmkarriere zu machen war nicht so verlockend wie eine unerwartete Fahrt raus aus der Stadt.

„Richtig", sagte ich. „Du bist eine wahre Freundin und du hast ganz Recht. Danke, Ella."

Sie sagte, es sei eine zwei-Tage-Flucht und ich solle mich mit einem Schlafsack und Mückenschutzmittel bewaffnen.

Monique war die freundlichste, warmherzigste Person, die ich jemals getroffen hatte. Sie hatte langes Haar wie ich, nur dass das ihre die Farbe von Sommersonne hatte, während meins kastanienbraun war.

Es fuhr noch eine Frau mit uns, die dunkelhaarige, stille Gabrielle. Wir sangen im Auto und erzählten uns die lustigsten Geschichten, die uns einfielen. Der Teil der Fahrt war etwas peinlich für mich. Die Leute nehmen normalerweise an, Schauspieler seien gut im Erzählen von Witzen. Und ich konnte mich nie an einen erinnern! Mein ganzes Leben hindurch kannte ich lediglich ein paar, die noch aus meiner Jugendzeit stammten. Warum auch immer, kein einziger Witz blieb danach in meiner Erinnerung haften. Zum Glück war Monique charmant und eine gute Unterhalterin und so hoffte ich, dass meine Unfähigkeit unbemerkt bleiben würde.

Es war früher Abend, als wir ankamen. Ein Mann begrüßte uns am Tor zu der Farm. Er hieß Norman und er riet uns, sofort unser Zelt aufzubauen.

„Es wird gleich dunkel", sagte er.

Er war groß, dunkeläugig, hatte eine beginnende Glatze und sah sehr gut aus. Er war viel älter als ich und sprach mit britischem Akzent. Er hatte den Markt außerhalb der Stadt organisiert, indem er die Farm von seinem Freund Alex gemietet hatte. Alex war Homöopath aus dem Ort. Monique hatte mir gesagt, Norman sei wahrscheinlich der beste Gesprächspartner für mich. Er war Wissenschaftler mit einem PhD in Neurophysiologie, ein praktizierender Chiropraktiker, Pflanzenkundler, Homöopath und Therapeut.

„Er kennt sich mit beiden Seiten gut aus, die wissenschaftliche Welt und das alternative Gebiet der Medizin", sagte sie. „Vielleicht kann er deine Fähigkeiten beurteilen und dir ein paar Tipps geben."

Die Sterne leuchteten hell in dieser Nacht früh im August. Der nördliche Himmel beschenkte uns mit einem ganzen Regen von Meteoren. Ich hatte zuvor in meinem Leben noch nie so etwas Wunderschönes gesehen.

Wir saßen unter dem explodierenden Himmel und Norman bat mich, meine Geschichte zu erzählen. Monika hatte ihm schon von meinem ungewöhnlichen Abenteuer erzählt und nun war er neugierig, mehr darüber zu hören. Ich schaute hoffnungsvoll in sein freundliches, charmantes Gesicht. Vielleicht konnte dieser kenntnisreiche Mann etwas mehr Licht in meine geheimnisvollen Begegnungen mit Rhami-yata bringen? Und so erzählte ich ihm einige Einzelheiten und wir redeten bis zum Morgengrauen unter dem Schauspiel über unseren Köpfen, das die Meteoren uns weiterhin boten.

Am nächsten Tag waren die Heiler aufgefordert, sich an den Beratungen für die Anwohner zu beteiligen, die Hilfe bei den alternativen Teilnehmern suchten. Einer nach dem anderen wurde in einen Raum im Farmhaus geleitet. Die Teilnehmer stellten den Patienten ein paar Routinefragen und berieten sie dann. Manche verschrieben Kräuter oder homöopathische Medizin, mache empfahlen Übungen oder eine spezielle Diät. Das alles war mir irgendwie vertraut, als „erinnere ich mich" an solche Heilmethoden.

Ich bemerkte, dass Norman mich beobachtete. Ich war die einzige, die keine Fragen stellte oder Ratschläge erteilte. Nach dem dritten Patienten hatten wir eine kleine Pause.

„Wie geht es dir mit all dem?", fragte Norman.

„Es ist alles ganz großartig. Ich... schaue bloß."

„Weißt du, es wäre gut für dich, wenn du richtig mitmachen würdest, Fragen stelltest und deine Gedanken mitteiltest. So wie die anderen."

Er war ein netter Mann. Doch ich fühlte mich noch etwas schüchtern in dem Raum voller erfahrener Heiler.

Die Pause war zu Ende und der nächste Patient betrat den Raum. Norman fragte die Heiler, ob es für sie in Ordnung sei, wenn ich zur Abwechslung die Beratung übernehmen würde. Niemand erhob Einspruch. Sie waren alle sehr freundlich.

„Bitte stell alle Fragen, die dir einfallen", sagte Norman zu mir. „Ich habe keine", antwortete ich.

„Keine?"

„Keine", versicherte ich ihm.

Ich sah mir die dunkelhaarige Frau mittleren Alters an, die in der Mitte des Raumes stand. Ich erkannte alles, was ich wissen musste. Die bunten Muster waren klar. Sie hatte Nierenversagen, schlimme Rückenschmerzen und man hatte kürzlich Eierstockkrebs bei ihr diagnostiziert. Ich stand auf und ging lächelnd zu ihr und schaute ihr in die Augen.

„Ich kann deine Rückenschmerzen behandeln", sagte ich. „Deine Nieren kann ich wieder durchlässig machen. Aber erst in drei Wochen wird es besser werden. In der Zwischenzeit musst du deine Diät verändern, sodass unsere heutigen Bemühungen erfolgreich sind."

Sie schaute mich verdutzt an. „Wie kannst du das wissen? Ich hab es niemandem erzählt. Man wollte nicht, dass wir über unsere Symptome sprechen, bis wir diesen Raum betreten."

„Ich kann in dich hineinsehen", sagte ich.

„Was siehst du denn da?", fragte sie.

„Zum Beispiel ist ein rotes Dreieck genau hier", sagte ich und zeigte auf ihren Unterbauch. „Da geht es um deinen Eierstock. Es geht ihm nicht gut."

„Was siehst du an meinem Eierstock?"

Ich sah, wie hoffnungsvoll sie war und ich war gar nicht glücklich, ihre Befürchtungen bestätigen zu müssen. „Dein Arzt hat sich nicht geirrt. Du hast tatsächlich Krebs. Aber es gibt eine Chance."

„Was soll ich tun?" Sie schaute mich an, als könne ich über ihr Schicksal entscheiden.

„Hmmm. Hab keine Angst vor der Operation", sagte ich langsam und versuchte, das Gefühl schrecklicher Traurigkeit niederzuringen, die in meinem Herzen aufstieg. „Es ist zu spät für irgendetwas anderes."

Ich bat um einen Stuhl für meine Patientin. Nachdem sie sich gesetzt hatte, begann ich mit der Behandlung, die ich bei Rhami-yata gelernt hatte. Es dauerte länger als ich gedacht hatte, vielleicht zwanzig Minuten, um die Rückenschmerzen zu behandeln. Ich riet ihr zu einer Diät für ihr Nierenproblem. Und ich bereitete energetisch ihren Körper und ihre Aura für die Operation vor. Ich wusste, die Frau hatte eine Chance den Krebs zu besiegen. Es hing jedoch alles von ihr ab und ich wusste, sie würde vielleicht die Chance nicht nutzen.

Sie war an diesem Tag nicht die einzige Person, die ich behandeln sollte. Da waren noch zwei andere, die um meine Hilfe baten. Und später nahm mich Norman mit zu dem Krankenhaus in der Nähe, um einen jungen Mann mit einer tödlichen Krankheit zu besuchen, der unsere Hilfe brauchte.

Dann wurde es Zeit heimzufahren. Der Markt für Heiler dauerte noch einige Tage, aber Monika musste nach Hause.

„Ich rufe dich an, wenn ich wieder in der Stadt bin", versprach mir Norman, als wir uns verabschiedeten.

Ich dankte ihm für die wunderbare Erfahrung und umarmte ihn herzlich.

Ich lächelte auf dem gesamten Rückweg. Diesen Mann mochte ich und mir gefiel, was auf der Farm geschehen war.

***

Ein paar Tage vergingen. Dann rief Norman mich an und lud mich zum Essen ein. Und am folgenden Tag auch. Nach einer Woche, in der wir täglich zusammen zu Mittag gegessen hatten, fragte er mich, ob ich einverstanden sei, einige seiner regulären Patienten zu behandeln.

„Ich? Welche Patienten?", fragte ich erstaunt.

„Die Schwierigen", sagte er. „Diejenigen, bei denen ich keine Ahnung habe, wie ich ihnen helfen soll."

Zuerst zögerte ich, sagte aber schließlich zu, als ein Versuch, ein Experiment.

Er lud mich in seine zwei Behandlungsräume ein. Der erste diente als Büro mit einem Schreibtisch und einem Schrank mit vielen Büchern, Kräutertinkturen und homöopathischen Medizinen. Der andere war ausgerüstet mit chiropraktischem Gerät und einem Tisch. Dieser ähnelte einem Massagetisch, nur dass dieser Tisch eine Aussparung hatte, in die man sein Gesicht legen konnte.

Ich besah mir beide Räume und konnte nicht anders als an den holographischen Demonstrationsraum zu denken, den ich bei Rhamiyatas Lektionen über das Heilen kennengelernt hatte. Ich erinnerte mich, dass er mir gesagt hatte, ich könne in ähnlichen Räumen arbeiten. Einmal mehr hatte er Recht.

In den nächsten zweieinhalb Jahren behandelte ich zweimal in der Woche in den Abendstunden Patienten in jenen Räumen. Ich bestand darauf, ohne Geld für das, was ich tat, zu arbeiten. Norman war damit einverstanden, mit einer Ausnahme: wenn jemand etwas spenden wollte, sollte ich es annehmen. Ich teilte die Spenden mit Norman, der die Miete für die Räume davon beglich.

Norman und ich wurden enge Freunde und schließlich ein Paar. Wir haben über eine Dekade miteinander verbracht, in der wir Fortschritte gemacht haben, beide. Und meine Freundin Ella war verantwortlich dafür! Sie hätte es besser wissen müssen als uns zusammenzuführen. Ich fand schon immer kluge Männer unwiderstehlich.

***

Eine Woche, nachdem ich vom Markt für Heiler zurückgekommen

war, bekam ich Post von der Ryerson University. Ich war angenommen worden! Ich war im Filmkurs! In meinem Appartement herumtanzend sang ich glücklich: „Ich liebe mein Leben! Ich liebe Rhami-yata! Ich liebe! Ich liebe! Ich liebe!"

Ja, das tat ich. Sehr. Und nun hatte ich jemanden, mit dem ich mein Glück teilen konnte. Ich lebte nicht mehr allein. Ich hatte mich kürzlich bei Rhami-yata darüber beschwert, dass ich mich einsam fühlte. Er war auch der Ansicht, es sei Zeit für eine Veränderung.

Zwei Tage vorher hatte sich eine gewisse dickköpfige, beharrlich schnurrende, weibliche Katze entschlossen, bei mir einzuziehen. Sie war pelzig, bräunlich und ziemlich klein. Ihr Gesicht war blasser als der Rest ihres Körpers und sie sah dadurch fast menschlich aus.

Sie war sehr gepflegt und trug ein Schildchen. Ich hatte mir die Nummer notiert und das Tierheim angerufen, um in Erfahrung zu bringen, wohin sie gehörte. Man sagte mir, es sei eine Katze registriert, könne mir jedoch keinerlei Informationen geben. Ich wollte die Katze nicht im Tierheim abgeben und ließ nicht locker, bis man mir schließlich die Telefonnummer der Arbeitsstelle gab, wo die Besitzerin arbeitete. Dort rief ich an und erfuhr, dass die Frau einen Monat zuvor gekündigt und das Land verlassen hatte. Es gab sonst niemanden, mit dem ich mich in Verbindung setzen konnte und so beschloss ich, die Katze zu behalten.

„Du hast bestimmt schon einen Namen", sagte ich. „Sag ihn mir."

Sie sah zu mir auf und miaute leise.

„Ich hab dich nicht verstanden. Sag das noch einmal."

„Mi!", sagte sie. Es war laut und deutlich.

„Dein Name ist ‚Mi'? Nicht schlecht", lächelte ich.

Mi-Katze war eine wundervolle Gefährtin mit der ungewöhnlichen Eigenschaft, meine Stimmung zu erahnen. Sie war verspielt, wenn ich es war. Sie verhielt sich ruhig, wenn ich in Trance war. Und fröhlich, wenn ich voller Freude war.

Jetzt tanzten wir beide singend und schnurrend durch das Appartement.

„Ich werde Filmemacherin! Was für eine wunderschöne Welt!"

Der Kurs sollte in nur wenigen Wochen beginnen.

***

Ich tanzte immer noch glücklich, als ich in den Tempel kam. Rhami-yata sah mir zu, während er in der Kammer der Sieben Mächte auf und ab ging. Aus dem Augenwinkel beobachtete ich ihn und wartete darauf, dass er mir Einhalt gebieten würde. Das tat er aber nicht. Er ließ mich tanzen, solange ich wollte.

Schließlich hielt ich vor ihm an. „Ich werde Filme drehen!"

„Sehr gut", lächelte er.

„Gibt es irgendetwas, das du lieber machen möchtest, als alles andere im gesamten Universum, Rhami-yata?"

Er sagte nichts.

„Dann musst du dich doch mit dir selbst langweilen", seufzte ich. „Oh, entschuldige! Das wollte ich nicht sagen", entschuldigte ich mich schnell.

„Du denkst also, ich langweile mich?", fragte er.

„Naja, ich wollte... Das heißt, ich weiß nicht, Vater. Ich denke nur, dass unsere Leidenschaften uns wahrhaft lebendig machen."

„Denkst du, dass auch die Höchste Schwingung vielleicht gelangweilt ist? Oder dass sie nicht wirklich lebendig ist?" Er schaute mich mit einem Lächeln an.

„Ehrlich gesagt habe ich keinerlei Vorstellung, was die Höchste Schwingung vielleicht ist oder nicht ist", sagte ich bestimmt.

„Dann lass uns ein paar wundersame Aspekte des Universums und der Höchsten Schwingung betrachten. Du kannst noch nicht viel über sie lernen, aber es wird Zeit, dir einige Einblicke in das große Unbekannte geben."

Bevor ich etwas sagen konnte, nahm er mich mit auf die nächste Reise.

Wir gingen zur Quelle, dem Grund des „dritten Auges" und reisten alsbald in der Zeit zurück. Natürlich erinnerte ich mich, dass der Meister gesagt hatte, die Zeit sei nur eine Illusion, obwohl sie sich kompakt und real im physischen Leben anfühlte. Wir erreichten einen Ort, der in dieser Illusion vor Siebenmilliarden Jahren existiert hatte, das war damals einige Milliarden Jahre nach dem Big Bang.

Rhami-yata zeigte mir, welche chemischen Reaktionen sich dort ereigneten. Ich sah, wie sich Materie bereits in physische Formen umwandelte, wie sich Bewusstsein entwickelte, das damals entstand.

Die Zeit, das heißt die Illusion der Zeit, floss nun rasch voran und wir konnten die Gesamtheit der Veränderungen beobachten, die unausgesetzt stattfanden. Ich sah biologische Systeme entstehen. Ich sah, dass sie ihre eigenen magnetischen Felder hatten und dass diese Felder von dem Fortschritt ihres Bewusstseins beeinflusst wurden.

Die Veränderungen in ihren magnetischen Feldern bewirkten alle möglichen chemischen Reaktionen innerhalb ihrer physischen Form, egal wie schnell oder langsam das Bewusstsein sich entwickelte. Die Reaktionen und der Prozess waren immer die gleichen.

Nun schauten wir auf die menschlichen Wesen und die Wandlungen innerhalb ihres Körpers und ihrer Aura, die von der Entwicklung des Bewusstseins verursacht wurden. Allmählich wachsende Phänomene, eine ganze Reihe von Effekten, die eine Verwicklung von physischen, emotionalen und mentalen Störungen hervorriefen.

Ich war erschrocken. „Vater, ich dachte, nur die, welche ihr Recht auf spirituellen Fortschritt nicht wahrnehmen, leiden an Störungen! Warum entwickeln dann diejenigen, die dem Weg ihrer Seele folgen, verschiedene Krankheiten und Störungen?"

Er wandte sich zu mir. „Jeder Fortschritt, auch der Verweigerte, verursacht Veränderungen, die eine Wirkung auf den Organismus und ihren emotionalen oder geistigen Zustand haben", sagte er. „Und wenn er sich schnell vollzieht, ist die Wirkung heftiger. Du musst verstehen, dass eine Krankheit, ein emotionales oder mentales Problem nicht notwendigerweise ein schlechtes Zeichen ist. Es ist nur ein Symptom, eine Nebenwirkung. Die Krankheit kann sogar sein

Freund sein. Denn sie kann dem Organismus helfen regelrecht ‚aufzuholen' und sich auf die tiefen Wandlungen einzustellen. Verstehst du?"

Ich schüttelte den Kopf: „Nein." Es gab so viel zu verstehen und damit fertig zu werden. Mein Leben war sicher nicht angefüllt mit sehr vielen Einsichten und Ereignissen. Und nun erzählte er mir, dass nicht nur der Mangel an Fortschritt sondern auch seine Beschleunigung jemanden krank machen konnte! Junge, Junge! In meinem Kopf drehte sich alles.

„Gut", nickte er. „Dann denk doch mal an so etwas Grundlegendes wie Niesen oder Weinen. Das könnte in der Tat reinigend sein, von dem befreien, was nicht mehr gebraucht wird, ja?"

„Ja, das verstehe ich", sagte ich glücklich.

„Oder Juckreiz. Die Haut juckt, wenn sie sich vor Giftstoffen befreit", fügte er hinzu.

„Ja klar."

„Oder ein Fieber, das ein Zeichen für den Kampf zwischen Bakterien und Immunsystem ist."

Er wies zur Seite und ich wurde Zeuge eines solchen Kampfes direkt vor meinen Augen. Es gab nicht allzu viel zu sehen. Ein Haufen kleiner Partikel, das war alles. Und doch schwächte es den Organismus, den wir beobachteten.

„Ich glaube, ich fange an zu begreifen. Weiter", sagte ich.

„Und so tragen einige andere Krankheiten dazu bei, physische und emotionale Gifte abzustoßen und der Seele zu helfen, sich anzupassen, sich auf den nächsten Schritt ihrer Reise vorzubereiten." Er schaute mich an.

Ich schloss die Augen und versuchte meiner Seele zu lauschen. Ich konnte mir vorstellen, wie sie in diesem Moment nieste oder juckte. Es war ganz schön viel, was mir in den letzten Wochen geschehen war. Es wäre nicht so schlecht, mir eine kleine Pause zu gestatten und mich mit einer heißen Wärmflasche und einem Döschen Vitamin C unter die Decke zu verkriechen. Das wenigstens würde mir etwas Zeit geben, all das Neue richtig zu „verdauen": Ich öffnete die Augen wieder.

„So wie die Seele niest und juckt oder Fieber hat?", fragte ich.

„Symbolisch gesprochen, ja", nickte er. „Denk an manche Heilige in der christlichen Kirche. Ihrem schnellen spirituellen Fortschritt folgten oft schwere oder sogar unheilbare Krankheiten. Ihre Seelen mussten sich an die neue höhere Stufe der Schwingung anpassen. Oft schaffte das ihr Köper nicht."

Das war tatsächlich höchst interessant. Er hatte Recht, es gab zahlreiche Geschichten über leidende Heilige. Sie hatten ihre Leiden in Demut ertragen und niemals geklagt.

„Für einen Heiler ist es wichtig zu wissen, dass eine Krankheit nicht immer ein Symptom ist für den Widerstand gegen den vorgezeichneten Weg", sagte der Meister. „In manchen Fällen ist es ein Zeichen für die Anpassung an ihn. Auf keinen Fall, Hermenethre, denk bei einer Krankheit, sie sei der Feind. Sieh sie als Freund. Nur wenn du dich ihr so näherst, wirst du in der Lage sein, sie erfolgreich zu behandeln."

Ich nickte und bewunderte seine große Weisheit.

Rhami-yata streckte seinen Zeigefinger aus und berührte meine Stirn. Ich nahm einen kleinen Funken in der Nähe meines Herzens wahr und alles wurde absolut dunkel. Merkwürdig, aber das beunruhigte mich überhaupt nicht. Ich schloss wieder die Augen und fing an meine Atemzüge zu zählen. Nach kurzer Zeit hörte ich die Stimme Rhami-yatas.

„Jetzt lass uns zu der Frage nach der Langeweile zurückkehren, der wir das Gefühl des lebendig Seins, wie du es genannt hast, gegenüberstellen.", sagte er.

„Vater, darf ich dich daran erinnern, dass mir das nur so herausgerutscht ist?", sagte ich und öffnete die Augen.

„Sieh dich um und sag mir, was du siehst." Er kümmerte sich nicht um meine Bemerkung.

„Es sieht aus wie die dunkelste Ecke des Universums", gab ich zu.

„Sehr gut. Was noch?" Er berührte wider meine Stirn.

Ich fühlte einen erneuten Funken in meinem Herzen. Aber nun wurde stattdessen alles heller.

„Oh, da sitzt ganz weit weg ein kleines Mädchen auf Stufen", sagte ich erstaunt. „Und sieh mal! Ein kleiner Vogel flog gerade zum ersten Mal aus dem Nest! Komisch, ich kann seine Seligkeit spüren und seinen schnellen Herzschlag... wie kommt denn das?"

Ich legte beide Hände auf meine Brust. Mein Herz schlug auch sehr schnell.

Rhami-yata lächelte. „So ‚fühlt' die Höchste Schwingung selbst in die kleinsten, dunkelsten Ecken des Universums. Sie kann das kleine Mädchen ‚sehen' und den kleinsten Vogel am Ende der Welt, auf einem Planeten, der tausende von Lichtjahren entfernt ist. Und sie kann ihren Herzschlag ‚fühlen'."

„Wirklich, Vater?", ich schaute ihn voller Erstaunen an.

„Vielleicht. Wir können es nur hoffen, Hermenethre. Es ist eine Spekulation, die wir uns wünschen. So gut wie jede andere, nicht wahr?" Er lächelte wieder.

Ich seufzte. „Ja, das ist ein wunderschöner Wunsch", sagte ich leise. Ich versuchte das kleine Mädchen und den Vogel weiter in meinem Herzen zu spüren und es stieg eine große Freude in mir auf.

„Was ist mit dir, Hermenethre?", fragte der Meister.

„Ich weiß nicht", flüsterte ich. „Einen sehr kurzen Moment lang bin ich irgendwie eine von ihnen und allem anderen Und es fühlt sich an wie...".

„Wie?"

„Wirklich lebendig. Mehr als in meinem wirklichen Leben oder bei meinen Lieblingsbeschäftigungen. Vater, du hattest Recht. Weder du noch die Höchste Schwingung können jemals gelangweilt sein. Nichts kann faszinierender sein oder mehr Freude verbreiten als dies."

Rhami-yata berührte langsam meine Stirn. Das Gefühl war vorbei.

„Vergiss nicht", sagte er, „alles was wir jetzt gerade tun, ist, die Möglichkeiten zu erkunden. Etwas, das dir noch nicht bewusst war. Verwechsele diese Demonstration nicht mit der ultimativen Wahrheit. Es ist, was es ist. Eine Lektion, die du lernst. Eine Erweiterung deines Verständnisses und deiner Wahrnehmung. Das ist alles. Kümmere dich nun um...".

„Augenblick!", unterbrach ich ihn. „Wir sind hier noch nicht fertig."

„Was noch, Hermenethre?" Er sah mich erstaunt an.

„Als ich das Gefühl hatte, mit allem eins zu sein, habe ich noch etwas anderes bemerkt. Und das musst du mir erklären", verlangte ich.

Der Meister zögerte einen Moment. „Ja?"

„Erzähl mir etwas über die Ewigkeit! Um was geht es da und wie funktioniert sie?"

Er schaute mir in die Augen. „Hast du Ewigkeit gefühlt? Gut. Es ist ein Kreislauf der zur gleichen Zeit in der Vergangenheit, Gegenwart und Zukunft stattfindet. Das ist alles."

Ich schüttelte den Kopf. „Nein, nein, nein. Das ist nicht genug. Ich möchte wissen, wie alles angefangen hat."

Rhami-yata schwieg.

„Es muss doch irgendwie angefangen haben und enden", sagte ich fest. „Ich weiß nicht, woher ich das weiß."

Er nickte. „Vielleicht, weil du gelernt hast, dass eine Seele nur dann ewig lebt, wenn sie sich ständig weiterentwickelt und ihre Schwingungen erhöht?"

„Vielleicht. Oder vielleicht, weil ich denke, obwohl die Höchste Schwingung überall ist und ewig, dass das nicht für die Welt und das Universum gilt? Sie sind nicht ewig, Rhami-yata, oder?"

„Nicht auf die gleiche Weise, wie du sie kennst", sagte er nach kurzer Pause.

„Siehst du!" Ich seufzte tief. Nun musste er mir wirklich erzählen, was er darüber wusste. Ich ließ mich diesmal nicht vertrösten. In einer entschlossenen Bewegung kreuzte ich die Arme vor der Brust.

Der Meister lächelte. „Die Ewigkeit hat für die Materie einen Anfang", sagte er. „Und so ist das entstanden", sagte er und zeigte auf meinen Bauch.

Ich nahm ein brennendes Gefühl wahr und einen sich schnell drehenden Kreis. Ich merkte, wie er durch die Haut meinen Körper verließ. Während er das tat und sich drehte, veränderte er sich leicht.

Zwei sich gegenüberliegende Seiten wurden dünner. Etwa so:

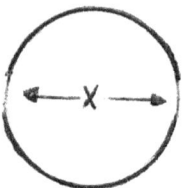

„Vater", sagte ich, „warum macht er das?"

„Weil er sich nicht konstant sondern zyklisch bewegt, bewirkt die Zentrifugalkraft, dass die sich gegenüberliegenden Seiten des Kreises dünner werden."

Ich erwartete, dass die dünner werdenden Seiten reißen würden. Aber etwas anderes geschah.

Sie begannen, sich aufeinander zuzubewegen in die Richtung der Mitte des Kreises.

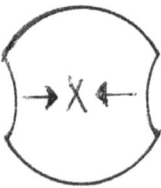

„Die zyklische Rotation dieses Kreises ist so konstruiert, dass die Zentrifugalkraft sich an einem bestimmten Punkt in eine Zentripetalkraft umwandelt, die dazu führt, dass die dünn gewordenen Seiten zur Mitte des Kreises streben", erklärte der Meister.

Dann sah ich die dünnen, sich aufeinander zubewegenden Seiten sich in der Mitte des Kreises verdrehen. Sie bildeten eine Art „Brezel", gebildet aus zwei zusammengeschlungenen Kreisen:

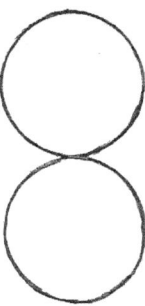

Die „Brezel" drehte sich weiter. Bald begannen seine beiden gegenüberliegenden Seiten sich wegen der Zentrifugalkraft wie folgt zu verdünnen:

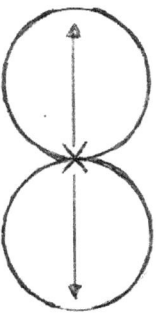

Dann verwandelte sich die Zentrifugalkraft in die Zentripetalkraft, und genau wie der Kreis vorher fiel die „Brezel" in Richtung der Mitte zusammen. Sie verdrehte sich und es entstand noch eine „Brezel" auf der ersten:

Ich wusste, was nun geschehen würde. Und tatsächlich. Wieder sah ich, wie die Zentrifugalkraft die äußeren Wände der Figur dünner werden ließen:

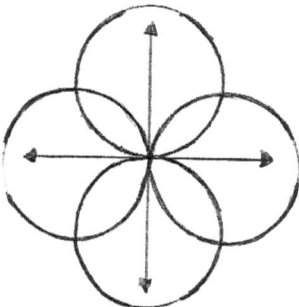

Und dann begann die Zentripetalkraft ihre Arbeit und die dünnen Wände strebten zur Mitte:

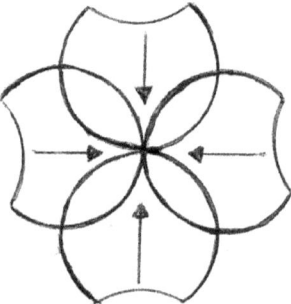

Fasziniert beobachtete ich, wie der Vorgang sich wiederholte. Die „Brezeln" fielen weiter zusammen, schlangen sich umeinander und formten neue „Brezeln". Bald waren es drei, vier, fünf sechs, sieben und acht. Dann stoppte der Prozess.

Die acht „Brezeln" aus sechzehn Kreisen fielen nicht mehr

zusammen oder verdrehen sich. Die neue Figur, die sie kreierten und die wie ein Ball aus lauter Kreisen aussah, drehte sich weiter:

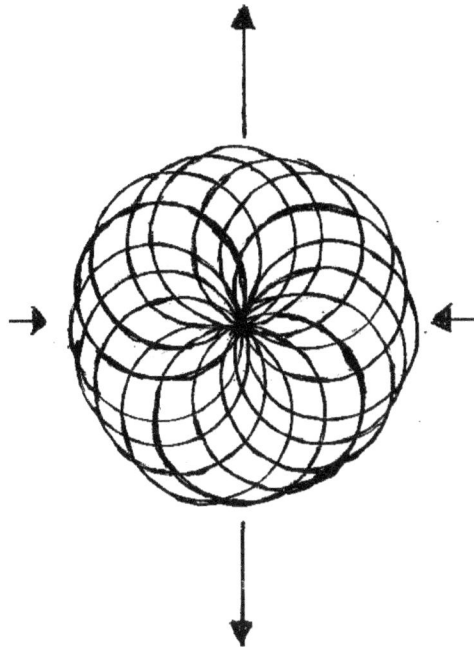

„Was passiert jetzt?", fragte ich Rhami-yata.

„Sie sind im perfekten Gleichgewicht. Die Zentrifugalkräfte und die Zentripetalkräfte sind gleich. Die Rotation ist jetzt konstant, nicht zyklisch", sagte er.

Ich beobachtete das Phänomen eine Weile. „So können sie sich für immer drehen", sagte ich verblüfft. „Das ist eine Art Perpetuum Mobile. Sie hören niemals auf! Außer wenn eine Veränderung stattfindet und sic nicht länger im Gleichgewicht sind."

„So wurde die Ewigkeit der Materie geboren", sagte Rhami-yata.

„Das ist.... Ewigkeit?! Auf jeden Fall ist es sehr hübsch!"

„Ewigkeit der Materie", berichtigte er mich. „Vergiss nicht, die Ewigkeit des Geistes sieht vielleicht ganz anders aus."

„Warum denn?", wollte ich fragen. Aber mir wurde klar, dass ich noch nicht soweit war, all das auf einmal zu lernen. Stattdessen sagte ich: „Ich werde das nicht vergessen. Was sind diese Kreise und

‚Brezeln'?"

„Der erste Kreis, der während der Vorführung aus deinen Bauch kam, war die Ultimative Macht der Existenz. Die erschuf dann die Sieben Mächte der Materie."

Ich besah mir den rotierenden Ball mit dem größten Respekt. „Und all das kam aus dem Bauch der Höchsten Schwingung... stell dir das mal vor!"

„Tatsächlich", nickte er, „symbolisch gesprochen."

„Vater, du hast mir von den die Sieben Mächten erzählt, aber du hast niemals die Ultimative Macht der Existenz erwähnt. Was genau ist das?"

Im Bruchteil einer Sekunde befanden wir uns wieder in der Kammer der Sieben Mächte. Ich seufzte erleichtert. Die lange Reise in die dunklen Ecken des Universums hatte mich müde gemacht.

Rhami-yata goss etwas Öl in eins der Bronzegefäße und entzündete die Kerze. Dann setzte er sich auf seinen Platz neben der Öllampe und meiner goldenen Statue.

Froh setzte ich mich auch. Es war schön zurück zu sein, genau hier, und in das Gesicht meines Lehrers zu schauen, das im sanftem Licht der Kammer schimmerte.

„Die Zeit ist für dich gekommen, von einem weiteren Aspekt der Höchsten Schwingung zu erfahren. Die Höchste Schwingung ist nicht nur reinste Liebe", sagte er.

„Ist nicht reinste Liebe?"

Er schüttelte den Kopf. „Nicht nur. Ein anderer Aspekt der Höchsten Schwingung ist Ultimative Macht. Um genau zu sein: Die Ultimative Macht der Existenz."

Ich hörte ihm genau zu, als er mir von neuem erklärte, dass der erste Kreis, der meinen Bauch verlassen hatte, die Ultimative Macht der Existenz war. Dann hatte sie sich vervielfältigt und dabei die Sieben Mächte für die Materie erschaffen.

Deshalb gibt es acht Zutaten, ‚Brezeln', in dem rotierenden Ball –

dachte ich. Die Ultimative Macht der Existenz kreierte die Sieben Mächte für die materielle Welt.

„Während der Manifestation der Ultimativen Macht der Existenz gab es ein Nebenprodukt dieses Prozesses." fuhr der Meister fort. „Die Ultimative Anti-Macht. Das Gegenstück zur Ultimativen Macht der Existenz."

„Was?!", rief ich wirklich beunruhigt aus.

„Die Ultimative Anti-Macht", wiederholte er ruhig. „Als du die ersten zusammenfallenden Kreise gesehen hast und wie sie sich umeinander schlangen in eine ‚Brezel', hast du auch die Ultimative Anti-Macht gesehen, die sich an die Ultimative Macht der Existenz heftete."

„Warum um alles in der Welt sollte es eine Ultimative Anti-Macht geben?!"

„Eine der verschiedenen Aspekte der Höchsten Schwingung ist die kreative Ultimative Macht der Existenz. Und die Ultimative Anti-Macht ist der destruktive Aspekt der Höchsten Schwingung. Wir nennen sie auch die Ultimative Macht der Zerstörung."

„Weil Gott beides tun kann: Erschaffen und zerstören." Plötzlich erinnerte ich mich an das, was ich in meiner Kindheit gelernt hatte.

„Außerdem hatte jede der Sieben Mächte, als sie von der Ultimativen Macht der Existenz erschaffen wurden, ein Nebenprodukt ihrer Manifestation, das sich an sie anheften. Deshalb hast du all die Kreise gesehen, die sich in ‚Brezeln' verwandelten."

„Und was waren die Nebenprodukte?" Ich traute mich fast nicht zu fragen, weil ich die Antwort ahnte.

„Jede der Sieben Mächte hat ihre Anti-Macht", bestätigte er meine Befürchtungen.

„Und wozu genau dienen die Ultimative Anti-Macht und die anderen Anti-Mächte?" Ich stellte leise die Frage.

„Während die Ultimative Macht der Existenz und die Sieben Mächte die materielle Welt ‚lebendig' machen, ist das Ziel der Ultimativen

Anti-Macht und der anderen Anti-Mächte, die gesamte Materie zu zerstören."

Ich stand auf und ging hinüber zu den Statuen auf der linken Seite, die die Mächte repräsentierten, die die Welt erschufen. Dort standen sie, still und mächtig wie gewöhnlich. Rhami-yata folgte mir nicht. Er blieb, wo er war und beobachtete mich.

„Aber das ist ja schrecklich! Das heißt, die Ultimative Anti-Macht und die anderen Anti-Mächte können das gesamte Universum zerstören. In Stücke schlagen", schrie ich ihm zu.

„Können sie natürlich, wenn die Dinge aus dem Gleichgewicht geraten", sagte er in seiner üblichen neutralen Stimme.

Ich ging eilig zu ihm zurück und setzte mich wieder. „Wir müssen die Ultimative Anti-Macht und die anderen Anti-Mächte loswerden. Schnell!"

„Aber das würde das Ende aller Materie bedeuten, Hermenethre." Er berührte meine Hand. „Hör genau zu: die Ultimative Macht der Existenz, die Sieben Mächte, die Ultimative Anti-Macht und die übrigen Anti-Mächte formen die Ewigkeit der Materie, wenn sie im Gleichgewicht sind."

Ich rief mir den rotierenden Ball von „Brezeln" wieder ins Gedächtnis. Ja, so waren sie im Gleichgewicht.

„Irgendeine von ihnen loszuwerden bedeutet das Ende der Existenz von Materie", fügte er hinzu. „Die Polarität der Ultimativen und der anderen Mächte sichert ihre Ewigkeit."

Wenn eine Balance zwischen ihnen bestehen musste – dachte ich, und wenn die Materie zerstört wird, falls irgendeine von ihnen stärker wird als die anderen, dann hatte Rhami-yata Recht. Es durften keine Verlierer oder Gewinner geben.

„Kümmere dich jetzt um deinen Körper. Das ist alles für heute", sagte der Meister und verschwand, bevor ich antworten konnte.

***

Ich schrieb stundenlang in mein Tagebuch und machte etliche

graphische Skizzen, um wiederzugeben, was ich gelernt hatte.

Mi-Katze beobachtete meinen Stift mit dem größten Interesse. Sie bewegte sich aber nicht, bis ich fertig war. Ich schaute sie mit Hochachtung an. Man konnte ihre Liebe zu mir und ihre Akzeptanz meiner Fehler und guten Seiten spüren. Ohne Ausnahmen. Wäre es nicht so eine bräunlich pelzige Katze gewesen, ich hätte geschworen, sie sei eine hervorragend ausgebildete Meisterin, die der Welt vielerlei über stille Macht und reine Liebe hätte beibringen können.

Ich beendete meine Aufgabe folgendermaßen:

„Liebe ist nicht nur ein Aspekt Gottes. Heute habe ich auch von der Ultimativen Macht der Existenz gehört und der Ultimativen Macht der Zerstörung. Ich glaube, es gibt noch weitere Aspekte, die ich kennen lernen muss."

Mi-Katze schnurrte laut ihre Zustimmung.

Dann spielten wir zusammen, rannten durch das Appartement auf der Jagd nach Papierbällen. Sie achtete darauf, dass jeder die nötige Aufmerksamkeit bekam und sie schubste sie besonders gerne unter die Möbel. Wenn sie das erledigt hatte, saß sie da und sah mir zu, wie ich in die dunkelsten Ecken angelte, um alle wieder heraus zu befördern.

Kapitel 10
Schatten auf der Ego-Route

Da war es also – das beginnende akademische Jahr in den ersten Tagen des warmen, sonnigen Septembers.

Ich sah mich um in der kleinen Gruppe der Filmstudenten im ersten Jahr. Ein Mix aus Männern und Frauen verschiedenen Alters von unter zwanzig bis über vierzig. Offenbar waren auch einige reife Studenten dabei. Die meisten in unserer Klasse waren Männer, aber die Zahl der Frauen in Prozent war auch ziemlich gut.

Dies waren also meine Kollegen – dachte ich. Und die nächsten vier Jahre teilen wir unsere Träume.

Wir wurden zur Filmabteilung geführt und bekamen eine gründliche Orientierungshilfe. Das Gebäude für die Angewandten Künste war drei Stockwerke hoch. Die Abteilung für Photographie befand sich im ersten Stock zusammen mit der Abteilung für visuelle/digitale Medien darüber und schließlich ganz oben in dem Gebäude hatten die zukünftigen Filmemacher ihr eigenes Nest.

Es gab mehrere Klassenräume, ein Labor, ein Tonstudio, Schneideeinrichtungen und ein Auditorium mit einer großen Leinwand und Projektionsraum. In den nächsten vier Jahren würden wir hier berühmte Werke von Meistern des Kinos anschauen und analysieren, angefangen in der Stummfilmära bis zum heutigen Tag. Jedes akademische Jahr teilte sich gleichmäßig auf in Theorie und praktische Erfahrungen. Wir alle mussten in jedem Semester mehrere kleine Filmprojekte erarbeiten und an jedem Jahresende wurde ein kurzes Abschlussfilmprojekt von uns verlangt.

Am ersten Tag unterhielt ich mich mit einigen meiner Mitstudenten, die später bei unseren studentischen Filmprojekten mit mir zusammenarbeiten würden. Bleibende Freundschaften schloss ich nicht in der Filmschule. Ich war immer viel zu beschäftigt, um an irgendwelchen Treffen teilzunehmen, außer denen, die mit unserem Kurs zusammenhingen. Es gab also für mich nicht viel sozialen Kontakt, an dem andere so viel Spaß hatten. Ich hatte lediglich eine Handvoll Freunde unter den Studenten.

Costas, langhaarig und schön, war geboren und aufgewachsen in Zypern. Er war ein talentierter Kameramann und Editor, hörte aber im dritten Jahr auf. Er ging zurück nach Zypern, wo ihm ein Job als Kameramann in einer Produktionsfirma für Videos angeboten worden war.

Denise, eine große, hübsche, Aschblonde war ungefähr in meinem Alter und hatte immer die besten Noten in allen Fächern. Ich hatte wirklich Spaß an ihren kleinen Filmprojekten, sie ging jedoch nach unserer Abschlussprüfung ans Theater und führte dort Regie. Ich traf sie später mehrmals in der Stadt, aber wir haben es nie geschafft, uns wieder näher zu kommen.

Susan, eine kurzhaarige junge Intellektuelle, witzig und immer lächelnd hinter ihren Brillengläsern, war fasziniert von der Tontechnik und der Textbearbeitung. Ich weiß nicht, was nach der Filmschule aus ihr geworden ist.

Ben, einer der jüngsten in unserer Klasse, blond und fröhlich, war sehr talentiert im Schreiben und Regie führen. Nach unserer Abschlussprüfung arbeitete er weiter an seinen Filmen. Ich lief einige Jahre später in ihn hinein und wir sprachen über dies und das und über unsere Pläne.

Der dunkelhaarige, immer ruhige und schweigsame Viktor, ein wirklich versierter, präzise arbeitender und talentierter Photograph und Kameramann, machte weiter Filme und Videoprojekte. Jahre später wurde er einer meiner Facebook Freunde.

Es gab noch andere fähige Leute, die ich sehr mochte, aber ich arbeitete nicht viel mit ihnen an unseren Schulprojekten. Wir waren die Glücklichen, die passionierten Enthusiasten, die die Chance bekommen hatten, ihre Träume wahr machen. Was brauchte man anderes im Leben um glücklich zu sein? Nichts anderes war der

Grundstein zum Glücklich sein, als wenn man tun konnte, was man am liebsten tat. Natürlich war das erst der Anfang. Denn alles, was wir in der Zukunft aufbauen und sein würden, war vollkommen uns überlassen.

Am Ende des ersten Tages merkte ich, wie sehr mein Englisch verbesserungswürdig war. Oh Mann, die gesamte technische Sprache der Universität basierte auf Physik und Chemie. Ich hatte bis jetzt keine Möglichkeit, irgendeinen dieser Ausdrücke zu verstehen.

Ich bat den Abteilungsleiter um die Erlaubnis, die Lektionen aufnehmen zu dürfen, sodass ich mit den Bändern zu Hause arbeiten konnte. Elvino Sauro, ein Mann mittleren Alters mit ergrauendem Haar, der uns in den nächsten drei Jahren in Filmtechnik unterrichtete, war kein leichter Umgang. Er glaubte, die Studenten müssten stark sein und ungeachtet der Hindernisse alles ertragen. Und dass niemand es leicht haben durfte. Er war der kenntnisreichste Experte, den ich je im Leben getroffen habe. Und wie ich im Laufe der nächsten Jahre erfuhr, hatte er für die Studenten ein großes weiches Herz unter seiner förmlichen, scheinbar nüchternen Schale.

Nach langer Diskussion erlaubte er mir schließlich, die Stunden während meines ersten Jahres aufzunehmen und meine Laune verbesserte sich entschieden. Ja! Ich hatte grünes Licht bekommen, meinem Herzen zu folgen. Nun war es Zeit, die Ärmel aufzukrempeln und mit der Arbeit anzufangen.

Ich verbrachte einige Zeit am Telefon, weil meine Freunde neugierig waren, wie mein erster Eindruck von der Schule war. Mi-Katze schnurrte auf meinem Schoß, wir lagen gemütlich ausgestreckt auf der Couch im Wohnzimmer, während ich die gleiche Geschichte an Basia, Ella, Miss Stella, Norman und Matthias weitergab.

„Ich weiß noch nicht wirklich, was mich erwartet", sagte ich, „Arbeit wahrscheinlich, viel Arbeit".

„Na und?", sagte Basia. „Du machst das schon".

„Siehst du? Nun kannst du wirklich deine Träume erfüllen", weissagte Ella enthusiastisch.

„Du wirst kaum Zeit für anderes haben", war Miss Stellas bittere Vorhersage.

„Ich bin stolz auf dich", hörte ich Normans tiefe, sexy Stimme sagen.

„Ich hab dich lieb, Mom", verkündete Matthias.

Später am Abend saß ich im Dunkeln in meinem Schlafzimmer und lauschte dem lauten Schnurren von Mi-Katze in ihrem kleinen Korb neben meinem Bett. Oft übersah sie ihr Körbchen und zog es vor, in der hintersten Ecke meines Eichenbettes zu schlafen. Aber sie wusste genau, wann sie sich zurückziehen musste, nämlich wenn ich in Trance fiel. Auch jetzt war sie nicht in mein Bett gekommen, weil sie wusste, ich würde Platz brauchen, mich zu strecken und meinen Körper zu entspannen, bevor ich in den Tempel reiste.

***

Ich konnte nichts sehen. In der Kammer der Sieben Mächte herrschte dichter Nebel. Ich wollte nicht aufgeben, starrte weiter beharrlich ins Weiß in der Hoffnung, meine Augen würden am Ende den Nebel wie Scheinwerfer durchdringen.

Da! Ich nahm schließlich eine dunkle Figur wahr, die mehr wie ein Schatten im schwachen Licht aussah. Sie näherte sich der Öllampe aus dem Nebel. Ich konnte sie noch nicht erkennen.

„Bist du das, Rhami-yata?"

Keine Antwort, aber der Schatten verhielt vor der hellen Flamme. Nun konnte ich ihn erkennen. „Ich hab dich nicht gerufen", sagte ich.

„Warum nicht, Hermenethre?" Seine Antwort klang herausfordernd, vielleicht sogar drohend. Oder war das meine Phantasie?

Ich fühlte, wie mein Herz schneller schlug.

„Du gehörst nicht an diesen Ort", sagte ich und versuchte meine plötzliche Angst zu verbergen. „Geh!" Ich zeigte auf den Ausgang.

„Weist du mich zurück?", fragte der Schatten und machte noch einen Schritt auf mich zu.

„Sollst du nicht alle lieben? Um deine Schwingungen zu erhöhen?"

Nun war ich wirklich alarmiert. „Ich hab dich nicht hierher eingeladen", sagte ich und zeigte erneut auf die Tür.

Er sah mich wortlos an, als denke er über das Gehörte nach. Ich fror und ich hatte Angst. Er schien nicht sehr freundlich zu sein und ich wusste nicht, was ich tun sollte. Um Hilfe schreien? Nein, das wäre dumm. Er bedrohte mich schließlich nicht offen und vielleicht übertrieb ich ja auch die ganze Situation.

Oh Gott – dachte ich. Was soll ich bloß tun?

Dann aber entfernte er sich langsam, als sei nichts gewesen und als sei ihm plötzlich eingefallen, dass er anderes zu tun hatte.

Die Gefahr, ob eingebildet oder nicht, hatte mich angespannt gemacht und nun konnte ich aufatmen. Ich ging langsam zum Ausgang und schaute in den Flur. Es gab keine Spur von meinem ungebetenen Gast.

Ich schloss die Tür von innen und wollte jetzt schnell mit Rhami-yata Kontakt aufnehmen. Es war das Beste, den geheimen Ausgang hinter den Statuen zu benutzen, um nach ihm zu suchen.

„Vater, wo bist du?", rief ich in Gedankenform, als ich den engen, gewundenen Flur betrat.

„Ich bin in der Kammer der Ultimativen Macht. Du kannst hierher kommen, Hermenethre", war seine Antwort.

Ich lief rasch und öffnete atemlos die Tür. Dann ging ich entschlossen in die Kammer auf der Suche nach dem Meister. Vielleicht war es die Dringlichkeit der Situation, jedenfalls schüchterte mich die Strenge der Umgebung diesmal nicht ein. Ich sah die Wandgemälde mit Respekt, aber ohne Angst.

„Um die Ultimative Macht besser zu verstehen, muss man sie aus einem anderen Blickwinkel betrachten. Geh zum Gipfel", sagte Rhami-yata, der hinter mir auftauchte.

Ich wollte ihm von dem Besucher erzählen, aber als ich in sein Gesicht sah, war das Bedürfnis vergangen. Seine blauen Augen strahlten eine solche Ruhe und Kraft aus, dass meine Angst in seiner Gegenwart dahin schmolz.

Natürlich – dachte ich. Nichts ist mehr wichtig. Nicht einmal meine Angst.

„Gut", nickte ich und schloss rasch die Augen. Ich wusste, was er von mir erwartete. Ich begab mich also zur Quelle auf dem Grund meines „dritten Auges". Dann konzentrierte ich mich auf den Gipfel der Kammer der Ultimativen Macht. Es nahm nur den Bruchteil einer Sekunde in Anspruch und ich stand oben und schaute herab.

„Was siehst du von dort oben?", hörte ich Rhami-yatas Stimme.

„Merkwürdig", sagte ich, „ich nahm immer an, die Kammer sei rund und ohne Winkel. So sah sie von da unten aus. Aber von hier ist alles anders. Ich kann sehen, dass es ein Rechteck ist, Vater. Die Kammer der Ultimativen Macht ist auf einem rechteckigen Fundament gebaut. Wie seltsam".

„Ja. Aber was siehst du? Konzentriere dich auf die Bilder, die dir in den Kopf kommen, nicht auf die Form des Raumes".

Das tat ich. Und da sah ich die Welt. Das heißt die Erde. Und dann sah ich ihre Stellung im Sonnensystem. Sie schien recht klein zu sein, als sähe man sie von sehr, sehr weit weg. Die Erde, das Sonnensystem, selbst das Universum sahen aus wie Spielzeug, das in einem unermesslichen Garten im unendlichen Raum verstreut war. Aber so erstaunlich es auch war, konnte ich viele winzige Einzelheiten zur gleichen Zeit von Nahem sehen, so wie ich alles von ferne betrachtete.

„Ich kann das gesamte Universum sehen!", rief ich aus. „Aber auch einen kleinen Busch und eine Ameise, die irgendwo in Europa das Stück eines Blattes schleppt. Und einen Jungen an der Ecke einer Straße in New York. Und eine Sanddüne in Afrika. Warum nur? Warum sehe ich alles auf einmal, Rhami-yata?"

„Wenn du zu dieser Sichtweise das brennende Gefühl in deinem Bauch während der Demonstration der Geburt der Ewigkeit dazu nimmst, wirst du die wahre Macht der Höchsten Schwingung erkennen", sagte mein Lehrer.

Ich konzentrierte mich, um die Wahrnehmung in meinem Bauch

erneut wachzurufen. Es funktionierte. Nur dass die Erfahrung verbunden mit der Sichtweise des Universums als Ganzes unerträglich stark war. Es war, als hätte ich tausend „brennende Sonnen" in mir. Sie konnten das Universum im unendlichen Raum erschaffen oder es zerstören. Sie waren die Mitte und die Wurzel jedes einzelnen Partikels, überall. Alle Materie konnte nach meinen Wünschen verschwinden oder geboren werden, so mächtig waren die „brennenden Sonnen" in meinem Inneren.

„Mmmm", sagte ich. „Das nenne ich Spaß!"

Der Meister beobachtete mich. „Komm zurück", befahl er.

„Oh? Warum jetzt schon?", versuchte ich zu protestieren. Aber er runzelte nur die Stirn und ich war wieder neben ihm – nach seinem Willen – nicht nach meinem.

„Warum hast du das getan?" Ich war leicht irritiert. „Es war herrlich und ich wollte es noch länger genießen!"

Er schaute mich weiter wortlos an.

„Du hast gesagt, ich würde etwas über wahre Macht erfahren", sagte ich mit vorwurfsvoller Stimme. „Du hast gesagt, ich sollte mich daran gewöhnen, mich in der Kammer der Ultimativen Macht wohlzufühlen. Warum hast du mich gestoppt? Ich hab genau das getan, was du von mir verlangt hast. Ich fing gerade an…"

„Erforsche die Schatten in dir", unterbrach er mich.

„Schatten?" Ich hielt inne. „Von welchen Schatten redest du?"

„Die Schatten, die dein Ego anfeuern, Hermenethre. Genau die."

„Was?"

„Dein Ego würde leidenschaftlich gerne die Welt regieren."

„Das glaube ich nicht!", protestierte ich nach Kräften. „Ich hatte niemals solche Ambitionen. Ich bin nicht daran interessiert, Politiker zu sein oder… eine Königin. Mich interessieren solche Sachen nicht. Niemals."

Rhami-yata nickte nur und ging auf die Tür zu.

Ich zögerte einen Moment. Ich fühlte mich ignoriert und zurückgelassen. Dann schaute ich mich noch einmal in der Kammer der Ultimativen Macht um. Nein, ich war nicht bereit, hier ganz alleine zurückgelassen zu werden. Weil ich nicht wusste, was ich sonst tun sollte, folgte ich rasch dem Hohepriester.

Wir gingen zum Innenhof. Es war ein herrlicher Tag dort, wie immer. Die vielen Pflanzen, die ich so fröhlich benannt hatte, blühten und reckten sich der großzügigen Sonne entgegen.

Wir setzten uns auf die Steinbank. Für eine Weile schwiegen wir und genossen beide die Ruhe der Umgebung.

„Ego", sagte der Meister dann, „folgt keiner Vernunft. Und es scheint nicht deinem Ehrgeiz zu folgen oder dem Mangel daran. Manche merken noch nicht einmal, dass sie vom Ego getrieben sind."

Ich atmete langsam die vollkommen angenehme, erfrischende Luft ein. All meine Erregung hatte sich bereits aufgelöst und ich genoss einfach den Moment. „Ich glaube, ich verstehe", sagte ich. „Mein Ego kann schlauer sein als ich und mich mein ganzes Leben hindurch an der Nase herumführen. Was kann ich tun, um es loszuwerden?"

Rhami-yata schüttelte den Kopf. „Man wird sein Ego nicht los. Man muss lernen, damit umzugehen."

Hmmm. Das war etwas anderes, als ich erwartet hatte.

„Bitte erklär mir das", bat ich.

Er wandte sich mir zu. „Ego gehört zu deinem Team".

„Ich habe ein Team? Was ist das?", fragte ich interessiert.

Ein kleiner Vogel flog in unsere Nähe, zwitscherte einigen anderen zu und ließ sich auf dem Baum nieder, den ich einmal „Amethyst-Berg" genannt hatte. Die Vögel vollführten ein kleines fliegendes Ballett und flogen sich jagend in elegantem Bogen davon.

„Dein Team besteht aus dem physischen Körper, Gefühlen, dem Geist, deinem Ego und deiner Seele. Alle zusammen erlauben dir, in der materiellen Welt Erfahrungen zu sammeln. Kannst du mir bis dahin folgen?"

Ich nickte. „Ja", sagte ich. „Aber ich verstehe immer noch nicht, wozu das Ego im Team gebraucht wird."

„Stell es dir als Antriebskraft vor, als einen der Sinne des individuellen Selbst, des ureigenen Seins."

Die Vögel kamen zurück. Sie setzten sich auf einen Busch mit Namen „Abendwolke" und unterhielten sich dort. Ich sah, dass einer von ihnen unruhig war, den Busch umkreiste und lauter tschilpte als die anderen.

„Hmmm", sagte ich, „eine Energie, die will, dass ich, mein ureigenes Selbst, existent bleibe."

„Wenn du so willst", stimmte Rhami-yata zu. „Das Ego kann eine gesunde Unterstützung sein. Tatsächlich möchte das Ego der Helfer sein. Deshalb steht ein übereifriges Ego oft im Wege und man kann darüber stolpern. Das Ego möchte eine Aufgabe haben und helfen, sie zu erfüllen."

Ich nickte und beobachtete die Vögel. Im Stillen entschied ich, dass der Name des unruhigen Vogels „Ego" lauten könnte. Er schien diese Art Energie auszustrahlen.

Nun beobachtete auch der Meister die Vögel. „Ein ‚beschäftigungsloses' Ego", fuhr er fort, „wird gefährlich. Es möchte alle möglichen Rollen spielen, alles was es bekommen kann. Deshalb musst du ihm die Rolle zuweisen, für die es da ist."

Ich sah ihn an. „Was ist das für eine Rolle?"

„Der Cheerleader". Er wies auf die Vögel. Der Vogel namens „Ego" versuchte jetzt, die anderen dazu zu bewegen, ihn zu jagen.

„Ja", bestätigte Rhami-yata. „Nicht der Anführer, sondern der Cheerleader soll die Funktion des Egos im Team sein, das du bist."

Die anderen Vögel jagten nun den „Ego"-Vogel um den Amethyst-Berg.

„Es kann also mein Freund werden", sagte ich immer noch erstaunt.

„Lass es dich aufheitern, wenn du zweifelst, wenn du dein Selbstvertrauen verlierst. Lass dir dann von ihm sagen: ‚Du kannst das! Pack es an!'. Wenn du dem Ego erst mal erlaubt hast, seine Arbeit zu tun, wird es eifrig wirken, ohne dir im Weg zu sein, ohne dich von deinem Ziel abzubringen. Cheerleader, nicht Anführer ist die ihm gemäße und gesunde Funktion."

Die Vögel hatten ihr fröhliches Spiel beendet und ruhten sich auf dem „Goldene-Ernte-Baum" aus.

„Mein Ego, genauso wie mein Körper, meine Gefühle, mein Geist und meine Seele sind Teile des Teams, das ich bin". Ich wiederholte, was ich gerade gelernt hatte und wandte mich an Rhami-yata. „Du hast mich gestoppt, als ich in der Kammer der Ultimativen Macht gerade Spaß hatte – war das, weil mein Ego dabei war, die Regie zu übernehmen?" fragte ich.

„Was du auf dem Gipfel gespürt hast, war tatsächlich dein Ego, das Spaß an der Macht hatte", bestätigte er. „Das Ego ist ‚machtverrückt', kann man sagen. Wenn es nicht ‚richtig beschäftigt' wird, versucht es immer, Mittel und Wege zu finden, der Anführer deines Teams zu werden."

„Es liebt die Macht." Ich lächelte. „Das wundert mich nicht."

„Das stimmt", sagte der Meister. „Aber es gibt noch einen anderen Grund, warum das Ego herrschen will."

Die Vögel schwiegen jetzt. Wie auf Kommando verließen alle gleichzeitig den Baum und drehten eine Runde um den Innenhof. Sie ließen sich in der Nähe unserer Steinbank mitten in einem Beet weißer kurzer Blumen nieder, die ich „die Munteren" genannt hatte. Man konnte sie nicht mehr gut sehen.

Vielleicht sind sie hungrig und suchen nach frischen Würmern – dachte ich.

„Das Ego kann nur in der physischen Welt existieren", fuhr Rhami-yata mit seiner Lektion fort. „Es hat weder Platz noch Funktion in der spirituellen Welt. Es versucht, dich in der materiellen Welt zu halten und Macht zu gewinnen. Die Illusion von Macht hilft ihm, die Angst vor der Nicht-Existenz zu überwinden. Deshalb ist es so motiviert vorwärts zu streben, um sich als Stärke zu manifestieren. Sein dynamischer Schwung kommt von der Angst vor dem Tod."

Ich nickte. „Erzähl mir mehr über die Wirkung des Egos auf das Leben eines Menschen."

Er stand auf und warf den Vögeln eine Handvoll Krümel hin. Ich wusste, er hatte zuvor keine gehabt. Vielleicht hatte er sie durch Raum und Zeit von einem anderen Ort hierher transportiert? Es war immer interessant, ihm zuzusehen, wie er all die Dinge tat, die aussahen wie Zauberei.

Die Vögel flogen rasch zu den Krümeln und wetteiferten, wer die meisten davon aufpicken konnte.

„Diejenigen, die sich noch nicht mit ihren Schmerzen, den alten emotionalen Wunden, beschäftigt haben, entwickeln allerlei Arten von neurotischen Drives und Bedürfnissen", sagte der Meister. Er setzte sich wieder.

Ich beobachtete die Vögel und bemerkte, dass manche von ihnen aggressiver wurden. Nun zankten sie sich gar um die Krümel und tschilpten lautstark.

„Jede offene, emotionale Wunde ist Nahrung für einen Schatten, der sich aus solch einer Wunde entwickelt und der sich unbewusst im Dunklen verbirgt. Und dieser Schatten feuert das Ego zum Wachstum an."

„Ich verstehe nicht", gab ich zu. „Gib mir ein Beispiel."

„Sagen wir, jemand wurde als Schüler von seinen Klassenkameraden schikaniert", sagte er. „Das rief ein Gefühl von Nutzlosigkeit hervor, dass die kommenden Jahre erhalten blieb. Nun, als Erwachsener, schikaniert er entweder andere, um sich selbst besser zu fühlen, oder er stellt sich immer als Opfer dar, das anderen die Schuld für sein Schicksal gibt. Entweder er schikaniert selbst oder er ist Opfer. Das ist der Schatten, der aus dem Schmerz gewachsen ist. Dieser Schatten soll das Gefühl der Nutzlosigkeit überdecken."

Was mit den Vögeln gerade passierte, war eine genaue Demonstration dessen, was er gesagt hatte. Manche Vögel traktierten die anderen, indem sie sie verdrängten und rücksichtslos ihre

Schnäbel gebrauchten, um sie vom Futter zu verjagen. Andere zogen sich zurück und standen da und piepsten traurig von Zeit zu Zeit.

„Ich hab's begriffen!", sagte ich. „Sie fühlen sich besser, wenn sie schikanieren, aber auch als Opfer können sie sich besser fühlen! Weil nämlich ein Opfer sein Unglück auf andere schieben kann, statt zuzugeben, dass es nicht zurechtkommt. Sie wollen gar nicht erst versuchen, Kontrolle über ihr Leben zu gewinnen. Sie geben lieber ihre eigene Stärke ab, weil sie Angst haben, sie könnten versagen, was wiederum das Gefühl von Nutzlosigkeit bestätigt."

Die Vögel, die sich das meiste Futter erstritten hatten, pickten weiter. Die anderen standen beiseite und sahen den Rücksichtslosen beim Picken zu.

„Die Opfer haben also auch Schatten, genauso wie die Tyrannen, um das zu verbergen, was sie nicht fühlen wollen", schloss ich.

„Und diese Schatten", sagte Rhami-yata, „befeuern ihr Ego."

„Moment mal". Ich drehte mich zu ihm um. „Ich hab verstanden, dass Egos größer werden, wenn die Leute andere schikanieren wollen. Weil sie denken, sie seien besser, stärker als die, die sie quälen. Was ist aber mit den Opfern, die weiter Opfer bleiben? Wie können sie überhaupt ein großes Ego haben?"

„Denk mal darüber nach", sagte er. „Sie erzählen ihre Geschichte so: ‚Mein Chef hat all das Geld, weil er es anderen stiehlt. Er nutzt seine Angestellten aus. Ich werde unterbezahlt, deshalb kann ich mir kein besseres Auto leisten.' Nun sag mir, Hermenethre, denken sie, sie seien besser oder schlechter als der Boss?"

„Natürlich denken sie, sie seien besser", gab ich zu.

„Oder jemand anderes sagt vielleicht: ‚Ich kann im Leben nicht erfolgreich sein, weil meine Regierung mich daran hindert. Die Regierung unterstützt Leute wie mich nicht.' Denken diese Leute, sie seien besser als die, die sie regieren?"

Ich nickte. „Ja, sie fühlen sich besser. Aber was ist mit dem, der wirklich einen schrecklichen Chef hat oder er unterdrückt wird von der Regierung?"

„Hermenethre, du hast das Thema gewechselt. Wir reden nicht davon, wie man mit schwierigen Situationen im Leben fertig wird, oder?"

„Ja, Vater. Ich verstehe: ‚Nicht das heutige Thema'."

Ich stand auf und ging zu den Vögeln hinüber. Einige flogen ängstlich auf und andere blieben sitzen und pickten weiter. Ich schob mir ein paar Krümel auf die Hand und ging entschlossen zur Bank zurück.

Dies ist für jene, die ihren Anteil nicht bekommen haben – dachte ich. Ich werde mir merken, welche es waren.

Rhami-yata, lächelte und seine Augen veränderten ihre Farbe von blassblau zu smaragdgrün. „Lass uns noch andere Beispiele betrachten", fuhr er fort. „Eine ehrgeizige Person sagt vielleicht: ‚Ich kann meinen Ehrgeiz nicht befriedigen, weil ich zu sensibel bin, um die Härten des Lebens zu bestehen'. Oder sie können sagen: ‚Ich muss meine Familie ernähren, darum kann ich meine Träume nicht erfüllen. Das ist nicht fair, aber ich muss das tun, was wichtiger ist'. Warum argumentieren sie so, Hermenethre?"

„Das sind ihre Entschuldigungen, Vater", antwortete ich. „Sie denken sie sind es nicht wert Erfolg zu haben, also wollen sie es gar nicht erst versuchen, um nicht zu versagen. Übrigens kaufe ich ihnen ihr ‚Ich habe Verpflichtungen meiner Familie gegenüber' nicht ab. Wir alle haben diese Verpflichtungen. Aber diejenigen mit genügend Antriebskraft und Glauben an sich selbst erfüllen sich ihre Träume, ohne ihrer Familie zu schaden."

„Und was kannst du mir über deren Ego sagen, Tochter? Befreien sie sich von ihrem Ego, indem sie sich von ihren Träumen verabschieden?", fragte er.

„Überhaupt nicht. Ihr Ego wird stärker, da sie denken, sie seien besser als diejenigen, die ihrer Meinung nach ihre Familie vernachlässigen, weil sie ihren Träumen nachgehen", sagte ich.

Nun, da ich einige Krümel weggenommen hatte, waren nicht mehr viele übrig und die Rücksichtslosen pickten die Reste auf. Die Opfervögel sahen ihnen resigniert dabei zu.

„Und diejenigen, die denken, sie seien zu sensibel, um für ihre Träume einzutreten? Was ist mit denen?"

Er fuhr fort mich zu befragen, während ich mir überlegte, wie ich die armen Vögel füttern sollte, die nichts abbekommen hatten. Und während ich ihm zuhörte, wurde mir klar, wie wichtig die Lektion über das Ego und die Schatten war.

„Wieder bemänteln sie ihre Unsicherheit mit einem Schatten, der ihnen das Gefühl gibt, ‚anders und sensibler' zu sein, besser als die ‚dickfelligen' Kerle, die ihre Ziele verfolgen", antwortete ich.

Ich dachte an die Unsicheren, die oft ihre Meinung äußerten, dass diese Erfolgreichen verdorben seien und ihre Integrität für Geld und Ruhm verkauft hätten.

Was auch immer ihre Gedanken sind – dachte ich, in einer Situation, in der sie geradezu neurotisch fürchten zu versagen, wächst ihr Ego weiter.

Die rücksichtslosen Vögel beendeten ihr Festmahl und flogen davon; wahrscheinlich suchten sie an anderen Orten nach noch mehr Futter. Die anderen suchten sorgfältig den Boden nach möglichen Resten ab.

Ich lief rasch zu ihnen hinüber und warf ihnen die Krümel vor, die ich für sie aufgehoben hatte. Aber ich hatte die Vögel erschreckt, sie flogen eilig davon und ließen das Futter zurück. Ich kehrte enttäuscht zur Bank zurück.

„Sieh dir das an", sagte ich, „jetzt verpassen sie die Chance, etwas zu bekommen, weil sie so dumm und ängstlich sind."

Was sollte ich bloß mit ihnen machen? – dachte ich. Hoffentlich kommen sie zurück.

„Das Ego kann ganz leicht den Geist missbrauchen, um seine Aktionen zu begründen und zu planen", sagte der Meister. „Die Werkzeuge des Egos, die es benutzt, um seine Pläne in die Tat umzusetzen, sind oft Manipulation, Gewaltanwendung, Täuschung und falscher Ehrgeiz."

„Falscher Ehrgeiz, was ist das?" Ich reagierte natürlicherweise auf das Wort „Ehrgeiz" und sah auf. Schließlich war ich mein ganzes Leben lang ziemlich ehrgeizig gewesen.

„Mach dir klar, worum es dir bei deinen Ambitionen geht", sagte er. „Sie sind nicht dein Ziel. Um dein wahres Ziel zu erkennen, musst du dein Ego von deinen Fähigkeiten und Leidenschaften trennen. Wenn du das nicht tust, wird es sie als sein Vehikel benutzen."

Die Vögel waren zurück! Und zwar die, die ich füttern wollte. Ich konnte sie gut erkennen, weil sie dünnere und hellere Schnäbel hatten als die Rücksichtslosen. Ich schaute Rhami-yata mit einem breiten Lächeln an. „Siehst du, nun werden sie doch gefüttert!"

„Denk niemals, du seist schlauer als andere", sagte er. „Ein besserer Mensch, eine bessere Künstlerin, eine bessere Führerin. Wenn du dich bei solchen Gedanken erwischst, berichtige sie auf der Stelle. Du musst wissen, dass dein Ego die Führung zu übernehmen versucht und nach schneller Belohnung verlangt. Wenn du es zulässt, dass das Ego die Kontrolle übernimmt, wirst du anfangen nach Ehrungen und Geld zu jagen oder Befriedigung in romantischen Eskapaden zu suchen. Was immer dein Ego sich machtvoll fühlen lässt, wird zu seinem Werkzeug."

Ich nickte. Die Vögel füllten ihren kleinen Bauch. Schnell und präzise pickten sie die Krümel auf.

„Wäre es nicht einfacher, mein Ego einfach nicht zu beachten und zu versuchen, es ganz loszuwerden?", fragte ich.

„Wenn du versucht, es loszuwerden, wird es sich mit falscher Bescheidenheit bemänteln, falscher Güte, falscher Spiritualität, irgendetwas, das bewirkt, dass du dich besser mit dir fühlst", sagte der Meister.

„Wenigsten mischt es sich nicht in meine spirituellen Angelegenheiten ein", sagte ich und beobachtete die Vögel die letzten Krümel aufpicken.

„Tja, in Wirklichkeit tut es das", sagte er.

„Was?" Ich warf ihm rasch einen Blick zu. „Aber du hast doch gerade gesagt, es könne außerhalb der materiellen Welt nicht existieren."

„Ja, aber obwohl es nur in der materiellen Welt operiert, hat es doch großen Einfluss auf dem spirituellen Gebiet."

„Wie ist das möglich?", sagte ich überrascht.

Rhami-yata stand auf. „Schluss für heute, Hermenethre. Kümmere dich nun um deinen Körper."

Er verschwand und ließ mich mit meiner unbeantworteten Frage zurück.

Die Vögel pickten säuberlich alle Krümel vom Boden auf. Ich streckte mich auf der Bank aus und genoss noch eine Weile den Sonnenschein.

Ich musste eingeschlafen sein, denn als ich erwachte, war ich nicht mehr im Hof. Es war schon Morgen. Mi-Katze räkelte sich in der Ecke meines Bettes. Sie war sicher hinaufgeklettert, während ich schlief. Sie schaute mich ruhig an in dem Bewusstsein, dass ich sie gut füttern würde, bevor ich zur Filmschule aufbrach.

***

Die fünfzig Studenten hatten ihre Studien mit Enthusiasmus begonnen, doch nahm die Zahl der Anwesenden nach und nach ab. Die Last des zu lernenden Stoffes wog schwer und offenbar waren nicht alle fähig, sie zu tragen.

Ich mühte mich mit der Sprache ab. Wort für Wort, Satz für Satz übertrug ich das wertvolle Wissen in meine Muttersprache. Oft konnte ich das Material überhaupt nicht verstehen oder mir merken. Aber ich machte Fortschritte und langsam wurde mein Hirn flexibler und war schließlich in der Lage in Englisch zu denken und zu lernen. Ich wusste, ich würde an einen Punkt kommen, wo alles leicht war und Spaß machte. Und ich war fest entschlossen, dorthin zu gelangen.

Trotz der schweren Last der Filmtheorie, Technologie und der handwerklichen Erfahrungen konnte ich irgendwie sonntags meinen Job in der Radiostation wahrzunehmen und regelmäßig zweimal in der Woche abends Patienten behandeln, manchmal per Telefon.

Diese Behandlungen fand ich einfacher als die regulären, weil ich eher Abstand zu der Person hatte, als bei physischem Kontakt. Dann konnte ich mich schneller konzentrieren, das Energiemuster finden, das der Korrektur bedurfte, es schnell behandeln und den Patienten beraten, wie er die von uns erarbeiteten Änderungen beibehalten konnte – ohne an irgendetwas anderes Zeit und Energie zu verschwenden. Diese Heilsitzungen per Telefon machten Spaß, während, wenn man die Leute persönlich vor sich hatte, man immer durch die Hoffnung auf ihren Gesichtern und all die Last, die sie zu mir mitgebracht hatten, emotional involviert war.

Niemand außer den Heilern selbst würde verstehen, wie schwer es ist, sich darauf zu konzentrieren, Menschen zu helfen, die leiden. Man muss immer stark für sie sein mit einen zuversichtlichen Lächeln auf den Lippen, während das Herz in Stücke gerissen wird. Man würde gerne mit ihnen weinen. Stattdessen muss man der alles wissende, alles heilende Held sein, den sie von einem erwarten.

Ich fragte Rhami-yata, wie lange er wollte, dass ich mit dem Heilen fortfahre. Er meinte, ich dürfe nicht aufhören, bis ich mir eine gute Vorstellung von der menschlichen Natur angeeignet hätte, wie er sich ausdrückte.

„Das wird niemals geschehen!", rief ich aus. „Menschen sind auf verrückte Weise verdrahtet und ich werde es nie kapieren!"

In der Tat war ich immer der Meinung, dass unser Gehirn falsch verdrahtet war; ein Teil von uns vibrierte voller Liebe und hatte den Wunsch, mehr davon zu kreieren, der andere Teil verursachte ständig Zerstörung und dadurch Selbstzerstörung.

Rhami-yata sagte, es gäbe keine andere Möglichkeit, die menschliche Natur zu studieren. Alle im Team müssten gut verstanden werden von denen, die in unserem Tempel ihren Weg verfolgten. Und bevor sie die Seelen studieren konnten, müssten sie die „Physis" des Geistes, des Körpers, der Emotionen und des Egos verstehen. Mit einem tiefen Seufzer stimmte ich ihm zu. Und ich träumte von dem Tag, an dem ich einfach das sein konnte, was ich wirklich wollte, eine Filmemacherin. Meine eigenen Filme drehen, mein Herz ganz der Kreativität hingeben, ohne mir um andere Gedanken machen zu müssen.

Gibt es einen Weg, meine Heilungsübungen zu beschleunigen? – dachte ich. Wie kann ich ihm beweisen, dass ich genug über die menschliche Natur weiß, damit er mich aufhören lässt?

Zusätzliche Wahlkurse an der Universität wurden erforderlich und ich dachte, es sei das Beste, Psychologie und Philosophie zu wählen.

Auf diese Weise, – dachte ich – lerne ich Dinge, die von großem Wert sowohl für eine Filmemacherin als auch für eine Studentin von Rhami-yata sind.

Der Herbst flog vorbei. Ich stürzte mich glücklich in lange Tage und Nächte, die angefüllt waren mit Arbeit. Ich wollte gründlich von den Filmkursen profitieren und alles lernen, was nur möglich war. Also besuchte ich zusätzliche Workshops und was sonst noch so in der Universität angeboten wurde.

In der Zwischenzeit bereiteten sich Matthias und ich auf eine neue Veränderung in unserem Leben vor: Er sollte im Februar bei mir einziehen. Ich freute mich schon sehr darauf und war gleichzeitig besorgt. Wie würde ich mit all dem fertig werden?

Es war Mitte Dezember und die Dinge ließen sich zum Ende des Semesters ziemlich verrückt an. Ich arbeitete an einem Projekt für den Kurs für Kunstrichtung, als Ella anrief.

„Ich Lade dich zu Mittagessen ein", sagte sie.

Ich schaute mir Bilder an, die auf Zeichenbrettern und auf dem ganzen Tisch/Schreibtisch verteilt waren. Ich sagte ihr, es sei unmöglich. Das Projekt musste am nächsten Tag abgegeben werden.

Das wollte sie nicht hören. „Du verdienst eine Pause", drängte sie. „Außerdem müssen wir uns unbedingt sehen. Das ist längst überfällig."

Es schneite an diesem Tag. Die Dächer, Bäume, Bürgersteige und Straßen waren mit einem weißen Laken bedeckt und alles sah wirklich märchenhaft aus. Ich wandte mich von meinem Tisch/Schreibtisch ab und gab Ellas Versuchung nach.

Das bedeutet eine lange, ermüdende Nacht – dachte ich. Aber ich schaffe das bis morgen.

Als Ella an der Tür war, hatte ich mich schon zum Weggehen angezogen. Mein neuer, langer Mantel reichte mir bis an die Fesseln.

Er war aus khakifarbener Wolle, den ich in einem Laden für Heeresbestände gekauft hatte. Ich lächelte bei der Erinnerung: Norman und ich hatten identische Mäntel an dem Tag gekauft und er sah sehr gut ihn seinem aus.

Ella fuhr langsam. Die Straßen waren noch nicht vom Schnee befreit und mehr Schnee fiel von dem unendlichen, grauen Himmel.

Wir hatten Glück und fanden auf einer der verkehrsreichen Straßen einen Parkplatz vor einer Reinigung.

In einem chinesischen Restaurant, gleich um die Ecke, bestellten wir uns ein dampfend heißes, vegetarisches Essen. Das Lokal war leer. Nicht viele Menschen wagten sich an diesem Tag auf die Straße, weil es so stark schneite. In dem Restaurant gab es außer hässlichen, grauen Plastiktischen und schwarzen Metallstühlen nicht viel zu sehen. Aber das Essen war himmlisch! Normalerweise war das Restaurant schon an Wochentagen knallvoll.

Wir tranken Jasmintee und leerten hungrig unsere Teller mit gedünstetem Gemüse, braunem Reis und der köstlichsten Sauce nach einem geheimen Rezept.

Als wir zurück zum Auto kamen, stand uns eine unangenehme Überraschung ins Haus. Die Autoschlüssel waren im Wagen und wir draußen! Keiner von uns beiden hatte ein Handy und Hilfe herbeizuholen, war bei diesem Wetter noch schwieriger. Außerdem überstiegen die Kosten des ganzen Unternehmens bei weitem das, was eigentlich geplant war. Wir sahen uns hilflos um, ohne zu wissen, was wir als nächstes tun sollten.

In diesem Augenblick kam eine kleine, dünne, asiatische Frau mittleren Alters aus der Reinigung.

„Autoprobleme?", fragte sie mit einem breiten Grinsen. „Kein Sorge. Ich haben Ding."

Sie ging wieder hinein und wir schauten uns verwirrt an.

„Was für ein ‚Ding' sie wohl hat?", sagte ich verwirrt. „Ein Telefon? Einen Abschleppwagen?"

Wir entschieden uns zu warten, welche Überraschung sie für uns parat hatte.

Sie kam mit dem „Ding" wieder heraus und uns klappten die Münder ungläubig auf. Die Frau benutzte geschickt das „Werkzeug" und schloss die Tür auf wie ein Profi!

„Wie um alles in der Welt bist du an das Ding gekommen!" Ich konnte nicht länger an mich halten. „Und wie kommt es, dass du das so perfekt gebrauchen kannst?".

Die Frau grinste weiter. Offensichtlich genoss sie die Situation. „Mein Sohn", sagte sie, „er benutzt Ding."

Ich sah rasch zu Ella hinüber, die meine Besorgnis zu teilen schien. So ein Spezialwerkzeug zu benutzen war nicht erlaubt. War der Sohn der Frau ein Autodieb? Und warum brachte er sein kriminelles Werkzeug im Geschäft seiner Mutter unter?

Ella wollte die Frau für ihre Hilfe bezahlen. Aber die Frau lehnte ab. Sie war nur sichtlich erfreut, dass sie uns helfen konnte. Wir dankten ihr beide ganz herzlich.

„Vielleicht arbeitet der Sohn in einem Abschleppunternehmen", sagte Ella, als wir wieder im Wagen saßen.

Die Frau stand am Straßenrand und winkte uns nach, als wir davonfuhren.

Wir lachten noch eine ganze Weile und wiederholten immer wieder den Vorfall. „Wie stehen die Chancen?", fragte Ella. „Weißt du, du könntest die Szene in einem deiner Filme unterbringen."

„Machst du Witze?", ich lachte. „Das würde kein Mensch glauben. Man würde sagen, so etwas sei nur im Film möglich, nicht im wahren Leben.".

Es war nicht das erste und nicht das letzte Mal, dass Ella und ich solche interessanten Erlebnisse gehabt haben. Jedes Mal, wenn wir. In ihrem Auto etwas unternahmen, geschah etwas Interessantes: Wir hatten immer einen perfekten Parkplatz, direkt vor oder in der Nähe von dem Ort, zu dem wir wollten. Andere ließen uns den Vortritt, was ungewöhnlich höflich für die ungeduldigen Fahrer von Toronto war. Oder wenn es auch nur das kleinste Problem gab, wurde es sofort „von magischer Hand" gelöst, genau wie an dem Tag vor der Reinigung.

Wir wussten nicht, warum auf diese Weise Dinge geschahen. Es sah nicht mehr nach einfachen Zufällen aus. Etwas war im Gange, aber wir wussten nicht, was. Nichtsdestoweniger fühlte es sich gut an, und wir fingen an zu glauben, dass wir zwei überallhin gehen konnten, jederzeit, und alles wäre perfekt.

Ich brachte den größten Teil der Nacht damit zu, das verlangte Projekt fertigzustellen. Es gab einen Pappkarton neben der Bürotür unserer Lehrerin für Kunstrichtung, Martha, in dem wir unsere Arbeit hinterlegen sollten. Ich steckte meins zu den anderen und lief fröhlich wieder nach Hause.

Es gab für dieses Semester keine Kurse mehr, nur die Prüfungen und Abgabetermine für unsere Semesterprojekte warteten noch auf uns. Das Projekt für Kunstrichtung war das letzte, das ich fertigstellen musste und eine Klausur für Filmtheorie, die ich bestehen musste. Danach konnte ich die Vorweihnachtszeit genießen und ein bisschen Schlaf nachholen, bevor im Januar das nächste Semester begann.

Mi-Katze war glücklich mich schon so früh wiederzusehen und ich spielte eine Weile mit ihr. Sie jagte mich gerne den Flur hinunter, wobei sei seitwärts lief wie ein Krebs und mit einem Buckel, um gefährlicher auszusehen. Aber das war hoffnungslos und funktionierte nie. Sie war das süßeste Wesen auf dem Planeten.

Wir gingen wieder in die Wohnung. Mi-Katze hatte gut trainiert und streckte sich nun auf dem Wohnzimmerteppich aus.

Es war die richtige Zeit, in den Tempel zurückzukehren und mehr über das Ego und seine Wirkung auf die Seele zu erfahren. Ich ging ins Schlafzimmer und überließ es dem Eichenbett, sich um mich zu kümmern, während ich in eine andere Welt driftete.

***

Rhami-yata begrüßte mich in der Kammer der Sieben Mächte und ich war glücklich, sein liebes Gesicht zu sehen. Seine Augenfarbe veränderte sich mindesten dreimal, bevor wir mit der Lektion begannen, weil wir erst noch über meine Schulerlebnisse geplaudert hatten.

Ich erzählte ihm, wie schwierig es für mich war, die Dinge in Englisch zu lernen und dass ich mir wünschte, schneller die Sprachbarriere überwinden zu können. Er meinte, in der Tat gäbe es eine Methode dafür und eines Tages würde er sie mir beibringen.

Als ich protestierte und sagte, ich benötige jetzt Hilfe und nicht „eines Tages", machte er mir klar, dass es eine spezielle Reihenfolge gäbe, in der die Dinge zu geschehen hätten. Ich musste also offenbar länger auf seine „magische" Hilfe warten.

Wir zündeten Kerzen für die Sieben Mächte an und setzten uns dann bequem auf den Boden. Ich entschloss mich zu entspannen und es ihm nicht zu verübeln, dass er mich mit meiner Sprache in der Filmschule kämpfen ließ. Schließlich machte ich alleine meine Sache gar nicht so schlecht.

Meine goldene Statue glänzte im Schein der Öllampen und ebenso die Augen des Meisters. Es fühlte sich alles wie zu Hause an, friedlich und still, viel realer als die physische, winterliche Welt, die ich gerade hinter mir gelassen hatte.

„Das Material und die geistige Kraft des Egos ist eine Schwingung und sie kann die Schwingung der Seele beeinflussen", sagte der Meister.

Wow! Das ist überhaupt nicht schön – dachte ich. In den Schwingungen der Seele herum zu pfuschen ist keine gute Nachricht.

Rhami-yata breitete seine Arme aus und in jeder seiner Handflächen erschien ein glänzender, vibrierender Energieball von der Größe eines Tennisballs.

Ich konnte sofort sagen, welcher das Ego repräsentierte und welcher für die Seele zuständig war. Der „Tennisball" in seiner rechten Hand glitzerte, war voller Regenbogenpunkte und glänzte wie die helle Sonne. Der andere in seiner linken Hand war dunkel und wirkte düster. Er schimmerte nicht mit Energiefunken wie der erste. Stattdessen sah er aus wie aus Qualm gemacht und es schien sich eine Wolke in seinem Inneren zu bewegen.

Das muss die Ego-Energie sein – dachte ich.

„Seine manipulative, ichbezogene, furchtsame Energie ist eine niedrig vibrierende Energie", versicherte der Meister. „Und wenn sie die Schwingungen der Seele beeinflusst, kann sie sie von ihrem eigentlichen Weg abbringen, von ihrem Ziel."

Ich sah, wie sich die Seele in Rhami-yatas rechter Hand plötzlich verdunkelte, ihr froher Schimmer war verschwunden. Vor meinen Augen verwandelte sie sich in eine langsamer schwingende, halbdüstere, runde Wolke.

„So verstrickt sich die Seele in das materielle Feld", erklärte Rhamiyata.

„Und jetzt?", fragte ich und beobachtete die sich verändernde Seele.

Er erklärte, dass eine Seele, die auf diese Weise in der Materie gefangen sei, sich nicht so einfach befreien könne, es sei denn, sie würde von einer anderen, höheren Schwingung befreit, die auf sie wirke.

Er blies auf den Energieball, der die Seele repräsentierte, und ich sah wie sie an Schimmer zunahm und wie seine glitzernden Regenbogenfarben zurückkamen.

Aber etwas daran störte mich und ich fragte ihn danach. „Vater", sagte ich, „warum kann eine Seele so einfach in die Falle gehen?"

„Eine Seele argumentiert nicht", erklärte er. „Sie ist eine sensible, ‚flexible' Schwingung, die nur von Erfahrungen ‚gefüttert' wird. Und während sie nach diesen Erfahrungen sucht, können andere Vibrationen sie verletzen."

Er sagte auch, eine Seele unterscheide nicht zwischen Schmerz, Kummer, Angst, Vergnügen oder Befriedigung. All das sei Erfahrung für sie. Deshalb bleibe die Seele oft gefangen und „fühle" nicht die

Notwendigkeit, sich aus der schmerzhaften Verstrickung zu lösen. Und so schwinge sie, ohne es zu merken, immer niedriger.

Das war eine neue Überraschung, zumal ich bisher angenommen hatte, unsere Seele sei klüger! Ich fragte Rhami-yata, warum jede Seele das physische Leben wählen und sich all diesen Gefahren aussetzen würde.

„Das ist eins der Wunder des ganzen Entwurfs", sagte er. „Eine Seele kann <u>nur dann</u> signifikant Fortschritte machen, wenn sie Teil des Teams in der Materie wird. Sie kann niemals gleich schnell in der geistigen Welt vorankommen."

Er hielt die „Tennisbälle" in seinen ausgestreckten Händen und nun sah ich, wie der Seelenball seine Beschaffenheit veränderte, wie er noch schimmernder und glitzernder wurde. Der Egoball fing an, sich auch zu verändern. Auch er fing an zu glänzen und die wolkige, rauchige Struktur wurde zu einem glitzernden Dunst.

„Was passiert denn jetzt!?", rief ich und betrachtete das hübsche Phänomen.

Nun erfuhr ich ein interessantes Geheimnis. Ebenso wie das Ego die Vibration der Seele niedriger schwingen ließ, so konnten die Schwingungen der Seele auf das Ego einwirken. Tatsächlich konnten alle Mitglieder des Teams sich gegenseitig beeinflussen. Der Körper konnte durch gesunde Lebensweise oder durch tantrischen Sex seine Schwingungen erhöhen und so Einfluss nehmen auf das gesamte Team. Die Emotionen wären freudig, positiv und liebend, wenn sie auf der unterbewussten Ebene von der Angst vor Schmerz und Tod befreit wären. Das Ego würde, wenn es auf gesunde Weise „beschäftigt" und seines Wertes sicher sei und zufrieden, nicht versuchen, die Kontrolle zu übernehmen. Auch der Geist könne Einfluss nehmen, wenn er erfüllt sei von guten Absichten und edlen Gedanken, von der Täuschung befreit sei und die Wahrheit erkenne.

„Sogar mein Ego kann also zu meinem Wachstum beitragen?", fragte ich staunend.

„Ja", sagte der Meister. „Was du mit deinem Leben tust, kann dir helfen zu wachsen und der Höchsten Schwingung näher zu kommen.

Es sei denn, du vergisst dieses Privileg und ziehst keinen Nutzen aus deinen jetzigen Leben."

Er legte seine Handflächen zusammen und die beiden Energiebälle verschwanden.

Ich schaute ihn überrascht an. „Warum hast du die Seele verschwinden lassen, Vater? Warum nicht nur das Ego."

„Weil eine Seele automatisch niedriger schwingt, wenn sie nicht weiter ihre Schwingungen erhöht", sagte er. „Dann verschwindet sie sowieso."

„Aber warum denn?" Ich schüttelte den Kopf.

„Das sind die Mechanismen der Ewigkeit für den Geist, Hermenethre. Eine Seele muss ihre Schwingungen erhöhen, um sozusagen Teil des ewig rotierenden Perpetuum-Mobile-Effekts für den Geist zu sein. So ist der Entwurf. Es gibt keine Ausnahmen für diese Regel und wer nicht automatisch Fortschritte macht, ‚bleibt zurück', die Schwingungen werden niedriger und er hört auf, ewig zu sein".

„Die materielle Welt ist also der einzige Weg für die Seele, ewig zu werden?"

„Nicht ganz. Die materielle Welt ist der einzige Weg für die Seele, ihre Schwingungen entscheidend zu erhöhen. Seine ewig währende Existenz hängt auch noch von anderen Dingen ab. Diese sind zwar Teil der spirituellen Welt, das ist aber nicht unser Thema heute, Hermenethre."

Er stand auf und ich tat es ihm nach. Er ging zu der brennenden Öllampe und entzündete eine neue Kerze für die Sieben Mächte. Ich tat das gleiche. Wir sahen wortlos einen Augenblick in die Flammen.

„Wie wär's mit etwas warmem Wetter, um deinen Winter aufzuhellen?", lächelte er.

Wir gingen in den Innenhof und es fühlte sich an wie Urlaub in der Nähe des Strandes. Ich schloss die Augen und wandte mein Gesicht der Sonne zu.

„Woher bekommt man hier ein paar Brotkrümel?", fragte ich und fühlte, wie er mir eine Handvoll zusteckte.

Ich warf sie schneller auf die Erde, als ich „danke" sagen konnte. Es dauerte eine kurze Weile, bis die Vögel, die im „Amethyst-Berg" saßen, das Futter bemerkten. Diesmal waren die Rücksichtslosen ziemlich großzügig und jeder einzelne Vogel bekam seinen Teil.

„Siehst du, sie haben dazugelernt!", sagte ich fröhlich.

Rhami-yata beobachtete die Vögel auch und lächelte. Seine Augen wurden auf der Stelle grün.

Ich glaube fast, das hängt von seiner Stimmung ab – dachte ich. Es ist das zweite Mal, dass sie grün werden, wenn er lächelt.

Rhami-yata sah mich an und lächelte wieder. Nun wurden seine Augen grau.

Ich gebe auf! – dachte ich. Ich werde nie dahinterkommen.

„Wenn ein Team eine höhere Frequenz erreicht, wird die Seele zu seinem einflussreichsten Mitglied", sagte er.

„Und das heißt?"

„Sie verändert rasch die Schwingungen, die in die Nähe ihres Teams kommen. Die niedrigeren Vibrationen können so nicht mehr so leicht auf das Team einwirken. Und solch ein hoch schwingendes Team kann schnell andere Teams beeinflussen, wenn es mit ihnen in Berührung kommt", erklärte er.

Wir sahen den Vögeln zu, wie sie einträchtig die Krümel aufpickten. Alle schienen hochzufrieden und tschilpten mit einer inneren Freude.

„Glückliche Teams", sagte ich. „Wie funktioniert das, Vater?"

„Ein hochentwickeltes Team besteht aus einer Zusammenballung von Vibrationen, die sich als eine mächtige mentale Vision, unterbewusste Klarheit, Glück und Zustimmung, Verständnis und die Verfolgung der angestrebten Ziele, Glaube an das Universum, ein ‚freudig' aufgeladener Körper, ein gesundes Ego und eine befreite Seele manifestiert, die mit Frequenzen vibriert, die der reinen Liebe sehr nahe kommen. Eine solche Kombination kann in Bruchteilen von Sekunden die physische Wirklichkeit verändern."

Die Vögel beendeten ihr Mahl. Die harmonische Zusammenarbeit war wirklich faszinierend. Alle waren satt, alle waren glücklich. Keiner von ihnen brauchte mehr Krümel, keiner beschwerte sich. Bald war nichts mehr auf dem Boden übrig und die Vögel flogen davon. Sie kehrten zum „Amethyst-Berg" zurück. Das schien ihr Lieblingsbaum zu sein.

„Alle Gedanken oder Taten sind Vibrationen", sagte der Meister. „Wenn sie einmal unterwegs sind, werden sie größer, verstärkt vom Universalen Gesetz der Materie. Du weißt bereits, wie die Gesetzesteile die Schwingungen beeinflussen, nicht wahr?"

„Darauf kannst du wetten!", rief ich aus. „Nun weiß ich, wie ich die Materie beherrschen kann. Wirklich. Du hast mir gerade den ‚Code aller Magie' verraten."

Er lachte. „Wir werden sehen", sagte er und verschwand.

Ich blieb auf der Bank mitten im Hof sitzen und genoss die Sonne. Ich war nicht in Eile, in die andere Realität zurückzugehen, wo der Winter die Welt mit seiner frostigen Hand regierte.

Vibriere mit Liebe und du wirst die physische Wirklichkeit fest und sicher in der Hand haben – dachte ich. Zweifle nicht an dir, lass dich nicht von deinem Ego manipulieren, konzentriere dich nicht darauf. Iss gesund und halt deinen Körper fit. Lass dich nicht von deinen unterbewussten Ängsten jagen. Heile deine emotionalen Wunden und kenne ihre Schatten. „Nicht einfach", sagte ich laut. „Aber möglich."

„Hallo, Hermenethre", hörte ich eine Stimme sagen.

Ich schaute mich um nach demjenigen, der mich grüßte. Da war er. Der dunkle Schatten, der sich mir in der Kammer der Sieben Mächte genähert und mich geängstigt hatte, war zurück. Er saß auf der Steinbank mir gegenüber. Er sah nicht so furchteinflößend aus wie vorher, als er aus dem Nebel auftauchte. Im hellen Sonnenlicht sah er sogar nett aus. Richtig schön.

„Ach, du bist es wieder. Warum verfolgst du mich?", sagte ich.

„Weil du und ich gleich sind." Er lächelte und streckte die Hand aus, als wolle er meine berühren.

Ich spürte plötzlich einen starken Schmerz in meinem Herzen und legte beide Hände auf die Brust, um mein Herzchakra zu schützen.

„Nein, Erehmenthre, so ist es nicht. Du kannst nicht Ich sein und ich nicht Du."

Der Schmerz in meinem Herzen verschwand. Nun wusste ich, dass es meine Furcht war und keine äußerliche Kraft, die den Schmerz verursacht hatte.

„Warum, Hermenethre, verleugnest du mich?", sagte er still.

„Ich verleugne dich nicht. Ich erkenne dich an. Ich akzeptiere und liebe dich für den, der du bist."

„Wirklich?" Sein kohlschwarzes Haar glänzte wunderschön in der Sonne.

"Ich weiß, warum du versuchst, mir näher zu kommen", sagte ich nach einer Pause.

Er lächelte. „Erzähl mal."

Ich lehnte mich vor und flüsterte: „Du bist mein materialisierter Schatten, Erehmenthre. Genau das bist du."

Für einen Moment schwieg er und schaute mir in die Augen. Dann stand er schnell auf und ging.

Ich seufzte vor Erleichterung.

Die Ultimative Anti-Macht, verkörpert in diesem flotten, dunkeläugigen Mann, hat durch meine Worte aufgegeben – dachte ich. Er wird mich doch nicht töten! Jetzt jedenfalls nicht.

Ich stand auf und sah mich um in der Hoffnung, Rhami-yata zu finden. Ich wusste, dass das, was gerade passiert war, die Fortsetzung der heutigen Stunde gewesen war. Aber der Meister war nirgendwo zu sehen.

„Hast du das gesehen, Vater?!", ich sandte ihm eine begeisterte Gedankennachricht. „Er ist mein materialisierter Schatten, habe ich gerade gelernt! Nun weiß ich, wie ich mit Schatten umgehen muss."

„Kümmere dich um deinen Körper, Hermenethre", war Rhami-yatas Antwort.

***

„Du bringst sie ans Licht. Du erkennst sie an, du akzeptierst sie. Das ist der erste Schritt, weißt du?"

Mi-Katze schnurrte, als ich sie belehrte. Sie lehnte das nicht ab. Sie wusste, ich würde zu reden aufhören und dann gab es Mittagessen für sie und mich.

Aber sie musste länger warten, als sie gedacht hatte. Ich entschloss mich, zunächst die gesamte Lektion niederzuschreiben und dazu meine Erkenntnisse über die Schatten in uns und um uns herum.

Das Leben ist nur möglich, weil es die Ultimative Macht der Existenz gibt – schrieb ich. Schatten gibt es wegen der Ultimativen Anti-Macht. Wenn wir uns unserer Schatten nicht bewusst sind, können sie uns kontrollieren oder sogar töten. Es konnte auch sein, sehr selten, dass manche von uns Leute treffen, die unsere materialisierten Schatten sind.

Mi-Katze streckte ihre Pfote und schnurrte weiter.

Unsere materialisierten Schatten verkörpern die Ultimative Anti-Macht in ihrer physischen Form – fuhr ich fort zu schreiben.

Ihre ‚dunklen' Seelen wurden als unser exaktes Gegenüber zur gleichen Zeit geboren wie unsere. Als unsere Seelen angefüllt wurden von der Ultimativen Macht der Existenz, waren die ihren gefüllt von der Ultimativen Anti-Macht. Sie verkörpern das, was wir am meisten fürchten oder hassen und können unsere wahren Feinde werden. Sie werden magisch von uns angezogen und wir von ihnen, geradeso wie die entgegengesetzten Seiten eines Magneten.

„Wusstest du, dass der Name ‚Erehmenthre' aus den gleichen Buchstaben besteht wie ‚Hermenethre'?", fragte ich Mi-Katze.

Sie wusste es nicht. Aber ihr Schnurren wurde lauter.

„In der Regel wird nicht jede Seele mit ihrer ‚dunklen' Gegenseite geboren. Warum das so ist, weiß ich nicht. Diese ‚dunkeln' Seelen entwickeln sich auch und wachsen, aber in entgegengesetzter Richtung zu uns, das heißt ihre Vibration wird konstant niedriger. So sterben jene Seelen früher oder später wegen ihrer niedrigen Schwingungsfrequenz", erläuterte ich.

Sie streckte wieder ihre Pfote, um mir zu sagen, dass sie verstanden hatte, was ich ihr erklärte.

Manchmal allerdings, absichtlich oder nicht, erhöht sich ihre Vibration – schrieb ich weiter – und so verwandeln sie sich und fahren genau wie andere fort, ihre Schwingungen zu erhöhen. Sie sind dann nicht mehr unsere materialisierten Schatten. Sie sind nur noch Seelen, die bestrebt sind zu wachsen.

„Warum treffen wir heutzutage so wenige materialisierte Schatten?", fragte ich Mi-Katze. „Ich frage mich, ob manche Volksmärchen, die den Teufel beschreiben oder Werke der Literatur wie der ‚Faust' beispielsweise, nicht einfach eher die Begegnung der Leute mit ihren materialisierten Schatten sind", sagte ich. „Hm. Vielleicht sind viele der ‚dunklen' Seelen schon verwandelt oder ihre Vibration hörte auf. Die Menschheit muss dann wohl Fortschritte gemacht haben."

Mi-Katze war nicht so begeistert von meiner Spekulation wie ich. Sie schnurrte nur weiter.

Der nächste Schritt in unserer Evolution – fuhr ich mit meinen schriftlichen Ausführungen fort – würde dann sein, sich mit dem anderen Typ von Schatten zu beschäftigen, jenen, die sich in unserem Unterbewusstsein verbergen. Sie hindern uns an Wachstum. Sie sind gefährlicher für uns, als die materialisierten, weil sie Teil unserer eigenen Energie sind. Sie füttern unser Ego, kontrollieren uns, machen uns ärgerlich, hasserfüllt, stolz, gemein, faul und so fort. Mit diesen Schatten unseres Unterbewusstseins ist es sehr viel schwieriger umzugehen, als mit den anderen.

Mi-Katze schlief ein, bevor ich mit dem Schreiben fertig war. Aber sie erwachte auf der Stelle, als ich das Mittagessen zubereitete. Sie bekam ihr Schälchen voll mit leckerem, gehacktem Hühnerfleisch und ich genoss meinen Saft und ein großes Stück köstlich gefülltes Pitabrot. Das Rezept dazu stammte von meinem Sohn.

Dann telefonierte ich mit Ella. Wir sprachen über die Lektion und auch noch einmal über den vergangenen Tag. Wie kam es, das immer, wenn wir zusammen waren, alles glatt uns leicht verlief? Zogen wir beide Freundlichkeit und sofortige Problemlösungen magisch an wegen unserer positiven Gedanken, die kraftvoller waren, wenn sie sich verbanden, als einfache Vibrationen?

Kapitel 11
Die Grotte purer Liebe finden

Eine Woche vor Weihnachten bekam ich einen Anruf von dem örtlichen Theateragenten. Er wollte wissen, ob ich Zeit hätte, bei der Ontario – Weihnachtstournee, der polnischen-kanadischen Gemeinde, mitzumachen, die in wenigen Tagen starten sollte. Er hatte für die Show einen polnischen Superstar gebucht, die Popsängerin Irena Jarocka, die auf dem Klavier von einem anderen polnischen Popstar, dem Musiker Andrzej Zielinski der berühmten Band „Skaldowie" begleitet werden sollte. Ich sollte zwischen den Liedern von Irena Jarocka Gedichte vorlesen.

Dieses Last-Minute-Angebot war verführerisch, nun, da das Semester vorbei war. Die Tournee dauerte nur eine Woche und bedeutete Extrageld, das ich wirklich gut gebrauchen konnte.

Ich hatte erfahren, dass Irena Jarocka jetzt in den USA lebte. Ihr Mann, Michael Sobolewski, Doktor der Computerwissenschaften, hatte ein gutes Angebot in Morgantown, West Virginia angenommen. Irena war mit ihrer Tochter Monika ihren Mann gefolgt und gab nun in ganz Nordamerika Konzerte, meistens für ein polnisch sprechendes Publikum.

Irenas Hits hatten mich schon seit meiner Kindheit begleitet. Ihr atemberaubendes Auftreten und ihre warme, wunderschöne Stimme eroberten schon viele Jahre lang die Herzen der Fans. Als ich acht Jahre alt war, hatte ich sie oft mit einer Haarbürste als Mikrophon vor dem Spiegel imitiert.

Wir trafen uns vor der ersten Show in der Garderobe. „Guten Abend", sagte die dunkelhaarige, blauäugige Schönheit mit einem warmen Lächeln und ich wusste sofort, dass das Arbeiten mit ihr die pure Freude sein würde.

Die Show begann in einer Stunde. Wir hatten genug Zeit uns anzuziehen, unser Make-up zu perfektionieren und die Reihenfolge unserer Nummern zu besprechen.

Es standen einige Leuchter auf der Bühne und die hohen Kerzen verbreiteten eine Festliche Stimmung. Ein großer Flügel mit Andrzej Zielinski dahinter komplettierte das Szenario.

Das Konzert fand großen Anklang. Irena brachte die Herzen unserer Zuhörer zu Schmelzen, die in ihren Gesang einstimmten und zwischen ihren Liedern trug ich eine Sammlung meiner eigenen Gedichte vor, die der Atmosphäre der Weihnachtszeit angepasst waren.

Wie besuchten danach einige kleine Städte, aber da lief es nicht so gut. Es gab zunehmend Probleme mit dem Agenten, der seine Arbeit nicht vernünftig gemacht hatte und auf Ersuchen von Irena, Andrzej und mir wurde die Tournee abgebrochen.

Unser Treffen war der Anfang einer wunderbaren Freundschaft, die viele Jahre bis zu Irenas Tod (2012) andauerte. Die letzten Monate ihrer Krankheit, sie hatte einen Gehirntumor, waren wir in dauerndem Kontakt, jeden Tag. Ich hatte das Privileg, sie und ihren Mann durch die letzten Stadien der Krankheit bis zum unvermeidlichen Ende begleiten zu dürfen und darüber hinaus. Sie starb friedlich im Einklang mit ihrem Schicksal und gut vorbereitet auf ihren Tod und auf das, was noch kommen sollte. Ihr Mann Michael, der auch gut gerüstet war, war in der Lage, mit den Umständen ihres Abschieds mit Ruhe und Kraft umzugehen. Ich teilte mit ihm Weisheiten von Rhami-yata, die offenbar sein Trost, seine Unterstützung und Inspiration in der schweren Zeit vor und nach dem Tod seiner Frau waren.

Über die Jahre unserer langen Freundschaft erfuhr ich von Irenas leidenschaftlichem Mitgefühl, immer zu Hilfe anderer bereit zu sein und von ihrem immerwährenden Einsatz, ihre Gabe zu perfektionieren. Kein Wunder, dass sie ihre Kunst mit ganzen Herzen betrieb und ein tiefes Verständnis dafür hatte, dass Erfolg mit Talent beginnt, aber nur mit harter Arbeit aufrechterhalten werden kann.

Kurz nach der Weihnachtstournee bat mich Irena, die von meinen Heilfähigkeiten wusste, einer alten Frau aus ihrer Stadt zu helfen, die sich ihre Hüfte zertrümmert hatte und die nun unbeweglich bei sich zu Hause verharren musste. Agnes war zweiundachtzig und lebte mit ihrer fünfundachtzigjährigen Schwester zusammen.

„Ich bin in Sorge um sie", sagte Irena am Telefon. „Eine gebrochene Hüfte kann das Ende für alte Leute bedeuten. Ihre Knochen sind zu schwach zum Heilen."

Die alte Dame machte trotz der Umstände einen fröhlichen Eindruck. Ich hatte den Eindruck, ihr Unfall sei eher ein Abenteuer für sie als ein Unglücksfall. Sie war erpicht darauf, mit einer neuen Freundin aus Kanada verbunden zu sein und plauderte gerne mit mir am Telefon. Unsere Heilungssitzungen dauerten zwei Wochen und das Resultat war ihre rasche Genesung, weil ihre Knochen gut auf ihren und meinen Willen ansprachen.

Das Röntgenbild zeigte einen schnell wachsenden Knochen und verblüffte die Ärzte.

„Wie hast du das gemacht?", wurde die Familie meiner Patientin nicht müde zu fragen.

Ich dagegen glaubte überhaupt nicht, dass es irgendein „Wunder" war. Während meiner bisherigen Heilungspraxis hatte ich bereits herausgefunden, dass Knochen sehr leicht zu heilen waren. Ich hatte den Verdacht, das lag an dem Aufbau der menschlichen Knochen – an den Kristallen in der Struktur. Und ich hatte beobachtet, dass Kristalle auf der mikroskopisch kleinen Ebene eine Art „Bewusstsein" besaßen, dass sehr empfänglich war für Energiearbeit. Einmal auf die erforderliche Weise angesprochen und geleitet reparierten sie den Schaden sehr schnell. Daran war nichts Ungewöhnliches.

Doch die Familie bestand darauf, dass ich sie besuchte und die alte Dame persönlich kennenlernte, damit ich ihre Genesung mit eigenen Augen sah. Sie schickten mir ein Flugticket per Kurier, weil sie wussten, ich hatte einige freie Tage während meiner Semesterferien.

Irena war darüber sehr glücklich. „Du kannst bei mir wohnen, solange du willst", sagte sie. „Morgantown ist eine tolle Stadt und du wirst dich hier wohlfühlen, du wirst sehen." Sie wollte ein Treffen mit Leuten arrangieren. Einige waren ihre Freunde und andere brauchten Hilfe mit ihrer Gesundheit.

Ich hängte das Telefon ein und betrachtete Mi-Katze, die unschuldig ausgestreckt auf meinem Armsessel lag. Wir hatten kürzlich ein neues Spiel angefangen: Wenn ich nicht hinsah, rannte sie wie der Blitz über den Couchtisch von dem Plüschsessel zum Sofa oder anders herum, ohne dabei erwischt zu werden. Sie durfte nämlich nicht den Tisch als Rennstrecke benutzen und deshalb hatte sie das kleine Spielchen erfunden, um uns zu unterhalten.

„Tu nicht so, als würdest du schlafen", sagte ich. „Ich hab gesehen, wie du das gerade gemacht hast."

Sie streckte sich nur noch ein wenig mehr und schnurrte. Böse mit ihr zu sein, funktionierte nie und ich lächelte. „Norman wird für einige Zeit bei dir bleiben. Und – nein, ich will nicht mit dir über meine Flugangst reden."

Ich musste einmal umsteigen, um nach Morgantown zu kommen und das zweite Flugzeug war eine kleine Chartermaschine. Das Wetter war schlecht und es gab dauernd Turbulenzen. Wir mussten auf dem gesamten Flug angeschnallt bleiben.

Ich werde jetzt gleich sterben – dachte ich. Aber das ist in Ordnung. Der Tod ist nur ein Übergang und ich muss es sowieso besser wissen.

Dennoch drehte sich mein Magen, ungeachtet des Wissens um den unwirklichen Tod pausenlos und mir war speiübel.

Als ich in Morgantown landete, blass und bereit, auf allen Vieren nach Toronto zurück zu kriechen, sah Irena für mich aus wie ein Engel.

„Keine Flugzeuge mehr, bitte, für den Rest meines Lebens", sagte ich durch meine zusammengebissenen Zähne.

Sie sah mich forschend an und nickte nur verständnisvoll. Und ich war dankbar für ihr kommentarloses Schweigen.

Ich hatte keine Ahnung, woher meine Flugangst kam. Es schien keinen Hinweis in meiner Vergangenheit zu geben. Erst einige Jahre Später half Irena mir, mich von dieser unerklärlichen Furcht zu befreien, als wir auf dem Weg nach Polen waren, um ein Musikvideo für sie zu drehen. Es gab ein wunderschönes Nordlichtspektakel am Himmel, das ich aber nicht wirklich genießen konnte. Meine Angst war zu groß. Irena sagte, ich solle mir eine Straße vorstellen und unser Flugzeug ein normales Auto.

„Stell dir die Turbulenzen so vor, als seien sie eine holprige Straße, die du auf einer Autofahrt erlebst", sagte sie. „Genauso wie Autos werden auch Flugzeuge geschüttelt, wenn sie über Luftbuckel fliegen."

Ihre „Magie" tat ihre Wirkung! Es war eine ungeheure Erleichterung, als ich erst einmal das Ganze auf eine so logische und praktische Weise verstand. Danach kam die Angst nie wieder und seitdem liebte ich meine Flugreisen.

Wir besuchten die alte Dame noch am gleichen Tag. Das Haus von Agnes und ihrer Schwester hatte den traditionellen Anstrich, der einen gleich an die alte Zeit denken ließ, in der unsere Großmütter aufwuchsen. Hier war sie stehengeblieben und ruhte nun die Beine in einem bequemen Lehnstuhl in Wohnzimmer aus.

„Dies ist Johanna", sagte Irena und unsere Gastgeberin begrüßte uns mit einem breiten Lächeln.

Zu unserem Erstaunen hob meine fröhliche, neueste Patientin ihr Bein wie eine Ballerina, und berührte fast ihre Brust, um ihren perfekten Zustand zu demonstrieren. „Seht, was ich kann!", sagte sie.

Ihre gymnastische Vorführung war ziemlich beängstigend und aus dem Augenwinkel sah ich Irenas Reaktion. Wir tauschten rasch beunruhigte Blicke aus, die alte Dame jedoch schien glücklich und stolz auf sich selbst zu sein.

In den drei Tagen meines Aufenthalts lernte ich Irenas andere Talente kennen. Sie war eine charmante Gastgeberin und ich fühlte mich wirklich willkommen in ihrem hübschen Appartement, das sparsam möbliert war, weil sie gerade erst angefangen hatte, ihre Wohnung auf dem neuen Kontinent zu einzurichten. Ich war sehr überrascht von ihrer Fähigkeit, köstliche Gerichte zu zaubern. Ich hatte nicht gewusst, dass sie so eine gute Köchin war.

„Kochen entspannt mich", sagte sie. „Man braucht etwas, um geerdet zu bleiben, wenn man den größten Teil seines Lebens auf der Straße verbringt."

Sie lud ihre Freunde zu einer Party ein und mit zwei Frauen unterhielt ich mich am meisten, Chiara, eben über dreißig mit langen, dunklen Haaren und italienischen Wurzeln. Sie war warmherzig, dynamisch und offen. Wir lachten viel zusammen. Madeleine war mittleren Alters, blond und besaß einen Laden für Reformkost in Morgantown. In ihrem Laden im Hinterzimmer hielt ich am nächsten Tag eine Heilberatung ab.

Ich fand heraus, dass Irena Mitglied eines Interessenkreises war, dessen Ziele das spirituelle Wachstum war. Ich kannte mich in ihrer Philosophie nicht aus. Sie folgten einer Art von New Age Trend.

Ich dachte auf dem Weg zurück nach Toronto an meine Erlebnisse. An Irenas großes Herz und ihren Hunger nach einer Verbindung zu Gott. Und an ihre Freunde, die mit New Age Gedankengut experimentierten. Da gab es etwas, das ich nicht ganz verstehen konnte. Ich spürte, etwas fehlte in ihrer Philosophie. Dann ging es mir auf.

Sie reden von der Liebe, von spirituellem Wachstum und all dem – dachte ich. Doch es gibt einen Bruch zwischen ihren abstrakten Ideen und dem Leben, das sie führen. Sie haben eine andere Art von Religion kreiert, sprechen aber nur darüber und wissen nicht, wie sie ins wirkliche Leben integrieren sollen.

Später sprach ich darüber am Telefon mit Irena.

„Wenn du nach wahrer Weisheit suchst, kannst du sie überall in den uralten Büchern finden. So wird dir alles klarer werden, als über neue, abstrakte Philosophien, die losgelöst sind von menschlichen Erfahrungen. Vielleicht solltest du über diese alte Weisheit meditieren und sehen, wie sie dein Leben beeinflusst."

Sie fragte nach der Bibel, die ihrem Herzen am nächsten war.

„Ja sicher, natürlich", entgegnete ich. „Da findest du viele tiefe Weisheiten und wenn du dich darauf konzentrierst und nicht auf die Religion in ihrer wörtlichen Bedeutung, kannst du viel lernen."

Ich sagte ihr, alle Religionen seien mir gleich wichtig und ich respektiere sie gleichermaßen. Ja, sie waren meistens der Ausdruck spezieller, lokaler und kultureller Konditionierung, weswegen diese Menschen den Gott/die Göttin/Götter auf bestimmte Weise wahrnahmen und anbeteten. Sie waren jedoch alle voll von menschlicher Weisheit, zu der man Zugang hatte, ohne sich auf die besonderen Glaubensrichtungen einzulassen, die sie verfolgten.

Ich riet ihr, im Augenblick sei es besser für sie, nicht irgendwelchen modernen, abstrakten Ideen nachzulaufen.

„Finde deine eigene, wahre Verbindung zu Gott, ob es nun durch die Religion geschieht, in der du aufgewachsen bist oder durch etwas ganz Neues, das dein Herz berührt. Wie auch immer dein Weg verläuft, er muss mit einer aufrichtigen Verbindung in dir beginnen, bevor du dich unterwegs entscheidest, die Wahrheit in deinem Leben zu leben."

Irena begann tatsächlich ihre eigene Reise und über die Jahre beobachtete ich das stete Wachsen ihrer liebevollen Seele. Letzten Endes kehrte sie zum Katholizismus zurück, da diese Praxis ihrem Herzen am nächsten war.

***

Der Januar verging wie im Fluge und die Last meiner Aufgaben für die Filmschule war größer als vorher. Zu allem Überfluss begannen wir auch zusätzlich zu jedem Kurs und zu jeder Kurzfilmübung, die wir machen mussten, mit den Vorbereitungsproduktionen für unsere finalen Filmprojekte zum Jahresende. Wir hatten in diesem Jahr die Aufgabe, Stummfilme zu machen, genau wie die Filmemacher sie vor hundert Jahren hergestellt hatten.

Mein Drehbuch handelte von einer Photographin, die das Leben und die menschliche Natur durch ihre Kunst erforscht hatte. Als sie an einem neuen Projekt arbeitete, am Portrait eines Mannes, erfuhr sie von seiner Verbindung zu anderen Realitäten. Man konnte sie durch die Linse seiner Kamera und auf ihren Photographien sehen.

Ich entschied mich, die Rolle der Photographin selbst zu spielen und hatte viel Spaß bei den Vorbereitungen für die Aufnahmen.

„Ich möchte, dass Sie in meinem Film mitspielen", kündigte ich Ella am Telefon an. „Du stellst eine von den Charakteren der Photographin dar, die im Park im Schnee herumspringt."

„Bist du sicher, dass ich das kann?", fragte sie.

Sie konnte. Eine kleine Crew, die Darsteller und ich filmten das Ganze Ende Januar. Das gab mir Zeit für die Nachbearbeitung. Ich wollte den kurzen Film selbst bearbeiten. Der Abgabetermin für unsere Filme war der frühe April und das ließ mir genügend Raum, das Beste zu machen, was ich konnte.

Anfang Februar hatten Norman und ich ein kleines Haus auf einer Straße mit dem charmanten Namen „Bright" (hell) gemietet. Die Leute, die dort lebten, waren sehr freundlich und die Straße war bekannt für ihre angenehme Atmosphäre.

Wir waren zu fünft, als wir zusammen einzogen: Matthias, Norman, Mi-Katze, Normans Katze Sativa und ich. Wir hatten dort einen winzigen Hinterhof und Garten, aber Mi-Katze und Sativa mussten eine Woche lang warten, bevor sie sich an ihnen erfreuen konnten. Es war Normans Idee, sie nicht hinaus zu lassen, bis sie sich an ihr neues Zuhause gewöhnt hatten und er hatte Recht.

Es gab drei Schlafzimmer im ersten Stock und unten ein geräumiges Wohnzimmer und eine Küche. Die Holzfußböden waren in angemessenem Zustand und das Gebäude selbst erinnerte an eine Art Strandhaus. Ich kaufte farbenfrohe Vorhänge für die hohen, schmalen Fenster und passende Kissen für das Wohnzimmer und das Hauptschlafzimmer. Norman füllte eins der Räume mit Bücherregalen, während Matthias' Zimmer zu einer Kombination aus Schlafraum und Studio zum Aufnehmen von Musik wurde. Später kaufte sein Vater ihm neue Trommeln, die wir im Keller aufstellten. Matthias' Aufnahmeausrüstung wanderte auch in den Keller und dann konnte er sein Zimmer richtig genießen.

Wir alle waren beschäftigt mit unserem Leben, doch wir teilten uns den Platz und verfolgten unsere Projekte ohne große Konflikte.

Ich gewöhnte mich langsam an die neue Situation, die neue Beziehung und daran, mit einem Mann unter einem Dach zu leben, der gerade erst in mein Leben getreten war. Ich hatte Norman im August kennengelernt, nur sechs Monate nach der Trennung von meinem Ex - Ehemann. Unsere Scheidung hatte im Juni stattgefunden, bevor wir uns zum ersten Mal getroffen hatten.

„Ich glaube, ich liebe ihn mit seinem scharfen Verstand", gestand ich Basia, als sie kam, um unser neues Haus zu begutachten. „Aber ich habe sehr viel in mir selbst zu heilen, weißt du? Die Wunden meiner Scheidung sind immer noch offen und tun weh."

Sie nickte. „Es ist schwer für dich, einem Mann jetzt schon zu trauen", sagte sie. Wir saßen in dem geräumigen Wohnzimmer und tranken Rotwein.

Mein dunkelblauer Wollteppich bestimmte die Sitzgruppe. Das khakifarbene Sofa und der Armsessel hatten jetzt Gesellschaft von zwei schwarzen Liegesesseln bekommen, die Norman und ich erstanden hatten. Mein Tisch/Schreibtisch war zum offiziellen Esstisch geworden und die dafür vorgesehene Essecke in Küchennähe war sehr komfortabel.

„Vielleicht haben wir unsere Beziehung zu früh angefangen", sagte ich im Einklang mit Basias Gedanken. „Schließlich hat er sich auch gerade erst von seiner Frau scheiden lassen."

Vielleicht sind wir nur zwei verwundete Menschen, die ein bisschen Kuscheln in der Nacht brauchen, – dachte ich – um ihren Schmerz zu lindern und können für die Zukunft noch keine Versprechungen machen.

Ich erzählte ihr, dass sich auch mein Sohn durch seinen eigenen Schmerz kämpfte, typisch für ein Kind aus einer zerbrochenen Verbindung. Sein Verhältnis zu Norman war nicht so problemlos, wie ich mir gewünscht hatte. Norman, der es nicht gewöhnt war, mit einem dickköpfigen Teenager umzugehen, zeigte ihm sein Missfallen und Matthias war manchmal verbittert und fühlte sich von ihm nicht akzeptiert.

Matthias fuhr fort, seine Gefühle in Musik auszudrücken, komponierte und füllte unzählige Tonbänder mit seinen Kreationen. Ich liebte, was aus seinem Kopf und seinem Herzen kam und hörte mir gerne seine neuen Lieder an.

„Ich werde unsere Patchwork-Familie, bestehend aus Menschen und Katzen, Tag für Tag ohne jede Erwartung beobachten", sagte ich zu Basia. „Schließlich ist das Leben ein ständiger Wechsel und alles, was kommt, ist sowieso eine Überraschung."

Darauf tranken wir.

Zwischen meinen Vollzeitkursen an der Universität, meiner Sorge für Matthias und meinem neuen Haushalt, meinen Patientenbesuchen zweimal in der Woche und der Arbeit in der sonntäglichen Radiosendung schien sich die Zeit dehnen zu müssen wie ein Gummiband, um allen meinen Aktivitäten gerecht zu werden.

Rhami-yata gab mir weiter meine Lektionen, obwohl das nicht so oft wie vorher geschah. Auch änderte der Meister seine Methoden. Nun empfing ich seine Lehren nicht nur während meiner Trancen, die durchschnittlich einmal in der Woche stattfanden, sondern auch anhand von Ereignissen und Erlebnissen im Laufe meines täglichen Lebens.

Wir diskutierten dann gewöhnlich das, was mir geschehen war, meine Reaktionen dabei, wir analysierten die Situationen und fanden die Weisheit, die sich dahinter verbarg. Das erlaubte mir, meine Lebensreise im Zusammenhang eines größeren Bildes zu sehen. Ich lernte die Person kennen, die ich war, meinen Platz im Universum und wie ich mit jedem und allem verbunden war.

**

„Zeit existiert nicht, Hermenethre."

Ich stand neben Rhami-yata und seine blaugrünen Augen sahen in meine Seele. Wie stets hatte ich das Gefühl, er kenne meine Gedanken, bevor sie mir in den Kopf kamen.

Ich hatte ein Gefühl von Zeitlosigkeit im Tempel. Nichts war dringend und niemand war in Eile. Das warme Licht der brennenden Öllampen hüllte die meditative und friedliche Atmosphäre zwischen den uralten Wänden ein. Heute, morgen, gestern, alles war das gleiche ohne unnötige Aufregung oder Sorge, überhaupt keine Dringlichkeit. Eine Ebene stillen Glücks und der Ruhe.

„Zeit ist eine Illusion, die irrtümlich für die Realität gehalten wird", fuhr der Meister mit einem immer freundlichen Ausdruck auf seinem engelsgleichen Gesicht fort. Er entzündete gerade eine Kerze in der Kammer der Sieben Mächte und seine Augen glitzerten golden im Widerschein der Flamme.

„Das versteh ich einfach nicht", seufzte ich. „Jeder in meiner Welt ist sich der Zeit sehr bewusst. Wie kann sie dann nicht existieren?"

„Die Menschen beobachten die Kreisläufe des Universums und dann ordnen sie in linearer Weise. So erhalten sie etwas, das aussieht, als habe es einen Anfang und ein Ende."

Er stellte eine kleine Kerze an den Rand einer Säule, auf der die brennende Öllampe stand, an den Anfang einer Reihe von kleinen Bronzegefäßen.

„Vergleiche eine Linie mit einem Kreis", fuhr er fort. „Während ein Kreis einen zeitlosen Zyklus repräsentieren könnte, könnte die Linie einen Anfang und ein Ende haben."

Ich betrachtete die brennende Kerze und die perfekt in einer Reihe stehenden leeren Bronzegefäße.

„Aber es gibt doch einen Anfang und ein Ende!" sagte ich. „Es gibt eine Vergangenheit, eine Gegenwart und eine Zukunft. Sie existieren. Wenn es sie nicht gäbe, wäre man in der Lage, seine Vergangenheit zu verändern."

„Das ist richtig", antwortete er. „Natürlich kann man seine Vergangenheit verändern."

„Oh, wirklich?" Ich war ein wenig ironisch „Wie kann ich die Vergangenheit verändern?" Ich wies auf die brennende Kerze. „Sie ist doch schon geschehen!"

Rhami-yata wandte sich mir zu und lächelte. „Deine Vergangenheit wird von dir in der Gegenwart bestimmt", sagte er. „Denk an die Vergangenheit, Hermenethre. Wie hast du deine Vergangenheit erfahren?"

„Was meinst du mit wie? Ich habe sie erlebt! Ich erinnere mich, dass du gerade eine Kerze angezündet hast."

Er nickte. „Das ist richtig. Du ‚erinnerst' Dich daran. Alles was du hast, um dir zu beweisen, dass du eine Vergangenheit hast, ist deine Erinnerung".

Ich hielt meine Hand über die Kerzenflamme. Es war heiß und ich zog sie schnell zurück.

„Nein. Nicht wirklich", sagte ich. „Sieh mal, ich habe mir gerade meine Hand verbrannt! Da ist der Schmerz." Es würde sich vielleicht eine Blase bilden, das wusste ich, wenn wir nicht im Tempel wären. „Und in meiner physischen Welt habe ich Bilder, Briefe, Möbel, die ich gekauft habe, ein Haus, das wir haben! Dinge, die in der Vergangenheit erreicht oder erledigt wurden."

Er schnippte mit dem Finger und das regte die Sicht meines „dritten Auges" an. Ich konnte die Kammer der Sieben Mächte nicht mehr sehen. Auch nicht die Kerzen, Rhami-yata oder meinen Körper, der in ein wunderschönes, weißes Gewand gehüllt war. Auch den Schmerz an der Stelle, wo ich mir die rechte Hand verbrannt hatte, gab es nicht.

„Was dich umgibt, ist die Illusion, eine Wolke schimmernder Punkte", sagte die Stimme des Meisters. „Winzig kleine Pixel, Energieflecken, die dein Geist in Bilder zusammensetzt und ihnen eine Bedeutung gibt, eine Geschichte, die du manchmal ‚Vergangenheit' nennst. Es ist das Konzept deines Geistes, wer, wann und wo du bist."

„Warum erinnere ich mich dann an meine Vergangenheit?", fragte ich und wechselte wieder zur normalen Sichtweise. Es gab noch immer keinen Schmerz in meiner rechten Hand und ich betrachtete sie eingehend. Der rote Fleck war nicht mehr da.

„Deine Erinnerung an die Vergangenheit ist nichts als eine Idee", sagte Rhami-yata.

Er goss Öl von der Öllampe in eins der Bronzegefäße, um eine kleine Kerze zu kreieren. Ich stellte fest, dass da überhaupt keine brennende Kerze war. Als sei alles, was vorher geschehen war, ausgelöscht und wir zurück waren zu dem Moment, als er dabei war, eine Kerze anzuzünden. Er machte die Kerze an und stellte sie auf die Säule am Anfang der Reihe leerer Bronzegefäße.

„Du änderst deine Erinnerung über die Vergangenheit und du hast eine andere Vergangenheit, ein anderes Du." Er wandte sich zu mir. „Manche vergessen ihre Vergangenheit und dann haben sie keine. Sie könnten sich selbst von Grund auf neu erfinden. Die Vergangenheit ist das Konzept deines Geistes."

„Und wenn ich meine Vergangenheit vergesse, was ist dann mit den anderen, die sich an sie erinnern?"

Er entzündete eine neue Kerze, indem er das Gefäß benutzte, das neben der brennenden Kerze stand.

„Ihre Erinnerung bestimmt nicht d e i n e Vergangenheit, sondern ihre", sagte er. „Selbst, wenn du Teil ihres Erlebnisses bist. Es ist ihre Vergangenheit, die sie mit dir teilen. Sie teilen dir jetzt ihre Wahrnehmung von dir in Relation zu der Erinnerung an ihr eigenes Leben mit."

Er fuhr fort, Kerzen anzuzünden, eine nach der anderen, bis er eine Reihe sieben brennender Kerzen hatte.

„Tatsächlich hätte jede Person eine andere Erinnerung an die vergangene Sekunde, die sie zusammen mit anderen im gleichen Raum verbracht hat. Das bedeutet, dass es ebenso viele Vergangenheiten geben wird, wie Personen in dem Raum sind."

Ich betrachtete die brennenden Kerzen und versuchte mir vorzustellen, dass sie wie Personen wären, die ihre eigene Wahrnehmung der Dinge hätten. Tatsächlich konnte ich mir ein Bild davon machen, wie jede Kerze das Anzünden und auf die Säule gestellt werden anders in Erinnerung haben würde, als ihr Nachbar. Sie alle hätten eine andere Wahrnehmung und Meinung des gleichen

Ereignisses.

Ich nickte. „Hmmm. Das kann ich sehen. Aber was ist mit der Vergangenheit einer ganzen Nation?", fragte ich. „Da sind Chroniken vorhanden, Bücher und Tonträger über das, was sich ereignet hat. Eine Historie."

Rhami-yata schnippte wieder mit dem Finger.

Innerhalb von Sekunden wurden wir zur Tempelbibliothek transportiert. Die gewaltige Größe des Raumes, kilometerlang, hatte mich immer an eine kleine Stadt denken lassen. Ihre Bürger lebten auf Regalen in perfekter Harmonie und ruhten dort den größten Teil des Tages, es sei denn, sie wurden zur Arbeit gerufen.

„Gruppenerinnerung ist nichts anders, als individuelle Erinnerung", sagte mein Lehrer. „Es gibt eine Übereinkunft, dass man sich in bestimmter Weise erinnert, ein gegenseitiges Konzept, um was es in einer Nation geht. Bücher und Tonträger sind wieder vom Geist interpretierte Pixel, Energieflecke als ‚wirklicher' Beweis für die Vergangenheit."

Ja, ich konnte mich des Tages entsinnen, als er mir eins von diesen winzigen Disketten von einem der Regale in mein Auge eingesetzt hatte. Alle historischen Aufzeichnungen verschwanden und waren nur noch ein Pulk von glitzernden Punkten. Eine Illusion wie alles andere.

„Es gibt also wirklich keine endgültige, wahrliche Vergangenheit?", sagte ich überrascht.

„Die Vergangenheit wird von der Gegenwart bestimmt. Immer."

„Und wie ist es mit der Zukunft?"

Er hob seinen Zeigefinger und berührte damit mein „drittes Auge".

Die Bibliothek war verschwunden. Wir standen auf einem offenen Feld. Es war Sommer an einem perfekt sonnigen Tag. Einige Leute gingen vorüber, schienen uns aber überhaupt nicht wahrzunehmen, als seien wir nur ein Pulk schimmernder Lichtpartikel, ein Schleier über dem Feld, weiter nichts. Sie sahen aus, wie eine sehr beschäftigte Filmcrew, die sich auf die nächste Kameraeinstellung vorbereitete.

Der Regisseur war eine Frau mit kastanienbraunen Haaren. Sie sprach mit dem Kameramann, schaute durch die Linse der Kamera, um die Einstellung zu begutachten. Ich konnte ihr Gesicht nicht sehen, aber ich wusste, dass ich es irgendwann in der Zukunft war.

„Das ist auch das Konzept von dir selbst, das voraussieht, was geschehen wird", sagte Rhami-yata. „Deine Zukunft wird von dir in der Gegenwart bestimmt. Während die Vergangenheit nur eine Erinnerung ist, ist die Zukunft nur ein Wunsch, eine Erwartung."

„Und was ist mit der Zukunft einer Familie oder einer ganzen Nation?", fragte ich. „Was ist mit den TV Programmzeitschriften, den Fahrplänen oder den im Voraus geplanten Treffen von Politikern?"

Rhami-yata schaute sich die sehr beschäftigte Filmcrew und die langhaarige Regisseurin an.

„Ein gemeinschaftliches Konzept", antwortete er. „Die Erwartung einer Gruppe. Wieder wird in der Gegenwart, sowohl die Vergangenheit als auch die Zukunft einer Familie oder einer ganzen Nation bestimmt. Es existiert weder die Vergangenheit noch die Zukunft."

In Sekundenschnelle waren wir zurück in der Kammer der Sieben Mächte und standen neben der Säule, auf der die Öllampe und die Kerzen standen. Alles war genauso, wie wir es vor einer Weile verlassen hatten. Rhami-yatas sieben Kerzen waren nicht heruntergebrannt, so als hätte er sie eine Sekunde vorher erst angezündet.

„Die Wahrnehmung deines jetzigen Du wird bestimmt von deinen Erinnerungen und von deinen Erwartungen", sagte der Meister. „Es ist ein Konzept von dir selbst, an dem du festhältst und es beruht darauf, wie du dich an dich erinnern willst und wie du erwartest, dass du in der Zukunft bist."

Die Gegenwart bestimmt sowohl die Vergangenheit als auch die Zukunft – dachte ich. Aber die Vergangenheit und die Zukunft sind lediglich Konzepte des Geistes in der Gegenwart.

Und schließlich verstand ich, was er da sagte. „Dann heißt das also, dass alles von der Gegenwart bestimmt wird!", rief ich erstaunt aus. „Dann geschieht alles auf einmal."

„Ja", sagte er. „Es gibt keine Vergangenheit, Gegenwart und Zukunft. Alles geschieht auf einmal."

„Zeit existiert wirklich nicht", flüsterte ich und sah ihn fassungslos an.

„Das ist richtig." Er lächelte. „Es gibt keine Zeit. Es gibt nur das Konzept von einem Anfang, einem Verlauf und einem Ende."

Ich schaute auf die brennenden Kerzen, und mir wurde klar, dass sie schließlich irgendwann ausgebrannt wären. Das Öl in den kleinen Gefäßen wäre verbrannt und wir würden neue Kerzen für die Sieben Mächte machen müssen.

„Und Altern?", fragte ich. „Und Geburt und Tod? Was ist damit?"

„Altern ist möglich, weil du erwartest zu altern. Geburt und Tod sind Teil eines Kreislaufs. Und so ein Kreislauf ist wie ein Kreis, bei dem es keinen Anfang und kein Ende gibt. Aber wenn du die Dinge linear betrachtest, landest du bei der Illusion von Geburt, Altern und Tod. Und du nennst dann eine solche Illusion ‚Lauf der Zeit'."

„Ist es denn dann möglich, dem Altern und dem Tod zu entkommen?" Ich wusste, er kannte das Geheimnis. Seine zeitlose Erscheinung war der Beweis.

„Nur, wenn du dich von der Illusion befreist", sagte er.

„Und wie mache ich das?"

„Das ist die Frage, Hermenethre. Wie machst du das?"

Ich lachte. Er hatte mich wieder erwischt. Nachdem ich von all den Teilgesetzen des Universellen Rechts erfahren hatte, nachdem ich die Sieben Mächte kennengelernt hatte, die die Welt erschufen, stellte ich immer noch Fragen, die bereits beantwortet waren.

Zahllose Meister hatten über die Jahrhunderte ihre Weisheit der Menschheit mitgeteilt. Viele geniale Köpfe erhielten diese Fragen und Antworten aufrecht und bewahrten sie, und dennoch war ein

Mensch nicht in der Lage die offensichtliche Wahrheit zu verstehen und anzuerkennen. So wie ich.

Was ist das Geheimnis meiner Unwissenheit? – dachte ich. Ist es, weil ich dickköpfig bin? Oder weil ich dumm bin?

„Weil du ein Mensch bist", nahm ich Rhami-yatas Gedankenantwort wahr.

Dann sagte er, die menschliche Natur sei ständig auf der Suche und stelle Fragen. Sie sei nicht willens, irgendetwas sofort ohne wenn und aber zu akzeptieren. Und das sei tatsächlich wunderschön. Ein menschliches Wesen zu sein sei eine Kostbarkeit.

Ich sah ihn schweigend an. Ich fühlte seine Anerkennung und Bewunderung für mich so, wie ich war. Ich fühlte mich eingehüllt in eine uralte Weisheit, die mich einlud. Und ich begriff. Ich verstand, wie herrlich es war, ich selbst zu sein. Ein unwissendes menschliches Wesen mit einem ungeheuren Willen zu lernen.

Wir schwiegen beide eine Weile und schauten in die Flammen der Kerzen und ich schloss meine Augen. Vor mir entstand das Bild, wie ich im offenen Feld die Regie für einen Film führte.

Meine Zukunft geschieht jetzt – dachte ich. Ich kann ihr jede Form geben, die ich will, jetzt, in der Gegenwart. Mein ganzes Leben findet jetzt statt.

„Vater", sagte ich und öffnete die Augen. „Ich möchte Filme drehen, die die Zuschauer sowohl unterhalten, die ihnen aber auch etwas mitgeben. Nicht, weil ich meinen Ehrgeiz befriedigen und Geld verdienen will, sondern weil ich meine Arbeit mit etwas füllen möchte, das für manche wertvoll sein kann."

Rhami-yata sah mich an und seine Augen wurden grau.

„Wie kann ich meine Arbeit besser auf dieses Ziel ausrichten?", fragte ich.

„Es mag ein langer Weg dorthin sein", sagte er. „Dein Ego, deine Wahrnehmung und das Muster deiner Persönlichkeit können dich oft ablenken, dich vom Weg abbringen."

Rhami-yatas sieben Kerzen brannten jetzt schnell herunter.

Besser, wir machen ein paar neue Kerzen, – dachte ich – bevor sie ganz heruntergebrannt sind.

Ich goss Öl aus der Öllampe in eins der leeren Gefäße.

Vielleicht ist es das Beste, wenn ich gleich sieben mache? – dachte ich. So wie der Meister es getan hat?

Ja, das schien eine gute Idee zu sein. Ich stellte sieben Kerzen in einer Reihe auf und zündete sie an, kurz bevor die alten niedergebrannt waren.

„Ich werde geduldig sein", sagte ich und schaute den Meister an. „Solange, wie ich dorthin komme, wo ich sein will. Was muss ich tun?"

Er nickte mit einem Lächeln. „Sieh dir immer deine Absichten genau an, im ‚Hier und Jetzt'. Lerne dich als ein menschliches Wesen kennen und freu dich daran. Jeder von euch ist sehr mächtig. Alles was du brauchst, um deine Macht wachzurufen, ist, dich zu erinnern, dass du sie bereits besitzt und sie mit Liebe benutzt."

Ich sah die alten, verbrannten Kerzen verschwinden. Wir mussten sie niemals im Tempel entsorgen. Die alten, verbrauchten Kerzen verschwanden immer und wir mussten nicht für neue sorgen. Die leeren Gefäße waren da, wenn wir sie brauchten. Alles was wir tun mussten, war, das Öl hineinzugießen und die Kerzen anzuzünden.

„Wie kann ich meine Macht mit Liebe benutzen?", fragte ich. „Du hast mir einmal gesagt, dass es nirgendwo hinführt, zu versuchen jeden zu lieben, denn mein Ego würde mein Vorhaben übernehmen, es in falsche Spiritualität kleiden und mich glauben machen, ich sei etwas Besonderes und heilig. Wie kann ich mich wirklich mit reiner Liebe füllen?"

Er schaute mich prüfend an und ich bemerkte, dass das Licht dämmriger wurde. Bald war es ganz dunkel um uns herum. Ich konnte sein Gesicht nicht sehen, auch nicht die Kerzen, überhaupt nichts.

Dann fühlte ich so etwas wie die Berührung seiner Hand, aber noch bevor ich etwas sagen konnte, merkte ich schon, wie ich „herabfiel". Das war die Beschreibung, die diesem ungewöhnlichen Gefühl am nächsten kam. „Herabfallen", tiefer und tiefer. Bis ich ein komisches „Bums" hörte und ich befand mich auf dem Grunde von etwas, das wie ein Krater aussah. Es war kalt hier. Ich schaute mich um.

Rhami-yata „landete" sanft und ohne Geräusch neben mir.

„Warum ist es so kalt?"

„So war es hier gewöhnlich damals", sagte er einfach, ohne nähere Erklärung, wo und wann dieses „Hier" wohl sein könnte.

Ich wollte ihn gerade danach fragen, aber er wies auf eine merkwürdige Gestalt vor uns, über dem Rand des Kraters. Es sah irgendwie aus wie ein Turm, erschien und verschwand rhythmisch, da und wieder nicht da sozusagen. Ich vergaß alles um mich herum und starrte fasziniert auf das Phänomen.

„Möchtest du hineingehen?", Rhami-yata hatte mich durchschaut.

Ich nickte nur und starrte weiter.

„Hab keine Angst", sagte er. „Ich bin hier und warte auf dich."

„Warum gehst du nicht mit mir?" Ich schaute ihn an.

„Ich kann nicht oder besser ich möchte das nicht tun. Du wirst es später verstehen". Er berührte aufmunternd meine Schulter. „Los! Dir passiert nichts."

Meine Neugier war größer als meine Angst. Ich erklomm den Rand des Kraters und schaute zurück. Der Meister war immer noch da und wartete auf mich, genau wie er versprochen hatte.

Der Turm-Nicht-Turm flackerte weiter. Ich überlegte, ob ich einen Schritt vorwärts machen sollte, während er sichtbar war oder wenn er verschwand. Ich entschied mich dafür, einfach hineinzugehen ohne nachzudenken.

Es klappte. Ich fand mich in einer wunderbaren Höhle wieder, einer Grotte. Ihre hohe Decke war bedeckt mit Stalaktiten. Die bezaubernde Umgebung erfüllte mich mit Zärtlichkeit. Ich fühlte, wie mir warme Tränen die Wangen hinunter rannen.

„Aber ich kenne doch diese Stelle hier!", sandte ich eine Gedankennachricht an Rhami-yata. „Ich erinnere mich genau! Wie ist das möglich?"

„Was möchtest du jetzt tun?", kam seine Frage.

„Ich möchte eine Kerze für die Höchste Schwingung anzünden, hier mittendrin. Aber ich kann keine sehen."

„Beabsichtige es weiter und irgendetwas wird geschehen, du wirst sehen", riet mir der Meister in Gedankenform.

Ich füllte mich ganz mit der Absicht und tatsächlich geschah etwas. Es gab keine Kerzen, sondern stattdessen stieg eine hohe Säule weißen, opalisierenden Lichts im Herzen der Grotte auf. Ich betrachtete sie und weinte vor Glück, so überwältigend war das Gefühl von heiterer Klarheit, Freude und Vollendung. Ich vergaß die ganze Welt, Rhami-yata und sogar mich selbst. Einfach nur da zu sein und die hohe Säule weißen Lichtes zu betrachten, war genug.

Und dann spürte ich es. Reine Liebe, die in mir aufstieg. Sie hatte keine Richtung, überhaupt keine Bestimmung. Sie hatte keine Aufgabe zu erfüllen, nichts zu verändern oder zu verbessern, niemanden anzuerkennen, zu retten, keinem zu Hilfe zu kommen. Sie breitete sich aus und vibrierte, einfach um ihrer selbst willen.

Ich war mir nicht bewusst, wie lange ich mich in der Grotte innerhalb des Turms-Nicht-Turms aufgehalten hatte. Aber schließlich erlangte ich mein Bewusstsein wieder und sah mich Rhami-yata in der Kammer der Sieben Mächte gegenüber.

„Was war das, Vater?", wisperte ich.

„Du hast gerade auf dem Grunde deiner Seele einen Altar für die Höchste Schwingung errichtet."

„Uh huh, die Grotte war meine Seele", nickte ich schwach. Ich fühlte mich immer noch ein wenig ‚nicht anwesend' und schwindelig.

Ich stimmte mich mit meiner Erinnerung auf das tiefgreifende Erlebnis ein und versuchte, das Gefühl reiner Liebe, das ich in der Grotte gespürt hatte, in mir zu bewahren.

„Kümmere dich um deinen Körper", sagte Rhami-yata. „Er braucht viel Ruhe."

***

Ich erwachte aus der Trance und sah mich im Schlafzimmer um. Es war früher Nachmittag und das hohe Fenster ließ viel Licht herein. Es lagen einige Kissen auf dem Bett und ihre hellen Farben – rot, blau, gelb und grün – wirkten heiter und fröhlich. Der dazu passende gelbe Vorhang am Fenster vermittelte den Eindruck, dass die Welt von Sonnenlicht erfüllt war, egal unter welchen Umständen.

Das Haus im Stile eines Strandhauses „verlangte" nach hellen Farben im Hauptschlafzimmer und es war immer interessant, mit der Kombination von Farbtönen und Stoffarten zu experimentieren. Ich hatte inzwischen auch ein richtiges Set aus Schreibtisch und Stuhl, hölzern, aus zweiter Hand und stilvoll. Es passte sehr gut zu meinem Eichenbett und der Kommode.

Ich stopfte mir die Kissen hinter meinen Rücken und ließ meinem Körper Zeit, sich von der Taubheit, einer Nachwirkung der Trance, zu erholen. Sekunde um Sekunde kamen die physischen Gefühle zurück und nun konnte mein Körper wieder ganz klar sein eigenes Gewicht und seine Wärme spüren.

Sofort fühlte ich Leere in mir. Ich versuchte, die Schwingungen der reinen Liebe wieder zurückzuholen, aber ohne Erfolg. Tiefe Traurigkeit erfüllte mich und ich fing an zu weinen vor lauter Hoffnungslosigkeit und dem Gefühl von Verlust.

Gott, – dachte ich – warum nur bin ich voller Zweifel und Fehler? Ich habe so wenig Glauben, dass ich nicht einmal deine Liebe spüren kann. Wie kann ich mich je verbessern? Was kann ich bloß tun, um deiner würdig zu sein? Ich bin ein erbärmliches Wesen, genau das bin ich.

Ich weinte weiter, bis Basia anrief. Ich erzählte ihr von meinen Sorgen.

„Das ist dein Problem?", fragte sie. „Dass du Grenzen hast?"

„Ja."

„Hmmm", sagte sie. „Alle Menschen haben Grenzen."

„Aber ich möchte sie überwinden und mit der reinen Liebe leben. Das kann ich nicht, wenn ich nicht frei bin von meinen Schwächen und Zweifeln", jammerte ich.

Sie schwieg eine Weile und ich wartete auf ihre Antwort. Ihre Gegenwart am anderen Ende der Leitung hatte mich getröstet und ich fühlte mich schon besser.

„Es braucht nicht so schwierig zu sein, wie du es siehst", sagte Basia schließlich.

„Meinst du?"

„Warum untersuchst du nicht deine Grenzen? Und wenn du sie erkannt hast, wirst du wissen, wo du anfangen kannst, sie loszuwerden."

„Das klingt einfach", gab ich zu. „Kennst du jemanden, der das schon einmal gemacht hat?"

„Nicht einen", sagte sie. „Aber es gibt viele Exemplare begrenzter Seelen in unserer Geschichte. Wenn die erfolgreich waren, dann kannst du es auch", fügte sie in neutralem Ton hinzu.

Das konnte ich nicht bestreiten. Sie hatte Recht. Ihre gesunde Logik und die Tiefe ihrer Einsichten hatten mich oft erstaunt und Licht in meine dunkelsten Gedanken gebracht.

Später an dem Abend, als ich Rhami-yatas Lektionen niederschrieb, klingelte der Wecker. Ich musste ihn fälschlicherweise auf sieben Uhr abends anstatt sieben Uhr morgens eingestellt haben.

Lineare Zeit – dachte ich und stellte den Wecker erneut – ist noch ein Konzept, das uns der Höchsten Schwingung entfremdet. Wie alles andere nehmen wir Gott durch unser Zeitkonzept wahr: jemanden, der uns in der Vergangenheit erschaffen hat, werden wir in der Zukunft treffen, nachdem wir gestorben oder ‚erleuchtet' sind, wie auch immer unser Glauben ist.

Entfernten wir das lineare Zeitkonzept aus unseren Köpfen, könnten wir schließlich die Ewigkeit erleben, die Allgegenwart und die reine

Liebe. Das ist aber nur möglich, wenn keine Konditionierung durch die Vergangenheit und die Zukunft besteht. Wir wären in einem zeitlosen Augenblick eins mit der Höchsten Schwingung. Und dieser ewige Augenblick ist unsere wahre Realität, jenseits der Illusion von Materie, Geist und Zeit.

Kapitel 12
Wiese der Muster und Wahlmöglichkeiten

Das Semester war zu Ende. Alle Studenten saßen im Auditorium und schauten sich die Arbeiten aller an. Alle Klassen präsentierten ihre Abschlussfilme an verschiedenen Abenden. An diesem Abend wurden die Arbeiten des ersten Semesters gezeigt.

Ella, Norman, Matthias und ich saßen zusammen und ich war voller Zweifel, ob ihnen mein Film gefallen würde. Sie mochten ihn und lobten ihn auch, aber ich glaubte ihnen nicht. Vielleicht sagen sie nur nette Dinge, weil sie m i c h mögen – dachte ich.

Warren P. Sonoda, einer der Studenten aus dem zweiten Semester kam zu uns herüber. „Johanna", sagte er, „dein Film ist wirklich stark."

„Danke, Warren." Ich wusste nicht, was ich sonst zu diesem netten, dunkeläugigen jungen Mann mit den japanisch-kanadischen Wurzeln sagen sollte. Ich hatte seine Arbeit schon bei der Präsentation für die zweiten Semester gesehen und fand sie sehr gut, war aber zu schüchtern, um ihm auch ein Kompliment zu machen, was mir peinlich war.

Ich war immer sehr schüchtern gewesen und obwohl sich das bei meiner Schauspielausbildung geändert hatte, galt das nur auf der professionellen Ebene. Als ich ein kleines Mädchen war, wurde ich oft rot und konnte mich mit Fremden nicht frei unterhalten. Die Schulaufführungen waren eine Tortur für mich, wenn wir ein Gedicht aufsagen oder etwas im Chor singen sollten. Mein Gesicht war wie mit Röte übergossen, mein Hals zog sich zu und ich war außerstande laut genug zu sprechen. Vielleicht war es meine Schüchternheit, die mich ursprünglich dazu veranlasst hatte, Schauspielerin zu werden.

Merkwürdigerweise vergaß ich auf der Bühne oder vor der Kamera meine Angst, ja, die ganze Welt, und wurde zu dem darzustellenden Charakter. Sogar die Radiosendung war ein sicherer „Hafen", wo ich mit Gelassenheit meinen Job machen konnte, ohne an etwas anderes zu denken, als an die nächste Zeile, den Rhythmus meines Textes, den Klang meiner Stimme oder die beste Möglichkeit meine Gedanken auszudrücken.

Das Training, das ich absolviert hatte, verlangte von uns Schauspielern, „Werkzeuge" zu werden und unsere eigenen Eindrücke und Bedürfnissen zu vergessen.

„Eins der Geheimnisse, ein guter Schauspieler zu sein, ist, immer das Instrument zu perfektionieren, das dir zur Verfügung steht", pflegte meine erste Stimmbildnerin Wanda Kruszewska zu sagen. Die dunkelhaarige, ältere Frau hatte einige Generationen von erfahrenen Schauspielern ausgebildet und war bekannt für ihre ausgezeichneten Lehrmethoden. Die Instrumente, die sie ansprach, waren mein Körper, meine Emotionen und mein Geist.

Und so hatte ich mein „Instrument" in Form gehalten, um immer für das Publikum bereit zu sein. Mein Geist half mir bei der Erinnerung an meine Emotionen, die dann mein Körper in Szene setzen musste und der Charakter, den ich zu spielen hatte, „lieh" sie sich von mir. Ich konnte die Gefühle des darzustellenden Charakters nachvollziehen und mich gleichzeitig davon distanzieren, um sie zu beobachten. In privaten Situationen hatte ich mein „Instrument" nicht unter Kontrolle und wusste nicht, wie ich meine Emotionen in den Griff bekommen sollte. Ich empfand oft Panik und war ihnen ausgeliefert, wenn Leute mich ansprachen.

So war ich auch jetzt verlegen und wusste nicht, wie ich mit der so nett gemeinten Bemerkung dieses Studenten im zweiten Semester umgehen sollte, der seine Erstsemester-Kollegin aufmuntern wollte. Jahre später traf ich ihn mehrere Male bei Veranstaltungen der Filmindustrie. Aus Warren P. Sonoda war ein gesuchter Regisseur geworden und ich freute mich für den talentierten und engagierten Filmemacher.

Ella, Norman, Matthias und ich gingen an dem Abend bei einem Italiener essen. Die Dekoration des Restaurants, die mit ihren hölzernen Figuren, Artefakten und frischen Blumen das südeuropäische Flair hervorzauberte, war ebenso gut zusammengestellt wie die köstlichen italienischen Menüs auf der Speisekarte.

Wir tranken Wein zum Essen und Matthias bekam einen Grapefruitsaft und diese kleine Feier vervollständigte das Finale meines ersten Jahres an der Filmschule.

„Ich habe überlebt", verkündete ich fröhlich am Tisch und stieß mit meinen Freunden und mit meinem Sohn an.

Ich fand, dass die Fettuccini Pasta mit Alfredo-Sauce, Tomaten und Artischocken eine angemessene Belohnung für die Anstrengungen in der Universität waren und ich genoss meine Mahlzeit in vollen Zügen.

„Wisch dir den Mund ab", flüsterte mir Matthias von Zeit zu Zeit zu, wenn ich mir wieder einen interessanten Saucenbart zugelegt hatte.

Sollte ich nicht diejenige sein, die so etwas zu ihrem Kind sagt und nicht anders herum? – dachte ich.

Den angenehmen Abend beendeten wir mit einem schönen Spaziergang und wir merkten, dass sich die Jahreszeit veränderte. Es wurde wärmer.

Bald würde der Sommer mich mitnehmen in unseren winzigen Garten, wo ich mich für Stunden im Gärtnern und Gestalten verlieren würde. Mi-Katze liebte es, wenn ich das tat und sie schien mich amüsiert dabei zu beobachten. Ich benutzte selten Gartenhandschuhe. Für mich war die direkte Berührung des Erdreichs und der Pflanzen mit meinen bloßen Händen sehr erholsam und ursprünglich.

Miss Stella brachte mir einige Setzlinge und Büsche. Sie kam in einem Taxi und der Fahrer schleppte ihr die Sachen vor meine Tür.

„Ich hab Ihnen doch gesagt, Sie sollen diesen hier nicht anrühren! Sind Sie taub?", schnauzte sie den Fahrer an und langte nach dem Fliederbusch.

Der große, muskulöse Mann sah mich an, ich hob die Augenbrauen und seufzte. Es war mir peinlich, wie Miss Stella sich benahm, aber sie war eben, wie sie war. Wenn man mit ihr befreundet sein wollte, musste man sie so akzeptieren.

Sie trug die kostbare Pflanze selbst und ließ nicht von ihr ab, bis ich sie in den Garten geführt hatte, wo sie einen Platz zum Pflanzen aussuchte. „Hier", befahl sie.

Ich habe nie herausgefunden, was so besonders an Miss Stellas Fliederbusch war. Jedes Mal, wenn sie uns besuchte, eilte sie in den Garten um nach der Pflanze zu sehen. Nur nach dieser Prüfung konnten wir uns anderen Dingen widmen.

Ich brachte den Sommer damit zu, zu Übungszwecken ein Drehbuch zu schreiben. Im folgenden Studienjahr sollte ein Kursus im Schreiben stattfinden, an dem ich teilnehmen wollte. Der alte/neue, hölzerne Schreibtisch im Schlafzimmer war sehr bequem und ich hatte hier genügend Ruhe, mich in die Welt zu stürzen, die ich da erschuf.

Wenn ich nicht schnellstens mein Englisch verbessere, – dachte ich – werde ich kaum den Anforderungen des Kurses genügen.

Rhami-yata gab schließlich meinen flehentlichen Bitten nach und weihte mich ein in die Methode des schnellen Lernens, wie er mir einmal versprochen hatte.

„Ich bin jetzt hier – aus einem Grund und weil ich es mir gewählt habe. Ich erfülle meine Bestimmung, indem ich jetzt hier bin." Der Meister erklärte mir, dass eine solche Aussage sowohl in der materiellen, als auch in der spirituellen Welt von Nutzen sei, wenn jemand sich auf eine anstehende Aufgabe konzentrieren und sie erfolgreich beenden wollte.

Ich wiederholte die Aussage und visualisierte mich, wie ich flüssig in geschriebenem und gesprochenem Englisch war. Tatsächlich stellte ich fest, dass sich alle meine Gedanken erfolgreich auf mein Vorhaben konzentrieren konnten. Merkwürdig, dass das Vorhaben sich nicht mehr wie ein Wunsch anfühlte. Es war wie die solide Realität, die plötzlich „auf magische Weise" existierte, als wäre die Aufgabe bereits erfüllt. Es wurde natürlich noch einiges von mir verlangt, aber die Aktion war nun inspirierend und einfach.

Ich übte mich den ganzen Sommer lang in dieser Methode und das Schreiben des Drehbuches wurde immer einfacher. Bald stellte ich fest, dass mein Vokabular und die Grammatik sich ohne besondere Anstrengung oder Extrastudium entscheidend gebessert hatten. Das Wörterbuch war selten in Gebrauch, so als hätte ich schon viele Worte und Ausdrücke gelernt. Ich konnte sie nicht von Norman oder Matthias erfahren – die Art zu lernen dauerte lange. Englisch ergoss sich schnell und leicht in mein Bewusstsein, als ob jedes Wort, das ich jemals gehört hatte, erinnert und verstanden wurde.

Während ich die ganze „hier und jetzt"-Aussage wiederhole, – schrieb ich in mein Tagebuch, ist es wichtig, ein Gefühl von Vollendung zu erreichen. Dann ist eine Visualisierung nicht mehr notwendig. Nun kann man eine Aktion durchführen, die einfacher sein und einen schneller ans Ziel bringen würde.

„Es gibt allerdings einige Bedingungen", hatte mich Rhami-yata gewarnt, „und wenn die nicht erfüllt werden, wirkt die Formel nicht wirken."

So hatte ich erfahren, dass man wirklich einen GRUND, ein ZIEL haben müsse, WARUM man wollte, dass das Gewünschte in Erfüllung geht. Zum Beispiel sich einen Sack voll Geld zu wünschen würde nicht klappen. Aber einen Sack Geld haben zu wollen, um damit ein Haus zu kaufen, damit das Leben der Familie besser würde, das wiederum ANDERE MENSCHEN positiv beeinflussen würde und nachdem man die Situation visualisieren und die Formel wiederholen würde, bekäme man dann erst die Inspiration und Hilfe, um sein Ziel zu erreichen.

„Vergiss niemals, dass die Formel umso besser funktioniert, je mehr Menschen von deinem Vorhaben profitieren. Sie ist nicht dazu da, jemandes Ego und seine Selbstsucht zu unterstützen."

Die andere wichtige Voraussetzung war, dass man klar definierte, welchen Vorteil andere hatten: in unserem Beispiel musste man visualisieren, IN WIEWEIT sie anderen helfen würden, wenn es ihnen erst einmal finanziell besser ging. Keine vagen Ideen oder Versprechungen würden etwas nützen.

Ich versprach mir also noch etwas anderes: Nachdem ich Filmemacherin geworden wäre, würde ich meine Fertigkeiten zu Wohle so vieler einsetzen, wie es nur ging. Ich entwickelte einen ganzen Plan, wie ich das erreichen würde und visualisierte diese Situation so lange, bis ein Gefühl von Vollendung sich einstellte. Die Zeit war gekommen, die Ärmel aufzukrempeln und anzufangen.

Bevor der Unterricht wieder begann, entschloss ich mich, den ganzen Tag in Trance zuzubringen, um noch weitere Ratschläge von dem Meister zu bekommen. Es würde eine lange Trance werden, die mich für die Dinge, die auf mich zukamen, fit machen sollte.

Ich schloss dankbar für die Privatsphäre, die Norman und Matthias mir zugestanden hatten, die Schlafzimmertür und streckte mich auf der Bettdecke aus. Bald wurden mein rhythmisches Atmen und alles Körperliche vage und fern. Die Mauern des Tempels schlossen sich um mich und ich fand mich in der Kammer der Sieben Mächte Rhami-yata gegenüber wieder.

***

Keins meiner Konzepte von dem, was mir wichtig war, wirkte hier. Ich wusste nie, was mich bei meiner Ankunft erwartete und nun hörte ich mich den Meister nach meinen Charakterzügen fragen.

„Ich hänge in den Mustern meiner Persönlichkeit fest", war das erste, das ich sagte. „Ich weiß nicht, wie ich mit ihnen umgehen soll. Wenn ich andere beobachte, ist es viel einfacher herauszufinden, was sie tun müssen. Aber bei mir ist alles im Nebel. Entweder ich ergehe mich in Selbstmitleid oder in Selbstverherrlichung."

Wie immer warf die brennende Öllampe tanzenden Schatten hinter die Statuen und die ruhige Intimität des Ortes machte mich wehmütig und friedlich.

„Es braucht Jahre des Bemühens und des Scheiterns", sagte Rhami-yata in seiner normalen, geduldigen Stimme und ich fand, dass er heute älter klang. Ebenso, wie man auch nie die Farbe seiner Augen vorhersagen konnte, war sein Alter eine stetige Überraschung. An diesem Tag war er so uralt, wie der Tempel selbst, wenigstens für meinen jungen, eifrigen Geist.

„Du musst geduldig und hartnäckig sein", fuhr er fort. „Deine Seele kann sich nicht weiterentwickeln, wenn du dich nicht selbst heilst und die Schwingungen deiner Emotionen erhöhst. Deshalb ist Selbstheilung so wichtig."

„Ja, lass uns damit anfangen", sagte ich. „Was ist der erste Schritt?"

„Reine Gedanken", riet er, „füll deinen Geist damit an."

Ich schloss die Augen, um nach solchen Gedanken in mir zu suchen. Es funktionierte nicht, da ich nicht wusste, welche meiner Gedanken rein genannt werden konnte. „Was sind denn reine Gedanken, Vater?", fragte ich und öffnete die Augen.

Rhami-yata sah jetzt fast jünger aus als ich und seine Augenfarbe war auch verändert. Sie war jetzt grau mit goldenen Punkten.

Ich hoffe, diesen Trick wird er mir eines Tages beibringen – dachte ich. Ich könnte die mysteriöse Dame sein, die niemals altert und Generationen von schneidigen, jungen Männern in ihren Bann zieht – ich lächelte bei meiner verführerischen Idee.

„Generell gibt es zwei Arten von Gedanken", sagte der junge, schöne Rhami-yata. „Die, welche sich auf neurotische Bedürfnisse und Ambitionen beziehen, ist die eine Art."

Ich wurde rot. Sicher hatte er die schimmernden Punkte meiner Gedanken gesehen, die den besonderen Wunsch produziert hatten.

„Während andere Gedanken außerhalb von ‚Bedürfnissen, Wünschen und Wollen' existieren, könnte man sagen. Du hast sie manchmal, wenn du hier bist, Hermenethre. Im Tempel."

„Ja, ich weiß, was du meinst", sagte ich. „Diese Gedanken haben ganz besonders mit der Sinneswahrnehmung zu tun. Sie sind klar und natürlich jenseits meiner... neurotischen Bedürfnisse und Sehnsüchte. Aber wie kann ich solche Gedanken außerhalb des Tempels in meinem Alltag haben?"

Er schaute mich intensiv an.

„Du sprichst von den Gesetz der Erscheinungen und dem Startpunkt!", rief ich glücklich aus, weil ich ihn verstanden hatte.

„Wenn unsere Gedanken frei von Erwartungen sind und stattdessen voller Lebensfreude aus dem einzigen Grund, dass wir sind und erleben, und wenn sie gleichermaßen andere anerkennen und ihnen Gutes tun, genau wie uns selbst, dann sind es reine Gedanken. Ist das richtig, Rhami-yata?"

Er lächelte und ging zu den Statuen. Ich konnte sein Gesicht nicht sehen. „Sehr gut, Hermenethre. Du bekommst eine Belohnung dafür, dass du eine gute Schülerin bist."

Er hatte noch nie zuvor so etwas zu mir gesagt und ich war überrascht, dass er mich lobte. „Eine Belohnung? Wirklich?" Ich machte fast einen Luftsprung vor Freude. „Kann ich nun endlich meine goldene Statue in meinem Haus haben?"

Rhami-yata drehte sich verwundert zu mir um. „Was? Wovon redest du?"

„Die Belohnung! Du sagtest, ich bekäme eine, weil ich eine gute Schülerin bin".

Er kam näher und musterte mich sorgfältig. „Interessant. Bist du sicher, dass ich es war, der das geäußert hat und nicht deine Gedanken, Hermenethre?"

Ich konnte sehen, dass er versuchte ernst zu bleiben. Zum zweiten Mal an diesem Tag fühlte ich mich ziemlich dumm.

„Reine Gedanken", sagte der Meister, „sind nicht nur frei von ‚Bedürfnissen, Wünschen und Wollen' des Geistes, der Emotionen und des Körpers. Sie sind auch frei von Stolz, für den das Ego verantwortlich ist."

Seine weisen Augen drangen zu meinem armen, verlegenen Herzen vor.

„Reine Gedanken sind erfüllt von Liebe und Lebensfreude, von Freude, die die eigene Seele erlebt. Sind kennen keinen Ego-Stolz", sagte ich. „Danke, Vater."

Er nickte und sah zur Seite. Ich schaute in die Richtung, in die er sah.

Und da war sie. Eine wunderschöne, überwältigend große Wiese voll von blühenden Blumen.

Im Handumdrehen waren wir beide mitten auf dieser Wiese. Die Sonne erhob sich über uns hinter einem kleinen Bach, fast zum Berühren nahe. Ich fühlte mich von ihrer Wärme und ihrem Licht angezogen.

„Können wir näher an die Sonne herangehen?"

Der Meister nickte und wir liefen los. Merkwürdig! Er hinterließ keine Spuren in dem hohen Gras. Meine jedoch waren tief und sichtbar und ich konnte nicht verhindern, auf Blumen zu treten. Das gefiel mir gar nicht.

„Beunruhige dich nicht. Du tust den Pflanzen nichts. Sie werden sich später wieder aufrichten."

Wir hielten am Ufer des Flüsschens an. „Es sieht nicht so aus, als seien wir näher gekommen." Ich deutete auf die Sonne.

„Möchtest du sie noch immer erreichen?"

Ja, das wollte ich.

„Dann müssen wir den Fluss überqueren."

Ich steckte die Füße ins Wasser und fühlte, wie die Kühle meine Fesseln umspielte. Ich schaute mich unsicher um, weil ich das Unbekannte fürchtete.

„Manchmal muss man auf seinem Weg einen Fluss überqueren", sagte der Meister. „Das ist ein sehr wichtiges Ereignis, aber auch ganz natürlich."

Ich nickte und watete los, ohne nach der Bedeutung des Flusses bei dieser virtuellen Demonstration zu fragen. Ich verstand seine Symbolik als eine Verlagerung ins Bewusstsein.

So wanderten wir durch das kühle Wasser der Sonne entgegen. Das Gras auf der anderen Seite war kürzer und die Blumen kräftiger.

Ich hinterließ nicht so tiefe Spuren und die Pflanzen richteten sich schneller wieder auf, als auf der anderen Seite des Flusses.

Da war ein Hügel vor uns und als wir den Gipfel erreichten, konnten wir über das Tal schauen, das sich vor uns ausbreitete. Ich sah nach der Sonne, aber wir kamen ihr nicht näher. Dann schaute ich zurück zu der Wiese, die wir hinter uns gelassen hatten.

„Die Spuren, die du auf dem Gras hinterlassen hast, sind wie Muster, die du in deine eigene Natur eingegraben hast", sagte Rhami-yata. „Wenn du deine Ziele wählst und den Weg sie zu erreichen, dann erschaffst du Spuren, die deine Persönlichkeit, deinen Charakter formen."

Ich nickte und betrachtete meine Fußspuren in der Wiese.

„Sie sind die Spuren deiner Wahl und deines Verhaltens", fuhr er fort. „Deines Bestrebens die Sonne zu erreichen und die Art, wie du dem Licht entgegengehst."

„Was, wenn es nicht mein Ziel ist, die Sonne zu erreichen, sondern meiner Schüchternheit zu entkommen, der Furcht oder emotionalen Schmerzen?"

„Dann würdest du rennen. Vielleicht in eine andere Richtung. Auch wären die Spuren viel tiefer. Manche Blumen wären für immer zerstört. Andere würden lange brauchen um sich zu erholen. Und außerdem würde dein chaotisches Rennen ein wirres Muster hinterlassen, das schwer zu entziffern wäre."

„Ich verstehe", sagte ich und mir fiel auf der Stelle Miss Stellas letzter Besuch ein.

Was macht sie so wenig durchschaubar und schwer zu erkennen? – dachte ich. Sie hat ein Herz von Gold, wirkt aber unbedacht und rücksichtslos. Ja, wirklich Furcht einflößende Erlebnisse müssen ihre Muster verwirrt haben

„Und was ist geschehen, als wir den Fluss überquert haben?", fragte ich. „Ich weiß, es symbolisiert eine Veränderung in meinem Bewusstsein."

„Du hast bemerkt, dass die Umgebung sich ein wenig verändert hat", sagte er. „Dass das Gras nicht so hoch war und die Blumen kräftiger. Die Muster, die du hinterlassen hast, waren nicht mehr so tief."

„Meine Persönlichkeit ist also nicht mehr so gemustert? Sie ist freier und reiner?", schloss ich.

„Ja. Mit der Veränderung deines Bewusstseins ist deine Persönlichkeit weniger gemustert", bestätigte er.

Ich sah in die Sonne. „Wie kann ich meine Ziele verfolgen, ohne meine Natur zu ‚programmieren', ohne irgendwelche Muster in meiner Persönlichkeit zu hinterlassen?"

Er lächelte nur.

„Was, wenn ich zur Sonne flöge, Vater?". Ich breitete meine Arme aus.

„Du kannst in Trance fliegen, aber in der materiellen Welt kannst du nicht einmal über dem Boden schweben."

„Flugzeug oder Ballon...?", fragte ich.

„Die Aktion des Fliegens und des Landens hinterlässt auch Spuren in der Natur, nicht wahr?"

„Ja, das stimmt", gab ich zu.

Ich bemühte mich, nur auf die kahlen Flächen oder auf Steine zu treten, damit ich keine Spuren hinterließ. Es wirkte ziemlich unbeholfen und war nicht einfach. Ich „tanzte" hin und her und änderte dauernd die Richtung. Manchmal trat ich gegen einen Stein, der zu Tal rollte und an unerwarteter Stelle liegen blieb.

Meine Strategie bremste mich ab und ich brauchte ziemlich lange, bis ich unten war. Ich schaute zurück und offensichtlich hatte meine vorsichtige Art bergab zu laufen, ein viel schlimmeres Muster hinterlassen, als vorher in der Wiese. Ich schaute auf. Die Sonne war keinen Zentimeter näher gerückt.

„Ich habe versucht, keine Spuren zu verursachen, aber offenbar habe ich noch mehr gemacht", seufzte ich resigniert.

Der Meister nickte. „Ja, als du nämlich dem Effekt deiner Handlung zu viel Aufmerksamkeit geschenkt hast und nicht dem eigentlichen Erleben wie vorher, hast du ein anderes Muster gemacht. Dieser Effekt ist weniger natürlich und schwerer zu deuten. Außerdem bremst er dich entscheidend auf deinem Weg ab. Deine Angst, ein

Muster zu machen hat dich eingeschränkt, Hermenethre, und dich von deinem Ziel abgelenkt."

„Schluss damit vorsichtig zu sein!" Ich schaute umher. „Egal wie! Ich werde näher an die Sonne herankommen."

In diesem Augenblick gewahrte ich noch einen Fluss. Ich überquerte ihn freudig und ohne Furcht. Auf der anderen Seite lagen überhaupt keine Steine und Gras breitete sich gleichmäßig aus. Es war kurz geschnitten und kräftig. Meine Fußspuren waren kaum zu sehen und verschwanden schnell wieder.

Als wir einen anderen Hügel erklommen, fühlte ich die Sonnenwärme stärker. Das erfüllte mich mit Freude und ich ging schneller und schneller der Sonne entgegen.

Jetzt hinterließ ich sehr wenige Spuren. Ich eilte freudig mit großen, leichten Schritten dahin.

„Ich habe keine Ahnung, ob ich in der Lage bin, die Sonne überhaupt zu erreichen", sagte ich zu Rhami-yata, als ich meinen Schritt verhielt. „Aber dieser Marsch ist ein einmaliges Erlebnis! Er macht mir so viel Spaß! Und mit jedem Schritt verstehe ich mich besser. Ich glaube, ich verbessere mich irgendwie, weite mich aus. Die Sonne zu erreichen ist mir weniger wichtig als freudig der Wärme entgegen zu gehen", sagte ich verblüfft.

„Du bist ‚richtig eingestimmt' mit dir selbst, mit dem Erlebnis und mit der Zielsetzung", bekräftigte der Meister.

„Ja, ich fühle mich viel besser jetzt, da ich nicht mehr versuche kontrolliert zu handeln und vermeide Muster zu kreieren", nickte ich.

„Du kannst es nicht vermeiden, Muster in deiner Persönlichkeit zu kreieren, Hermenethre. Wenn du dich jedoch akzeptierst und anerkennst, bist du bewusster und glücklicher. Der nächste Schritt ist, dass du dir deine alten Muster ganz genau anschaust und herausfindest, welche Ängste und emotionalen Wunden sie hervorgerufen haben. Dann kannst du durch Selbstheilung mit ihnen umgehen und anfangen, innere Harmonie und Freiheit zu genießen."

„Eine befreite Seele", sagte ich, „jemand, der nicht von alten Mustern berührt wird und unnötigerweise neue, verwickelte produziert. Ein bewusster und freudvoller Mensch."

Rhami-yata betrachtete mich mit einem sanften Lächeln. „Man kann die Persönlichkeit nicht vollständig mit dem Willen kontrollieren, Hermenethre", sagte er. „Ja, man kann neue Verhaltensweisen entwickeln und sie geistig, willentlich umsetzen, um die alten zu ersetzen. Aber die wahre Veränderung der Persönlichkeit ist nur durch den Fortschritt, durch die Veränderung des Bewusstseins zu erreichen."

„Den Fluss überqueren", sagte ich und lächelte. Ich sah den Horizont, die warme Sonne über uns und die wunderschöne Umgebung. Und eine andere Frage stieg in mir auf. „Ich frage mich, warum ich der Sonne entgegen gehen und nicht stattdessen im Fluss baden oder auf der Wiese tanzen wollte."

„Dein Ziel gehört zu dem Konzept, das du von der Welt hast", sagte der Meister.

„Würde ich immer noch versuchen, die Sonne zu erreichen, auch wenn ich schon vorher wüsste, dass es unmöglich ist?"

Rhami-yata schmunzelte. „Das können wir leicht herausfinden, nicht wahr?"

Wir standen wieder auf einer herrlichen großen Wiese, die voller blühender Blumen stand. Ich atmete die frische Luft ein und freute mich an der Sonnenwärme auf meiner Haut. Ich wusste nicht genau, warum wir hier waren, obwohl mir die heitere Umgebung gefiel.

„Warum sind wir hier, Vater?"

„Es ist einer unserer Demonstrationstrips", sagte er mit einem Lächeln.

„Was machen wir jetzt?"

„Du kannst dir aussuchen, was du tun willst. Das ist unsere heutige Lektion."

„Was immer ich will?" Ich wollte sicher sein.

„Richtig."

Ich schaute mich um und sagte: „Lass uns der Sonne entgegengehen."

Frohgemut und zügig ging ich los. Ich stellte fest, wie sehr ich diesem Trip genoss ohne zu wissen warum. Wir überquerten den Fluss und stiegen auf den Berg. Dann waren da noch ein Fluss und noch ein Berg noch einer. Wir hielten schließlich an, weil ich merkte, dass die Sonne uns jetzt näher war. Ich konnte ihre Wärme stärker spüren.

„Wir können die Sonne nicht erreichen", sagte ich, „aber sie ist näher. Danke, Vater, für die wunderschöne Wanderung. Ich fand sie herrlich."

„War sie schöner als beim letzten Mal?", lächelte er.

„Welches letzte Mal?" Ich wollte das fragen, aber auf einmal erinnerte ich mich. Ja, alles fiel mir wieder ein, unser vorhergehender Ausflug, unsere Unterhaltung und alles, was ich erlebt hatte.

„Wow!", sagte ich verblüfft, „ich habe also tatsächlich das gleiche Ziel noch einmal gewählt!"

„Das hast du getan", sagte Rhami-yata.

„Dann hat mich mein vorheriges Versagen, die Sonne zu erreichen, überhaupt nicht eingeschränkt. Wieso denn nicht?" Ich schaute ihn sprachlos an.

„Wegen deines Bewusstseins", antwortete der Meister. „Du hast den Trip wegen deiner Seele unternommen. Weder Erfolg noch Versagen waren für dich wichtig. Du hast dich entschlossen, das Erlebnis zu genießen, es zu erfahren und so dein Bewusstsein zu erhöhen. Dein Ziel war deiner Bestimmung zu dienen, nicht deinen Ängsten oder Ambitionen."

„Dann wird unser Konzept der Welt nicht nur von unseren vergangenen Erlebnissen bestimmt", sagte ich. „Unser Bewusstsein kann das alles außer Kraft setzen. Wenn ich mein Bewusstsein erhöhe, verändert sich mein Konzept von der Welt."

„So ist es. Es kann allerdings trotzdem sehr begrenzt sein."

Ich schloss die Augen und ließ mich von der Sonne wärmen.

„Selbst wenn ich meine Schwingungen erhöhe und mein Bewusstsein erweitere?", fragte ich.

„Selbst dann", war seine Antwort.

Ich öffnete die Augen und wollte ihn um eine Erklärung bitten. Aber er bremste mich, bevor ich noch etwas sagen konnte.

„Wir werden mit der Lektion das nächste Mal fortfahren, Hermenethre. Kümmere dich jetzt um deinen Körper."

Es gab keinen Anlass weiterzureden. Er wusste besser, wozu ich bereit war und wann.

***

Der Wecker weckte mich um sieben Uhr morgens. Ein neuer Tag lud mich ein, mich an seiner Schönheit zu erfreuen.

Mein zweites Jahr an der Filmschule begann heute und ich wünschte mir selbst „eine fröhliche Wanderung der Sonne entgegen", bevor ich das Haus verließ.

Kapitel 13
Flug der Wahrnehmung

Es war jetzt viel einfacher zu lernen, seit ich Rhami-yatas „hier und jetzt"-Methode anwendete, und das erste Semester flog nur so vorbei und setzte mich in Erstaunen.

Ist schon Winter? – dachte ich. Wo ist der Herbst geblieben?

Alles schien im Eiltempo zu passieren. Das half mir eigentlich zu verstehen, dass die gnadenlose Zeit eine Illusion war. Sie war niemals konstant in ihrer Geschwindigkeit. Ihr Umfang und ihre Kapazität hingen nur von meiner Wahrnehmung ab. Tage konnten zu lang sein oder zu kurz. Jahreszeiten konnten mir großzügig erlauben zu erreichen, was ich geplant hatte oder aber sie reichten für alle meine Ideen nicht aus.

Ich machte vor Weihnachten die Schränke sauber und musste feststellen, dass mir viele meiner alten Sachen nicht mehr passten.

Aha, – dachte ich – mein Körper nimmt ab oder zu, je nachdem, was gerade gebraucht wird. Bin ich dicker geworden so wie die Bären, wenn sie sich für den Winter vorbereiten?

Ich nahm mich vor dem Schlafzimmerspiegel in Augenschein. Ja, ich war definitiv runder als vorher.

Aber die Wintersaison war nicht nur der Grund für eine solch sichtbare Veränderung. Offenbar waren der Stress und die verrückten Zeiten auch beteiligt. Die Auswahl meiner Speisen war nicht entscheidend, es waren die unregelmäßigen Mahlzeiten und der mangelnde Schlaf, die sich in meinen Kurven widerspiegelte.

Was soll ich bloß tun? – dachte ich.

Ich entschied, es so laufen zu lassen. Schließlich schauspielerte ich nicht mehr und mein Körper war nicht mehr das Instrument, das ich für die Arbeit auf der Bühne und der Leinwand in perfekter, schlanker Form halten musste.

„Ich bin runder", verkündete ich Matthias und Norman beim Abendessen. „Und ich brauche einen ganzen Haufen neuer Kleider."

„Mi-Katze ist auch runder geworden", sagte Matthias.

Ich warf ihm einen schnellen Blick zu. "Denkst du, ich bin zu dick?"

Er hörte auf seine Tomatensuppe zu löffeln und bedachte mich mit einem prüfenden Blick, um die Ausmaße meines Körpers zu bewerten.

Ich fand, dass er zu lange schwieg und wiederholte meine Frage: „Also! Bin ich zu dick?"

„Überhaupt nicht!", sagten Norman und Matthias wie aus einem Munde, wie echte Gentlemen.

Oje, – dachte ich – sie fürchten sich, mir die Wahrheit zu sagen. Das bedeutet, ich sehe nicht gut aus!

Ich aß meine Suppe nicht weiter, trug meinen Teller in die Küche und kam mit einem großen Glas Wasser zurück.

„Weißt du", sagte Matthias, „es gibt Körper in ganz verschiedenen Formen und Größen. Und sie sind alle wunderschön. Es gibt für dich keinen Grund, alarmiert zu sein. Du bist, die du bist, dünner oder runder. Du bist meine Mom und du bist hinreißend."

Und er hat Recht – schrieb ich später am Abend in mein Tagebuch. Menschliche Körper verändern sich angeblich ihr ganzes Leben. Das ist normal. Es ist wichtig, sie in Form zu halten, aber besessen zu sein von Gewicht und Aussehen hat nichts mit dem Wohlbefinden zu tun. Ich bin also runder als üblich, aber die Anschaffung von neuen Kleidern wird viel Spaß machen!

Wir widmeten uns in diesem Jahr dem Studium des Dokumentarfilms und sollten uns für unsere Abschlussarbeit ein größeres Projekt vornehmen. Ich hatte mich nie als Dokumentarfilmerin gesehen. Mit meinem künstlerischen Hintergrund war ich prädestiniert, die Regie in dramatischen Spielfilmen zu führen. Dennoch war ich begierig, diesen einen Dokumentarfilm zu drehen und ich wählte dafür das Thema Obdachlosigkeit. Ich wollte die Frustration und die Hoffnungslosigkeit der Menschen verstehen.

In diesem Winter wanderte ich durch die Straßen Torontos und beobachtete die Unerwünschten, Ausgestoßenen der menschlichen Gesellschaft, um die sich niemand kümmerte. Die Obdachlosen waren verwundbar, anfällig für Krankheiten, waren körperlicher Gewalt, Verlassenheit, Brutalität und Tod ausgesetzt.

Wer waren diese Leute? – dachte ich. Welche Erfahrungen, welcher Schmerz hatte sie an den Rand gestoßen?

Ich verbrachte mehrere Tage in einem Asyl und lernte einige der Bewohner kennen. Nachdem sie sich an meine Anwesenheit gewöhnt hatten, konnte ich mit meiner Kamera zurückkommen und Aufzeichnungen von den Interviews mit den Obdachlosen und dem Management machen.

Dann suchte ich den Amtsarzt der Stadt auf und bat ihn um Statistiken über die Art von Krankheiten, unter denen sie litten und die Zahl und die Hauptgründe der Todesfälle.

Ich bekam schockierendes Material über die schmerzlichen Reisen der Menschen durch Angst und Vereinsamung – seltene Interviews von Angesicht zu Angesicht mit den Betroffenen. Denjenigen, die ich auf der Straße traf, näherzukommen, war noch schwieriger, als denen im Asyl. Aber auch die schütteten ihr Herz vor der Kamera aus. Ich weiß nicht, aus welchem Grund sie der zugewandten und hartnäckigen Filmstudentin, die es wagte, in ihre verbotenen Höhlen einzudringen, ihre Geschichten anvertrauten.

Ich weinte, als ich den Film bearbeitete und dachte, wie einfach es doch war, von der gepflasterten Straße abzukommen und in den dunklen Ecken des Lebens zu landen. Viele der Obdachlosen waren intelligente Leute. Sie hatten Familie gehabt, Jobs, ein sicheres Leben. Gewöhnlich war es ein dramatisches Ereignis, das sie aus ihrer Bahn geworfen hatte. Ein persönliches Erlebnis, das sie völlig verstört und besiegt hatte und das Konzept ihres Lebens und sie selbst veränderte.

Ich fühlte ihre Qual und sah die Resignation in ihren Augen. „Haben sie sich und uns aufgegeben oder sind wir es, die sie und uns aufgegeben haben?", fragte ich Norman.

„Beides", sagte er einfach.

Ich nickte und dachte sofort an Rhami-yata und den Tempel. Nein, der Meister hatte nie die Menschen aufgegeben trotz all ihrer Fehler und Unzulänglichkeiten. Er glaubte an uns und unterrichtete mich. Sein unbeirrbares Herz hatte meine Sichtweise auf mich selbst und andere verbessert. Die stille Harmonie und die Ruhe des Tempels half mir stets dabei, mich wieder an meine Lebensfreude, mein Ziel und meine Kraft zu erinnern.

***

„Willkommen, Tochter", sagte Rhami-yata, und seine Gegenwart erfüllte mich mit Frieden, und Erleichterung.

„Ich kann den Obdachlosen nicht helfen", sagte ich.

Er nickte. „Vielleicht kannst du es doch. Nur nicht in der Art und Weise, wie du dir bis jetzt vorstellen kannst."

Ich goss ein wenig Öl von der Öllampe und kreierte eine Kerze für die Sieben Mächte. Ich schaute in die Kerzenflamme und dachte, wie fragil doch menschliches Leben war, geradeso wie die Kerzenflamme. Es konnte jederzeit erlöschen.

„Ich habe einen Film gedreht", sagte ich. „Aber ich denke, er ist zu düster, zu ‚real' und unbequem für den Zuschauer. Es ist nichts, was viele sich anschauen wollen würden. Ich glaube, ich auch nicht."

„Warum hast du ihn dann gemacht?"

Ich seufzte. „Möglicherweise wollte ich unsere Ängste dokumentieren. Es war schmerzhaft."

„Ach so", sagte der Meister.

Ich sah ihn an. „Aber mit dir fühle ich mich jetzt sicher und das macht mich glücklich."

Der Meister setzte sich auf den Steinfußboden und auch ich ließ mich schnell nieder. Die heilige Öllampe brannte friedlich und es war still in der Kammer der Sieben Mächte.

„Warum brauchst du mich um glücklich zu sein, Hermenethre?", fragte er.

„Ich... weiß es nicht", sagte ich nach einer Pause. „Vielleicht, weil du mir das Gefühl gibst, etwas Besonderes zu sein, klug und mächtig?"

„Aber das bist du, Hermenethre. Und du brauchst niemanden, der dir das sagt. Jedes einzelne menschliche Wesen ist weise, mächtig und sehr besonders. Jedes. Es ist nur, dass noch nicht viele das über sich erfahren haben. Sie fühlen sich unwürdig und oft haben sie Angst. Das ist kein gutes Gefühl, nicht wahr?"

Ich schaute in seine freundlichen Augen und dachte, wie gut es doch war, so geliebt und akzeptiert zu sein. Hier im Tempel war es einfach ihm zu glauben. Aber wenn ich da draußen war, fühlte ich mich allein, oft ungewollt, ungeliebt. Selbst mein Partner Norman war mir keine wirkliche und bleibende Hilfe.

„Niemand kann dir Sicherheit und Glücklich sein verschaffen, Kind", sagte der Meister. „Du musst deine Emotionen verstehen. Du fühlst dich alleine, weil du dich von der Höchsten Schwingung isolierst. Du siehst dich als ein in der weiten Welt verlorenes, separates Wesen. Die Wahrheit aber ist, dass du niemals allein und verloren bist. Du bist genau da, wo du sein sollst – ein Teil der Einheit mit allen."

Ich lächelte. Einheit mit allen. Das fühlte sich sicher an, wie zu Hause sein.

„Das einzige, was dich von dem Gefühl des Erfüllung abtrennen kann, ist die Frequenz deiner eigenen Schwingung", fuhr er fort. „Mach weiter Fortschritte, vibriere mit Liebe, dann wirst du eine wahre Verbindung mit dir selbst und der Höchsten Schwingung haben."

Was aber geschieht, wenn wir Menschen Gott ‚kreieren', um uns sicher zu fühlen und nicht mehr allein? – dachte ich. Was, wenn wir es nur wegen unserer emotionalen Leere tun?

Ich fragte ihn danach.

Rhami-yata schüttelte den Kopf. Er erklärte, dass diejenigen, die eine wahre Verbindung zur Höchsten Schwingung hatten, den Unterschied kannten zwischen ihr und der Flucht vor der Wirklichkeit. Der Unterschied war immens. Die Flucht vor der Wirklichkeit konnte den Menschen die Furcht nicht nehmen, denn in dem Augenblick, wo sie mit den physischen Anforderungen konfrontiert wurden, kehrte der emotionale Schmerz zurück, während die wahre Verbindung mit der Höchsten Schwingung sie mit Lebensfreude erfüllte.

„Warum wird unsere Seele so leicht in der Furcht gefangen?", fragte ich nach einer Pause. „Ich weiß", sagte ich, bevor Rhami-yata meine Frage beantworten konnte. „Es ist wegen der falschen philosophischen Lehren und Glaubensrichtungen, die uns mit ihren Interpretationen der Welt und Gott in die Irre führen."

Ich schaute den Meister an und erwartete seine Zustimmung. Aber er nickte nicht und lächelte auch nicht, er sah mich nur an. Seine Augen wurden dunkler und tiefer. Und dann sah ich in ihnen nur noch tiefe Schwärze.

Plötzlich wurde mir klar, dass wir die Kammer der Sieben Mächte verlassen hatten. Wir umkreisten die Erde mit ihren Wolken. Unsere Körper schwebten leicht im dem weiten Raum. Alles schien sich in Zeitlupe zu bewegen, sogar meine Gedanken. Ich fühlte mich stark gezogen und nun schwebten wir fort von der Erde. Schnell. Wir kamen an verschiedenen Planeten und Sonnen vorbei.

Wie gigantisch ist das Universum – dachte ich.

Wir schwebten weiter und weiter.

Schließlich sagte Rhami-yata: „Wir werden hier landen."

Es war ein kleiner Planet. Wir landeten und setzten uns auf so etwas wie Steine, die auf etwas ähnlichem wie Boden lagen. Nur dass der Boden und die Steine rosa waren.

Ich war froh zur Abwechslung zu sitzen.

Rhami-yata sagte nichts. Ich betrachtete die merkwürdige Landschaft und stellte fest, dass sie sich mehr und mehr in eine bekannte Umgebung wandelte. Nun sah sie aus wie eine Wüste. Vor uns erschien ein Busch und eine kleine Wasserpfütze. Bald vergnügten sich ein paar Entenküken darin.

„Komm! Dies ist doch absurd", sagte ich. „Das sieht aus wie in irgendeinem Märchen,".

„Was ist falsch an einem Märchen, Hermenethre?", fragte der Meister.

Das ist richtig, – dachte ich – daran ist nichts Falsches. Die Enten sind sehr possierlich.

„Lass uns weiterreisen", sagte Rhami-yata.

Wir verließen den komischen Planeten. Wieder passierten wir Sterne und Planeten, bis er einen neuen Platz für uns aussuchte.

Wir landeten. Die Landschaft glich einer Wüste und ich bemerkte auch hier einen Busch.

Hmmm. Das kenne ich doch – dachte ich.

Einen kurzen Moment später war auch da eine Pfütze mit Entenküken. Ich schaute Rhami-yata an und wartete auf eine Erklärung.

„Lass uns weiterziehen", sagte er.

Wir reisten zu einem anderen Planeten. Und wieder war da die Wüste, ein Busch und Entenküken, die in einer Pfütze planschten.

Ich stellte keine Fragen. Und wir setzten unsere Reise fort.

Planet auf Planet wiederholte sich die Geschichte. Eine Wüste, ein Busch, eine Pfütze, und gelbe Entenküken. Alles identisch, als sei es von derselben Matrix gemacht.

„Verstehst du, was passiert?", fragte Rhami-yata.

„Ja, ich glaube, ich verstehe, Vater", sagte ich.

„Dein Geist hat ein freundliches, familiäres Umfeld auf all den fremden Planeten geschaffen, damit du dich wohlfühlst. Was immer du als dein Zuhause annimmst, wird zu deiner ‚gewohnten Sicherheit'. Egal ob es absurd ist, friedlich oder beunruhigend oder ob es eine verstörende Umgebung ist. Man kann sich an einen Sturm gewöhnen und Sicherheit in ihm finden. Oder sich wohlfühlen in einer Landschaft mit Entenküken in einer Pfütze."

„Du hast Recht", stimmte ich zu.

„Siehst du, Hermenethre, wohin du auch immer gehst, du nimmst nicht nur deine Vorstellungen von einer gewohnten physischen Umgebung mit dir, sondern auch die philosophischen Systeme, das, woran du glaubst. Du hast nicht versucht, etwas über die neuen Welten zu erfahren, die wir besucht haben. Stattdessen hast du die Planeten deinen eigenen Vorstellungen angepasst."

„Ja, genau!", sagte ich. „Ist das nicht komisch?"

„Vielleicht", lächelte der Meister. „Es kann aber auch gefährlich sein."

„Gefährlich?"

Wir waren wieder in der Kammer der Sieben Mächte und saßen auf dem Steinfußboden. Die brennenden Öllampen warfen die gewohnten Schatten hinter die Statuen und Rhami-yata schaute mich intensiv an.

„Überall Entenküken in einer Pfütze, das schien deine wichtigste Vision zu sein", sagte er. „Und es sah so aus, als gingst du davon aus, dass das für dich das ‚korrekte' Verständnis von Gott sei."

Ich nickte zustimmend.

„Es kann aber auch sein, dass jemand ganz in der Nähe der Höchsten Schwingung vibrieren kann, und trotzdem ein sehr beschränktes Konzept von der Welt hat, meinst du nicht?"

Ich nickte wieder und wusste, worauf er hinauswollte. Und ich schämte mich.

„Nun lass uns weiter darüber reden, was geschehen ist", fuhr er fort. „Obwohl du nicht viel über die Planeten, die wir besucht haben, in Erfahrung gebracht hast, hast du etwas über ‚gewohnheitsmäßige Sicherheit' und Wahrnehmung gelernt. War das für deinen Fortschritt wichtig?"

„Sehr, Vater. Danke dafür", sagte ich still. Wir schauten uns weiter an, egal wie unangenehm es mir war.

„Würdest du dann auch zugeben", sagte der Meister, „dass deine Wahrnehmung, obwohl sie dein Konzept von der Welt einschränkt, dir in diesem Fall tatsächlich dazu verholfen hat, deine Schwingungen zu erhöhen?"

„Absolut. Genau das ist geschehen, hoffe ich", stimmte ich ihm eifrig bei.

„Würdest du dann immer noch darauf bestehen, dass andere philosophische Systeme und ihre Wahrnehmung von Gott nicht ‚korrekt' sind und die Menschen davon abhalten, sich weiterzuentwickeln?"

„Nein, Vater, das würde ich nicht tun."

„Du hast viele Arten von Meistern mit verschiedenem Werdegang mit deiner scharfen Beurteilung und Verkündung deiner Meinung gekränkt, Tochter."

Er erklärte, dass wenn man eine Wahl treffe und seine Vorliebe kundtue, es nicht gleich in Verurteilung und engstirniger Meinungsäußerung auszuarten brauche. Man könne einen anderen Weg einschlagen als andere, ohne denen aber das Recht auf die eigene Wahl abzusprechen. Es könne sogar geschehen, dass man für eine Weile den Glaubenssätzen anderer folge und ihnen danken würde für die wertvollen Erkenntnisse.

„Hermenethre", sagte er, „du kannst Weisheit in jedem Weg finden. Und in jeder Pfütze mit gelben Entenküken."

Ich senkte den Kopf und entschuldigte mich bei all den Meistern, die ich vielleicht verletzt hatte, wer auch immer sie waren und wie ihr Lebensweg war.

Ich verstand, dass meine Vorstellung leicht außer Kontrolle geraten konnte und mich dann in eine Sackgasse führte – jederzeit und überall.

Bald nach der letzten Lektion „ernannte" Rhami-yata zusätzliche Lehrer, um meine Intuition und Wahrnehmung zu erweitern. Es waren zwei grundverschiedene Männer. Ich traf sie in der Kammer der Sieben Mächte, wo sie neben Rhami-yata standen und auf mich warteten. Zuerst erschreckte mich die Anwesenheit von Fremden.

„Ich möchte, dass du von jetzt an mit diesen zwei Meistern lernst", sagte Rhami-yata und ließ mich mit unseren zwei Gästen allein.

Na prima – dachte ich resigniert. Und was mache ich jetzt?

Rha-Thao war ein zart gebauter, schmaler Meister mit asiatischen Zügen. Ich war erstaunt zu sehen, dass er so jung war. Big Bear war ein zwei Meter zehn großer nordamerikanischer Schamane. Er hatte tiefliegende, scharfe Augen, und sein Körper war mit Muskeln bepackt.

Sie standen schweigend da und machten es mir damit nicht einfacher. Die Stille wurde langsam peinlich. Ich räusperte mich also und sagte: „Willkommen, Meister."

„Willkommen, Tochter", antworteten sie.

Oh, – dachte ich – sie klingen ja ganz nett!

***

Rha-Thao und Big Bear sprachen im Tempel selten mit mir, sondern unterrichteten mich meistens in der physischen Realität. Sie führten mich oft „auf magische Weise" an Orte oder zu Leuten, die mich Dinge lehrten, die entweder Rha-Thaos oder Big Bears Lebensphilosophie im materiellen oder spirituellen Bereich entsprachen. Ich konnte eine Verbindung herstellen zwischen den Wegen, die meine neuen Lehrer beschritten und dem, was Rhami-yata mir über das Universum, seine Macht und Gesetze beigebracht hatte.

Ich bewunderte Rhami-yatas Strategie, mich aus meiner beschränkten Sichtweise heraus die Wahrheit erkennen zu lassen. „Entenküken überall in Pfützen" war nicht länger mein Ziel und ich war den Meistern dankbar für das, was sie mir in ihrer Großzügigkeit gezeigt hatten. Ich lernte schnell sie zu lieben und ich wurde mir ihres unschätzbaren Einflusses auf meinen Fortschritt bewusst.

In diesen Tagen nahmen Norman und ich oft an Schwitzhüttenzeremonien teil und wir besuchten Powwows und

Vision Quests (indianische Zeremonien) und lernten einiges über die nord-amerikanischen Traditionen der Ureinwohner. Auch forschte ich in Büchern über chinesische Medizin und Heilpflanzenkunde und Norman schlug vor, Kurse in Pflanzenkunde zu besuchen, weil ich die Heilkräuter Europas, Nord Amerikas und Chinas vergleichen wollte. Unser Lehrer Michael Vertolli war ein angesehener Pflanzenkundler und seine Kurse waren sehr lehrreich.

In der Zwischenzeit besuchte ich, inspiriert durch Rha-Thao, weiter Patienten in Normans Praxis. Ich begann mit Homöopathie zu experimentieren und manchmal mit Akupunktur.

„Medizin, die mit Schwingungen zusammenhängt wie die Homöopathie, Akupunktur und Pflanzenheilkunde wird oft in ganz verschiedenen Kulturen bei Heilmethoden und traditionellen Zeremonien angewendet", sagte Norman einmal.

Einige Zeit, bevor wir uns kennen gelernt hatten, hatte er über Homöopathie in den Laboratorien der Universität von Toronto geforscht. Viele Jahre des Studiums, die er und seine Kollegen absolviert hatten, hatten zu einem interessanten Resultat geführt: die homöopathischen Heilmittel, die eigentlich weitgehend aus Zucker oder Wasser bestanden, enthielten dennoch Schwingungen der Substanzen, aus denen sie hergestellt waren. Es schien, dass man Wasser oder auch Zuckerpillen mit jeder Art Schwingung ausrüsten konnte, die man wollte.

„Es ist schwer zu sagen, wie Homöopathie funktioniert", war Normans Antwort, wenn ich ihn darüber befragte. „Dennoch geht ganz klar etwas vor sich und die Heilmittel helfen den Patienten. Es tut sich mehr als nur ein Placebo-Effekt, aber herauszufinden, wie es tatsächlich wirkt, erfordert viel längere Studien."

Im Sommer nach meinem zweiten Jahr in der Filmschule brachten Norman und ich mehr Zeit mit dem Studium von Heilkräutern und dem Besuch von Zusammenkünften und Zeremonien der Ureinwohner zu. Ich saugte alles, was ich sah und ausprobierte, wie ein Schwamm in mich auf, und Norman liebte wahrhaft ihre Traditionen. Er war sehr fürsorglich mit den Menschen, mit denen wir zusammenkamen, und ich sah sein großes, mitfühlendes Herz, wenn er sie kostenlos als Chiropraktiker oder Heilpflanzenkundler behandelte. Das reguläre kanadische Gesundheitssystem kam für viele dieser Heilmethoden nicht auf und die Versicherungen waren nur wenig besser. Die meisten Ureinwohner hatten keine zusätzliche Krankenversicherung. So waren Normans Bemühungen Geschenke seines guten Willens. Ich arbeitete auch gerne mit ihnen. Ihre Disziplin und ihr Verständnis für die Verbindung zur Natur und dem gesamten Planeten waren überwältigend. Das machte sie für mich zu angenehmen und einfachen Patienten.

Mit dem Beginn meines dritten Jahres in der Filmschule wurde mir deutlich, dass ich noch einiges in meinem Leben verändern musste, um angemessen auf die Aufgaben meines Studiums gerüstet zu sein. Mich von der Radiomoderation zurückzuziehen schien die beste Option, und so trennte ich mich ohne Bedauern von meinem Sonntagsspaß. Schließlich sollte es nur ein zeitweiliger Job sein.

„Wir sollen nicht einen sondern zwei größere Filmprojekte in diesem Jahr in Angriff nehmen", sagte ich zu Norman und Matthias beim Abendessen, „einen an jedem Semesterende."

„Und weißt du schon, welche Filme du machen wirst?", fragte Norman und nahm sich noch eine Riesenportion von seinem herrlichen Salat. Er war Vegetarier und die Salate, die er mixte, waren köstlich.

„Brauchst du noch irgendwelche Originalmusikstücke?", fügte Matthias, den Mund voll mit Salat und Sprossen, hinzu. „Weil ich dir damit helfen könnte, wenn du willst."

„Ja. Und ja", antwortete ich und genoss die von Norman zubereitete Salatsauce.

Oft konnten wir drei erst beim Abendbrot unser Zusammensein genießen, weil unser voller Tagesplan uns nicht mehr Zeit gestattete. Matthias war mit dem Geschirrspülen dran, und ich konnte mich in mein Schlafzimmer einschließen und an meinen Drehbüchern arbeiten. Ich brauchte nicht lange dazu, weil ich sie eigentlich schon fertig im Kopf hatte.

Die Filme sollten sozusagen als Paar, die sich in Raum und Zeit ergänzen, miteinander zu tun haben. Bei einem handelte es sich um eine Kurzgeschichte über vier Frauen, die individuell und als kleine Gruppe von Freundinnen ihre weibliche Natur mit all ihren Emotionen und intellektuellen Befindlichkeiten entdecken. In dem anderen Film war der Protagonist ein junger Journalist, der gerade von seiner geliebten Freundin verlassen wurde und der nun zu entdecken sucht, was es heißt, ein moderner Mann zu sein. Einer, der den Bedürfnissen und Wünschen einer modernen Frau begegnen kann.

„Weißt du", sagte ich zu Norman, „manchmal ist es für uns alle verwirrend, sowohl für Männer als auch für Frauen, uns in unseren neuen Rollen in der heutigen westlichen Welt zu definieren und einzupassen. Männer waren mal Jäger, Ernährer, und Frauen diejenigen, die die Pflege übernahmen. Aber heute sind unsere Rollen nicht mehr so klar. Und oft weiß keiner mehr so recht, welche Sorte Mann oder Frau er sein soll."

Ebenso wie die Charaktere in meinem Filmen versuchte auch ich meine Beziehung mit mir selbst zu ergründen. Und auch die mit Norman.

Keiner kennt den anderen gut genug – dachte ich. Und es ist schwer vorherzusagen, wie die Zukunft für uns aussehen wird.

In der Zwischenzeit gaben Norman und ich unser Bestes, um mit den Anforderungen des Lebens fertig zu werden. Er brachte mir weiter Blumen, mit denen er dauernd die alten ersetzte, die in der Vase verblühten. Es waren meist Margeriten, die uns damals am besten gefielen. Die stets frischen Blumen auf unserem Esstisch erinnerten mich jedes Mal, wenn ich sie sah, an unsere gegenseitige Zuneigung.

Nachdem ich die kurzen Filme aufgenommen hatte, wusste ich, noch bevor ich sie bearbeitet hatte, dass der Film über die Männer mein Favorit sein würde. Er war in schwarz-weiß und mein wundervoller Darsteller Vieslav Krystyan spielte die Hauptrolle. Nicht nur meine Professoren und Mitstudenten gefiel dieser Film, er machte sich auch gut in einigen größeren internationalen Filmfestivals in London und Norwich, UK. Sie erkannten ihn an ohne zu wissen, dass ich noch studierte und führten ihn als professionelles Projekt vor und nicht als Arbeit einer Studentin. Das zahlte sich für mich aus, denn nun hatte ich schon lange, bevor ich meine Abschlussprüfung im nächsten Jahr absolvierte, Ansehen bei internationalen Festivals gewonnen.

***

Jetzt war Frühling und das zweite Semester des dritten Jahres stand kurz vor seinem Ende.

Spät am Abend, wenn Norman noch in seinem Zimmer las, schaute ich von meinem Schlafzimmer aus durch die hohen Fenster in die Sterne. Ich öffnete gerne die Vorhänge, nachdem ich das Licht gelöscht hatte und betrachtete vor dem Einschlafen die Sterne. Auch am Morgen beim Erwachen den klaren Himmel zu sehen, war die beste Art, mich auf einen langen Arbeitstag vorzubereiten.

Durch meine Wahrnehmung – dachte ich an dem Abend – habe ich besondere Neigungen, glaube, was ich für wahr halte und erlebe, was ich wichtig finde. Nichts von alledem ist real, wie Rhami-yata sagt, alles ist jedoch wichtig für meine Entwicklung.

Ich schloss die Augen und war kurz vor dem Einschlafen, aber dann merkte ich, dass der Meister mich in den Tempel einlud. Ich ging stattdessen in Trance und befand mich schnell in der Kammer der Sieben Mächte. Nicht nur Rhami-yata sondern auch Rha-Thao und Big Bear warteten dort auf mich.

„Du wolltest mich sehen, Vater?" Ich war gespannt, was er von mir wollte.

„Du bekommst heute ein Geschenk, Hermenethre", sagte Rhami-yata.

„Was denn für ein Geschenk?"

„Das Geschenk der ‚Elf'", sagte er, und in Sekundenschnelle schwebte ich horizontal in der Luft.

Meine Sicht verschleierte sich und ich schloss die Augen. Ich fühlte, dass die Priester des Tempels die Kammer betraten.

Welch eine Menge – dachte ich.

Dann wurde ich zu einer Art Brücke, wie das schon zweimal vorher geschehen war, die alle mit allem verband und ein Gefühl der Einheit erzeugte.

Die Zeremonie meiner dritten Initiation hatte begonnen. Es war die schönste Einweihung von allen, die ich bisher gehabt hatte.

Ich fühlte die Energie des Geschenks der „Elf" in meinen schwebenden Körper eindringen. Es war, als ob tausende von Funken von den Fingerspitzen bis in die Zehen in mir prickelten. Dann hörte ich mich laut in einer uralten Sprache singen. Ich konnte die Worte nicht verstehen, aber ich wusste, was sie bedeuteten:

> „Ich erlebe es, eins mit dem zu sein, der Alles ist,
> Ich bin eine Regenbogenbrücke zwischen Allem und meiner Seele.
> Ich unterwerfe mich und werde zu Eurem Gefäß,
> Ich empfange Euch und spende Euch Segen,
>
> Liebe und Gnade, seid gesegnet,
> Ich bin eins mich Euch,
> Ihr seid eins mit mir."

„Das Geschenk der ‚Elf' wird dir helfen, dich von deinen vergangenen Gedanken und Taten zu reinigen. Es wird die Frequenz deiner Schwingungen erhöhen", hörte ich Rhami-Yata sagen. „Dein Körper wird auf diese Weise erneuert, verjüngt."

„Die Priester helfen mir, mein Karma zu reinigen! Und mein Körper wird nicht so schnell altern!" Ich fühlte, wie sich die Worte in Gedankenform bildeten: „Oh Rhami-yata, das ist ein wundervolles Geschenk."

Dann fühlte ich eine kurze Berührung des Meisters auf meiner Stirn und die Worte in Gedankenform verschwanden rasch aus meinem Geist und ließen ihn leer zurück.

„Das ist noch nicht das Ende der Zeremonie", hörte ich ihn sagen. „Du empfängst nun Geschenke von Rha-Thao und Big Bear, die die Lehren vervollständigten, die du von ihnen erhalten solltest."

Drei Energiekugeln drangen in mich ein und sie fühlten sich an wie Feuerbälle, die ein Drachen ausgespien hatte. Sie waren anders als die, die ich gewöhnlich während der Zeremonien empfangen hatte. Sie schienen heiß und brennend zu sein wie von tausend Kerzenflammen. Ich wusste, es mussten Rha-Thaos Geschenke sein und ich irrte mich nicht.

Sein „feuriges" Geschenk war dazu da, dass meine Seele ihre eigene, ewige Natur und das große Glück, das in mein Leben kam, zu erkennen.

Rha-Thao riet mir, danach eine Woche lang eine bestimmte Diät einzuhalten, damit sein Geschenk auch meinen Körper infiltrieren könne. Er riet mir, nur „junges Essen" zu mir zu nehmen.

Rhami-yata erklärte mir später, dass Rha-Thao Sprossen, jungen Salat und frische Säfte für die geeignetste Nahrung hielt um einen jung und stark zu erhalten. Tatsächlich sah Rha-Thao aus, als sei er ewig jugendlich und nur seine große Weisheit verriet, dass er ein sehr alter Mann war.

Big Bears Geschenk war ebenso stark. Drei Energiekugeln drangen in meinen Körper ein. Auch sie waren sehr deutlich in ihrer Art: Sie fühlten sich an wie frische, blaue Wasserfälle – so war ihre flüssige „Konsistenz". Sie sollten in mir die Fähigkeit wachrufen, die Kreisläufe zu verstehen, ihren Reichtum und die Probleme unseres Planeten. Sie würden mich ferner befähigen, jederzeit in meinem Leben einen Weg zu finden, effektiv und hilfreich die Belange der Erde in die Hand zu nehmen, wenn es erforderlich war.

Ich spürte die Schönheit von Big Bears großzügigem Geschenk und seinen mächtigen Einfluss auf mein Bewusstsein. Wellen der Liebe zur Erde, zu allen Tieren und Planzen stiegen in mir auf, füllten meine Seele und jede Zelle meines Körpers, als ersetze die blaue Energie von Big Bears Geschenk mein Blut.

Nun, – dachte ich – sei die Zeremonie vorbei und wollte meine Augen öffnen.

„Noch nicht", sagte der Meister, „es ist Zeit für ein weiteres Geschenk."

Da war es. Noch eine Reihe von drei Energiekugeln schwebten heran und drangen in meinen Körper ein. Diesmal war es Rhami-yatas Geschenk, der entschieden hatte, es sei der rechte Augenblick für mich, es zu erhalten.

Sein Geschenk sollte mein Bewusstsein erweitern und mir behilflich sein in meinem Bestreben, die Materie zu verstehen und zu beherrschen. Ich fühlte seine schimmernde ‚luftige' Beschaffenheit, als habe jemand ein Fenster geöffnet und frische Luft umschmeichele meinen Körper, während meine Seele umherschaute, nun, da sie eine bessere, weitere Sicht hatte.

Das Kribbeln in meinen Fingern und Zehen wurde stärker als zu Beginn der Zeremonie. Das bedeutete, dass sich meine Schwingungen durch die großherzigen Geschenke aller drei Meister noch schneller erhöhten.

Jetzt war die Zeremonie zu Ende. Ich wusste, dass auch die Zeit gekommen war, sich von Rha-Thao und Big Bear zu trennen. Ihre Aufgabe war erfüllt und ich betrat den nächsten Pfad meines Trainings und Wachstums.

Meine Spontaneität übermannte mich. Ich lief zu den zwei Meistern und umarmte sie vor allen Hohepriestern, die der Zurschaustellung meiner Zuneigung, eine ganz unübliche Geste im Tempel, zuschauten. Niemand sagte etwas. Ich sah, dass sowohl Rha-Thao als auch Big Bear ihr Lächeln zurückhielten und dass ihr Blick sich verschleierte. Das konnte aber auch mein Wunschgedanke sein.

Von den Hohepriestern begleitet verließen die beiden Meister die Kammer. Für einen Augenblick schwieg ich, bevor ich zu Rhami-yata schaute. „Darf ich die drei Geschenke, die ich von ihnen und dir bekommen habe, ‚das Geschenk von neun mal drei und dreimal neun' nennen?", fragte ich.

„Ja, das darfst du, Hermenethre", sagte er. „Und nun ehre die Sieben Mächte, die die Welt erschufen."

Von der heiligen Öllampe nahm ich brennendes Öl und fertigte sieben Kerzen für die Mächte. Die Statuen, die sie repräsentierten, schienen jede meiner Bewegungen zu beobachten.

„Vater", flüsterte ich. „Sehen sie alles, was wir tun?"

Er lächelte. „Ihre Augen schauen nicht."

„Ich meinte die Mächte. Nicht die Statuen", sagte ich.

„Ich auch." Er fuhr fort zu lächeln.

„Aber... wissen sie?", flüsterte ich weiter.

„Was denkst d u denn, Hermenethre?"

„Ich hoffe, sie sehen zu. Und ich hoffe, sie tun es nicht."

Er nickte verständnisvoll.

„Rhami-yata, wo soll ich meinen nächsten Pfad beginnen? Und muss ich immer noch zweimal in der Woche Leuten helfen und sie heilen?"

„Nein, das brauchst du nicht mehr", antwortete der Meister. „Dieser Teil deines Trainings ist vollendet. Du kannst weiter deine Fähigkeiten zu heilen verwenden, wenn es angemessen ist, aber nicht mehr so regelmäßig wie bisher."

„Danke." Ich seufzte vor Erleichterung. „Damit gewinne ich viel Zeit. Was soll ich stattdessen tun?"

„Es gibt nichts, das du ‚stattdessen' tun musst. Fahre fort zu lernen, deine Talente und Fähigkeiten weiterzuentwickeln und wachse, um die reine Liebe und Macht der Höchsten Schwingung zu verstehen."

Ich nickte.

Er machte deutlich, dass es wichtig sei, meine Intentionen zu erkennen, während ich mein Leben gestaltete und teilte und meine Filme drehte. Und dass die Kunst Lieben zu lernen Hand in Hand gehe mit dem Öffnen meines Herzens für andere und „das Geschenk des Verständnisses", wie er sich ausdrückte, in ihre Hände zu übertragen. Das würde ihnen dann helfen sich selbst zu heilen und zu wachsen und ihrerseits ihre Herzen für andere zu öffnen.

„Ich verstehe", sagte ich. „Nicht mein Wissen, nicht meine Talente und Fähigkeiten helfen der Welt weiter, sondern wenn ich mein Herz für die Welt öffne. Das macht den wirklichen Unterschied."

„Das ist richtig", sagte der Meister. „Und jetzt, verbinde dich mit deinem Körper."

***

Ich erwachte aus der Trance und meditierte eine Weile über das, was sich ereignet und was ich gelernt hatte. Das „elektrische" Gefühl, dass ich in Händen und Füßen seit meiner ersten Initiation hatte, war jetzt stärker.

Mm, hmm – dachte ich. Noch etwas, woran ich mich gewöhnen muss, aber ich werde es mit der Zeit weniger spüren.

Dann ging ich in Normans Zimmer. Er war immer noch wach und las und ich teilte ihm mit, dass ich nicht länger Patienten in seiner Praxis behandeln würde.

„Ich beschreite den nächsten Pfad meines Trainings", sagte ich. „Ich muss mir überlegen, wie ich mich am besten in die Welt verliebe."

Norman verstand nicht ganz, was ich da sagte, obwohl er meine Wahl respektierte.

Mi-Katze hatte kein Problem meine Bestrebungen zu verstehen und sich damit in Einklang zu bringen. Schließlich war sie die „heimliche Meisterin" und schnurrte vor Liebe für die Welt. Ich war sicher, dass sie das schon seit Ewigkeiten tat und nicht erst, seit ich sie kannte.

Wir schliefen beide zusammengerollt auf meinem hölzernen Bett ein und der klare Morgenhimmel sah zu, wie wir zu einem wahrhaft wunderschönen kommenden Tag erwachten.

Kapitel 14
Die Treppe zur Befreiung

Es war wieder September. Toronto vibrierte in warmen Herbstfarben und ich fand, dass es nirgendwo so schön war wie hier.

Das vierte Jahr in der Filmschule hatte angefangen und ich arbeitete schon an meinem Projekt zum Ausbildungsabschluss für das letzte Jahr. Das Drehbuch war bereits im Sommer fertiggeworden und ich wollte den Kurzfilm drehen, bevor das Wetter sich änderte. Die Handlung, die ich geschrieben hatte, erstreckte sich über zwei Perioden: den Sommer 1945 in Deutschland und den jetzigen Herbst in Toronto.

Es war die Geschichte von Jan, einem jungen Mann, der aus Europa kommt, um seinen Großvater in Toronto zu suchen. Dieser Großvater, Brian Forsythe, ein britischer Leutnant im Ruhestand, ist nach dem Krieg nie nach Hause zurückgekehrt und nun fordert der Enkel eine Antwort von ihm: Warum hat der Großvater seine schwangere Frau im Stich gelassen? Denn die verheerenden Auswirkungen seiner Abwesenheit hat sogar noch der Enkel zu spüren bekommen. Nun hat der zornige, junge Mann die Chance, bei der Gegenüberstellung mit seinem lange gesuchten Großvater Verständnis und Vergebung zu lernen. Ein altes Rätsel wird aufgedeckt – ein dramatisches Ereignis am Ende des Krieges, das tief in das Schicksal der Familie eingegriffen hat.

Ich drehte die Szenen, die in der Gegenwart spielten, in schwarz-weiß und die Vergangenheit in Farbe mit einem besonderen Filter vor der Linse, die die warmen Farbtöne hervorhob. Mein Freund und wunderbarer Schauspieler Vieslav Krystyan spielte zwei Rollen in dem Film: Den zornigen jungen Enkel Jan, und den jungen Brian. Für die Rolle des älteren Brian hatte ich Gerald Pratley gewonnen, auch der ein meinem Herzen nahestehender Freund, der lange Zeit Champion der kanadischen Filmindustrie, Gelehrte und Filmkritiker war. Er war der erste Filmkritiker für CBC (1948), und Direktor des hoch geschätzten Ontario Film Institute, das er 1968 gründete – er bekam Kopien der besten und wichtigsten Filmen aus der ganzen Welt, katalogisierte sie und führe sie vor. So kam Kanada dank Gerald in den Besitz einer Art Filmbücherei, eines großen Archivs all dieser wundervollen Filme. 1990 übernahm das internationale Toronto Film Festival das Management des Instituts. 1984 bekam Gerald die „Medaille von Kanada" und 2002 eine besondere Genie - Auszeichnung. Gerald Pratleys Schauspieldebüt war seine erste und letzte Filmrolle. Er wurde bald aufgrund seines Alters krank und starb 2012 im Alter von 87 Jahren. Seine Rolle in „Cherries for Brian" wurde zu einer wahren Rarität.

Ich machte meinen Abschluss in der Filmschule mit Auszeichnung und dankte Rhami-yata für seine unschätzbare Methode zum besseren Lernen. Meine Abschlussarbeit kam bei einigen der internationalen Filmfestivals in Europa und Nordamerika gut an und ebenso wie der Kurzfilm über Männer wurde er nicht als eine Arbeit von Studenten sondern als ein professionell gedrehter Film vorgeführt.

Es wird Zeit, mich als Filmemacherin zu definieren, – dachte ich – und addierte meine neuen Erfolge zu meinem Lebenslauf.

„Ich möchte Spielfilme machen", verkündete ich Matthias und Norman, während wir den üblichen Salat zum Abendessen verspeisten. „Ich möchte sie produzieren, das Drehbuch schreiben und Regie führen."

„Dann sammelst du besser Erfahrungen", sagte Norman. „Du brauchst einen Job, der es dir erlaubt, diese Fertigkeiten zu üben."

Ich lächelte. Wer um alles in der Welt würde eine Filmemacherin, die gerade ihren Abschluss hinter sich hatte, produzieren und Regie führen lassen und dafür auch noch bezahlen – dachte ich.

„Ich glaube kaum, dass es so einfach sein wird, wie du vorschlägst", sagte ich.

Aber wie üblich überraschte mich das Leben in seinen unendlichen

Möglichkeiten mit einer ungewöhnlichen, unvorhergesehenen Kette von Ereignissen. Einer der Produzenten einer kleinen, unabhängigen Filmgesellschaft in Toronto, Great Western Paradise Films, hatte meinen Abschlussfilm gesehen und rief mich an.

Ross bot mir einen Vertrag an. Ich wurde beauftragt, einen Spielfilm mit zu produzieren. Ich übernahm auch kleine Projekte für sie wie TV-Werbefilme und Musikvideos, in denen ich produzierte, die Regie führte und die künstlerische Leitung übernahm. Nach eineinhalb Jahren lief mein Vertrag aus und es wurde Zeit, etwas Neues zu machen. Ich hatte die Wahl, einen gut bezahlten Job in einer anderen Produktionsfirma zu finden oder meine eigenen Kräfte auszuprobieren.

Mein Plan war, eigene Spielfilme zu drehen. Das war aber unmöglich, wenn ich noch bei einer Produktionsfirma angestellt war. Ich hätte weder genügend Energie noch Zeit in meine Ideen stecken können. Es war eine sehr harte Entscheidung. Keinen sicheren Job zu haben und mit nichts irgendwo anzufangen, war ganz schön beängstigend. Aber ich wagte den Schritt.

Ich fand einen Halbtagsjob als Sekretärin, damit ich meine Rechnungen bezahlen konnte. Es war ein betriebsames Büro einiger Psychologen und Psychotherapeuten, die sich unter einem Dach zusammengetan hatten. Ich sagte nichts von meinem eigentlichen Beruf aus Angst, dass sie mich nicht angestellt hätten, wenn sie ihn gekannt hätten.

Dieser Halbtagsjob ließ mir genügend Zeit meinen Träumen nachzugehen. Jeden Tag schrieb ich in der U-Bahn zur Arbeit und von der Arbeit an meinen Drehbüchern. Über mehrere Jahre schrieb ich an einigen ersten Entwürfen.

Zu dieser Zeit begrüßten Norman, Matthias und ich ein neues Familienmitglied.

„In meinem Yogakurs gibt es eine Frau, die von einem jungen Beagle weiß, der zur Adoption frei ist," sagte Norman.

Matthias und ich reagierten begeistert auf diese Neuigkeit und bald kam Rita, das Beaglemädchen in unser Haus. Mi-Katze war sehr interessiert an dem Neuankömmling und kam gut mit ihm aus. Für Normans Sativa waren Hunde nichts als Unsinn. Sie brauchte viel länger um zu akzeptieren, dass Rita nicht so bald wieder ging. Sie hörte nie auf zu fauchen und benutzte oft ihre Krallen, wenn sie der hüpfenden, rötlichen, langohrigen Kreatur begegnete.

Unsere Nachbarn beschwerten sich über Ritas lautes Geheul, wenn wir unterwegs waren.

„Was sollen wir bloß machen? Beagle sind Jagdhunde, die im Rudel leben. Sie wissen nicht, wie man alleine lebt."

Und das war der Grund, dass Lucky erschien. Er sollte Rita Gesellschaft leisten und sie glücklich machen.

Ich wollte immer einen australischen Hütehund haben, der auch „blauer Schäferhund" genannt wird. Als Züchtung aus wilden Dingos, gemischt mit einigen anderen Züchtungen, sollten sie „Super-Hunde" sein. Sie brauchten wenig Training, waren smart, loyal, stark, mittelgroß, sahen irgendwie wild aus und waren zur Begleitung australischer Farmer und zur Bewachung von deren Herden gezüchtet.

Der junge Lucky wurde auf der Stelle mein geliebter „Wunder–Hund", während sich Rita stark an Norman anschloss, der ihr Held war. Interessanterweise zeigte die Aufteilung der Hunde, was zwischen Norman und mir geschah. Wir hatten noch immer viele emotionale Wunden zu „versorgen" und waren offenbar außerstande uns selbst oder dem anderen zu helfen.

Meine Tätigkeit zu Heilen ist beendet, – dachte ich – wir haben immer weniger gemeinsam.

Es gab einen Moment, an dem ich ganz klar erkannte, was geschehen würde. Als meine Mutter mir nämlich Geld schickte und ich beschloss, es als Anzahlung für ein neues Haus zu verwenden, war Norman nicht begeistert von der Idee und ich sah das Unausweichliche kommen. Es gab kein „wir" mehr. Da war „er" und hier war „ich", aber wir waren nicht wirklich verbunden.

„Ich ziehe um, mit dir oder ohne dich", sagte ich. „Tu, was du für dich für richtig hältst."

Seine dunkeln Augen blickten mich mit tiefer Sorge an. Er war ein sehr sensibler Mann und ich hatte gemerkt, dass er, genau wie Rita, nicht alleine sein konnte. Er beschloss mir zu folgen, und so zogen wir gemeinsam in das neue Heim um und hofften, dass es unsere auseinanderfallende Beziehung retten würde.

Das Haus, das ich kaufte, war ein zweistöckiges, halb freistehendes Gebäude in einer ruhigen Wohngegend, nicht allzu weit vom Stadtkern entfernt. Um die Ecke gab es eine U-Bahnstation, was es zu einem praktischen Standort für uns alle drei machte.

Die Katzen und Hunde liebten den geräumigen Garten, und ich konnte mich wieder darin für Stunden aufhalten und gärtnern, gestalten und die frische Luft genießen, wann immer es mir zeitlich möglich war. Im zweiten Stock gab es ein separates Appartement mit zwei Schlafzimmern, das eine willkommene Hilfe für die Abzahlung der Hypotheken darstellte, nachdem ich es an ausländische Austauschstudenten vermietet hatte. Diese Strategie half mir auch meine Pläne zum Aufbau meiner Filmkarriere weiter zu verfolgen, und ich fand es herrlich, nicht irgendeine Arbeit tun zu müssen, die mir nicht gefiel.

Unsere Wohnung unten bestand aus dem ersten Stock und dem Parterre und obwohl sie mit drei Leuten und Tieren ‚angefüllt' war, hatten wir doch genügend Platz füreinander.

Nach vorherigem Streichen der Wände und dem wieder Auffrischen der Fußböden war es ein freundliches, sauberes und warmes Haus.

Die größte Aufgabe, die anstand, war der Garten. Auch mussten wir die alte Garage abbauen und ein Schreibstudio dafür bauen. Chris, einer meiner Freunde, betrieb eine Abriss-Baufirma und seine Arbeiter taten Wunder, als sie das Grundstück hinterm Haus in einen wunderschönen Garten verwandelten und dem herrlichen Studio, das mit Ahornholz fertig gestellt war, Leben einhauchten.

Der blauäugige, blonde und energiegeladene Chris mittleren Alters hatte mir nur wenig für Material und Arbeit in Rechnung gestellt und ich konnte ihm nicht genug danken für das großzügige Geschenk.

„Ich möchte nur, dass du gute Filme machst, wenn deine Zeit gekommen ist", sagte er. „Ich hoffe, das Studio und der Garten machen dich froh und sie inspirieren dich zu wunderbaren Geschichten."

Ich fühlte mich richtig wohl, wenn ich die Welt ausgeschlossen hatte und an meinen Drehbüchern arbeitete. Das Studio, das im Winter geheizt war, wurde zu meinem geschätzten Rückzugsort rund ums Jahr. Die ganze Nachbarschaft bewunderte das Kunstwerk, das Chris' Leute für mich geschaffen hatten.

„Es sieht aus wie ein herrliches, kleines, hölzernes Wochenendhäuschen", pflegten sie voller Staunen zu sagen.

***

Mehrere Jahreszeiten gingen ins Land und ich studierte weiter mit Rhami-yata. Jedes Ereignis in meinem Leben war wie eine Exkursion, bei der ich praktizieren konnte, was ich gelernt hatte. Nein, ich war nicht die beste Studentin, die ich sein wollte. Ich machte oft Fehler und lernte mehr und mehr über meine Schwächen und Unzulänglichkeiten.

„Es ist genauso, wie es sein soll", pflegte der Meister zu sagen, wenn ich mich bei ihm über mich selbst beklagte oder über mein Leben. „Du bist kostbar und perfekt in allem, was du für Fehler hältst."

Ich fragte ihn immer wieder nach der Befreiung der Seele und er sagte mir immer aufs Neue, es seien Schritte nötig, um das zu erreichen. Er riet mir, mein Leben in vollen Zügen zu erfahren und erinnerte mich jedes Mal, wenn ich fragte, dass es das Beste sei loszulassen.

„Lass die Bemühungen los und das Kontrollieren, lass die Erwartungen und Ängste los."

„Und wie stellst du dir vor, dass ich das mache?", wiederholte ich immer ungeduldig. „Wie funktioniert das ‚Loslassen' denn genau?"

„Füll dich mit Vertrauen", sagte er.

Meine vierte Initiation sollte in ein paar Wochen stattfinden. Ich fühlte mich noch nicht bereit. Ich beobachtete mein Ego, das „trat und biss" und mit meiner Seele rang. Ich verlor die Hoffnung, dass ihr Kampf irgendwann bald vorüber sei und ließ sie machen, was sie wollten. Ich fing sogar an, mein Ego gern zu haben für seine ehrgeizige Haltung. Es hatte stets nach den besten Noten gestrebt, selbst beim „Loslassen".

Gerade als ich aufgegeben hatte, dass mein Ego und meine Seele sich einig würden, beschloss Rhami-yata, dass ich nun bereit für die nächste Einweihung sei.

Alle unsere Hohen Priester hatten sich in der Kammer der Sieben Mächte versammelt, um mich zu befähigen, die vierte Schwelle unseres Tempels zu überschreiten. Sie hielten brennende Öllampen. Noch nie hatte ich die Kammer so hell erleuchtet gesehen.

Warum die Öllampen? – dachte ich. Aber noch bevor ich mich noch danach erkundigen konnte, schwebte ich bereits in der Luft. Mein Geist wurde leer, und wie bei den vergangenen Einweihungen wurde ich zu einer „Brücke", die keine Fragen stellte und nur das Eins sein mit dem All erlebte.

Nach der Zeremonie, als alle gegangen waren, saßen Rhami-yata und ich auf dem Steinboden.

„Du wirst den nächsten Pfad beschreiten, bis die Aufgabe erfüllt ist", sagte der Meister. „Du wirst erfahren, was wahre Führung bedeutet und lernen, von der falschen Vorstellung abzulassen, die deinen Wunsch unterstützt, etwas Besonderes zu sein."

Ich hustete, um meine Verlegenheit zu bemänteln.

„Denk daran", fuhr mein gnadenloser Lehrer fort, „jeder i s t schon besonders. Aber wenn du nicht versuchst irgendetwas zu beweisen und dich der wahren Führung unterwirfst, wirst du die Herrlichkeit aller Dinge erfahren, dich eingeschlossen, nicht ausgeschlossen."

„Großartig zu sein ist das Schwerste, was man zu sein versuchen kann", sagte ich nach einer Pause.

„Und es ist nur möglich, wenn man sich nicht bemüht", antwortete Rhami-yata.

Ich versuchte zu gehorchen. Es klappte nicht, weil ich mir Mühe gab.

Der Weg loszulassen, war kein einfacher Weg für mich. Ich war es gewöhnt, Dinge geschehen zu lassen und meine persönlichen Kräfte und meinen Willen dabei einzusetzen und meiner Vorstellung zu folgen. Wahre Führung katte nur wenig Chancen mein eigensinniges Herz zu erreichen.

***

In der Zwischenzeit war mein Sekretärinnenjob vorbei. Und um noch eine andere Arbeit zu finden, mit der ich meine Rechnungen bezahlen konnte, fing ich ein neues Projekt an: eine Schauspielschule für Kinder und Jugendliche. Basia war meine Partnerin bei diesem Unternehmen, genau wie vor Jahren, als wir gemeinsam eine kleine Theaterkompanie aufgebaut hatten.

Am Tag unserer Eröffnung hatten wir über hundert Anwärter. Es machte großen Spaß, war aber auch viel Arbeit. Ich schrieb einige Bühnenstücke und wir produzierten sie zusammen mit unseren Schülern, Tänzern und Schauspielern. Und wir hatten Erfolg.

Ich dachte über den nächsten Schritt nach. Eins der Stücke, das ich geschrieben hatte, mochte ich besonders, eine Fantasy/Abenteuer/Mystery – Geschichte über einen Bruder und eine Schwester. Die beiden finden sich plötzlich in einer anderen Welt namens Dachbodenstadt wieder, wo sie sich einer Armee von Räubern gegenübersehen und allen anderen helfen müssen.

Als ich den Erfolg sah, machte ich daraus ein spielfilmlanges Drehbuch. Ich veränderte die Handlung und fügte noch viele andere Gestalten zu der Geschichte hinzu. Die Räuber, die auf der Bühne von Tänzern gespielt worden waren, wurden zu Schatten, die auf der Leinwand zu kriegerischen Schauspielern wurden. Die Geschichte wurde mit visuellen Effekten ausgeschmückt, und ich wusste, es würde nicht einfach sein, sie in die Tat umzusetzen.

Ich entschloss mich, den Film selbst zu produzieren und die Regie zu führen. Es war ein großes Unterfangen, aber ich hatte das Gefühl, für diese Herausforderung bereit zu sein.

Kurz bevor ich die Produktion begann, starb Miss Stella. Sie war achtzig Jahre alt geworden und hatte keine Familie.

Ich wollte mich um die Beerdigung kümmern, doch fand ich heraus, dass sie schon selbst dafür Sorge getragen hatte. Die gute Miss Stella war immer sehr wohlüberlegt und unabhängig gewesen. Sie hatte mir auch etwas vererbt, das eine große Überraschung für mich war.

„Ich hatte nicht erwartet, dass sie überhaupt Geld besaß", sagte ich zu Ella, die mich tröstete, als ich lange nachdem die traurige Zeremonie vorbei war, immer noch weinte. „Sie hat ein so bescheidenes Leben geführt. Wer kommt denn darauf, dass sie noch etwas beiseite gelegt hat?"

Es war kein großer Betrag, aber immerhin reichte es, um einige Ausgaben für den Film davon zu bestreiten. Miss Stellas Ersparnisse kamen gerade richtig, um zu dem Projekt beizutragen.

Die Beerdigung fand auf einem Friedhof im West End statt und als ich nach Hause kam, zündete ich eine große Kerze für Miss Stella an. Es war eine von den Kerzen, die eine Woche oder länger brennen würden. Als sie heruntergebrannt war, ersetzte ich sie durch eine neue. Und dann noch eine und so weiter. Drei Jahre lang.

Ich war die einzige, die sich an sie erinnerte, das wusste ich. Miss Stellas unfreundlicher, kratzbürstiger Charakter hatte jeden potentiellen Anwärter auf eine Freundschaft mit ihr verscheucht. Außer mir hatte keiner ihr großes Herz erkannt, das sie vor der Welt verbarg, die sie offenbar so verletzt hatte.

***

Kurz nach meiner vierten Einweihung stellte mich Norman einem seiner Bekannten vor. Wir trafen ihn zufällig im Park, als wir mit den Hunden spazieren gingen. Richard war ein blauäugiger, schlanker Astrologe mittleren Alters mit weißen, lockigen Haaren, der auch ein begabter Dichter und Autor war.

Zwei Wochen später erstellte er für mich als Geburtstagsgeschenk von Norman ein astrologisches Horoskop.

„Du hast Neptun in deinem Haus für Schreiben und Kommunikation", verkündete er. „Weißt du, Neptun ist der Planet von Träumern und Filmemachern", fügte er hinzu.

„Aber ich b i n schon Filmemacherin, sagte ich verblüfft und beeindruckt von seiner professionellen Intuition und Erkenntnis. Er wusste nichts von meinem Beruf.

Richard hatte ein alternatives Leben geführt und war immer dem „Ruf der inneren Stimme" gefolgt, wie er sich ausdrückte.

Er war der hingebungsvollste Mensch, den ich je getroffen hatte und ich wusste, dass ich das Loslassen von ihm lernen konnte, das mir so schwer fiel.

Er mietete ein Zimmer bei mir, das er sich mit Miho, einer jungen Japanerin, meiner anderen Mieterin teilte.

Über die Jahre gehörte Richard zu dem Kreis meiner engsten Freunde und wurde zu einem der Menschen, denen ich lernte zu vertrauen.

Später half er mir zusammen mit Basia und Ella ein internationales Filmfestival für Fantasy – und Sciencefictionfilme ins Leben zu rufen, das ich einige Jahre leitete. Auch bei anderen Projekten, die mir in den Sinn kamen, war er immer hilfreich zur Stelle.

Eines Tages nahm Richard und sein enger Freund mich mit zu einer Vorführung für Computer Software, die Menschen bei ihrem Selbstheilungsprozess unterstützen sollte.

„Du brauchst dich nur zu entspannen und deine Gedanken zu beobachten", sagte Cathy, die dunkelhaarige, ungarisch stämmige Frau mit den dunkeln Augen, die uns die interessante Erfindung ausprobieren ließ.

Sie führte mich in den Computerraum, in dem es einige Bildschirme gab, die eine Abfolge von einfachen geometrischen Mustern zeigte. Ich betrachtete sie und entspannte meinen Geist, indem ich den Anweisungen folgte.

Als Cathy mich wieder aus dem Raum rief, sagte ich ihr, ich wolle eine Sitzung buchen und die Software kaufen, damit ich sie zu Hause abspielen konnte.

Ich ließ das Programm oft laufen, sogar in der Nacht, wenn ich schlief. Das geometrische Muster erinnerte mich irgendwie daran, was ich bei meinen Patienten „gesehen" hatte. Mein Schlaf wurde friedlicher und ich wachte gut erholt am Morgen auf.

Entweder funktioniert die Software wirklich, – dachte ich – oder ich wollte und erwartete es einfach und das ließ mich den Effekt wahrnehmen.

Interessanterweise gab es noch ein anderes Resultat, das durch mein Experimentieren mit der Software ans Licht kam: Schritt für Schritt klärten neue Einsichten meinen Geist.

***

Ich ging zum Tempel und erzählte Rhami-yata von meinen Einsichten. Er hörte genau zu und bat mich dann, alles in mein Tagebuch zu notieren.

So erstellte ich eine Liste, zu der ich immer Zugang hatte. Sie sollte mich jederzeit an Dinge erinnern, die ich auf meinem Weg zur Befreiung praktizieren wollte. Sie sah so aus:

Treppe zur Befreiung

1. Gefangen in der Illusion ist es einer *eingekerkerten Seele* nicht möglich, eine bewusste Wahl für das Wie und das Wo ihres Aufenthaltsortes zu treffen. Oft wird sie vom Ego, den Emotionen oder dem Geist überstimmt, wenn diese auf Ereignisse reagieren.

2. Andererseits benutzt die *befreite Seele* bewusst die Illusion zu ihrer Entwicklung und akzeptiert, was ist, um ihre Schwingungen zu erhöhen. Wenn sie das alte Ereignis hinter sich hat, wählt sie ein neues, ohne dass sie dem Ego oder dem Geist Gelegenheit gibt die Umstände zu kontrollieren oder sie zu vermeiden, weil diese vielleicht für Unbehagen des Körpers oder der Emotionen sorgen oder Wünsche aufkommen lassen.

3. Der Seele verlangt es immer danach zu wachsen. Der Wunsch des Egos, der Emotionen, des Körpers oder des Geistes ist zu kontrollieren, zu vermeiden, zu entkommen, Nachsicht zu zeigen, zu dominieren oder sich zu befriedigen.
   Eine *befreite Seele* wünscht sich neue/andere Erfahrungen im Leben, nachdem die vergangenen ihren Dienst getan haben,

fordert Führung, die Wachstum und mehr Glück verspricht.

Der Wünsch einer *eingekerkerten Seele* rührt, wenn er vom Ego, den Emotionen, dem Körper oder dem Geist überstimmt ist, her von ihrem Unbehagen mit den alten oder dem Missfallen mit den neuen Erfahrungen. Das fordert Widerstand heraus, Leiden, Gewalt oder Manipulation und führt zu noch mehr Unbehagen in ihrem Leben. Selbst wenn der Status oder die Umstände sich ändern, so ist der Fortschritt nur temporär und das Unwohlsein besteht weiter.

4. Das größte Wunder unserer Existenz ist, dass wir alle zum sogenannten „Erwachen" fähig sind und zur Befreiung unserer Seele. Wenn wir bereit sind, geschieht es uns und dann ist es, als bekämen wir ein Geschenk.

Geschenke sind frei. Du bekommst sie, wenn du die Tür öffnest. Du bist bereit die Tür zu öffnen, sobald du erkennst, dass du bereit für ein Geschenk bist. Sich darum zu bemühen macht uns in Wirklichkeit linkisch, blind und taub durch unsere eigenen Konzepte. So versperren wir die Tür und kommen nie zu unserem Geschenk.

***

Ich schloss mein Tagebuch und schaute aus dem Fenster meines Schreibstudios in den Garten.

Mi-Katze, die sich in einem großen Keramikblumentopf eingerollt hatte, sah Lucky und Rita beim Ballspielen zu.

Mi-Katze hatte nie Angst vor den Hunden gezeigt oder mit ihnen gekämpft, als sie noch jung waren und von ihnen gejagt wurde. Sie pflegte sie lediglich ruhig anzuschauen und gab nur manchmal einen kurzen Laut von sich um zu signalisieren, dass sie von dem Spiel genug hatte. Sie hörten dann gleich auf, ohne ihr weh zu tun. Als sie dann erwachsen waren, belästigten sie sie nie und gingen ihr mit großem Respekt aus dem Weg. Ich konnte sie vor ihren Nasen füttern und sie versuchten nicht, nach ihrem Futter zu schnappen.

Ihre Beziehung zu Sativa war ganz anders. Sie hatte Angst vor Hunden und schlug nach ihnen, als sie klein waren. Und jetzt jagten die Hunde sie, wenn keiner von uns aufpasste. Sie verletzten sie nicht wirklich, aber sie ließen sie nicht in Ruhe und bedrohten sie oft.

Ich schaute den Tieren eine Weile zu.

Merkwürdig, – dachte ich – während die Hunde meistens auf eine Situation reagierten, suchte sich Mi-Katze offenbar ganz bewusst aus, wo sie sein oder was sie dort tun wollte.

Ich verließ das Studio und die Hunde liefen mir glücklich zu. Lucky brachte mir den Ball und ich warf ihn für sie. Sie tollten alleine weiter und ich setzte mich zu Mi-Katze. Sie schnurrte, als ich ihr den Kopf kraulte und schloss genüsslich die Augen.

„Wenn eine Seele erst einmal gelernt hat, wie sie ihre Erlebnisse für ihr Wachstum nutzen kann", sagte ich, „annimmt, was ist und bewusst wählt, wie und wo sie als nächstes sein will, dann befreit sie sich von der Illusion."

Mi-Katze öffnete die Augen und musterte mich schnurrend.

Ich lächelte. „Genau wie du. Eine befreite Seele freut sich des Lebens und weiß, wie sie es anstellt, Dinge ohne Kraftanstrengung oder Manipulation geschehen zu lassen und ohne die Gegebenheiten zu kontrollieren."

Sie schnurrte weiter und die sanften Vibrationen ihres Köpers und ihrer Stimme vermittelten mir ein friedliches, frohes Gefühl.

Und genau wie Mi-Katze, – dachte ich – versteht eine befreite Seele die Einheit mit allem. Deshalb kann sie sich an ihrem und an dem Leben anderer freuen und voller Liebe vibrieren. Frei von der Illusion erlebt sie die Wahrheit.

Kapitel 15

Die Schleier vom Sterben und vom Lieben

Ella war völlig verstört und auch mich nahm die Nachricht sehr mit: einer der Tumore, die man Ella operativ entfernt hatte, war bösartig. Sie wollte nicht darüber sprechen. Sie sagte es mir nur am Telefon und wollte dann alleine sein.

„Ich hab genug von all dem", sagte sie. „Das Leben fühlt sich an wie ein Gefängnis und da will ich raus!"

Als sie einhängte, saß ich einfach mit dem Hörer in der Hand an meinem Schreibtisch im Schlafzimmer – lange. Norman las in seinem Zimmer, was sehr ungewöhnlich war. Ich war allein. Schließlich rollte ich mich auf meinem Bett zusammen. Ich hatte noch immer den Hörer in der Hand, als sei er das kostbarste auf der Welt oder als hielte ich Ellas Hand und wollte sie nicht loslassen.

Ich hatte schon während meiner Stunden mit Rhami-yata und meiner Zeit als Heilerin gelernt, dass das Sterben Teil des großen Plans war, der natürliche und letzte Kreis des Lebens. Ella und ich fürchteten uns nicht vorm Sterben. Wir hatten schon viele Male darüber gesprochen. Aber dem natürlichen Tod keinen Widerstand zu leisten und den Tod vor der Zeit zu suchen und willkommen zu heißen waren zwei ganz verschiedene Dinge.

Es war klar, dass Ellas Sehnsucht nach dem Tod nicht von der harmonischen Akzeptanz ihrer Sterblichkeit herrührte. Es war nicht ihre Zeit zu sterben. Ihr Wunsch kam nicht daher, dass sie ihr Leben als vollendet ansah und ihre Seele bereit war für die letzte Reise. Er hatte seinen Ursprung in ihrer Angst, Unzufriedenheit und dem Versuch vor der Welt zu fliehen.

Das konnte ich ihr nicht sagen. Zu diesem Zeitpunkt würde sie für eine solche Diskussion nicht offen sein. Mein Herz, das Herz einer

Heilerin, war voller Mitgefühl. Mein ganzes Sein wollte ihr Leben in seine Hände nehmen, heil machen, was zerbrochen war, ihr Kraft zu geben und Körper und Seele erstarken zu lassen. Dennoch wusste ich, dass diesmal nicht ich es sein würde, die ihr Schicksal entschied. Ella brauchte den Rat, der nur für die Tapferen reserviert war. Sie und nur sie konnte über ihr Leben entscheiden oder über ihren Tod. Wenn sie sich erst einmal entschieden hatte, würde Heilung oder Tod schnell folgen.

Meine Augen füllten sich mit Tränen und ich musste den Hörer aus der Hand legen, um sie zu fortzuwischen. Ich liebte Ella und wollte sie nicht an den Krebs verlieren.

An einigen meiner ehemaligen Patienten hatte ich die Krankheit beobachtet und gesehen, dass es immer eine Überlebenschance gab. Es war jedoch nicht möglich vorherzusagen, ob sie es schaffen würden oder nicht. Deshalb war Krebs eine Krankheit, die einen von innen auffraß, als ob der Organismus seine eigenen Zellen angriffe und als sei er nicht glücklich gewesen und würde sich dafür bestrafen. Niemand anderer als der Patient selbst konnte über sein Schicksal entscheiden.

Ella beantwortete meine Anrufe am nächsten Tag nicht. Ich wusste, sie war verzweifelt und zog es vor, „alleine zu weinen". Ein weiterer Tag verging, bevor sie mich schließlich von der Arbeit aus anrief und sich einverstanden erklärte mich anzuhören.

Ich nahm das Telefon und ging in mein Schreibstudio. In der kleine Raum, stand eine bequeme, rostfarbene Couch, die sich zu einem Bett verwandeln ließ, einem dazu passenden Ledersessel und einem Holztisch mit ein paar Stühlen. Ich verwahrte meine Papiere auf den Wandregalen aus Ahornholz, die Chris' Leute so kunstvoll für mich konstruiert hatten. Mein kleines Schreibkönigreich war ein friedlicher Rückzugsort, der mir half, mich ohne Störung durch die Außenwelt voll zu konzentrieren.

Nun saß ich in dem Sessel und erklärte Ella, dass die Tumore, die sie in ihrem Körper kreiert hatte, der Ausdruck davon war, wie sehr das Leben sie enttäuscht hatte. Sie waren ihre Möglichkeit, dieser Enttäuschung zu entkommen. Dann sprach ich zu ihr von meiner

Vorstellung von einem harmonischen Weg, wie sie mit ihrer Seele und der Höchsten Schwingung in Kontakt treten könne.

„Es ist die Würdigung des Lebens, das uns geschenkt wurde", sagte ich. „Mit all seinen Aspekten, allem was uns gute Gefühle verleiht und allem was uns verletzt."

Ich machte eine Pause. Ella schwieg, aber ich hörte sie atmen.

„Alles was uns im Leben passiert ist gleichermaßen schön", fuhr ich fort. „Ich weiß, das ist schwer zu begreifen. Aber selbst die Tragödien, die Krankheiten, die Unglücksfälle – all das ist nichts anderes als die Möglichkeit, aufzuwachen und unsere Seele zu erkennen. Und diese Erkenntnis bringt uns näher und näher zu unserem ‚Zuhause', zu unserer Verbindung mit der Höchsten Schwingung."

Sie schwieg.

„Alles ist gut. Selbst dein bösartiger Tumor ist gut. Dein Tumor muss deiner Seele sehr wichtig sein für den Erfolg ihrer Reise."

Meine Güte, – dachte ich – mancher würde mich für das, was ich da gesagt habe, lynchen! Es gibt Kriege, Tod und Leiden, wohin wir auch schauen. Meine teure Freundin hat Krebs und ich erzähle ihr davon, wie wunderschön das ist. Rhami-yata, bitte, bitte hilf mir! Was soll ich bloß sagen, was soll ich tun?

Dann hörte ich Ellas Stimme. „Alles ist gleich?", fragte sie.

„Ja. Alles ist gleichermaßen wichtig für die Seele", versicherte ich ihr. Ich schloss die Augen und machte ein paar tiefe Atemzüge.

Danke – dachte ich. Sie ist bereit, mir zuzuhören. Wenigstens das.

Und dann wusste ich, was zu tun war. Genauso wie zuvor, als Rhami-yata mich auf Reisen mitgenommen hatte, um seine Lehren zu unterstreichen, so hörten meine Sinne auf wahrzunehmen, was um mich herum war. Stattdessen hatte ich ein klares Bild außerhalb der Stadt vor Augen, und ich wusste, ich brauchte nicht lange zu überlegen, was ich sagen sollte. Es reichte zu beschreiben, was ich sah.

„Stell dir vor, du wanderst barfuß eine Straße entlang nach Hause. Der Weg verändert sich und du kommst an verschiedenen Landschaften vorbei. Manchmal sind es Wiesen, manchmal überquerst du Bäche oder du läufst durch Matsch und Dreck. Und dann trittst du auf scharfe Steine, die deine Haut einritzen. Deine Füße bluten."

Ella hörte zu und ich beschrieb das Bild, das sich vor mir entfaltete. Da gab es einen Bach, in dem der Wanderer seine Füße waschen und erfrischen konnte. Sie würden wieder heilen und der Wanderer durchquerte nun buschiges und weiches Gras auf einer Wiese.

„Egal, wie die Umstände sind, Ella, du wanderst nach Hause und du weißt es."

Sie seufzte.

„Jeder einzelne Meter bring dich näher an dein Zuhause", fuhr ich fort. „Wenn du das im Auge behältst, sind dann die steinigen Stellen des Weges weniger wunderschön als andere? Du willst nicht die steinigen Pfade in der Landschaft vermeiden, sondern alles, was dich von deinem Weg abbringt. Alles was deine Richtung verändert und dich weiter von Zuhause entfernt."

Die Szene hatte sich gewandelt. Alles, was ich sah, war tiefe Nacht irgendwo auf der Autobahn. Da war ein todmüder, sehr schläfriger Autofahrer. Sein Wagen kam von der Straße ab, als er am Steuer einschlief. Glücklicherweise war die Autobahn mit ein paar Sicherheitshilfsmitteln ausgerüstet. Die „warnende Straßenoberfläche" war an den Rändern höckerig. Als also sein Auto von der Straße abkam, wurde er von den Höckern, über die er fuhr, durchgeschüttelt und wieder munter, und er kehrte auf die Straße zurück.

„Ja, daran kann ich mich erinnern", sagte Ella. „Ich habe solche Hilfsmittel hier in Kanada noch nicht gesehen. Aber sie waren zum Beispielin West Deutschland Standard. So wurden viele Menschenleben gerettet. Fuhr man darüber, war es ganz schön beängstigend, von der Rüttelei und dem Krach aufzuwachen."

„Genau", pflichtete ich ihr bei. „Diese Schreckmomente fahren einem in die Knochen, sie sind aber auch schön, weil sie dem Zweck dienen, heil nach Hause zu kommen. Die „warnende Oberfläche" in unserem Leben könnte aber auch etwas wie eine finanzielle Katastrophe sein, Töchter, die Selbstmord begehen wollen, Kriege, Krankheiten oder Tumore, die unser Leben bedrohen."

„Wir brauchen also große Tragödien, um aufzuwachen?", fragte sie.

„Nicht notwendigerweise. Manche von uns wachen durch einen schönen Anblick auf, wie beispielsweise ein Blatt, das den Bach hinunter schwimmt. Aber andere, ja, die brauchen Kriege, Tragödien und Tumore."

Ich sagte ihr, dass alles, was uns „aufwecke", uns freundschaftlich zugetan sei und dass wir oft gegen unser Leben ankämpfen würden, ohne uns darüber im klaren zu sein, dass hierher zu kommen, in die physische Welt, unser Weg nach Hause ist.

„Ella, es ist unser <u>Leben</u>, das uns nach Hause bringt", sagte ich. „Nicht unser Tod. Wir schließen uns an die Höchste Schwingung dadurch an, dass wir leben, nicht durch unser Sterben. Wenn wir erst einmal verstanden haben, was Leben bedeutet, können wir anfangen an unserer Reise Freude zu haben und jeden seiner Aspekte genießen. Die weichen, samtenen Wiesen ebenso wie die scharfen Steine, die unsere Füße bluten lassen."

Dann erzählte ich ihr von meiner Erkenntnis, die mir kam, als ich neulich Mi-Katze und die Hunde im Garten beobachtete und wie unterschiedlich das Bewusstsein der Hunde im Gegensatz zu dem der Katze war, und der Unterschied zwischen Mi-Katzes und Sativas Zugang zu den einzelnen Situationen.

Ella, genau wie ich, mochte Tiere. Auch sie hatte eine Katze, die sie sehr liebte. Wir hatten uns schon oft über Mi-Katzes ungewöhnlichen Charakter unterhalten und die Fähigkeit das Leben zu genießen, „während sie die Welt um sich herum ohne Kraftaufwand beherrschte". Nun verstand sie ganz klar meinen Standpunkt.

„Wenn wir unser Leben auf diesem Bewusstseinslevel akzeptieren", sagte ich, „kann uns nichts unglücklich machen oder uns enttäuschen. Wir müssen uns nicht bestrafen oder versuchen dem Leben durch den

Tod zu entkommen. Leben, nicht Sterben ist der Weg, der uns nach Hause führt."

Als ich weiter ausführte, dass bösartige Tumore uns paradoxerweise helfen, am Leben zu bleiben wie die „warnende Oberfläche", unterbrach mich Ella. „Aber viele Menschen sterben an Krebs", sagte sie.

Ich seufzte und schloss die Augen. Da war wieder eine Szene, die sich vor mir entrollte, und ich begann sie meiner Freundin zu beschreiben.

Ich sprach von dem Autofahrer, der nicht rechtzeitig aufwachte und nun sein Wagen den Abhang hinunterstürzte. Ich sah den Mann gerade noch herausspringen, bevor das Auto auf dem Boden aufschlug. Nun stand er überrascht, verängstigt und noch nicht ganz wach an der Autobahn.

„Manchmal", sagte ich, „wird der physische Tod unglücklicherweise zur ‚warnenden Oberfläche' und hilft dabei, den Kurs zu halten."

Indem ich beschrieb, was ich sah, erklärte ich Ella, dass in einer derartigen Situation der Körper zurückgelassen würde, genauso wie ein demoliertes Auto und die Reise ginge zu Fuß weiter ohne das „Auto". Offenbar würde das „Auto" nicht so hochgeschätzt. Es sei die Reise nach Hause, die das Allerwichtigste sei.

„Der physische Tod ist nicht der wirkliche Tod der Seele", sagte ich. „Doch die Zerstörung des Autos, Ella, ist immer erst die allerletzte Möglichkeit, nicht wahr?"

„Ich glaube schon", antwortete sie und ich spürte ihr Lächeln.

„Weil das nämlich deine Reise nach Hause verlangsamt", fügte ich hinzu.

„Das tut es wahrscheinlich", gab sie zu.

Dann redeten wir darüber, was es für die Lebensqualität bedeutet, wenn man das Leben lieben gelernt und als Weg nach Hause erkannt hat. Die Fröhlichkeit und Akzeptanz würde es zum Vergnügen machen und leicht, egal wie die Umstände waren. Ferner würde der Reiz, den die Reise auslöste, einen in volle Bereitschaft versetzen.

Keine „warnende Oberfläche" sei nötig und dann gäbe es auch keine unnötigen „Rütteleien", die einem Unbehagen bereiten.

„Ich möchte dir eine glückliche Heimreise wünschen, Ella", flüsterte ich. Ich liebte sie so sehr.

Nach unserem Gespräch schwieg Ella wieder einen ganzen Tag lang. Ich fand, es war einer der längsten Tage meines Lebens, und ich konnte nicht aufhören zu weinen und mir Sorgen zu machen.

Jahre zuvor hatte ich schon einmal eine „nahe Begegnung mit dem Tod" gehabt, und nun erlebte ich den gleichen emotionalen Schmerz, die Angst, eine heiß geliebte Person zu verlieren. Für immer.

Es war zu der Zeit, als Jacob, Matthias und ich in West Deutschland lebten. Matthias war sieben Jahre alt, ein stiller, fröhlicher kleiner Junge, der sich besonders gut benahm. Ich dachte oft, dass er ein so tolles Kind war, weil ihm klar war, wie jung, unerfahren und ohne jede Lebenspraxis seine Eltern waren.

Kluges Kind – dachte ich. Er weiß es besser als uns irgendwelche Schwierigkeiten zu bereiten, mit denen wir nicht zurechtkommen werden könnten. Was für ein toller Sohn er ist!

An einem schönen Sommernachmittag unternahmen wir drei und unser großer, dunkelhaariger Freund Mark, der einen Bart trug, eine Fahrradtour in die Umgebung.

Karlsruhe, wo wir damals lebten, war eine wunderschöne Stadt, geschmückt mit zahlreichen, wohlgepflegten Grünflächen. Es gab überall Fahrradwege und man konnte die frische Luft und das Radfahren dort überall genießen.

Irgendwann wählte Jacob einen Weg durch wildes Buschwerk und zwischen Bäumen hindurch. Dort gab es keinen gepflasterten Fahrradweg, nur unebenes, holpriges Gelände. Ich protestierte, weil ich Angst hatte, einer von uns würde stürzen, aber die beiden Männer und der Junge waren tapferer als ich. Die unwegsame Strecke war viel aufregender für sie. Ich konnte nichts anderes tun als ihnen zu folgen.

Und dann passierte es. Matthias stürzte. Zunächst wussten wir nicht wie schlimm seine Verletzung war. Er weinte nur kurz, klagte aber über Schmerzen im Bauch. Wir überlegten einen Krankenwagen zu holen, aber zu der Zeit gab es noch keine Handys und nirgendwo konnten wir nach einem Telefon fragen.

Wir entschlossen uns nach Hause zurückzufahren. Matthias bestieg wie ein „wahrer Mann" sein Fahrrad, biss die Zähne zusammen, während er neben mir fuhr und wimmerte nur ganz leise. Dann bemerkte ich irgendwann, dass er schwächer wurde. Ich hielt an und holte ihn von Fahrrad. Er war blass. Sehr blass.

Mark, der während seiner Studienjahre Assistenzarzt in einem Krankenhaus gewesen war, zog Matthias' untere Augenlider herunter. Auch sie waren blass.

„Es muss eine innere Blutung geben", sagte er.

Wir waren schon sehr nahe bei unserer Wohnung und Jacob rannte los, um einen Krankenwagen zu rufen. Der kam fast augenblicklich. Die Rettungssanitäter legten Matthias auf eine Bahre und gaben im Sauerstoff. Es konnte nur eine Person im Krankenwagen mitfahren. Ich begleitete unseren Sohn und hielt ihm die ganze Fahrt über die Hand. Jacob und Mark sollten im Krankenhaus zu uns stoßen. Der Junge war immer weniger ansprechbar, wurde bewusstlos, entglitt mir vor meinen Augen.

„Seine Leber ist verletzt", sagte der Chirurg. „Sie wurde zweigeteilt, als er bei dem Sturz auf ein Ende der Lenkstange gefallen ist."

Es war, als setze mein Herz aus, das in einer eisernen Box gefangen war, die es am Schlagen hinderte.

„Wissen sie", sagte der Chirurg bevor er den OP betrat, „in solchen Fällen von Verletzungen der Leber müssen wir innerhalb einer halben Stunde nach dem Unfall operieren. Trotzdem gibt es keine Garantie."

Er ging und ich wurde gebeten, in den Warteraum zurückzukehren. Ich schaute auf die Uhr an der Wand. Mehr als zweieinhalb Stunden waren vergangen, seit Matthias vom Rad gefallen war.

Die Zeit während der OP fühlte sich wie eine Ewigkeit an. Ich konnte nicht im Warteraum bleiben und lief stattdessen durch die Flure vor dem Operationssaal hin und her, hin und her. Viele Kilometer.

Und ich betete. Die ganze Zeit. Ich hörte nicht eine Sekunde damit auf, nicht einmal, als ich fast das Bewusstsein verlor vor physischer und emotionaler Erschöpfung. Ich bot Gott mein Leben an, alles, was er haben wollte im Austausch mit Matthias' Leben. Mein eigener Tod schien eine wundervolle Erleichterung zu sein, verglichen mit meinem Schmerz.

Ja, mein Sohn überlebte, obwohl es noch drei Tage dauerte bevor die Ärzte entschieden, dass er außer Gefahr war. In den drei Tagen war ich mit ihm zusammen in seinem Zimmer. Man ließ mich auf einem Faltbett neben ihm schlafen. Ich aß nicht, bis man mir sagte, nun ginge es wieder bergauf.

Die Ärzte sagten, Matthias' Heilung sei sehr ungewöhnlich. Sie hatten ein paar Jahre zuvor einen ähnlichen Fall. Ein Junge in Matthias' Alter war nach einem Unfall mit einer verletzten Leber eingeliefert worden, aber der hatte die OP nicht überlebt.

Viele Jahre lang hatte mein Sohn immer wiederkehrende Schmerzen an der Leber. Die Ärzte sagten, dass würde passieren, weil das Gewebe der Leber anders heilen würde als jedes andere Gewebe. Sie sagten, sie hätten die gespaltene Leber mit einer Art biologischem Leim zusammengeklebt, der Riss sei aber immer noch da und so würde es bleiben. Deshalb funktioniere Matthias' Leber nicht mehr richtig und verursache ihm die vielen Schmerzen.

Wenn wir nicht auf diesen unwegsamen Pfad gefahren wären, – pflegte ich zu denken – wäre Matthias nie von seinem Rad gefallen.

Lange Zeit gab ich seinem Vater die Schuld, weil er den gefährlichen Weg gewählt hatte und mir dafür, dass ich nicht stark genug war mich durchzusetzen.

Später, als dann Matthias erwachsen war, wurde der Riss innerhalb seiner größeren und besser funktionierenden Leber kleiner. Er hatte Glück gehabt, dass er noch im Wachstum war, als der Unfall sich ereignete.

Mein Sohn war am Leben und seine starken Leberschmerzen

verschwanden langsam.

Jetzt, Jahre später, wurde noch eine mir sehr liebe Person mit dem Tod konfrontiert. Und all meine Lebens- und Heilerfahrung halfen nicht gegen die emotionalen Schmerzen.

Ich schlief in dieser Nacht im Studio und besuchte den Tempel um Rhami-yatas Führung zu erbitten. Meine persönlichen Quellen, die mir sonst mit gefestigten Argumenten geholfen hatten, waren erschöpft.

Ich schloss die Läden vor den Fenstern, löschte die Lichter, streckte mich auf dem Ausziehsofa aus und zählte meine Atemzüge. Meine Muskeln entspannten sich und ich fiel in Trance.

***

Ich traf Rhami-yata in der Kammer der Sieben Mächte. Wortlos saß ich auf dem Steinfußboden.

„Hast du Angst um deine Freundin?", fragte er.

„Ja, sehr", sagte ich.

„Warum?"

„Weil ich sie liebe", sagte ich und schaute ihn erstaunt an. „Ich möchte sie nicht verlieren. Ich brauche sie."

Er kam zu mir herüber und setzte sich vor mich hin. „Warum brauchst du sie denn?"

„Was meinst du damit? Ich sagte doch gerade: sie ist meine Freundin. Wir lieben und unterstützen einander. Es ist wunderbar, sie in meinem Leben zu haben."

„Ach so", sagte er. „Du fühlst dich geliebt, akzeptiert und wertvoll, wenn sie da ist."

Ich sah ihn vorsichtig an. Er hatte etwas im Sinn, das konnte ich erkennen. „Ja, wir wertschätzen einander und unterstützen uns, Vater", sagte ich langsam. „Ist daran irgendetwas falsch?"

Rhami-yatas Augen wurden dunkel. Meine Gedanken begannen zu wandern und ich erwischte mich bei der Idee, dass sie die gleiche

Farbe hatte wie der Wollteppich, den ich vor Jahren erstand, als ich meinen Mann verlassen hatte.

„Das hängt von deinen Erwartungen ab", sagte der Meister mit den marineblauen Augen.

„Was willst du eigentlich von mir?", fragte ich ihn. „Ich habe Angst meine Freundin zu verlieren! Ist das der richtige Zeitpunkt mir zu erzählen, dass ich zu sehr von ihr abhängig bin? Weißt du, es ist möglich, dass sie stirbt."

„Und wenn sie tatsächlich stirbt, würdest du ihre Wahl unterstützen und respektieren?"

Ich schwieg einen Augenblick. „Ich weiß nicht", sagte ich ehrlich. „Ich glaube, ich wäre sehr verletzt, wenn sie mich verließe."

Er nickte.

Ich sah ihm in die Augen und dachte an den dummen Wollteppich.

Da sitzt er, – dachte ich – und versucht meine dickschädelige Seele zu belehren und das einzige, was mir dazu einfällt, ist meine Dummheit zu unterstreichen!

„Du schenkst deiner Freundin deine Liebe nicht bedingungslos", sagte Rhami-yata. „Sie ist voller Vorbehalte und du bist sehr verletzt, wenn sie deine Erwartungen nicht erfüllt."

Ich wollte protestieren, aber er fuhr mit seiner Erklärung fort. Ella sei eins der Gefäße, die ich benutzte, um meinen Selbstwert darin aufzubewahren. Sie erfülle mein Bedürfnis nach Anerkennung, den Wunsch in jemandes Leben wertvoll und willkommen zu sein. Aber wenn sie sich entschlösse zu sterben und mich ohne Unterstützung zu lassen, würde ich mich verletzt fühlen und verlassen. Sie wäre nicht mehr da, um mir das zu geben, was ich verlange und dann würde ich leiden.

„Lass uns näher betrachten wie du und fast alle Menschen sich in Beziehungen verhalten, Hermenethre."

Die ganze Unterhaltung war sehr schmerzhaft für mich, aber ich merkte auch, wie wichtig sie war. Ich wollte, dass er weitermachte.

Dann jedoch hielt er inne und ich wurde plötzlich müde. Ich schloss die Augen, nur um ein wenig rhythmisch zu atmen, gerade lange genug, um meine ruhelosen Gedanken zu beruhigen.

Aber mein Kopf gab nicht auf und bald floss ein Bild von vor Jahren in meinen Gedankenstrom. Da waren Jacob und ich. Wir hielten uns an den Händen und schlenderten an diesem sonnigen, windigen Tag eine Straße in unserer Heimatstadt hinunter.

„Sehr oft", hörte ich Rhami-yatas Stimme sagen, „geraten die Menschen über ihre Gefühle in Verwirrung. Jeder möchte anerkannt werden, wertgeschätzt, umarmt so wie er ist. Von dem Freund oder Liebhaber wird die Liebe erwartet, nach der er sich sehnt. Er soll ein unerschöpflicher Lieferant von Anerkennung und Unterstützung werden."

Meine visuelle Erinnerung veränderte sich jetzt. Ich sah mich auf dem Dach des Hochhauses in Toronto. Mein Mann und mein Sohn schliefen unten in der Wohnung schon. Ich war hellwach und das überdachte Sofa, das dort stand, wurde für diese Nacht zu meinem Bett. Ich hatte in der klaren Nacht die Gebäude der Innenstadt betrachtet, bis die Sonne aufging.

„Solange sie sich gegenseitig unterstützen, schätzen und lieben die beiden einander", fuhr die Stimme meines Lehrers fort. „Doch bald reicht die Liebe und Anerkennung nicht mehr aus, egal, wie viel davon geliefert wird. Die Erwartungen und Forderungen wachsen. Und keiner von beiden fühlt sich wirklich sicher und ist glücklich."

Meine Augen waren weiter geschlossen und in Gedanken sah ich ein anderes Bild. Im Schnelldurchlauf flogen die Tage vorbei und jeder dieser Tage war wie der andere. Mein Mann lauschte mit geschlossenen Augen, auf den Ohren die Kopfhörer, seiner Musik und war gänzlich in seiner eigenen Welt. Ich verlor mich in meinen eigenen kreativen Ideen und erforschte meine innere, von ihm getrennte Welt. Zwei Fremde im gleichen Raum.

„Wenn Menschen ein unerfülltes Bedürfnis nach Liebe haben", sagte Rhami-yata, „dann meinen sie, es sei die Schuld des Partners oder des Freundes. Sie suchen eine andere Partnerschaft, in der sie nun glauben, ihr Bedürfnis nach Liebe werde von dem neuen Partner oder Freund befriedigt. So stürzen sie sich in längere oder kürzere Beziehungen."

Das Bild vor meinen geistigen Augen wurde unscharf und ich war mir nicht mehr sicher, ob ich Jacob oder Norman sah. Der Mann las spät in der Nacht ein Buch und ich schaute aus dem Fenster in den Nachthimmel, alleine in meinem Schlafzimmer.

„Gut, diejenigen, die sich auf eine längere Beziehung einlassen", sagte ich und öffnete die Augen, „versuchen wenigstens, auch Liebe zu geben und nicht nur zu fordern. Nicht einfach nehmen und weiter wandern."

Der Meister sah mich forschend an. Er machte mir deutlich, dass der Hauptgrund für ein längeres Zusammensein in der unterschwelligen Angst bestünde, allein gelassen zu werden. Dann nämlich sei niemand mehr da, der sie liebe, was bedeute, sie seien „nicht gut genug". Sie denken das, weil sie emotionale Wunden haben, die nicht heilen wollen. Während nun diejenigen, die schnell von einer Person zur nächsten wechseln, unbewusst getrieben werden von der Furcht, dass, wenn der andere herausfinden würde, wer sie wirklich sind, sie verlassen und verletzt würden. Und wieder glauben sie einen Beweis dafür zu haben, „nicht gut genug" zu sein, damit irgendein Partner sie liebe.

„Wie du sehen kannst, Hermenethre", sagte er, „gibt es viele Methoden, eine Beziehung aufrecht zu erhalten. Manche bleiben länger, manche wechseln schnell. Aber alle sind auf der ‚Jagd' nach Liebe. Aber auf diese Art nach Liebe zu ‚jagen', scheint nie zu funktionieren, habe ich Recht?"

Ich seufzte. „Ja. Du hast Recht, Vater. So geht es nicht. Ungeliebt zu sein fühlt sich an wie krank zu sein, weißt du? Also suchen wir nach einem Gegenmittel für unser Unglück. Offenbar gibt es aber keins. Jedenfalls nicht da, wo wir danach suchen. Ich habe auch an vielen falschen Stellen nach Liebe gesucht, Vater, stimmt's?"

Und da war sie, dank meines unschätzbaren Lehrers hatte ich eine ganz neue Erkenntnis: ich war imstande, Dinge zu erkennen, die mein

Leben beeinflussten, mir viele Schmerzen zufügten. Eine Beziehung, die bereits vorbei war, eine gegenwärtige, die nirgendwohin zu führen schien. Sie waren nichts als meine verzweifelten Versuche, geliebt zu werden.

Ich lächelte und flüsterte: „Danke."

Der Meister nickte. „Wenn du aufhörst, andere dafür verantwortlich zu machen, nicht geben zu können oder nicht geben zu wollen, was du brauchst, wirst du die Liebe in dir entdecken, nach der du dich sehnst", sagte er mit seiner friedlichen, warmen Stimme. „Das heißt aber nicht, dass du selbstsüchtig sein musst, um dich geliebt zu fühlen. Ich rede nicht von deinem Ego, das dich liebt, während du dich mit Stolz darüber anfüllst, wie einzigartig und besser als andere du doch bist. Ich rede von deiner wahren Verbindung mit der Schwingung der Liebe. Wenn du erst einmal die Verbindung spürst, wirst du dich niemals mehr ungeliebt fühlen. Verstehst du das?"

Ja, das war mir klar und ich ließ es ihn mit noch einem dankbaren Lächeln wissen.

Wenn ich erst einmal die Verbindung mit der Liebesschwingung spüre, – dachte ich – werde ich mich selbst und andere gleichermaßen respektieren und wertschätzen.

Und dann hörte ich von ihm das, was das aller Wunderbarste war: Liebe konnte man nicht wirklich geben oder empfangen. Man konnte einander Zuneigung, Unterstützung oder Passion entgegenbringen. Aber wahre Liebe war keine Emotion oder ein Etwas. Liebe hüllte alles ein und schwang als eine Energiewelle.

„Wenn du begreifst, dass die Liebesschwingung die ganze Welt einschließt, dann verstehst du auch ganz klar, wie alles miteinander verbunden ist und geliebt wird", fügte er hinzu. „Dann bist du glücklich, weil du weißt, du bist wertvoll und du brauchst niemanden, um es dir zu beweisen. Dann kannst du mit einem anderen in dieser Liebesschwingung sein. Das, Hermenethre, ist eine gesunde und wirklich ‚liebevolle' Beziehung."

„Liebe mit jemandem zu teilen und nicht bloß Gefühle geben oder empfangen, ist eine wahrhaft ‚liebevolle' Beziehung", sagte ich leise.

Ich schwieg eine Weile mit geschlossenen Augen. Als ich sie wieder öffnete, saß Rhami-yata vor mir und schaute mich mit Geduld und Zärtlichkeit an. Tränen rannen mir unkontrollierbar über die Wangen. Ich fühlte die ganze Qual, die tiefen Verwundungen meiner schwierigen Kindheit und den Schmerz der ungestillten Sehnsucht nach Liebe. Und ich spürte den Groll, den ich gegen meinen Exmann in mir angestaut hatte und gegen meinen jetzigen Partner.

„Sag mir", rief ich, „sag mir doch, wie ich mit all dem umgehen soll?"

Rhami-yata sagte, dass der einzige Weg sei, mich zu entschließen, durch diesen Schmerz hindurchzugehen, es komme, was da wolle.

Ich nickte rasch, um ihn zu signalisieren, dass ich das tun würde.

Der erste Schritt war zu verstehen und zu wissen, wer ich war.

„Du bist keine ‚schlechte Person', bloß weil du verletzt worden bist", sagte er. „Du bist eine phantastische, großartige Person, die bereit ist, ihre emotionalen Wunden zu heilen und sich der Liebe zu öffnen. Vergiss nicht, wenn du dich nicht mit allem, was dich ausmacht, anerkennst, werden diese Aspekte, die du nicht magst, zu deinen Schatten und verbergen sich in deinem Unterbewusstsein. Sie kontrollieren deine Gefühle, deine Gedanken und dein Handeln. Dann wirst du dein Leben und auch deine Beziehungen unterbewusst bestimmen lassen von deinen Wunden und Ängsten."

Ich sagte ihm, dass ich alles tun werde, was nötig sei, egal wie sehr es schmerze.

„Hermenethre", sagte er lächelnd, „es muss gar nicht so weh tun, wie du befürchtest. Natürlich kann das Reinigen von Wunden unangenehm sein. Es hängt alles davon ab, wie viel Verbitterung oder Bereitschaft ‚sauber zu werden' du in dir hast."

„Eine ganze Menge Bereitschaft, Vater", versicherte ich ihm und gleichzeitig mir.

Er bat mich mit einer einfachen Übung zu beginnen. In den nächsten paar Tagen sollte ich fest daran glauben, dass jeder in jeder Situation, die ich erlebte, der Quelle der Liebe entstieg.

„Bitte schließ dich selbst in die Liste ‚jeder' mit ein", sagte er. „Hab Vertrauen in jeden und in dich selbst und beobachte, was geschieht."

***

Als ich aus der Trance erwachte, war mein Gesicht noch immer nass von Tränen. Es machte nichts, denn ich weinte sowieso noch eine lange Zeit weiter. Ich spürte, wie sich meine emotionalen Wunden weit öffneten. Ich tat mir leid, die Tränen rollten weiter, bis ich einen Punkt erreichte, wo ich nur noch Leere und Taubheit wahrnahm. Es fühlte sich an wie stille Resignation und dennoch – auch eine neue Einsicht stellte sich ein, eine Art „na und?".

Ich hatte eine schwierige Kindheit – dachte ich. Na und? Ich hatte also nicht das von meinen Partnern bekommen, was ich brauchte. Man hatte mich verletzt. Na und?

Ich mochte dieses gefühlsmäßige Schulterzucken. Es machte mich stark und ich fühlte mich stärker und besser an. Es half mir auch dabei einzusehen, dass ich nicht mehr mein „altes Ich" sein musste. Das, welches bestimmte Erwartungen hatte und heftig auf die Aktionen gegen mich reagierte. Ich konnte ein komplett „neues Ich" sein. Eines, das in jeder Situation wählen konnte, wie es sein wollte. Oh, ich liebte das!

Ich machte das Licht im Studio an und setzte mich an den Tisch. Lucky kam aus dem Haus und ich hörte ihn an der Studiotür schnüffeln. Offenbar wollte er im Haus nicht schlafen, wenn ich nicht da war.

Norman muss ihn raus gelassen haben – dachte ich.

Als ich den Hund zu mir einließ, „küsste" er glücklich meine Füße. Wir schauten einander zärtlich eine ganze Weile an, bevor er sich auf dem Boden legte und mich weitermachen ließ mit dem, was ich gerade tat.

Dann schrieb ich das Folgende in mein Tagebuch:

Mein Weg zum Glück und zur emotionalen Reife

Erlaube dir nicht, zu zweifeln.
Erlaube dir nicht, dich zu fürchten.
Erlaube dir nicht, dich auf dein Ego zu konzentrieren und dich vom ihm manipulieren zu lassen.

Erkunde dein Unterbewusstsein und kenne deine Schatten:

Bringe sie ans Licht, umarme sie und lass sie vergehen in den Schwingungen der Liebe.
Stoße nie deine Schatten von dir.
Bekämpfe sie niemals mit Gewalt.
Die einzige Möglichkeit, dein Unterbewusstsein kennenzulernen ist, ohne Vorurteil und Angst, hinabzusteigen ins Schattenland.

Liebe, was in dir ist und liebe, was um dich herum ist.
Vertraue und trenne dich von jeder Art von Erwartungen.

Dann wirst du dich öffnen und anfangen in Liebe zu vibrieren → (resultiert aus) Wahres Glück.

***

Den Rest der Nacht verbrachte ich im dunkeln Zimmer in meinen rostfarbenen Sessel. Lucky lag auf meinen nackten Füßen und hielt sie mit seinem Körper warm.

Ich saß still da und umarmte Ella in Gedanken mit Liebe und ich versprach ihr, ihre Wahl zu akzeptieren und zu respektieren und sie weiter zu lieben, ob sie mich nun verließ oder nicht.

Ella, eine der stärksten Menschen, die ich jemals gekannt hatte, entschloss sich weiterzuleben und bei denen zu bleiben, die sie liebten. Sie war nun krebsfrei wegen ihrer Entscheidung. Und einige Jahre später heiratete sie Terry, einen wunderbaren Mann, der wusste was er an meiner geliebten Freundin hatte.

Ihre Krankheit war für uns beide eine einmalige Erfahrung. Ella konnte einen Blick durch den Schleier des Todes werfen und ich war imstande durch die Schleier der Liebe zu sehen.

Jahre später konnte Irenas und Basias Krankheit und Tod annehmen. Sie starben 2011 kurz hintereinander. Und einmal mehr öffnete sich der geheimnisvolle Schleier des Todes und der Liebe und gab den Blick frei auf die große Weisheit der Seele.

Kapitel 16
Papiertüten für Unendliche Macht

Wir drehten schon einen Monat lang an dem Film. Produzent und gleichzeitig Regisseur zu sein war eine sehr aufreibende Angelegenheit und ich schlief oder aß kaum. Das hatte natürlich Auswirkungen auf meinen Körper und am Ende war ich völlig erschöpft.

Wir drehten an mehr als fünfundzwanzig verschiedenen Orten in Toronto und über die ganze Provinz verteilt. Es war ein sehr heißer August. Manchmal hatten wir Hunderte von Leuten auf dem Set, vor allem bei den Szenen mit den Menschenmengen: Schauspieler, Kinder, Künstler, die die Krieger darstellten und andere. Natürlich war auch noch die Filmcrew dabei. Alle waren erschöpft von der Hitze und immer wenn Szenen mit den Schatten gedreht wurden und die bedauernswerten Krieger in schwarze Anzüge gehüllt waren und Masken trugen, schmolzen diese buchstäblich unter ihren Kostümen dahin. Doch die unbedingte Disziplin und das Durchhaltevermögen der fast fünfzig Männer, unter denen sogar einige Frauen waren, bewiesen ihre äußerste Hingabe an ihre Aufgabe und den hohen Standard ihres Trainings während der Ausbildung in der Kampfkunst. Wir hatten das Glück die „Creme" der kanadischen Darsteller, die die Kunst des Kampfes beherrschten, am Set zu haben. Es waren sogar einige Mitglieder des National Karate Team von Kanada mit ihrem Coach Don Ritter, dabei.

„Sie folgen meinen Anweisungen fehlerfrei! Es ist so einfach mit ihnen zu arbeiten", pflegte ich zu Tom, dem Produktionsmanager zu sagen.

Über einhundert dreißig Schauspieler hatten bei mir für die Hauptrollen vorgesprochen, von denen ich meine Stars schließlich auswählte. Nathan Pidgeon, ein zwölfjähriger Rotschopf spielte den

Frank. Der süße blonde Lockenkopf Agnes Podbielski, die Basia und ich in unserer Schauspielschule unterrichtet hatten, war Caroline, Franks große Schwester. Und der stattliche, gut aussehende Andrew Guy, der sich mit seinen dunkeln Haaren schon in Filmen wie „Rhino Brothers" , „Intersection", „Sliders" oder „Cooler Climate" bewährt hatte, wurde zu der mysteriösen, schattenhaften Figur von Attic Town, mit Namen Donlore. Er „verführte" Frank mit seiner dunklen Macht und veranlasste ihn, den unbarmherzigen „Sirs" von Schattenland zu folgen.

Das Drehbuch war von einigen der Lehren von Rhami-yatas inspiriert, die mit der Erforschung meiner eigenen dunklen Seiten und denen anderer Leute in Zusammenhang standen. Es spielte in dem persönlichen und globalen Schattenland, in dem wir alle leben. Der Film sollte der erste Teil einer Serie von vier Filmen sein, in denen ich das ganze Abenteuer mit den Schatten erzählen wollte.

Ich schlief nach den Dreharbeiten eine Woche lang, bevor ich wieder fähig war normal zu funktionieren. Zwischendurch stand ich jeden Tag kurz auf, um ein paar Anrufe zu tätigen und etwas zu essen und fiel dann gleich wieder ins Bett. Lucky leistete mir Gesellschaft und auch Mi-Katze verbrachte dort einige Nächte mit uns.

Mein Schreibstudio, perfekter Rückzugsort, wurde während der Filmarbeiten zu meinem regulären Schlafzimmer, das ich aber in dem Monat durchschnittlich nur drei Stunden pro Nacht aufsuchte. Lucky war immer bei Nacht an meiner Seite, und auch Mi-Katze verbrachte einige Nächte mit uns.

Nachdem die Aufnahmen im Kasten waren, schlief ich weiter im Studio. Norman und ich hatten schon vorher seit einiger Zeit getrennte Schlafzimmer und die kleine Holzhütte sagte mir als Ort zum Regenerieren besonders zu.

Als meine Kräfte schließlich nach dem Marathonschlaf wieder zurückkehrten, fand ich mich in einem wunderschönen, goldenen Toronto September wieder. „Ich erinnere mich an keinen meiner Träume", sagte ich zu Basia am Telefon. „Aber ich spüre, dass sich etwas mit meinen Schwingungen tut."

„Es wird Zeit zurück in den Tempel zu gehen und Rhami-yata danach zu fragen, denkst du nicht?", meinte sie.

Spät in der Nacht lag ich auf den Decken meines bequemen Studiobettes und driftete in eine tiefe Trance.

***

Der alte Tempel empfing mich mit seiner stillen, beruhigenden Atmosphäre, dem freundlichen Licht der brennenden Öllampen und den prächtigen Statuen, die friedlich über die Kammer der Sieben Mächte herrschten.

Rhami-yata saß an seinem üblichen Platz in der Mitte der Kammer neben der brennenden Öllampe. Meine goldene Statue stand wie gewöhnlich neben der Säule, auf der die Öllampe brannte.

Hier ist nichts verändert, – dachte ich zufrieden – und es ist immer noch mein Zuhause.

Ich setzte mich dem Meister gegenüber. Freude stieg in meinem Herzen auf. Mir wurde deutlich, wie sehr ich seinen weisen und sich niemals verändernden Blick vermisst hatte.

„Was geht mit mir vor, Vater?", fragte ich. „Ich habe ein merkwürdiges Gefühl in meinem gesamten Körper. Eine neue Art Kribbeln, dass ich noch nie gespürt habe."

Er nickte. „Ja", sagte er, „du hast die vierte Stufe vollendet und machst dich für die fünfte Initiation bereit."

„So bald schon?" Ich war überrascht. „Es ist doch erst wenige Monate her, dass ich meine vierte Einweihung hatte."

„Hierzu gibt keine Regeln, Hermenethre. Es hängt alles davon ab, wofür du bereit bist, nicht, wie lange du brauchst, um den vorherigen Weg zu Ende zu gehen."

Ich schloss die Augen und dachte über das nach, was er gerade gesagt hatte.

Meine vierte Einweihung hatte erfordert, mich für die wahre Führung zu öffnen, von der Vorstellung, dem Verlangen abzulassen, etwas Besonderes zu sein. Während ich diesen Weg verfolgte, versuchte ich, mich zusammen mit dem Ziel meiner Seele in meinem Leben geleitet zu fühlen und nicht einfach nur die Wünsche und Bedürfnisse meines Egos, Geistes, des Körpers und der Emotionen zu erfüllen.

Wenn ich an kürzlich vergangene Ereignisse dachte, war ich mir nicht mehr so sicher, ob ich mit dieser Aufgabe erfolgreich gewesen war oder nicht. Es war immer noch sehr viel Angst in mir. Sie verhinderte meinen Zugang zur wahren Führung, indem sie meine Gedanken und Handlungen kontrollierte.

Am Filmset hatte ich Momente, in denen mein Ego zu übernehmen versuchte und mich dazu ermutigte, meine Macht als Produzentin und Regisseurin auszunutzen. Ich hatte gelernt, in einem solchen Moment die Ärmel aufzukrempeln, meine ganze Kraft in das hineinzulegen, was getan werden musste, und mein Ego durfte mir ein wenig dazu applaudieren. Aber hatte diese Strategie wirklich genützt? War ich imstande gewesen, meinem Ego eine „gesunde Aufgabe" zuzuweisen und im Einklang mit meiner Seele zu handeln?

Ich öffnete die Augen. Rhami-yata schaute mich vorsichtig an und ich bemerkte etwas wie Zärtlichkeit in seinem Blick, war mir aber nicht sicher. Niemals konnte man wirklich die Gedanken oder Gefühle des Meisters erraten.

„Ich glaube, ich weiß, warum wir an unserer Machtlosigkeit festhalten und unserer Angst nachgeben. Weil unsere Seele gefangen bleibt", sagte ich zu ihm.

„Ich freue mich." Er lächelte.

Ich stand auf und nahm eines der bronzenen Gefäße, die neben der Öllampe standen und goss von dem brennenden Öl hinein, um eine kleine Kerze zu kreieren. Ich spielte ein wenig mit der Flamme, bedeckte sie mit meiner Hand.

Rhami-yata sah mir wortlos zu.

„Es ist, als stülpten wir eine Tüte über die Kerze, um eine Laterne zu machen, damit der Wind sie nicht ausbläst. Wir wollen sicher sein, dass sie in der Nacht leuchtet."

Der Meister reichte mir lächelnd eine Tüte, die er aus dem Nichts hervorzog. Ich stülpte sie über meine Kerze und setzte mich wieder.

Wir beide betrachteten meine Laterne für einen Moment, bevor ich sagte: „Die Papiertüte verdunkelt allerdings die Kerze und verringert ihre Helligkeit, ihre Leuchtkraft."

Er nickte.

„Vater, mir ist klar geworden, dass wenn wir uns fürchten, uns also unter einer ‚Tüte verstecken', wir nicht mit all unserer unendlichen Kraft ‚strahlen' können, die durch uns hindurchfließt und die von der höchsten Vibration kommt. Deshalb bleiben unsere Seelen gefangen, während wir an unserer Machtlosigkeit festhalten und den Bedürfnissen und Wünschen unseres Egos, dem Geist, dem Körper, den Emotionen nachgeben."

„Es sieht ganz so aus", sagte Rhami-yata freundlich. Dann schwieg er wieder.

Ich seufzte. Die grauen Figuren beobachteten mich quer durch die Kammer, genauso wie der Meister. Ich sah in ihre steinernen Gesichter und dachte an die Unendliche Macht, die kunstvoll in ihre Züge eingemeißelt war. Ein überwältigendes Sehnen stieg in mir auf und ich blickte meinen Lehrer an. „Hilf mir, Vater. Wie kann ich die Unendliche Macht erreichen und frei in ihr ‚leuchten'?"

„Niemand außer dir legt deine eigenen Grenzen fest, Hermenethre", sagte er. „Du hattest immer die Wahl."

„Die Wahl?"

„Ja, Tochter. Du bist diejenige, die die ‚Tüte' zum Schutz benutzt und du bist auch diejenige, die sich davon befreien kann."

Ich stand auf und ging zu den grauen Statuen hinüber. Still betrachtete ich ihre Gesichter und versuchte, mich auf ihre Unendliche Macht einzustellen, die sie repräsentierten. Ich beruhigte meinen Geist und konzentrierte mich nach innen.

„Ich fühle sie nicht in mir", sagte ich. „Ich kann sie nicht finden. Die ganze Vorstellung, eins zu sein mit der Unendlichen Macht ist zu abstrakt, Vater."

Auch Rhami-yata erhob sich und stellte sich neben mich.

„Weil du sie mit ‚Tüten' bedeckt hast, Hermenethre", sagte er. „Und alles, was du in dir siehst, ist abgedunkeltes Licht. Die Wahrheit ist, dass du gar keine ‚Papiertüten' brauchst, um dich besser und sicherer zu fühlen. Du wirst immer geliebt und bist es wert. Und du bist eins mit der Unendlichen Macht."

Ich blickte ihn an und sah ganz klar die Unendliche Macht in ihm. Der immer freundliche, geduldige Meister strahlte gewaltige, faszinierende Kraft aus. Seit ich ihn zum allerersten Mal getroffen hatte, konnte ich nichts tun als ihm Respekt entgegenzubringen, ihm gehorchen. Er war so mächtig ohne Zwang oder Forderungen. Er war einfach und man musste ihm zuhören, weil er so war, wie er war.

Die Macht der ‚Tüten' ist die Macht der Illusion und das erlebe ich meistens – dachte ich.

Und dann wurde mir klar, dass es auch das war, was gegenwärtig die ganze Welt regierte: eine illusorische Macht als Mittel, um mit unseren Ängsten und den Einflüsterungen des Egos umgehen zu können, das die Menschen glauben machte, sie seien stark und hätten die Kontrolle. Blind gemacht durch die Illusion kauften wir mehr Schätze, mehr Land, und wenn das nicht half, uns zu beruhigen, kauften wir Waffen, töteten andere, um mehr „Tüten"-Macht über unser Schicksal zu erlangen.

„Wie befreie ich meine Seele und manifestiere die Unendliche Macht in meinem Leben, anstatt der Illusorischen?", flüsterte ich.

Rhami-yata lächelte und winkte mit dem Arm. Mit dieser Geste verschwand die Kammer der Sieben Mächte. Dunkelheit umgab uns.

„Lass uns am Anfang starten, am unmittelbaren Beginn einer Wahl", hörte ich die Stimme des Meisters.

„Ich kann nichts sehen", sagte ich.

„Und doch ist schon alles da." Nun hörte ich ihn näher. „Nur weil du mich nicht siehst, bedeutet das nicht, dass ich nicht existiere."

Er erschien jetzt vor mir und sah fast geisterhaft inmitten der Finsternis aus.

Ach so, – dachte ich – dann sind wir also in der Kammer der Sieben Mächte, obwohl ich sie nicht sehen kann.

Rhami-yata, immer noch lächelnd, wedelte mit der Hand und die Kammer war wieder da.

Oh, wenn ich doch diese Tricks lernen könnte, – dachte ich – das wäre wirklich mal was!

„Dieser Ort existiert nur, weil du beschlossen hast, dass es so ist. Es war also deine Wahl, dass er existiert."

„Huh, interessant", sagte ich grinsend. „Und wenn ich gesagt hätte, dass wir in dem allerschönsten Palast sind? Voll von Gold?"

Der Meister wedelte wieder mit der Hand und wir standen inmitten eines goldenen Palastes.

Ich schaute mich um und bewunderte den Raum, der mit den wunderbarsten Schätzen angefüllt war. Antike Statuen, fein geknüpfte, persische Teppiche, Malereien in Lebensgröße. Mir fiel auf, dass die Gesichter der Portraits sich alle ähnelten.

Das Gesicht habe ich schon mal irgendwo gesehen – dachte ich, doch dann wusste ich es. Alle Portraits, ob Männer oder Frauen, hatten mein Gesicht!

Ich ging näher, um sie besser zu erkennen und stellte fest, dass auf allen Darstellungen mein Ebenbild ein anderes Alter hatte: auf manchen war ich zwanzig, dann vierzig, und auf anderen sah ich aus wie ein dreijähriges Kind.

Mitten in dem Palast war ein goldener Springbrunnen. Alles daran kam mir merkwürdig vor, wie auf dem Filmset für einen Märchenfilm.

„Unsere Kammer der Sieben Mächte gefällt mir besser", sagte ich. „Dieser Palast sieht unecht aus und passt gar nicht zu unseren Lektionen."

Rhami-yata schnippte mit dem Finger und alles Gold verschwand. Wir waren zurück in der Kammer der Sieben Mächte.

„Ich möchte deinen Zaubertrick lernen, Vater!", rief ich aus. „Wenn du nichts dagegen hast."

Er schmunzelte. „Du kennst doch den Trick schon, Hermenethre. Du führst ihn ja schon die ganze Zeit vor."

„Was meinst du? Wenn ich das könnte, würde ich mein ganzes Leben in einem goldenen Palast wohnen", lachte ich.

„Das würdest du? Vielleicht. Vielleicht auch nicht. Am Ende würdest du dich anders entscheiden."

Er machte mich neugierig und gleichzeitig verwirrte er mich. Ich setzte mich wieder auf den Boden und sagte mit Nachdruck: „Erklär mir bitte mal, warum ich nicht das Allerbeste für mich wählen würde! Und wie genau treffe ich meine Wahl?"

Der Meister setzte sich auch. „Fangen wir damit an, dass es etwas gibt, das wir die ‚sichtbare Welt' nennen und etwas, das wir mit der ‚unsichtbaren Welt' bezeichnen", sagte er.

„Oh", warf ich begeistert ein, „die ‚Manifestierte' und die ‚Unmanifestierte'."

„Nein, Hermenethre, davon rede ich nicht."

Er erklärte, dass in der Tat einige Leute diese Terminologie gebrauchen würden, wenn es um die Sinneswahrnehmung gehe. Was sie sehen oder anfassen könnten, würden sie „sichtbar" oder „manifestiert" nennen. Das ist für sie die materielle Welt. Sprächen sie aber von der spirituelle Welt, die sie weder sehen noch berühren könnten, so sei das für sie die „unsichtbare" oder „unmanifestierte Welt"."

„Und w i r nennen sie nicht so?", fragte ich.

Er schüttelte den Kopf. „Nein. Im Tempel verwenden wir solche Kategorien nicht."

Er forderte mich auf, mich an meine erste Lektion zu erinnern. Da hatte ich erfahren, dass die Höchste Schwingung sich in Materie und Geist manifestiert hatte, oder mit anderen Worten: in die materielle und spirituelle Welt.

„Dann verstehst du auch, dass sowohl die materielle als auch die spirituelle Welt bereits manifestiert worden war", sagte er.

Ich nickte. „Ja, Vater, das ist mir klar."

So wie ich mit meinen Sinnen die Höchste Schwingung weder sehen noch berühren kann, die all das kreiert hat, – dachte ich – so weiß ich doch, dass sie existiert. Warum?

Rhami-yata machte mir deutlich, dass meine Seele dazu fähig sei. Für sie sei die Höchste Schwingung „sichtbar", sie habe eine „Vision", ein Wissen von dem, was sich jenseits von ihr befinde.

„Du kannst diese Fähigkeit mit Hellsichtigkeit vergleichen", sagte er, „oder mit Voraussehen, wenn dir das hilft, besser zu verstehen, wie die Seele ‚sieht'. Das sollte aber nicht verwechselt werden mit einer inneren Vorstellungskraft. Diese Wahrnehmung der Seele geht darüber hinaus."

Darüber dachte ich eine Weile nach. Viele Menschen hatten verschiedene Arten von Visionen oder von plötzlichem Voraussehen in ihren Leben erfahren, die aus dem Nichts gekommen waren. Sie „wussten" Dinge mit ihren Sinnen, aber durch eine „besondere Sehensweise", die für sie klar und gültig war. Ich versuchte mir vorzustellen, ob diese Erfahrung dem vergleichbar war, wie die Seele sah.

„In unserem Tempel", sagte der Meister, „wird alles vom Standpunkt der Seele her beschrieben und nicht durch den der physischen Sinne."

Ich nickte. Nun ergab alles einen Sinn für mich. Weder Rhami-yata noch der Tempel existierten in physischem Sinn. Und es war immer nur meine Seele, nicht mein Gehirn, die er weiterzubilden versuchte.

„Was für die Seele hier in der spirituellen Welt sichtbar ist, wird als ‚sichtbare Welt' beschrieben.", fuhr er fort. „Der Name bezieht sich auf das, was eine Seele wahrnimmt durch ihre Art zu sehen."

„Und wie würdest du die sichtbare Welt nennen, die für die menschlichen Sinne sichtbar ist?" Ich wollte mich vergewissern, dass wir uns richtig verstanden.

„Wir nennen das die ‚physische Welt'. Weil sie für die Sinne ‚physisch' sichtbar ist", antwortete er.

Die ‚Bürger jenseits von Zeit und Körper' hier in diesem Tempel, – dachte ich – nehmen sich als Seelen wahr. Und aus d e r Perspektive beschreiben und verstehen sie die Dinge.

Ich betrachtete den Meister mit großem Respekt und dachte an seine grenzenlose Macht, weil er von der Unendlichen Macht erfüllt war, die die Welten regierte. Wie ein großer Zauberer aus einem Fantasy-Film oder in einer Legende war er alterslos und lebte ewig. E r könnte außerhalb von Sinneswahrnehmungen „sehen". Weil er, der große uralte Meister, niemals eingeschränkt war von Materie und auch nicht von der verrinnenden Zeit berührt wurde.

Selbst wenn er nur in meiner Vorstellung existierte und selbst wenn mein Geist seine Lehren erfunden hatte, obwohl ich nicht glaubte schlau genug zu sein, mir eine solche Weisheit auszudenken, – dachte ich – das, was er mit mir teilt, ist erhabener als mein ganzes Leben! Oh Gott, danke für dieses Abenteuer, ob es nun real ist oder nicht.

Ich seufzte und Rhami-yata lächelte mich an.

Ach ja, richtig, – dachte ich – er kann ja die schimmernden Energiepunkte meiner Gedanken sehen.

„Wie fühlt sich das an", fragte ich, „wenn man jedermanns Gedanken lesen kann, wenn man niemals krank wird oder müde? Wenn man frei ist von Angst, von Zeit und den Grenzen, die die Sinneswahrnehmung einem zieht? Wie ist es, D U zu sein?"

Er schaute mich genau an.

„Hüte dich, Hermenethre", sagte er. „Diejenigen, die versuchen, den Geist mit ihren Sinnen zu verstehen und ihre Logik auf die Mechanismen der spirituellen Welt anwenden, kreieren Dogmen und eine Terminologie, die irreführend und verwirrend ist. Versuch es nicht einmal!"

„Aber einige Dogmen scheinen für die Menschen akzeptabel zu sein. Sie scheinen den Geist auf vernunftmäßige Weise zu erklären, was für sie befriedigend ist", sagte ich.

„Dein Training soll dein Wachstum sichern, Tochter. Sonst nichts. Weder du noch ich haben vor, ein neues Dogma zu ersinnen, das den

Menschen den Geist in irgendeiner Weise erklärt. Vergiss das nicht."

Dann verschwand die Kammer der Sieben Mächte wieder und wir reisten irgendwo durch Zeit und Raum, wo ich keinen physischen Körper mehr hatte. Es fühlte sich an, als bestünde ich aus einer „flauschigen", lichten Energie, die fröhlich vibrierte. Wie ein Nebel oder eine Wolke, die in der Dunkelheit dahin schwebt. Dann bemerkte ich, dass sich innerhalb meiner „Flauschigkeit" etwas entwickelte. Ich konzentrierte mich darauf und stellte fest, dass mein Geist eine Form bekam.

Nun hatte ich einen Geist.

Ich konzentrierte mich stärker und konnte mir schließlich auch den Meister vorstellen, wie er direkt neben mir durch Raum und Zeit schwebt. Auch er war eine flauschige Wolke.

„Das Gehirn wurde so weit entwickelt, um in der physischen Welt zu existieren und zu überleben. Deshalb benutzt es ‚sensorische Logik', nämlich um wahrzunehmen, zu verstehen und vernünftig zu urteilen", kam die Nachricht von der Rhami-yata-Wolke an mich.

Durch noch stärkere Konzentration entdeckte ich, dass ich in der Lage war, eine Gedankenform in meinem Geist zu produzieren.

„Das menschliche Gehirn kann den Geist noch nicht verstehen", sagte meine Gedankenform.

„Weil Geist nur mit ‚geistiger Logik' zu verstehen ist, nicht mit ‚Sinneslogik'", antwortete Rhami-yatas Gedankenform.

Wir schwebten dahin. Einige Bilder gingen mir durch den Geist, einige Ereignisse aus der physischen Welt und andere „Visionen" aus der spirituellen Welt. Das alles glich einem farbenprächtigen Mosaik oder einem Puzzle, das ein Bild von großer Schönheit hervorzauberte, jedoch ohne jede Bedeutung war.

Aus welchem Grund auch immer flog das Bild meiner goldenen Statue auf mich zu. Es hinterließ keine Reaktion bei mir. Es war einfach nur ein hübsches, unwichtiges Bild, das war alles.

Dann hörte ich mich tief seufzen. Das war neu. Die flauschige Wolke, die ich war, konnte ein Geräusch machen!

Im gleichen Moment stellte ich fest, dass ich keine fusselige Wolke mehr war.

Nun hatte ich meinen Körper.

Der Schwebezustand war höchst angenehm für meine Sinne und sehr beruhigend. Rhami-yata, auch der keine fusselige Wolke mehr, sondern wieder der Meister, den ich kannte, trieb neben mir dahin.

„Glaubst du, das menschliche Gehirn wird fähig sein sich anzugleichen und zu verändern, Vater?", fragte ich. „Und wird es statt der ‚sensorischen Logik' die ‚spirituelle Logik' irgendwann benutzen? Ist das überhaupt möglich?"

„Alles ist möglich, Hermenethre", antwortete der Meister, „ es ist ein sehr schwieriger Stoff, den wir gerade behandeln. Möchtest du eine Pause einlegen?"

„Nein, Vater, bitte sprich weiter. Ich werde versuchen dir zu folgen", versicherte ich ihm.

Alle Bilder um uns herum verschwanden und wir glitten durch den leeren, dunklen Raum. Ich schloss die Augen und hörte Rhami-yata ausatmen. Sein Atem fühlte sich an wie eine Sommerbrise. Als ich die Augen wieder öffnete, saßen wir beide an einem Wasserfall unter einem hohen Baum. Als nächstes verwandelte sich die Szenerie in einen goldenen Palast.

Ich konnte erkennen, wie schnell sich mein Geist an die neue Umgebung anpasste. Ich wusste, es war eine Illusion, doch mein Geist interpretierte es als real.

„Du hast schon gelernt, dass alles, was dich täglich umgibt, nur deine Wahrnehmung, eine Illusion ist und nicht die Realität", sagte der Meister.

„Ja, natürlich", stimmte ich zu. „Es sind Energiepartikel. Wir können sie wie irgendetwas in der Welt aussehen lassen, ganz wie es uns beliebt."

Er nickte. Worauf sich die Umgebung wieder veränderte. Nun saßen wir in der Kammer der Sieben Mächte. Die brennenden Öllampen warfen lange Schatten, die hinter den grauen Figuren tanzten. Meine kleine goldene Statue glänzte hübsch im Licht der Lampen. Und die Kerze mit der darüber gestülpten Tüte brannte auch noch. Alles war so, wie wir es vor kurzem verlassen hatten.

„In unserem Tempel", fuhr Rhami-yata fort, „nennen wir die physische Welt die Illusion, während die meisten Menschen sie real nennen, wenn sie von ihr sprechen."

„Ja, Vater. So wird sie für gewöhnlich beschrieben."

„Die Energiepartikel bewirken die Illusion für die Sinne. Die Sinne nehmen die Illusion als glaubhaft wahr. Es ist aber nicht die Realität."

„Nein, das ist sie nicht", stimmte ich ihm bei. „Die Illusion ist einfach nur ein Bild, das in den dunklen, leeren Raum projiziert worden ist."

„Gut." Er stand auf. „Nun, da wir uns auf eine bestimmte Terminologie geeinigt haben, können wir fortfahren mit der Lektion."

„Die Seele ‚sieht' nicht mit ihren Sinnen". Ich stand auch auf. „Deshalb kann sie mit ihrer Art zu sehen die Illusion erkennen."

„Sehr gut", sagte er.

In dem Augenblick spürte ich eine enorme Befriedigung in mir aufsteigen.

Oh, sieh dir das an! – dachte ich. Was bin ich doch für eine fabelhafte Studentin! Und auch er wird das früher oder später erkennen.

Erstaunt über meine Gedanken lachte ich laut. Plötzlich wusste ich, was los war.

Mein Ego war geboren.

Es war auf einmal in mir und es flüsterte meinem Geist eifrig zu.

Mein Ego, – dachte ich – ist Teil des Teams, das ich bin.

Rhami-yata schmunzelte. Dann fing er an, sehr rasch durch die Kammer zu laufen.

Ich folgte ihm und musste fast rennen, um mit ihm mitzuhalten. Anderenfalls hätte ich ihn weder hören, noch sein Gesicht sehen können.

„Du hast mich gefragt, Hermenethre, wie du es anstellen sollst, die Unendliche Macht in dir zu wählen, anstatt ständig die Macht der ‚Papiertüte' aufrechtzuerhalten, wie du das genannt hast."

„Ja, Vater. Ich möchte eine befreite Seele sein, die eine bewusste Auswahl trifft, und die im Einklang mit ihren Zielen ein bewusstes Leben führt."

„Diese bewusste Wahl", erklärte er, „kannst du nur treffen, wenn du Zugang zu der spirituellen Welt hast und die physische Welt von der Perspektive deiner Seele aus verstehst."

Auf einmal änderte er die Richtung. Für einen Moment war ich desorientiert, bevor ich ihm wieder folgen konnte. Ich fragte mich, warum er so schnell lief, anstatt sich bequem hinzusetzen.

„Der Wunsch deiner Seele ist es, ständig ihre Schwingungen zu erhöhen. Du kannst jedoch keine bewusste Wahl treffen, die mit dem Ziel der Seele abgestimmt ist, ehe dein Geist nicht fähig ist, sich in der spirituellen Welt zu ‚bewegen'. Wenn er imstande ist, die spirituellen Gesetze zu verstehen, die hier herrschen, kann er sie in der gleichen Weise benutzen wie die Seele."

Er änderte mittlerweile ständig die Richtung. Ich versuchte seine Strategie vorauszusehen und zu erraten, wohin er sich wenden würde, aber das klappte überhaupt nicht. Ich blieb zurück und konnte ihn nicht mehr gut hören. Das irritierte mich.

Ich kann fühlen – dachte ich.

Nun hatte ich Emotionen.

„Vater", rief ich ihm zu, „mein Team ist komplett. Ich habe Emotionen!"

„Sehr gut", antwortete er. „Dann benutze sie klug."

Was meinte er denn d a m i t? – dachte ich. Doch dann wurde mir klar, dass die einzige Möglichkeit, mit ihm Schritt zu halten, war, mit ihm zu „fühlen", eins mit ihm zu „sein". Ich ließ meine Emotionen seine Absichten fühlen und mein Körper wählte, ohne den Geist einzuschalten, automatisch die Richtung. D a s funktionierte!

Welche eine Überraschung – dachte ich. Meine Emotionen sind ebenso schlau wie mein Geist! Sie können genauso erkennen und verstehen, obwohl ihre Wahrnehmung und Weisheit ganz anders arbeiten als die Logik meines Geistes.

Wenn ich mir gestattete, Rhami-yatas Bewegungen zu „fühlen", konnte ich mich in Harmonie mit ihm umher bewegen. Wir umrundeten weiter schnell die Kammer der Sieben Mächte.

„Was also geschieht, wenn mein Geist in der Lage ist in der spirituellen Welt zu arbeiten und die spirituelle Logik anzuwenden?", fragte ich.

„Dann funktioniert er hier genauso wie deine Seele", sagte er. „Er kann wählen, indem er an Stelle der Sinneswahrnehmung die spirituelle Logik anwendet. Und so ist er fähig, für deine Seele eine Wahl zu treffen."

Mein Geist kann die Erfahrungen für meine Seele auswählen? – dachte ich. Was könnte das für ein Spaß sein!

„Und wie wird das gemacht?", fragte ich.

Er verlangsamte seine Schritte und wir spazierten nun in einem gemütlicheren Tempo.

„Zum einen gibt es etwas, das wir die ‚sichtbare Welt' nennen und etwas, das wir mit ‚unsichtbare Welt' bezeichnen, Hermenethre."

„Ja, ich verstehe jetzt, dass die ‚sichtbare Welt' von einer Seele durch ihre Art zu sehen erkannt wird. Dann muss die ‚unsichtbare Welt' etwas sein, dass sie mit ihrer Weise zu sehen, nicht erkennen kann, ist das richtig?"

„Ja. Sie ist für die Seele nicht erkennbar. Eine Seele hat keinen Zugang zu ihr mit ihrer Sehweise."

Also, das war sehr interessant. Dann war unsere Seele gar nicht so „allwissend", wie wir sie haben wollten.

Richtig! – dachte ich, Nun erinnere ich mich: das fusselige Ding, das ich gewesen bin. Meine Seele ist nichts als eine flauschige Wolke!

Rhami-yata erklärte weiter, dass unsere Seelen sich immer weiter ausdehnen würden. Sie seien nicht begrenzt. Und je weiter sie sich ausdehnten, desto mehr könnten sie „sehen". Ihre Sehweise sei eine „Wahrnehmung durch Vibrationen" und es hänge von der Frequenz ab, mit der sie vibrierten: je höher die Frequenz, desto besser ihre Sicht.

„Ich glaube, ich verstehe, Vater", sagte ich.

Ich erinnerte mich an die Bilder, die ich „gesehen" hatte, als ich eine fusselige Wolke war und durch den leeren, dunklen Raum schwebte.

„Wenn Seelen ihre Schwingungen erhöhen, erweitern sie ihre Idee, ihre Sichtweise", fuhr ich fort. „Vater, dann muss die Höchste Schwingung diejenige sein, die die höchste Idee hat, die beste Sichtweise von allem. In seine Sichtweise ist alles eingeschlossen", fügte ich hinzu.

Rhami-yata blieb stehen und nun standen wir uns gegenüber sahen uns an.

„Die Wahl, die eine Seele getroffen hat, hängt von ihren Schwingungen ab, Hermenethre. Jede Seele wählt gemäß ihrer Schwingungen."

Ich nickte. Und gleichzeitig verstand ich, dass, bevor ich meinem Geist beibringen würde, wie er sich in der spirituellen Welt bewegen könne, um für meine Seele zu wählen, ich sicher sein müsse, dass die Schwingungen meines Teams wirklich hoch seien. Anderenfalls könne mein flüsterndes Ego meinen Geist korrumpieren, seine, des Egos, Bedürfnisse zu befriedigen und nicht die Ziele meiner Seele im Auge haben.

„Mir ist deutlich, dass das, was du mir gerade beigebracht hast, sich in ein gefährliches Werkzeug verwandeln kann, welches durchaus nicht nur m e i n e Seele, sondern auch die anderer zerstören kann", sagte ich. „Bist du sicher, dass ich schon dafür bereit bin, Vater?"

Er schaute mir weiter in die Augen. Schweigend. Und dann verstand ich. Ja, meine Seele hatte diese Wahl schon getroffen. Sie ging das Wagnis ein, vertraute dem Team. An diesem Punkt mischte Rhamiyata sich nicht ein. Es war m e i n e Entscheidung, wie ich sein, wann und wo ich dieses mächtige Wissen benutzen würde. Würde ich mich ausdehnen oder meine Seele zerstören?

„Die ‚unsichtbare Welt' ist da, wo du anfängst irgendeine Wahl zu treffen", sagte der Meister nach einer langen Pause. „Weißt du, die ‚unsichtbare Welt' ist wie ein Aufbewahrungsort. Sie enthält alle Möglichkeiten, alle Verbindungen und alle möglichen Ergebnisse. Alles existiert gleichzeitig in dieser Welt."

„Die ‚unsichtbare Welt' ist ein großer Aufbewahrungsort für alles, was existiert und das gibt es alles auf einmal", wiederholte ich.

Und er erklärte weiter und ich hörte zu. Er erinnerte mich daran, dass die ‚unsichtbare Welt' bereits manifestiert worden sei. Sie existiere, deshalb w a r sie, und alle Möglichkeiten mit ihr. Auch wenn es nur Möglichkeiten seien, sie seien doch alle schon manifestiert. Man brauche nur eine davon zu wählen und sie in der physischen Welt zu durchleben.

Das war nun etwas ganz anderes, als ich von Leuten gehört hatte, die darüber sprachen eine Möglichkeit zu erschaffen. Offensichtlich gab es nichts zu erschaffen, sondern nur danach zu greifen.

„Es können also in der ‚unsichtbaren Welt' viele Möglichkeiten von mir existieren", sagte ich. „Ich kann als viele Versionen von mir im Lagerraum der ‚unsichtbaren Welt' ‚einsortiert' sein. Schlank, groß, rund, jung, alt, klug, dumm, reich und arm... es kann endlos viele Möglichkeiten von mir geben. Und endlos viele Möglichkeiten, wie mein Leben sein könnte."

„Ja. Genauso ist es", lächelte der Meister.

„Oh, Rhami-yata, wenn es so viele Möglichkeiten von mir gibt, warum bin ich dann hier vor dir in dieser besonderen Version von mir? Warum bin ich nicht reicher, besser, hübscher oder gesünder?"

„Das ist die Wahl, die du getroffen hast, Tochter. Du hast gewählt."

„Ich hab gewählt?"

„Exakt."

Ich setzte mich resigniert auf den Boden. „Von allen Möglichkeiten habe ich mir ausgesucht, nicht perfekt zu sein und nicht der ‚Champion der Welt'? Warum hab ich so etwas Dummes ausgesucht, Vater?", fragte ich.

Der Meister setzte sich vor mich hin. „Weil diese Wahl am besten der Erweiterung deiner Seele diente", sagte er. „Die Vibration dieser Möglichkeit vibrierte am besten in Einklang mit deiner Seele."

„Dumme Seele", seufzte ich.

Ich sah, dass Rhami-yata sich ein Schmunzeln verkniff. „Wie du dich erinnerst, Hermenethre, wägt die Seele keine Gründe ab. Sie fühlt nicht, hat keine Wünsche oder Bedürfnisse. Ihr einziges Verlangen ist zu wachsen und sie wählt die Erfahrungen, die diesem Ziel entsprechen."

„Ja", seufzte ich wieder. „Das hab ich schon gelernt. Erfahrung gleich Vibration und ist die erfüllt, strebt die Seele zu einer anderen Vibration."

Rhami-yata sagte, die Seele könne die „unsichtbare Welt" nicht sehen. Als seien ihre Augen verbunden wähle sie nur etwas, das mit ihr schwinge. Eine Schwingung zurzeit.

Diese Schwingung sei für sie unwiderstehlich. Weshalb sie gerade diese von der „unsichtbaren Welt" aus allen Möglichkeiten wählen würde. Dann würde sie diese Schwingung in die „sichtbare Welt" bringen, wo sie zur Erfahrung werde, zu ihrer Realität. Was also die Seele in der spirituellen Welt erfahre, sei die Realität. Was der Rest meines Teams in der physischen Welt erfahre, sei nur ein Bild, eine Illusion.

Was ich demnach in meinem Leben erlebe, – dachte ich – einen Film drehen, die wackelige Beziehung mit Norman und all das – ist eine Illusion, die mein Team in der physischen Welt erfährt. Es ist a u c h die Schwingung, auf die meine Seele zur gleichen Zeit eingestimmt ist. Warum auch immer, meine Seele fühlte sich zu dieser besonderen Schwingung hingezogen und machte sie so in der spirituellen Welt zur Realität. Warum suchte sich meine Seele all das aus? Hm, wenn sie bereits befreit gewesen wäre, würde sie etwas wählen, das ihre Schwingungen erhöhte, würde ich sagen. Aber ich fürchte, ich bin noch immer eine gefangene Seele, ihre Wahl war eher ein Folgen und Mitschwingen der Vibrationen meines Egos, Geistes und meiner Emotionen.

Ich wollte wissen, wozu wir überhaupt die Illusion brauchen. Warum hier in der physischen Welt leiden, da wir sowieso Seelen waren, die nur in der Realität der spirituellen Welt existieren konnten? Ich fragte den Meister danach.

„Das, Hermenethre", sagte er, „ist wegen des größten aller Wunder, dem physischen Leben. Und Leben, meine Tochter, erlaubt dir als Team zu existieren. Deine Seele kann sich leichter ausdehnen, wenn sie im Team ist, weil jeder Teil des Teams die gesamte Schwingung des Teams beeinflussen und erhöhen kann. Es gibt kein größeres Ziel für die Seele, als ihre Schwingungen zu erhöhen und sich auszudehnen."

Weil sie danach strebt, näher und näher an die Höchste Schwingung zu kommen und wie sie zu sein – fügte ich in Gedanken hinzu.

Ich schwieg für einen Moment, bevor ich sagte: „Dann lehre mich. Mach weiter, Vater. Sag mir, wie spirituelle Logik zu benutzen ist und trainiere meinen Geist, in der spirituellen Welt zu arbeiten, sodass ich wählen kann, unwiderstehliche Möglichkeiten für meine Seele zu kreieren. Und lass sie sie als Realität erfahren."

Er nickte. „Du musst mit deinen Überlebensängsten fertig werden", sagte er. „Diese begrenzen deine Fähigkeit, deine spirituelle Logik zu benutzen."

„Und was dann?", fragte ich.

„Dann musst du bewusst, verantwortungsvoll und immer im Einklang mit den Zielen deiner Seele sein. Vergiss das niemals." Er hielt für einen kurzen Augenblick inne. Dann sagte er: „Vergiss nicht, wenn du erst einmal die Realität deiner Seele geschaffen hast, wird das

auch dein physisches Leben beeinflussen, weil es auch Auswirkungen hat auf das, was du als Team in der Illusion erlebst."

Wenn ich meinem Ego erlaube, meinen Geist zu kontrollieren, während es in der spirituellen Welt arbeitet, – dachte ich – würde die

Frequenz meiner Schwingungen erheblich und oft unwiderruflich sinken. Mein Ego könnte mir einflüstern, meine Seele auszutricksen, Reichtümer, Beziehungen und alle die materiellen Dinge zu gewinnen, mit denen ich mich besser fühlen würde. Obwohl mein Ego außerhalb der physischen Welt nicht existiert, könnte es doch leicht meinen Geist beeinflussen.

„Während dein Ego gemäß seiner Tatkraft handelt, treibst du deine Seele in den Tod", sagte Rhami-yata. Verstehst du nun, warum es so wichtig ist, die Gesetze der spirituellen Welt zu kennen und sich ihrer immer bewusst zu sein?"

Nun schwiegen wir beide eine Weile.

„Es gibt zwei Optionen, wie du dein Leben bewusst und glücklich leben kannst, Hermenethre", sagte der Meister und sah mir dabei tief in die Augen. „Du kannst deiner Seele vertrauen und ihre Realität akzeptieren. Oder du kannst deinen Geist darauf trainieren, in der spirituellen Welt geschickt zu operieren und unwiderstehliche Wahlmöglichkeiten für deine Seele schaffen."

Ich nickte.

In beiden Fällen musste ich die Ziele der Seele als oberstes Gebot anerkennen. Und nicht versuchen, sie mithilfe meines Geistes auszutricksen, um meine Sinneswünsche zu erfüllen. Ich musste mit meinen spirituellen Wünschen im Einklang sein. Nur dann wäre ich in der Lage, mich der Unendlichen Macht zu bedienen und die „Tütenmacht" nicht mehr zu brauchen.

„Vater", sagte ich, „ich bin bereit, Verantwortung für meine Seele zu übernehmen."

„Kümmere dich jetzt um deinen Körper", sagte der Meister. „Wir fahren später mit deinem Training fort."

Und dann war er gegangen.

Ich betrachtete die Laterne, die ich am Anfang der täglichen Lektion hergestellt hatte. Sie passte nicht mehr hierher, in die Kammer der Sieben Mächte. Ich stand auf und nahm sie langsam ab. Darunter war eine hell leuchtende Kerze, die fröhlich brannte.

***

Ich erwachte aus der Trance und schaute mich im Studio um. Es war dunkel, aber der Mond schien hell ins Fenster. Lucky schlief ruhig und friedlich auf dem Boden. Ich wusste, dass seine physische Form nur eine Illusion war, genau wie mein Körper und alles andere drum herum. Ich lächelte über diese Illusion und erkannte sie als die Wahl meiner Seele.

Ja, ich konnte lernen mein Leben zu lieben und das Abenteuer zu genießen. Mir war nun vollkommen klar, dass das große Ziel nicht darin bestand, dass ich mich gut oder schlecht fühlte. Auch nicht, dass ich meinen Wert bewies. Mein Leben war nur eine Möglichkeit, die ich aussuchte, um meiner Seele zur Ausdehnung zu verhelfen. Und ich konnte jederzeit eine andere Möglichkeit wählen. Diese neue Möglichkeit war dann auch dazu da, den Zielen der Seele zu dienen.

„Weißt du, Lucky", sagte ich, „wenn ich mich wieder entscheiden müsste, würde ich wieder zu der gleichen Entscheidung kommen."

Er hob den Kopf und sah mich an. Sein wedelnder Schwanz machte ein interessantes Geräusch auf dem Fußboden: klopf, klopf, klopf, klopf.

Ich lächelte den Hund an. Er schien immer so enthusiastisch zu sein, egal was ich zu ihm sagte. „Und ob", stimmte ich zu. „Klopf, klopf. Es ist gut, dass ich genau da bin, wo ich bin, stimmt's?"

Ich schloss wieder die Augen und Luckys Schwanz kam auch zur Ruhe.

In dieser Nacht dachte ich, dass die Unendliche Macht gar nicht so abstrakt und angsteinflößend mehr war. Ich wusste jetzt, wer ich war und was ich werden würde.

Kapitel 17

Die Hand des Schicksals öffnen

Ich traf eine Entscheidung. Norman und ich hatten nun schon lange getrennt gelebt und nur die Räume, die allen zugänglich waren, genutzt, so wie es in Wohngemeinschaften üblich war oder wie Fremde es tun. Es gab keine gegenseitige Unterstützung, kein Verliebt sein mehr, nichts, was wir teilten. Nur noch zwei Menschen, die in einer schwierigen Situation festsaßen. Ich entschied, dass wir das Ende des Weges erreicht hatten, unsere Beziehung hatte ihren Zweck erfüllt und das war's.

Es war nicht einfach. Der unvermeidliche Kummer, Ströme von Tränen. Ich fühlte mich wie ein Versager.

„Du brauchst noch länger für deine innere Heilung, als das, was du bisher dafür getan hast", sagte Basia am Telefon, als ich sie nach einer meiner Sitzungen, in der wieder Tränenströme flossen, anrief. „Sonst bist du nicht in der Lage, eine wirklich dauerhafte Beziehung aufzubauen und zu erhalten. Wenn du d a n n wieder jemanden triffst, wird alles viel besser laufen. Du wirst sehen."

Ich seufzte. „Wenn ich bloß jemanden kennenlernen könnte, ohne lange mit ihm auszugehen."

„Wie meinst du das?"

„So lange ich zurückdenken kann, war ich in einer dauerhaften Beziehung", erklärte ich. „Meine Heirat mit Jacob kam so automatisch, wir trafen uns nicht oft vorher. Das gleiche passierte mit Norman. Wir entschieden uns schnell, zusammenzubleiben und das war's. Ich weiß nicht, wie man sich einfach locker trifft und ich will es auch nicht."

„Hör mal", sagte sie fest, „bevor du auch nur eine neue Beziehung in

Erwägung ziehst, musst du wirklich erst mehr verarbeiten und...".

„OK, OK", unterbrach ich sie. „Ich... meine ja nur ganz allgemein. Prinzipien und so."

Basia verstand. Sie war ganz genau so. Ausgehen war für uns beide uninteressant. Da gab es nicht genug Tiefe, Gespräche „von Herz zu Herz" oder wahre Ernsthaftigkeit, während man in festen Beziehungen eher Dinge erkunden konnte, die man nur mit Menschen, denen man sehr nahe ist, erlebte. Wie Waffenbrüder, die gemeinsame Schlachten geschlagen hatten, konnte man spannende Abenteuer erleben und die erregendsten Gelände erobern.

Ja, ich war gerne mit jemandem zusammen. Aber nur Ausgehen war meine Sache nicht.

Wenn ich nicht zufällig mit jemanden zusammenstoße, jemand der das Gefühl hat, es ist uns bestimmt, zusammen zu gehen, zu segeln, reiten, tanzen, rennen, fliegen, weinen und lachen, – dachte ich – bleibe ich lieber allein. Und schaue mich nicht nach einem Date um.

Meine Freundin hatte Recht. Vor allem musste ich meine emotionalen Wunden heilen, sonst gab es keine Chance für eine erfüllende, intellektuelle, emotionale, physische und spirituelle Romanze. So wie Basia und ihr Mann Boguslaw sie hatten.

Sie lernten sich in Griechenland kennen, wo sie eines Sommers im Urlaub gewesen waren. Und er brauchte bloß drei Tage, bevor er ihr einen Heiratsantrag machte. Basia sagte ja und wurde seine Frau. Nun, nach zwanzig Jahren und zwei Söhnen waren sie immer noch glücklich miteinander. Wie beste Freunde und Liebende in allen Bereichen des Lebens. Ihre Liebe und Freundschaft bliebt immer frisch, weil sie zusammen wuchsen und niemals etwas anderes wollten, als das Beste für sich und den anderen.

„Ja, Basia", gab ich zu. „Es wird Zeit alle Schränke meines Herzens und meiner Seele zu reinigen. Da sind alte Spinnennetze versteckt, die niemand mehr braucht."

Interessanterweise setzte sich das Thema Liebe in meinem Leben fort. Mein Sohn Matthias hatte eine junge Frau in seinem Alter kennengelernt, Merrylene. Sie war in Paris aufgewachsen und hatte die letzten zehn Jahre mit ihren Eltern in Toronto verbracht.

Die Liebesgeschichte von Matthias und Merrylene glich eher einem romantischen Roman, als den wirklichen Leben. Ihre Eltern, die sehr konservativ eingestellt waren mit einem anderen rassischen Hintergrund als wir, akzeptierten Matthias nicht, aber die beiden jungen Leute gaben nicht auf. Sie liebten sich drei Jahre lang in aller Heimlichkeit. Sie kämpften zusammen um ihr Recht, bis schließlich ihre Eltern ihnen ihren Segen gaben.

Bei einer wunderschönen Hochzeitszeremonie gaben sie sich das Jawort und ich weinte mir vor Freude die Augen aus. Ich war wie die meisten der weiblichen Gäste in einen bildschönen, goldgesäumten Sari aus roter Seide gehüllt. Ich liebte meine neue Schwiegertochter bereits. Sie war nicht nur eine atemberaubende Schönheit mit ihren riesengroßen, dunklen Augen und langen, dunklen Haaren, sie war auch hoch intelligent. Ihr gesunder Menschenverstand und Matthias' künstlerische Visionen passten perfekt zusammen. Während Merrylene ihr gemeinsames Leben gestaltete und Kinder in einer französischen Schule unterrichtete, schrieb Matthias weiter seine Musik. Seine Lieder waren immer faszinierend, überraschend mit ihren Wendungen und Ideen, die die Herzen der Hörer fesselten und auf ganz besondere Weise ansprachen. Wir waren alle sehr stolz auf ihn.

Ich verkaufte mein Haus, bezahlte einige der dringendsten Rechnungen, die mit meiner Filmproduktion zusammenhingen und zog in ein zweistöckiges Appartement im griechischen Teil von Toronto. Die Kulisse wirkte europäisch mit ihren vielen kleinen Geschäften, Butiken, Restaurants und Cafés. Alles war zu Fuß erreichbar und nur ein paar Minuten Weg von meiner Tür entfernt.

Zwei Wochen, bevor ich in mein neues Appartement zog, wo ich meine „Wunden lecken" und anfangen wollte, mein bewusstes Leben zu genießen, starb Mi-Katze. Sie war zweiundzwanzig Jahre alt. Ihr Verlust schmerzte mich sehr, aber ich verstand auch, wie viel sie mir beigebracht und wie sie mein Leben bereichert hatte. Ich rahmte ihr Foto und betrachtete es oft mit Tränen in den Augen.

Mein Leben wird niemals mehr das gleiche sein ohne sie – dachte ich.

Sie war die reine, inkarnierte Freude, die ihre stille Weisheit mit jedem teilte, mit Menschen und Tieren.

Lucky und Rita blieben bei Norman. Ich wusste, ich würde sie sehr vermissen, doch er würde sich besser um sie kümmern als ich es konnte. Meine unregelmäßigen Arbeitszeiten und meine neue Lebenssituation erlaubten es nicht, auch noch für zwei Hunde da zu sein. Sie verdienten etwas Besseres als das, was ich ihnen im Augenblick bieten konnte. Und Norman liebte sie sehr.

Genauso wie Jahre zuvor, als ich Rhami-yata kennen gelernt hatte, war ich nun auch wieder auf mich gestellt. Der Kreis hatte sich geschlossen und ein anderer fing gerade an.

Die Fertigstellung meines Films nahm viel Zeit in Anspruch. Die visuellen Effekte waren sehr arbeitsaufwendig, es schien ewig zu dauern. Es war sehr ungewöhnlich, dass ein Fantasy-Film mit visuellen Effekten von einer so kleinen, unabhängigen Produktion gemacht wurde.

„Aber es ist genau das, was ich wollte", pflegte ich meinen Freunden zu sagen, „und wenn ich vorher gewusst hätte, wie schwer es sein würde, würde ich dennoch nicht zögern, es noch einmal genau so zu machen. Was sonst sollte ich mit meinem Leben machen, wenn ich nicht meiner tiefsten Leidenschaft und meinen Träumen folgte?"

Jeder Schritt zur Fertigstellung des Films war ein Kampf gewesen. Wir hatten alle nur erdenklichen Quellen genutzt. Er hatte bereits mein Haus und meine Kreditkarten verschlungen. Meine Freunde hatten alles Geld investiert, was sie erübrigen konnten. Romuald Lipko, mein berühmter Musikerfreund, hatte über achtzig Minuten Originalmusik geschrieben. Zwei junge Mitglieder seiner Rockband „Budka Suflera", Piotr Kominek und Lukasz Pilch hatten mit der Komposition einiger Stücke dazu beigetragen. Und viele andere hatten ihr enormes Talent, ihre Energie und harte Arbeit zur Verfügung gestellt. Hunderte von Leuten, darunter Künstler, Filmemacher und sogenannte „normale Menschen" hatten den Film mit mir zusammen gemacht. Wir alle glaubten daran, dass er es wert war. Wir liebten dieses tapfere Abenteuer.

In der Zwischenzeit schrieb ich weiter und organisierte neue Projekte und ich war weiter aktiv in dem Fantasy- und Sciencefiction – Filmfestival, das ich ins Leben gerufen hatte.

Dank Rhami-yatas und seiner großzügigen Weisheit fing mein Geist an, „aus dem Versteck zu kriechen", und ich merkte, wie anders mein Leben sein konnte. Ich nahm die Geschenke wahr, die mein Schicksal für mich in seiner Hand versteckt hatte und ich wusste, dass ich sie früher oder später würde empfangen können.

Neue Ideen für den nächsten Film entstanden und nahmen in meinem Kopf Gestalt an, sodass sie zu meinen Anstrengungen, meiner zukünftigen Arbeit, meiner persönlichen und meiner professionellen Reise wurden.

„Es ist im Grunde unwichtig, wie lange es dauern wird", sagte ich zu Ella, die mich von Zeit zu Zeit besuchte. „Nichts kann mich aufhalten, jedes eingrenzende Konzept, oder eins, was auf Altern beruht, basiert auf der Sinneslogik und nicht auf der spirituellen Logik. Man kann in jeder Lebenslage, in jedem Alter, sogar wenn man behindert ist, seine Träume verfolgen. Nichts kann einen Menschen daran hindern, das zu sein, was er will und oder wer er sein will, es sei denn, es ist der Weg, den er sich ausgesucht hat."

Ella half mir bei der Zubereitung eines Salates in meiner neuen Küche. Neben der Küche gab es einen Anbau, ein kleines Esszimmer mit vielen Fenstern, die es zu dem sonnigsten, fröhlichsten Raum im ganzen Haus machten. Mein Holztisch passte perfekt hinein und die meisten meiner Gäste saßen lieber hier als im Wohnzimmer.

Wir aßen den Salat mit Vollkornbrot, das Ella besonders mit leckerer Biobutter schmeckte. Während ich mir noch nicht so klar über meine Essgewohnheiten war, war sie das wandelndes Exemplar eines Menschen, der einen gesunden Lebensstil mit den köstlichsten Mahlzeiten kombinierte.

Naja, – dachte ich – eines Tages, wenn mein Film fertig ist, und der Stress ist vorbei, werde ich schließlich auch auf meinen Körper achten können.

„Ich verstehe, dass du viel durchmachst, und dass nichts in deinem Leben statisch ist", sagte Ella. „Aber wie kommt es, dass ein Mensch wie ausgerechnet du nicht genug auf seine eigene Gesundheit achtet?"

Ich lächelte. „Weißt du, man sagt, dass Schuhmacher gewöhnlich ohne Schuhe laufen."

Aber meine liebe Freundin hatte mir noch nie meine Entschuldigungen abgekauft und wurde nicht müde, mich daran zu erinnern, auf mich zu achten, regelmäßig zu essen und zu schlafen.

In der Zwischenzeit lernte ich weiter mit Rhami-yata und ich machte einen Vertrag mit mir selbst und mit dem Tempel, in dem ich versprach, immer bewusst zu leben, mich der Ziele meiner Seele zu erinnern und ihrem Wachstum zu dienen.

Ich empfing die fünfte Einweihung, die sich „Pfad der Wahrheit" nannte, und der schien der Schwerste von allen zu sein. Er erforderte, dass ich mein Gehirn für den Gebrauch der spirituellen Logik trainierte. Diesen Pfad zu beenden, würde mich leicht mehrere Jahre kosten oder es konnte bis zu meinem Tod dauern. Zu lernen, der Seele zu vertrauen, erstreckte sich oft über das ganze Leben.

Mein neues Schlafzimmer war im zweiten Stock des Hauses, wo sich auch ein Gästezimmer befand. Es war auch der Eingang zu einer hölzernen Dachfläche, die eine schöne Alternative zu einem Garten war. Ich stellte meine Schaukel und die Bank dorthin und machte mir aus Pflanzgefäßen einen herrlichen Garten, den ich in vollen Zügen genoss. So konnte ich mich nur ein paar Schritte von meinem Schlafzimmer entfernt aufs Neue im Pflanzen, Arrangieren und im Bewundern der vielfarbigen Blumen verlieren.

Das Schlafzimmer war ziemlich geräumig und ich stellte einige Holzmöbel hinein, die zu meinem Bett aus Birke passten, dass das antike Eichenbett ersetzt hatte.

Ich hatte das ganze Appartement in einem interessanten „Mango-mit-Milch"-Ton gestrichen, was einem das Gefühl vermittelte, auf Urlaub im Süden zu sein. Die fröhliche Wärme passte perfekt zu dem Wollteppich und den Holzmöbeln.

Ausgestreckt auf den Decken in meinem Schlafzimmer besuchte ich oft den Tempel und bat den Meister um seine Lehren. Auch jetzt verlangsamte ich wieder meinen Atem, entspannte meinen Körper und glitt in tiefe Trance.

***

Rhami-yata hieß mich in der Kammer der Sieben Mächte willkommen. Seine Augen waren heute hell, wie kostbare Smaragde. Ich lächelte sie an und fertigte eine Kerze für die Mächte, indem ich Öl in ein Bronzegefäß goss.

Dann drehte ich mich zu dem Meister um und sah ihn an. „Schicksal versus Wahl", sagte ich. „Wie ist das Verhältnis zwischen ihnen und wie funktioniert es?"

„Das ist das Paradoxe und Wundersame des Lebens", antwortete Rahami-yata lächelnd. „Es geschieht, wenn du frei wählst, was schon für dich ausgewählt worden ist. Wenn du dein Schicksal annimmst, bis du im Einklang mit dem Rad der Schöpfung."

„Und wer entscheidet über mein Geschick? Meine Seele?", fragte ich und setzte mich auf den Boden. „Genauso wie sie die Lebenserfahrungen für mich aussucht?"

Wie gewöhnlich betrachtete ich lange meine kleine, goldene Statue. Und wieder durchströmte mich beim Anblick ihrer herrlichen Form und ihres Glanzes ein Wohlgefühl.

„Ja und nein. Deine Seele legt dein Geschick nicht fest. Nicht gänzlich jedenfalls." Er setzte sich auch und seine Augen wurden himmelblau.

Was er wohl meint: „Nicht gänzlich"? – dachte ich. Er selbst hat mir beigebracht, dass meine Seele ein Ziel hat, nämlich sich ständig auszudehnen. Ist es nicht das, wofür ich bestimmt bin? Das interessierte mich sehr.

„Ich weiß, Hermenethre, wie schwer es für dich ist, die Gesetze der spirituellen Welt zu begreifen", sagte der Meister. „Aber wenn dein

Gehirn sich erst einmal an die spirituelle Logik gewöhnt hat, wird es leichter werden."

Ich nickte. Dann merkte ich, dass mein liebes Ego sich in die Unterhaltung einbringen wollte. „Prüf mich doch mal", sagte ich. Das waren die Worte, die mein Ego mir in den Mund gelegt hatte.

Rhami-yata schien amüsiert und hob leicht die Augenbrauen. Dann änderte sich sein Ausdruck und er sagte: "Gut!"

Ich schmunzelte und betrachtete seine blauen Augen.

Er erklärte, dass, während meine Seele die Lebenserfahrungen auswähle, die an seine Ziele, sich auszudehnen angepasst seien, ginge mein Schicksal darüber hinaus.

„Mein Schicksal ist größer als das Ziel meiner Seele?", fragte ich. „Aber wie ist das möglich?"

Nun redete mein Geist. Meine gefühlsmäßige Logik stellte sich in den Weg und ich musste meinen Gedankenfluss für einen Augenblick unterbrechen. Ich machte meinen Geist leer, schloss die Augen und atmete nur noch tief.

„Das ist richtig", hörte ich den Meister sagen.

Ich atmete weiter tief ein und aus. Plötzlich war ich in der Lage zu verstehen. Es gab einen größeren Plan. Größer, als die primären Ziele meiner Seele. Und alles war Teil dieses Plans, meine Seele eingeschlossen. Es drehte sich alles in meinem Kopf. „Halt!", wollte ich schreien, aber ich öffnete bloß meine Augen und sah den Meister mit einem Gefühl der Verlorenheit und Hilflosigkeit an.

Er lächelte sanft. „Ich werde dir später mehr sagen. So eine Stunde wird kommen", versprach er. „Für den Augenblick musst du einfach akzeptieren, dass es etwas Größeres gibt als nur die Ausdehnung deiner Seele."

„Schön", stimmte ich zu. „Das kann ich akzeptieren."

„Gut. Nun sag mir, Hermenethre, wie verstehst du, dass du verbunden bist mit jedem anderen?"

Darüber dachte ich nach. Er trieb mich nicht zur Eile an und ich sortierte meine Gedanken, um ihm die beste Erklärung zu geben, die ich finden konnte.

Seit ich umgezogen war, hatte ich intensiv mit Audio-Tonbändern über unterbewusste Botschaften gearbeitet, die mein Unterbewusstsein reinigen sollten. Auch hörte ich mir Aufnahmen spirituell anregender Natur an, um meinen Geist zu stärken und eine gesunde Eigenliebe und Akzeptanz zu bewirken.

Nach fast zwei Jahren nahm ich grundlegende, emotionale Veränderungen in mir wahr. Ich brauchte niemanden mehr, der mich liebte, fühlte mich „von innen" bewundert, friedlich und anerkannt... na gut, wenigstens die meiste Zeit. Manchmal hatte mich die alte Angst und Verwirrung wieder eingeholt, aber nur zeitweise, und das verging auch schnell wieder. Es war wie ein dicker Schleier, der sich gehoben hatte und mich einen klareren Blick werfen ließ auf die, die ich war und wo in der Welt mein Platz war.

„Vater", begann ich, „lass mich die Analogie verwenden, die mir schon geläufig ist, um dir die Verbindung, die wir alle miteinander haben, zu erklären."

„An alten Analogien ist nichts verkehrt", stimmte der Meister zu.

Man hatte uns alle mit einem Ozean verglichen, erinnerte ich mich. Ich stellte mir eine abgrundartige blaugrüne Tiefe vor, die sich aus vielen Tropfen, die wir waren, zusammensetzte. Einige von uns schwammen auf den Wellen und reflektierten den Sonnenschein und das Mondlicht. Manche Tropfen trugen Boote und Schiffe. Die einen wurden dauernd gegen die Felsen geworfen, während andere immerwährend auf und nieder hüpften, sich um sich selbst drehten und so Wirbel verursachten.

„Jeder Tropfen hat ein anderes Schicksal, eine andere Art, der Ozean zu sein", stimmte Rhami-yata zu.

Ich fuhr fort mit meiner Geschichte, konzentrierte mich weiter auf die Tropfen, die auf und nieder hüpften und sich drehten. Ihre „Natur" war „lärmend" und andere Tropfen in ihrer Nähe wurden oft in ihren Sog gezogen. Einige gerieten in die Mitte des Wirbels, andere mehr an den Rand.

Über dieses Bild musste ich lachen. „Es scheint", sagte ich, „dass wir Tropfen andere Tropfen beobachten und zu einem Urteil über sie kommen. Und dann sagen wir: ‚Schau dir diesen auf und ab hüpfenden Tropfen an. Welch einen Wirbel er macht! Er muss etwas Besonderes sein, besser als andere Tropfen! Ein wahrer Star! Ein großer Politiker oder eine Berühmtheit'."

Rhami-yata schmunzelte. „Tatsächlich, Hermenethre, so muss es sein."

Die Tropfen in meiner Geschichte beobachteten nun diejenigen, die gegen die Felsen geschmettert wurden und ich konnte fast hören, wie sie sich darüber unterhielten, wie schmerzhaft doch das Los war, das sie getroffen hatte. Sie würden wahrscheinlich bestraft für etwas Böses, dass sie getan hatten oder sie waren dumm genug, sich so sehr abzumühen. „Oh, wir sind wohl viel besser als die!", sagten manche. „Unsere einzige Aufgabe ist es, hier auf dieser angenehmen Welle dahinzugleiten und das Licht zu reflektieren. Wir müssen privilegierte, außergewöhnliche Tropfen sein."

Der Meister nickte langsam und beobachtete mich aufmerksam, wie ich meine Geschichte entwickelte. Seine Augenfarbe glich nun der grün-blauen Farbe des Ozeans, den ich gerade vor meinen Augen hatte entstehen lassen.

„So programmieren wir uns und andere", sagte ich. „Während wir auf und ab hüpfen, verursachen wir aktiven und kreativen Tropfen Wirbel und ‚bedeutende' Spritzer. Ja, es macht Spaß, aber diese Tätigkeit ist nicht das Wichtigste. Das spüre ich."

Er fragte, was denn das Wichtigste sei und bei dieser Frage wurden seine Augen grau wie die Statuen, die stumme Zeugen all dessen wurden, was sich hier in der Kammer der Sieben Mächte ereignete.

Ich sah seine Augen und die Statuen und begriff auf einmal, dass jeder einzelne Tropfen seine ganz eigene Aufgabe hatte. Durch unsere Erfahrungen lernten wir und dehnten uns aus, gewannen Weisheit und Wissen. Jeder einzelne Tropfen war gleich wichtig. Keiner schlechter. Keiner besser. Jeder war einzigartig, konnte nicht fortgeschickt, ersetzt oder vergessen werden. Jede einzelne Erfahrung eines Tropfens war eine Quelle von Weisheit für den gesamten Ozean.

„Aus der Perspektive", sagte ich, „verstehe ich unsere Leben hier als verschiedene Arten von Aufgaben, die wir Tropfen erfüllen. Und wir tauschen uns mit anderen durch unsere Sinne und auf einer sehr grundlegenden, molekularen Vibrationsebene über unsere Erfahrungen aus. Wir bereichern uns gegenseitig und dehnen uns aus."

Der Meister nickte. „Jeder hat sein Schicksal", sagte er, „das durch einen größeren Plan festgelegt ist, als nur die Ausdehnung von jemandes Seele, wie du an deinem Beispiel mit dem Ozean sehen kannst."

Dann visualisierte ich ein Boot, das auf den Wellen schaukelte. Das Boot hielt den Stürmen auf die Dauer nicht stand. Es würde bald auseinanderfallen und verschwinden. Weil es endlich war. Da war ein Loch im Bootsboden und es blubberte Wasser herein. Die Tropfen konnten den Ozean während der Zeit, die sie auf dem Grund des Bootes waren, nicht sehen. So dachten sie, auch sie wären endlich, in einer endlichen Welt. Sie spürten keine Verbindung mit dem Ozean, hielten sich für getrennt von ihm. Sie verstanden nicht, dass das Boot auseinanderfallen und sinken würde, sie aber immer noch Teil des Ozeans blieben.

Mein Lehrer schaute mich forschend an, während ich sprach.

„Das ist das, was ich bis jetzt gelernt habe", beendete ich meine Geschichte.

Er nickte.

„Aber Vater, ich verstehe immer noch nicht die freie Wahl im Vergleich zu Schicksal", gab ich zu.

„Also gut. Lass mich deinen Ozeanvergleich verwenden", sagte er.

Jeder Tropfen könne akzeptieren, was war, erzählte er mir oder etwas anderes wählen und damit sein Schicksal verändern. Es gäbe verschiedene Möglichkeiten, das zu tun. Ein Tropfen könne seine Dynamik, seine Vibrationen wechseln und in eine andere Richtung springen, nicht mehr gegen den Felsen geworfen werden, sondern auf eine friedliche Welle springen. Oder er könne sich in Wasserdampf auflösen, sich transformieren und an einer ganz anderen Stelle als Regentropfen zurück in den Ozean fallen.

„Und zu etwas werden, was er möchte", unterbrach ich ihn, „ein Tropfen, der auf die Küste fällt, er könnte einen Wirbel machen oder ferne Länder erkunden. Oder er kann sich entschließen wieder an den Felsen geschmettert zu werden."

„Ja, Hermenethre", sagte der Meister. „Aber nur ein bewusster Tropfen hat die freie Wahl, w i e er sein will, während er Teil des Ozeans ist."

„Ein bewusster Tropfen?", fragte ich.

„Wenn ein Tropfen wirklich sein Schicksal verändern will", fuhr er fort, „das natürlich im Einklang ist mit dem Schicksal des gesamten Ozeans, muss es ein bewusster Tropfen sein. Einer, der seine Wahl im Einklang mit den Zielen seiner Seele trifft und im Bewusstsein des größeren Plans, der für den gesamten Ozean gilt. Erst dann kann so ein Tropfen eine Auswahl treffen, die sein Schicksal verändert."

Ich lächelte. „Dann ist die freie Wahl in Wirklichkeit nichts anderes als das, was sowieso unser Schicksal gewesen wäre. Wenn wir uns erst einmal klar darüber sind, was wirklich das Beste für uns ist, neigen wir dazu, das zu wählen, was schon gewählt worden ist", sagte ich verblüfft.

„Ja", bestätigte Rhami-yata. „Vergiss nie, deine Erfahrungen wertzuschätzen und deine Reise zu genießen, egal welchen Teil des Ozeans du gerade erkundest."

„Das werde ich", versprach ich.

„Ich bin froh", sagte er. „Nun erfreu dich an deinem Traum."

„Welchen Traum meinst du denn", wollte ich fragen, aber er war schon gegangen und ich spürte wie ich in einen tiefen Traum versank. Zuerst wollte ich Widerstand leisten, aufwachen und alles niederschreiben, was wir besprochen hatten, aber das Gefühl zu versinken, war stärker und ich gab ihm nach.

***

In meinem Traum ging ich Hand in Hand mit einer ziemlich kleinen weiblichen Person, die sonst keine besonderen Merkmale hatte, außer dass sie sehr mächtig war. Ihr Name war Unbeständigkeit.

„Du willst zu sehr kontrollieren", sagte sie. „Du vertraust weder deinem Schicksal noch deiner Seele."

Während wir so dahin spazierten, bat mich Unbeständigkeit, auf unserem Weg dreimal anzuhalten.

„Die Stops werden dir helfen den Prozess des Vertrauens zu verstehen", versicherte sie mir.

Den ersten Haltepunkt nannte sie „Illusion". Ich sah mich um und nahm überall viele glänzende Funken wahr. Ja, ich erkannte sie und ich kannte sie gut.

„Du vergisst das immer wieder", sagte Unbeständigkeit. „Du schwankst, was das Verständnis der Welt, die dich umgibt, angeht. Du wiederholst gebetsmühlenartig: ‚Alles ist Illusion'. Aber das ist intellektuelles Gerede. Du musst dich davon befreien, die Dinge so ernst zu nehmen und dein Leben kontrollieren zu wollen."

Wir gingen weiter und ich war neugierig auf den nächsten Halt.

„Dieser hier wird ‚Wählen' genannt", sagte Unbeständigkeit und deutete um sich.

Hier sah es aus, wie auf einer Kreuzung. Da gab es viele Wege, von denen aus wir weitergehen konnten.

„Du bist unbeständig in deinen Wahlmöglichkeiten", nickte sie. "Manchmal folgst du tatsächlich dem Weg deines Schicksals, der auf das Ziel deiner Seele ausgerichtet ist und manchmal tust du es nicht. Nochmal: Hör auf, deine Wahl mit deinem Geist zu kontrollieren. Dein Geist ist noch nicht genügend in spiritueller Logik trainiert. Trau der Wahl, die deine Seele bereits getroffen hat, dann wirst du anfangen bewusst zu wählen, anstatt hin und her zu schwanken, unsicher welches Ziel das richtige ist."

Ich spähte die vielen Wege hinunter und sah sie fragend an. Wohin sollte ich gehen?

Unbeständigkeit bat mich die Augen zu schließen, dann sagte sie: „Wenn du dem Weg deines Schicksals folgst, fühlst du dich wohl. Wenn du dagegen Widerstand leistest, fühlt sich dein Leben unbequem an und eine Menge Angst und Gegenwehr steigen in dir hoch. Vergiss aber dabei nicht: Die angenehme Straße kann dich narren. Manchmal ist die holprige Straße dein Schicksal. Du wirst den Unterschied merken. Wenn du dich nicht beschwerst und keine Angst hast, kann sogar die holprige Straße bequem sein, wenn du erst einmal deinem Schicksal und deiner Seele vertraust."

Ich holte tief Atem und machte einen Schritt vorwärts und dann noch einen. Es war ein angenehmes Gefühl. Nach einer kurzen Zeit entschied ich mich die Augen zu öffnen. Ich war entschlossen alles zu akzeptieren, selbst wenn ich die unebene Straße ausgesucht hatte.

Zu meiner Erleichterung war die Straße glatt und ihre Seiten waren mit vielen blühenden Blumen garniert. Das gefiel mir.

Unbeständigkeit, die mich scharf beobachtet hatte, lachte leise. „Zufrieden mit deiner Wahl?", fragte sie.

„Sehr", sagte ich freundlich.

Bald hielten wir wieder an.

„Der dritte Halt", sagte Unbeständigkeit. „Lass ihn uns ‚Ankommen' nennen."

Die Umgebung hatte sich nicht verändert. Wir standen in der Mitte der gleichen Straße. Nichts war anders. Und doch begann ich ein interessantes Gefühl in mir zu spüren. Es war etwas wie Vollendung und Befriedigung,

„So funktioniert das in der Tat", erklärte Unbeständigkeit. „Es reicht zu spüren, zu erwarten und zu glauben. Und – du kommst an deinen Bestimmungsort", sagte sie, „du kannst dein Schicksal treffen, Auge in Auge."

Ich gab zu, dass ich das Gefühl des „Ankommen" liebte.

Und da war es, mein wunderschönes Schicksal. Fasziniert sah ich ihm in die Augen. Sie waren das einzige, das ich sehen konnte. Der Rest seines Körpers war mit Schleiern verhüllt. Seine glühenden Augen veränderten ständig die Farbe, genauso wie bei Rhami-yata. Es gab nur einen Unterschied: die Augen meines Schicksals konnten jede Farbe annehmen, die ich mir wünschte.

Ich hätte für immer in ihnen versinken können, aber es begann vorwärts zu schreiten.

„Los", sagte Unbeständigkeit. „Geh mit ihm."

Ich schritt neben meinem Schicksal einher und schaute zurück. Unbeständigkeit stand immer noch da. Sie ging nicht mit uns, winkte uns nur einen stummen Abschiedsgruß zu.

Wir wanderten dahin und nun sah ich, wie die Schleier meines Schicksals einer nach dem anderen abfielen. Ich sah mehr und mehr von seinem Gesicht, seinem Körper. Es war so wunderschön, dass ich weinen musste. Wir gingen und ich weinte laut vor Glück, weil meine Bestimmung so großartig war.

Als all seine Schleier gefallen waren, blieb es stehen und liebkoste mich, genauso wie man ein weinendes Kind tröstet. Ja, so fühlte ich mich auch, wie ein kleines Kind, das getröstet und geliebt wird. Die Umarmung meines Schicksals erfüllte mich mit einem unbeschreiblichen Glücksgefühl. Ich konnte sowohl seine kraftvolle Macht spüren als auch seine Zärtlichkeit. Ich fühlte mich angenommen, bewahrt und sicher.

Als ich aufhörte zu weinen, nahmen wir unsere Wanderung wieder auf. Ich bemerkte, dass mein Schicksal wieder in Schleier gehüllt war, ich konnte wieder nur noch seine Augen sehen.

„Warum kann ich dich nicht vollständig sehen?", fragte ich.

„Weil es besser ist, wenn du bei jedem Schritt deines Weges deine eigene Wahl triffst", erklärte es. „Du suchst aus, was für dich ausgesucht ist, ohne zu wissen, was es ist."

Wir gingen weiter. Manchmal Seite an Seite, manchmal schritt es voran und ich folgte ihm.

Irgendwann musste ich anders abgebogen sein, weil ich es aus den Augen verloren hatte. Plötzlich stand ich am Rand eines Abgrunds und wusste nicht, was ich tun sollte. Ich war nervös und suchte nach meinem Schicksal.

„Wenn du nicht weißt, was du tun sollst", hörte ich eine Stimme, „ist es gut, dich einfach fallen zu lassen."

Ich drehte mich um und da war Unbeständigkeit, direkt hinter mir.

„Was?", sagte ich erschrocken. „Du willst, dass ich mich in den Abgrund fallen lasse? Bist du verrückt?"

„Was hast du zu verlieren? Warum nicht sehen, was passiert, wenn du dort hinunterfällst?"

Ich zögerte einen kurzen Augenblick. Hm, sie hatte Recht. Ich hatte nichts zu verlieren und alles zu gewinnen. Und so machte ich einen Schritt und fiel. Es war ein langer Sturz und ich hatte genügend Zeit mich zu fragen, ob ich sterben würde. Ich schloss die Augen, kurz bevor ich auf dem Boden aufschlug.

Aber ich starb nicht. Stattdessen fing mich jemand auf, in dessen Armen ich sicher war. Ich öffnete die Augen.

Mein Schicksal, stark und wunderschön, war wieder zur Stelle und hielt mich in seinen Armen.

„Danke", sagte ich glücklich und überrascht.

„Wann immer du deine Ängste und Kontrollversuche loslässt", sagte es, „Wann immer du dich verloren glaubst und entschließt dich zu fallen, werde ich da sein. Immer."

Ich schaute die hohen Wände des Abgrunds hinauf. „Wie komme ich da wieder nach oben?", fragte ich.

„Du kannst natürlich wieder hinaufsteigen", sagte es lächelnd. „Oder du kannst dich im Ankommen üben."

Ich nickte und holte tief Atem. Ich versuchte die Vollendung und Befriedigung zu spüren, so als ob ich bereits die Mauer hinaufgestiegen sei. Es klappte. Ich war in Null Komma nichts wieder oben.

Dann war mein Schicksal wieder neben mir. Es streckte den Arm nach mir aus, drehte die Hand um und öffnete sie. Ich verstand die Geste. Es wollte mir ein Geschenk machen.

Lächelnd legte ich meine Hand in seine. Ich schaute mich um, aber Unbeständigkeit war nicht mehr da.

Meine Hand in der seinen fühlte ich mich friedvoll und ermutigt. Ich entschloss mich ihm noch eine Frage zu stellen.

„Wie kann ich meine Träume erfüllen?", flüsterte ich.

„Bring sie an den Abgrund. Wirf sie alle ohne Angst und ohne zu zögern hinein. Wenn du dabei vollständig vertraust, werde ich immer da sein sie aufzufangen und sie werden sich erfüllen", sagte sie lächelnd.

„Immer?", fragte ich.

„Immer", versicherte es. „Aber nur, wenn du vollständig vertraust."

***

Ich wachte auf. Der Traum war vorbei. Eine Zeitlang hörte ich noch in Gedanken das letzte Wort, dass das Schicksal mit auf den Weg gegeben hatte: „Vertrauen". Und ich wusste, wenn ich vertraute, würde sich die Hand meines Schicksals öffnen und mir all die wunderschönen Geschenke darbieten.

Den Geist zu trainieren, sich der spirituellen Logik anzuschließen und seinem Schicksal zu vertrauen schien eine Aufgabe zu sein, die ans Unmögliche grenzte. Aber da „unmöglich" mich niemals aufgehalten hatte, schritt ich zur Tat. Der „Pfad der Wahrheit" musste beschritten werden, es koste was es wolle.

Kapitel 18
Das Schattenland erkunden

Die Nachbarn, die unter mir wohnten, waren reizende Leute. Jake, ein blonder, herzlicher Mann mittleren Alters, war viel älter als Kimberly, seine verspielte Frau mit ihren großen Augen und kastanienbraunen Haaren. Vielleicht erinnerte mich ihr Altersunterschied irgendwie an Norman und mich, doch die Dynamik ihrer Beziehung war anders. Sie waren gerne zusammen, selten sah man sie getrennt. Oft hörte ich Kimberlys zehnjährigen Sohn mit seinem Stiefvater spielen und laut lachen. Ihre glücklichen Stimmen zu hören machte mich froh.

Sie schienen ein gutes Rezept für eine glückliche Familie zu haben – dachte ich singend.

Obwohl Basia mich davor gewarnt hatte, mich allzu schnell mit jemanden einzulassen, verabredete ich mich mehrmals mit Männern, weil ich mich einsam fühlte und hoffte, damit meinen Kummer zu mildern.

Ich ging mit Dick zwei Monate lang regelmäßig aus. Er war ein groß gewachsener, gutaussehender und erfolgreicher Geschäftsmann, Besitzer eines populären U.S. Modemagazins, das in Kanada gedruckt wurde. Seine romantische Natur fand ich eine Weile hinreißend. Wir trafen uns fast jeden Tag und wanderten spät abends durch die Stadt von einem Lokal ins nächste auf der Suche nach Life Musik oder wir tanzten barfuß vor meinem Kamin. Aber trotz all seines Charmes merkte ich bald, dass wir nicht genug gemeinsam hatten. Er war nicht sonderlich interessiert innerlich weiterzukommen und wollte neben seiner Arbeit, die seine Passion war, nur Spaß haben. Und er brauchte zu viel Rotwein, um sich zu amüsieren.

Dann traf ich mich ein paarmal mit Jim, einem Zeitungsphotograph der größten Tageszeitung von Toronto und er war fast das genaue Gegenteil von dem charmanten Geschäftsmann. Er zog organisierte Picknicks auf dem Lande spontanen Eskapaden vor, und Kamine hatten ihn noch nie zu wilden Tanzereien inspiriert. Er wickelte sich lieber in eine warme Decke und las beim Feuer. Zuerst mochte ich den Schrittwechsel, aber bald fand ich ihn zu festgefahren in seinen Ansichten. Auch war er „zu sehr in seinem Kopf" und „zu wenig in seinem Herzen". Und so beendete ich sehr schnell auch diese Bekanntschaft.

Ich gab auf. Die beiden Abenteuer bestätigten mir meine Aversion gegen schnelle Dates und ließen mich enttäuscht mit mir selbst zurück.

„Es ist hoffnungslos", beschwerte ich mich bei Basia, als sie mich besuchte.

„Du machst immer wieder den gleichen Fehler", sagte sie. „Du hast dich zu schnell nach deiner Scheidung mit Norman eingelassen. Du warst dafür nicht bereit. Und du bist es auch jetzt noch nicht."

Wir saßen auf der Schaukel in meinem blühenden Dachgarten und genossen den Sommer.

Mit gefiel mein neues Appartement sehr. Der „Mango mit Milch-Farbton" der Wände und der große Dachgarten entspannten mich und erinnerten mich irgendwie an einen Urlaub, den ich in Honduras verbracht hatte. Mein Freund Richard hatte diesen Urlaub vorgeschlagen und es war ein guter Vorschlag! Das einsam gelegene Hotel war geschmackvoll mit lokalen Kunstgegenständen dekoriert und alles war in warmen Farben gestrichen. Der Regenwald mit seinem üppig wuchernden Grün und seinen riesigen Schmetterlingen hatte einen bleibenden Eindruck bei mir hinterlassen. Alles dort schien vor Lebensfreude zu blühen. Und ich badete in dieser Freude und wurde rund um die Uhr großzügig verwöhnt.

„Ich fühle mich oft wie auf Urlaub hier", sagte ich zu Basia. „Ich weiß gar nicht warum".

Sie lächelte. „Dann musst du glücklich sein!"

Merkwürdig – dachte ich. Mein Herz ist noch gebrochen, die Fertigstellung meines Films dauert ewig, nichts in meinem Leben scheint solide und stabil. Ergibt es also einen Sinn, glücklich zu sein?

„Glück ist vorhanden oder nicht", sagte Basia. „Das hat nicht zu tun mit den Umständen."

Ich nickte. „Und doch hat Rhami-yata mir geraten, meine Schatten zu erkunden", sagte ich. „Diese dunklen Energiegestalten, die da beängstigend und düster in meinem Unterbewusstsein sitzen."

„Dann mach es doch."

„Aber ich will mir meine Laune nicht verderben", protestierte ich. „Nun wo ich anfange mich zu entspannen."

Basia sah mich einen Augenblick gedankenvoll an. Dann meinte sie, dass das, was ich fühlte, vielleicht gar kein wirkliches Glücksgefühl sei, sondern nur eine Illusion. Und dass das vielleicht verhindern würde, das wirkliche Glück zu spüren, während ich mich durch meine Flucht vor dem Stress selbst betrügen würde.

„Ist es nicht so, dass sie einen kontrollieren wie einen gedankenlosen kleinen Hund und ihm viel Kummer bereiten?", fragte sie. „Diese Kreaturen schlafen vielleicht zeitweise, aber wenn sie aufwachen, bist du wieder mitten in einem Dilemma mit Männern. Ich würde Rhami-yatas Vorschlag befolgen, wenn ich du wäre", schloss sie.

Ich brauchte eine weitere Woche, ehe ich in den Tempel zurückkehrte. Offensichtlich trödelte ich nur so herum, weil hier und jetzt nichts Dringendes zu tun war. Alles ging langsam aber stetig seinen Gang.

Meine Partner und ich bereiteten uns auf ein weiteres Festival im Herbst vor. Mein Freund Richard war unbezahlbar, wenn es darum ging, einige hundert Filmemacher in der ganzen Welt zu kontaktieren, unsere Media Kits zu kopieren und das Programm des Festivals herauszugeben. Wir mussten aus über fünfzig Filmen wählen, die eingereicht worden waren, und Izabela, die für das Festivalprogramm zuständig war, hatte gut zu tun. Paul, unser Mann von der Pressestelle, hatte sich bereits mit den Medien in Verbindung gesetzt, um sie über die Folge der Filme in Kenntnis zu setzen, die bald gezeigt werden würden.

Unser Film befand sich weiter in der Vorbereitungsphase zur Umsetzung der visuellen Effekte. Es waren mehr als ein Dutzend Leute damit beschäftigt, die Charaktere der Schatten zu rotoskopieren und sie aus den Filmrahmen auszuschneiden. Später würde dann ein visueller Effekt in die leere Stelle eingefügt werden, um die Schatten so wirken zu lassen, wie ich sie mir vorgestellt hatte.

Ich ernannte einen neuen Teamleiter für das Rotoskopieren. Sein Name war Benton und er war eben über zwanzig Jahre alt. Geboren in Jamaika war er mit drei Jahren mit seinen Eltern nach Toronto gekommen. Er hatte in unserem Team als Rotoskopierer angefangen, hatte aber mit seinen hervorragenden technischen Fähigkeiten, seiner brillanten Arbeitsweise und seinem ethisch und kreativ genialen Geist alle überholt. Ich hatte bald gemerkt, dass ich mich auf ihn verlassen konnte, weil er ein erstklassiger Professioneller war. Später wurde Brenton auch unser Designer und Supervisor, der eine Menge Verantwortung für das endgültige Aussehen unseres Films auf seinen Schultern trug.

Als ich keine Entschuldigungen mehr ersinnen konnte, um mich nicht der wahrscheinlich schmerzhaften Beschäftigung mit meinen persönlichen Schatten stellen zu müssen, entschloss ich mich schließlich, Rhami-yata in der Kammer der Sieben Mächte aufzusuchen.

Na gut, na gut – dachte ich. Es wird weh tun. Aber wenn ich erst einmal meine Schwächen losgeworden bin, werde ich auch frei von meinen Schatten sein.

Wie gewohnt streckte ich mich auf den Decken aus, schloss die Augen und verlangsamte meinen Atem.

***

Die heilige Öllampe brannte hell. Und meine kleine, goldene Statue daneben glänzte besonders schön an diesem Tag, als hätte sie jemand poliert.

Wo wohl Rhami-yata ist? – dachte ich.

Er saß nicht an seinem üblichen Platz und ich schaute mich um, konnte ihn aber nirgendwo entdecken. „Meister?", rief ich leise.

Keine Antwort. Ich entschied eine Kerze für die sieben Mächte zu entzünden, griff nach der Öllampe und einem Bronzegefäß.

Da hörte ich Rhami-yatas Stimme, die sagte: „Der erste Schritt ist zu erkennen, dass nichts in dir ist, das du bekämpfen oder loswerden musst."

Ich kniff die Augen zusammen um besser sehen zu können. „Wo bist du?", fragte ich.

„Deine Schwächen, wie du sie nennst, sind eigentlich ein Zeichen für enorme, schlafende Kräfte, die nur darauf warten, losgelassen zu werden", sagte seine Stimme.

„Wirklich?", ich konnte ihn noch immer nicht sehen. Also schüttete ich das brennende Öl in das Gefäß und kreierte die Kerze. Ihre Flamme flackerte genauso, wie die in der Öllampe. Das Licht warf die gewohnten langen, tanzenden Schatten hinter die Statuen, die ich immer mit Freude betrachtete. Da gewahrte ich etwas anderes hinter den grauen Figuren. Eine andere Form.

„Bist du das, Vater?", fragte ich.

Rhami-yata kam heraus und ging langsam zu der Öllampe. Er kreierte auch eine kleine Kerze und setzte sich dann auf seinen üblichen Platz auf dem Boden.

Ich setzte mich ihm gegenüber, neugierig auf die Erklärung für sein merkwürdiges Verhalten.

„Man bekommt keinen Zugang zu diesen verborgenen, schlafenden Kräfte", sagte er, „indem man die Schwächen bekämpfst. Je mehr du dich gegen sie zur Wehr setzt, desto stärker werden deine Schatten. Desto größer und stabiler werden sie."

Während ich den tanzenden Schatten hinter den Statuen zusah, musste ich daran denken, wie Erehmenthre sich dort vor langer Zeit auch einmal versteckt und mich erschreckt hatte. Ich nickte langsam.

„Leiste niemals derjenigen Widerstand, die du bis heute geworden bist", sagte der Meister. „Ehre, akzeptiere und beobachte die, die du bist. Dann kannst du verwandeln, transformieren, was du verändern möchtest."

Ich schloss die Augen, um mich besser konzentrieren zu können, um seine Worte „einzusaugen". Und dann fühlte ich etwas Seltsames, als würde ich in einen Strudel gezogen. Der Strudel drehte sich schneller und schneller und wuchs schließlich zu einem Zyklon.

Komisch, – dachte ich – es ist furchteinflößend und gleichzeitig interessanterweise angenehm. Wie in einem Karussell zu sein.

Das Kreiseln stoppte und ich öffnete die Augen. Es war dunkel und ich brauchte eine Weile, um mich daran zu gewöhnen und um etwas zu erkennen. Ich saß noch immer, aber die Kammer der Sieben Mächte war verschwunden. Anstelle des Steinfußbodens war da nackte, festgestampfte Erde.

Schnell stand ich auf und schaute mich um. Die Umgebung sah nicht aus wie irgendetwas, das ich je zuvor gesehen hatte, außer vielleicht in Fantasyfilmen. Soweit ich sehen könnte nichts als meilenweit leere Landschaft. Schlamm, Steine, Gräben und moorige Flecken. Nicht einmal ein Verschlag, ein Busch oder ein Baum.

Ich machte ein paar Schritte. Aber die harte Erde wurde plötzlich düster und klebrig. Meine nackten Füße sanken in den kalten Schlamm ein.

„Na toll!", rief ich aus. „Nun sieh dir meine Fußkettchen an!!" Ich hob meinen linken Fuß, um das verdreckte Gold in Augenschein zu nehmen, dass ich immer im Tempel getragen hatte. Der Saum meines Kleides war ebenfalls matschig.

Zu meinem Erstaunen gab es ein Echo meiner Stimme, obwohl ich keine Wände oder Gebirge in der Umgebung sehen konnte, nichts, was das Echo hätte erklären können.

„Fußkettchen...! Fußkettchen...! Fußkettchen...!", hallte es.

Dann, als seien sie durch den Klang erwacht, erschienen dunkle Gestalten aus dem Nichts und begannen auf mich zuzuschreiten.

Viele von ihnen. Bald hatten sie mich in einen engen Kreis eingeschlossen. Ich konnte schon nicht mehr an ihnen vorbeischauen. Sie hatten keine Gesichter, aber sie hatten Augen, die im Dunkeln wie gelbe Laternen leuchteten. Ihre Körper waren gleichzeitig solide und luftig, als seien sie aus dunklen, klebrigen Rauch gemacht.

Sie sahen mich alle neugierig an und machten ein tiefes Geräusch wie eine Mischung aus einem fernen Wind und Wolfsgeheul. Es war ein drohendes, schreckliches Geräusch.

Niemand bewegte sich, weder sie noch ich.

Ich habe gerade den schlimmsten Alptraum meines Lebens – dachte ich. Und wenn ich aufwache, wird alles verschwunden sein.

Ich kniff mir in den Arm... und zog scharf die Luft durch die Zähne vor Schmerz. Aber nichts war verschwunden.

„Wo bin ich?", sandte ich in zittriger, nebliger Gedankenform die Frage aus und hoffte, jemand da draußen würde sie erreichen.

Es dauerte eine Weile, aber zu meiner größten Erleichterung nahm ich Rhami-yatas Gedankenform wahr.

„Jeder Widerstand, den du gegen dich oder andere leistest, lebt und wächst in deinem Unterbewusstsein als Schatten. Diese Schatten bestehen aus all der von dir verleugneten, zurückgestoßenen Energie. Und sie sind sehr mächtig."

Dies sind die Tiefen meines eigenen Schattenlandes – dachte ich. Und das sind meine eigenen Schatten! So viele!

Ich verhielt mich ganz still und merkte, dass die Kreaturen um mich herum sich auch nicht bewegten. Weil ich nicht wusste, was ich tun sollte, wartete ich auf die nächste Botschaft von Rhami-yata.

Wieder kam nach einer kurzen Zeit eine Nachricht in Gedankenform. „Sie kontrollieren dein Leben", hieß sie, „von der unterbewussten Ebene aus haben deine Schatten enorme Macht über dich, weit mehr als deine bewussten, furchtsamen Emotionen, dein Körper und die vom Ego getriebenen Wünsche oder die sensorische Logik deines Geistes."

„Wieso das denn?", fragte meine Gedankenform.

„Weil du sie nicht kennst", war seine Antwort. „Und du kannst nicht beherrschen, was du nicht kennst. Deine Schatten beeinflussen dein physisches Leben und sogar die Wahl deiner Seele."

„Waaas?!", schrie meine Gedankenform. Gleichzeitig machte ich eine ungewollte Bewegung. Meine Füße wurden langsam kalt, weil ich in einer Lache eisigen Schlammes stand. Die Schatten bewegten sich sofort, kamen näher.

Mein Herz schlug rasch und ich gefror in der Bewegung, in der Hoffnung, dass auch sie innehielten. Sie standen still und ich seufzte vor Erleichterung.

„Ihre dunkle Kontrollenergie kann deine Seele in Lebenssituationen verwickeln, die der Natur deiner Schatten entsprechen", erklärte mein Lehrer in Gedankenform weiter. „Deine Seele sitzt sozusagen fest wegen deiner Schatten. Und du kannst keine bewussten Entscheidungen treffen oder deine Schwingungen erhöhen, bevor du dich nicht mit ihnen auseinandergesetzt hast."

Oh Mann – dachte ich hoffnungslos. Wie kann ich sie besiegen? Es sind so schrecklich viele.

„Du kannst sie nicht bekämpfen oder entwaffnen", kam die gedankliche Antwort des Meisters. „Aber wie ich schon vorher sagte: du kannst sie transformieren. Du kannst ihre dunkle, kontrollierende Energie umwandeln in bewusste, gemeinschaftlich arbeitende Schwingung, die dann mit den Kräften verschmilzt, die die Schatten blockiert haben."

Ich konzentrierte mich mit aller Kraft, um an den Schatten vorbeisehen zu können, die mich umstanden. Aber es war vergebens.

„Hilf mir, Vater", flehte meine Gedankenform, „weil ich hier wirklich feststecke."

Seine Antwort kam umgehend und ich war bereit, allen seinen Anweisungen zu folgen, um mich aus dieser Lage zu befreien. Schon eine ganze Weile hatte ich sowohl vor Kälte als auch vor Angst am ganzen Leibe geschlottert.

„Als erstes musst du deine Schwächen definieren. Erkenne sie an", riet der Meister.

Ich nicke. Konnte er mich sehen? Ich wusste es nicht.

„Zum Beispiel", fuhr er fort, „wenn deine Schwäche ist, das Leben zu fürchten, was dein Wachstum lähmt, kannst du sie umwandeln in starke Klarheit dessen, wie du dein Leben künftig leben willst, sodass du dich sicher fühlst und wachsen kannst. Dann wird deine Schwäche zur Stärke und du kannst anfangen das Leben zu leben, das dir vorschwebt."

Nicht viele Menschen leben so – dachte ich. Stattdessen versuchen sie nur zu überleben.

Meine Zähne schlugen vor Kälte laut aufeinander. Ich hatte Angst, das Geräusch würde die Schatten reizen, aber sie schienen überhaupt nicht darauf zu reagieren. Sie standen weiter bewegungslos mit gelb glühenden Augen um mich herum. Ich hätte nie gedacht, dass Gelb so furchteinflößend sein könnte. Die Farbe des Sonnenlichts war doch immer warm und fröhlich gewesen. Die Augen der Schatten jedoch waren kalt, sehr kalt.

Ihre Energie ist sehr stark – dachte ich. Sie kann sogar meine Seele von ihrem Weg abbringen. Welche ungeheuren Kräfte müssen die Schatten blockieren, wenn sie so stark geworden sind.

„Rhami-yata", sandte ich gedanklich eine weitere Botschaft aus, „wie geht das zu? Wie kann meine Seele feststecken nur wegen ihrer Energie?"

Er riet mir, die Augen zu schließen und ich machte sie zu. Ich fing an tief zu atmen. Das entspannte mich ein wenig und ich konnte aufhören zu zittern. Bald fühlte ich nichts mehr, und es gab nur noch den unerklärlichen Wunsch mich vorwärts zu bewegen, auf etwas zu, das ich in der Nähe wahrgenommen hatte. Es war ein wenig wie ein warmes Feuer, das da draußen sein konnte. Etwas Unwiderstehliches, das ich wollte und brauchte.

Mit geschlossenen Augen ging ich dem Gefühl entgegen. Ich machte ein paar Schritte und nahm etwas Kaltes und Finsteres wahr. Ich öffnete die Augen und da war eine Wand von Schatten, die mich umstanden und die ich berührt hatte.

Ich schrie. Lange und laut. Und dann gefror ich wieder angstvoll in der Bewegung.

Als ich versuchte mich wieder zu beruhigen, erreichte mich wieder eine gedankliche Botschaft von Rhami-yata. Sie erinnerte mich daran, dass eine Seele von nur einer Schwingung zurzeit angezogen würde. Sie würde diese unter allen Möglichkeiten in der unsichtbaren Welt wählen, weil sie in der gleichen Frequenz vibrierte. Und da die Wahl der Seele nur auf ihr Ziel ausgerichtet war – nämlich sich auszudehnen und ihre Vibration zu erhöhen – würde sie immer etwas wählen, das in dem Augenblick besonders mächtig zu sein schien. Und da die Energie der Schatten eine Menge mächtiger, hoch schwingender Vibrationen blockierten, würde sich die Seele natürlich an diese anschließen.

„Und ebenso, wie ich auf das vielleicht warme Feuer zugehen wollte, bleibt die Seele in der Energie der Schatten stecken", unterbrach meine Gedankenform Rhami-yata.

„Vergiss nicht", fuhr der Meister fort, „dass die Wahl deiner Seele dein physisches Leben beeinflusst. Und selbst deine vom Ego getriebene, bewusste, angstgesteuerte Auswahl ist nicht so gefährlich für eine Seele wie die Schatten. Weil nämlich die Seele immer vor allem anderen das höhere Potential der Vibrationen wählen würde, das die Schatten blockiert haben. Und während die Seele in der Energie der Schatten feststeckt, wird ihre Wahl zu der der Schatten."

„Und dann?", fragten meine Gedanken.

„Ärger auf männliche Art", schmunzelte er in Gedankenform, „oder noch viel schlimmer."

Ich lachte laut und machte ein paar ungewollte Schritte. Die Schatten um mich herum kamen wieder viel näher. Als ich in ihre gelben Augen sah, wurde ich ärgerlich.

„Ihr", brüllte ich und deutete auf sie, „könnt mich nicht mehr aufhalten! Ich weiß, wer Ihr seid!"

Bevor ich noch ausgeredet hatte, griffen die Schatten nach mir und zwangen mich mit ihren kräftigen Armen auf den schlammigen Boden.

Jetzt wollen sie mich im Schlamm ertränken – dachte ich.

Ich wehrte mich und versuchte sie wegzustoßen. Dann sah ich, dass ich blutete. Ich sah einen Schnitt in meinem Bauch und stellte fest, dass ich mit einer Gruppe von Räubern auf einer dunklen Landstraße kämpfte.

Was um alles in der Welt...? – dachte ich. Wie bin ich denn hierher gekommen?

Dann stellte ich fest, dass ich plötzlich einen Bart hatte. Das war höchst überraschend. Ich befühlte ihn mit meiner Hand, die zu meinem Erstaunen sehr männlich aussah. Meine Kleider waren mittelalterlich.

„Wer zum Teufel bin ich?", schrie ich entsetzt.

Die Räuber brachen in lautes Gelächter aus und traten zurück. Sie sahen aus wie gerade einem Kostümfilm entsprungen.

„Der ist nicht ganz richtig!", sagte einer von ihnen. Der Mann war größer als der Rest und er trug eine Augenbinde über dem linken Auge. „Lasst ihn besser in Ruhe, vielleicht ist er von einem bösen Geist besessen. Es bringt Unglück, wenn man mit ihnen kämpft."

Einer der Räuber trat mir gegen den Kopf, was sehr weh tat. Aber sie ließen mich in Ruhe. Ich sah sie nur im Dunkeln ihre Pferde besteigen und davonreiten. Mein Pferd, mein Schwert und all das Gold, das ich bei mir gehabt hatte, nahmen sie mit.

Ich lag kraftlos auf dem Rücken und fühlte, wie das Leben aus meinem Körper wich. Über mir strahlten die Sterne und ich hielt beide Hände über meine Wunde. Ich hatte keine Schmerzen mehr, nur das warme Blut rann mir über die Hände.

„Du darfst auch nicht vergessen, dass die Energie der Schatten variieren kann", hörte ich eine Stimme in meinem Kopf sagen.

Jetzt werde ich verrückt – dachte ich. Ich höre schon Stimmen.

„Es gibt zwei gängige Arten von Energien. Eine ist die, die unterdrückt und eine, die mehr die opfervolle Rolle innehat", fuhr die Stimme in meinem Kopf fort. „Darum spielen manche die Rolle des Unterdrückers, und ihr Leben wird bestimmt von den angreifenden, Schmerzen bereiten den Schatten. Die anderen haben es vielleicht mit der ‚Opferenergie' der Schatten zu tun. Ihr Leben wäre dann erfüllt von Schmerz und Trauma."

Hmmm – dachte ich. Jetzt erinnere ich mich! Ich bin auf einem Filmset und die Stimme des Regisseurs kommt aus dem Kopfhörer, den ich aus irgendeinem Grund trage.

Meine neblige Erinnerung ließ mich an meinen damaligen Beruf als Schauspielerin denken.

„Meistens geschieht es, dass die Unterdrücker und die Opfer sich gegenseitig anziehen", fuhr die Stimme fort. „Und weil ihre Seele in der Energie der Schatten gefangen ist, wiederholen sie das Unterdrücker-Opfer-Szenario."

Ich versuchte mich aufzusetzen. Es gelang mir mit Schwierigkeiten.

„Hat jemals jemand, der angegriffen, vergewaltigt oder getötet hat, diese Ereignisse mit sich selbst in Verbindung gebracht? Weil sie eine Art Opferenergie in ihrem Unterbewusstsein haben?!", rief ich. Ich wollte den bärtigen Charakter besser darstellen, der an seinen Wunden stirbt. Wie konnte ich diese „Rolle" besser spielen und das, was er durchmachte?

„Nein", sagte die Stimme in meinem Kopf. „Nicht alle Menschen, die Opfer sind, haben auch Tragödien in ihr Leben eingelassen."

„Warum haben sie dann gelitten?", fragte ich und sah mich weiter um. Aber ich konnte niemanden da draußen sehen. Keine Crew, keinen Regisseur.

„Das ist eine sehr komplexe Angelegenheit, Hermenethre", hörte ich die Antwort. „Darüber sprechen wir im Einzelnen ein andermal. Jetzt kann ich dir nur einen groben Überblick geben."

Und dann kam alles plötzlich zu mir zurück.

Ich bin kein Schauspieler, sondern eine Schauspielerin – dachte ich.

Jedenfalls war ich mal eine. Und dies ist kein Filmset. Rhami-yata führt mich auf meiner Erkundung durch mein Schattenland, in die Tiefen meines Unterbewusstseins.

Wie ich so auf der Straße saß und meinem Bauch beim Bluten zusah und mich fragte, wie ich wohl in den Körper eines Mannes gekommen war, der Jahrhunderte früher verwundet worden war, fuhr Rhami-yata mit seiner Erklärung fort.

Er sagte, dass eine Seele, die immer auf der Suche nach Möglichkeiten sei, ihre Vibrationen zu erhöhen, manchmal von jemandes hoher Frequenz angezogen würde, die sich hinter den Schatten verberge, die diese Frequenz blockiere.

„Ebenso wir ich offensichtlich von den Räubern angezogen wurde, die mich verwundeten!", rief ich aus.

Der Meister erklärte, dass die Seelen keinen Unterschied machen würden zwischen sich und anderen, so wie es der Geist, der Körper und die Emotionen auf das Sorgfältigste taten. So konnte die Seele feststecken in jemandes dunkler, unterdrückender Energie und zu jemandes Opfer werden und nun daraufhin im physischen Leben leiden. Diese Seele konnte sich nicht bewegen, bevor sie sich nicht aus der Falle befreit hätte.

„Dann regieren also die Schatten unsere Welt. Wir alle leben im Schattenland", sagte ich und fragte mich, wie ich aus dem Körper des sterbenden Mannes herausfinden konnte.

„So kann man es ausdrücken", stimmte die Gedankenform des Meisters zu. „Jede einzelne Person wohnt in ihrem ureigenen Schattenland, das von ihren eigenen oder den Schatten von jemandem anderes kreiert worden ist. Und dann leben sie noch in dem allgemeinen Schattenland, das von allen Beteiligten zusammen erschaffen wurde."

„Wie erschaffen wir denn ein gemeinsames Schattenland?", fragte ich, und das war das letzte, das der Mann sagen konnte, bevor er bewusstlos wurde.

Nun segelte ich als flauschige Wolke durch den leeren Raum. Ich empfing aber weiter Rhami-yatas Gedankenformen.

Er bat mich, mir vorzustellen, welche Arten von Möglichkeiten in der „unsichtbaren Welt" von einem chaotischen, Ego getriebenen Geist eines Menschen, der von seinen unterbewussten Schatten kontrolliert wurde, manifestiert worden waren. Diese Möglichkeiten wurden nicht nur für ihre eigenen Seelen zur Realität, sondern auch für andere. Das galt für Familien, Gruppen, Nationen und den gesamten Planeten. Alle konnten sie Möglichkeiten zusammen erschaffen oder auch jeder für sich.

„So passiert es?", fühlte ich einen Gedanken sich in meinem Kopf formen.

„Genau so wird es gemacht", bekräftigte Rhami-yatas Gedankenform. „Menschen manifestieren dauernd Möglichkeiten, ob sie es merken oder nicht. Ob sie diese nun im Einklang mit den Zielen ihrer Seele bewusst auswählen oder unbewusst, kontrolliert durch ihre Schatten wählen. Wie du gerade gelernt hast, werden die Seelen von den hoch schwingenden Frequenzen, die sich hinter der dunklen Energie der Schatten verbergen, angezogen. So stecken sie plötzlich fest und erhalten diese Erfahrung für alle Beteiligten, die dann bis ins Uferlose weiter besteht."

Für einen Augenblick war ich versucht, umzudrehen und auf eine flauschige Wolke zu gleiten, die nicht weit von mir entfernt auftauchte. Aber dann erinnerte ich mich daran, wie ich einem plötzlichen Impuls folgend die Wand von Schatten angerempelt hatte, stoppte und blieb in meiner Bahn.

„Werde ich ständig beeinflusst von meinen Schatten oder von denen anderer Leute? Die meiner Familie, von nationalen oder globalen Schatten?", sandte ich als Gedankenfrage aus.

„Nein", antwortete Rhami-yata. „Du wirst nur von ihnen berührt, wenn du nicht bewusst bist, wenn du der Meinung bist, die Illusion sei real. In dem Moment, wo du anfängst, bewusst im Einklang mit den Zielen deiner Seele deine Wahl zu treffen, kannst du dich von der Illusion befreien. Und darüber hinaus kannst du entscheidend auf den Größeren Plan einwirken."

Oh ja – dachte ich. Das geschieht wegen des Universalen Gesetzes. Ich erinnere mich: je höher die Frequenz der Schwingung, desto größer der Einfluss. Die niedrigeren Frequenzen der Schwingungen können von höheren Schwingungen transformiert werden.

Plötzlich bemerkte ich eine größere Ansammlung von fusseligen Wolken, die auf mich zu trieben. Wie dunkle Sturmwolken umgaben sie mich. Wenn ich es nicht besser gewusst hätte, ich hätte geglaubt sie heulen zu hören. Ich fühlte mich unbehaglich, ruhelos. Ich zögerte, ob ich mich zu ihnen gesellen sollte, weil es so viele waren und sie auch andere auf ihrer Reise mitnahmen.

Weil ich nicht wusste, was ich tun sollte, bewegte ich mich gar nicht. Ich bat sie nicht näher zu kommen, auch ging ich nicht mit ihnen.

„Was ist mit dem Riesenhaufen, die sehr niedrige Schwingungen haben?", fragte ich Rhami-yata in Gedankenform. „Kann dieser Klumpen mit einer so gewaltigen ‚Voltzahl' die Vibration von anderen reduzieren?"

„Er tut das sehr oft", kam seine Antwort. „Aber nur, wenn du unbewusst bist. Nur wenn du es erlaubst. Du hast immer eine Wahl. Du kannst dich kontrollieren lassen von deinen eigenen Schatten oder von denen anderer und unbewusst in der Illusion leben oder du kannst bewusste Möglichkeiten für deine Seele schaffen. Im Einklang mit ihren Absichten und in Harmonie mit dem Größeren Plan."

Ich seufzte erleichtert und mein Seufzer wurde zu einer Brise. Dieser Lufthauch erreichte die dunklen Wolken, die mich umzingelt hatten und waren erstaunlicherweise stark genug, sie davon zu blasen. Bald waren sie wieder auf ihrem Weg.

Eine Weile glitt ich still dahin und erfreute mich einfach nur an mir selbst. Dann erhob sich eine andere Frage, aber noch bevor ich den Gedanken für Rhami-yata in eine Frageform gebracht hatte, fühlte ich mich in einen Wirbel gezogen, der sich schneller und schneller zu drehen begann und schließlich zu einem Zyklon wurde, genau wie schon einmal.

Mir wurde schwindelig von der Schnelligkeit und mein Geist kreierte die Gedankenform: „Sofort anhalten!"

Alles war jetzt still und bewegungslos.

Ich öffnete die Augen. Rhami-yata saß mir gegenüber auf dem Steinfußboden in der Kammer der Sieben Mächte. Die Öllampe und die beiden Kerzen, die wir entzündet hatten, brannten friedlich. Ich atmete lange und erleichtert aus, weil die beängstigende Reise beendet war.

Der Meister lächelte. „Nur weil du die Schatten nicht siehst, bedeutet das nicht, dass sie nicht mehr existieren."

Und meine Seele ist immer noch gefangen in ihrer Energie – dachte ich und vervollständigte damit das, was er gesagt hatte.

Nach einiger Bedenkzeit fragte ich: „Dürfen die Seelen spontan die Blockade, die die Schatten mit ihrer Energie errichtet haben, durchbrechen?"

„Das passiert tatsächlich zuweilen", nickte er.

Er erklärte, dass ein Verräter, ein Mörder oder eine Person, die einen großen Verlust erlitten hätte, ein Unglück oder Schmerzen, dass diese Person einen inhaltsschweren Ausbruch an Erkenntnissen, Gedanken und Gefühlen erleben könne. Dann erhöhe sie schlagartig ihre Schwingungen. Das wiederum würde die Energie der Schatten auflösen und die Seele sei nun imstande Zugang zu den Frequenzen mit „hoher Voltzahl" zu haben, die zuvor blockiert gewesen seien.

„Aber wesentlich öfter", sagte er, „hat die Person keine tiefgreifenden Erlebnisse. So bleibt ihre Seele stecken und versucht vergebens die hohen Schwingungen hinter den Schatten zu erreichen."

„Warum bewegt sie sich nicht einfach weg und folgt einer anderen starken Schwingung irgendwo anders?", fragte ich, beantwortete aber gleich selbst meine Frage: „Weil eine Seele sich nicht wegbewegt, bevor sie nicht Erfahrungen mit der Schwingung gemacht hat, von der sie angezogen wurde."

Der Meister nickte bestätigend.

Und so, – dachte ich – wiederholen wir in der physischen Welt das Leiden/Unterdrücken, während die Seelen feststecken in der Energie der Schatten.

„Vater", sagte ich, „zeig mir den Weg aus dem Schattenland. Ich verstehe, dass ich mich zuerst mit meinen Schatten auseinandersetzen muss, bevor ich es verlassen kann. Hilfst du mir dabei?"

„Kümmere dich jetzt um deinen Körper", sagte der Meister. „Wir werden das nächste Mal mit dieser Lektion fortfahren".

Dann verschwand er. Ich wollte den Tempel aber noch nicht verlassen. Es waren keine Schatten in der Kammer der Sieben Mächte und ich fühlte mich hier sicher und glücklich.

Ich war müde und so legte ich mich auf den Steinfußboden.

Er ist immer noch wärmer als die Schatten, die ich im Schattenland berührt habe – dachte ich und schlief schnell ein.

Als ich erwachte, war kein Tempel mehr da und ich lag auf den Bettdecken in meinem Schlafzimmer.

***

Wie hast du das angestellt, du schattenlose Kreatur? – dachte ich, als ich die Photographie von Mi-Katze betrachtete. Bist du einfach so auf die Welt gekommen oder hast du dich mit der ganzen Schattengeschichte früher auseinandergesetzt?

Ihre friedlich lächelnden Augen versicherten mir, dass sie tatsächlich die Geheimnisse sehr gut kannte. Nun, da ihr Körper nicht mehr da war, vermisste ich ihre Gegenwart und das Schmusen mit ihr. Ich wollte Rhami-yata nicht fragen, was mit ihr geschehen war. Es war nicht wirklich wichtig, was er sagen würde. Ich konnte sie mir als flauschige Wolke vorstellen, Fröhlich und gutmütig, wie sie immer gewesen war. Das wollte ich von ihr wiederhaben.

Ich schaute um mich her und seufzte. Allein zu sein war nicht mehr so schlimm. Manchmal, wenn ich mich einsam fühlte, besuchte ich die Hunde. Sie lebten mit Norman in einem kleinen Haus, das er gekauft hatte, und das nicht weit von meiner Wohnung entfernt war.

Schon einige Male war ich dort zu Besuch gewesen, aber ich fühlte mich gewöhnlich ein wenig misslich und unwohl mit Norman, und Lucky schaute jedes Mal traurig, wenn ich mich wieder verabschiedete. Er saß dann in dem kleinen Garten und sah mir nach, wie ich davonging.

Besser, sie nicht zu oft besuchen – dachte ich. Es bricht Lucky u n d mir das Herz.

Es war schon Herbst. Toronto hatte sich in goldene Blätter eingekleidet. Es war immer noch warm und ich konnte weiter meinen zauberhaften Dachgarten genießen. In den Abendstunden pflegte ich mit einer Decke auf der Schaukel zu liegen und meine Gedanken wandern zu lassen auf der Suche nach neuen Ideen und um all die Probleme zu lösen, die sich jeden Tag vor mir auftürmten.

Basia rief jeden Tag an und wir redeten über die schleppenden Fortschritte, die der Film machte und über die zahllosen Entscheidungen, die ich wegen des schmalen Budgets treffen musste. Letztlich ging es aber doch vorwärts und die Probleme lösten sich auf, egal wie.

„Eines Tages", pflegte sie zu sagen, „geht auch das vorbei." Die Schaukel bewegte sich rasch und Basias Stimme war wohltuend und ermutigend. Die Sterne blinkten mir zu und ich lächelte zurück und dankte ihnen allen.

Das Leben nahm seinen üblichen Verlauf.

Die Schatten in meinem Unterbewusstsein gaben ihre Kontrolle nicht auf. Jeden Tag spürte ich ihre Gegenwart. Ich kannte sie noch nicht alle und verstand sie nur langsam.

Rhami-yata hatte mir gesagt, es gäbe verschiedene Techniken im Umgang mit den Schatten. Manche fanden die richtige Methode in der Therapie eines Psychotherapeuten oder Psychiaters, ich zog es jedoch vor, dass der Meister selbst mich durch diesen Prozess führte. Er stimmte zu, eine neue Methode für mich zu entwickeln.

„Mach für den Anfang eine Liste der Eigenschaften von Leuten, die dich irritieren, beleidigen oder schockieren."

Er meinte, es sei besser, zunächst anderer Leute Schatten zu betrachten statt der eigenen, weil ich vielleicht nicht in der Lage sei, ehrlich mit mir selbst zu sein. Während ich über die Schwächen anderer urteilte, würde ich in Wirklichkeit meine eigenen verleugneten, unterdrückten Wesenszüge entdecken. Die, welche ich ins Unterbewusstsein zurückgedrängt hätte und die zu meinen Schatten geworden seien. Wenn ich irgendwelche Aversionen gegen jemandes Charaktereigenschaften hätte, egal wie schwach oder wie stark dieses Gefühl sei, bedeute das, sie würden meine eigenen Wesenszüge spiegeln. So funktioniere das.

„Gut", nickte ich. „Ich mache eine solche Liste und wir werden sehen, was passiert."

„Sehr schön", sagte er. „Eins noch: Versuche, die Farben dieser Wesenszüge zu ‚sehen' oder zu ‚fühlen'. Schreib sie auf deine Liste."

Ich wusste, was er mit „Farben" meinte. Er wollte, dass ich sie auf dem Energielevel „sah", ebenso wie ich die Krankheiten meiner Patienten damals „gesehen hatte".

Ich brauchte einige Tage um die Liste zu erstellen. Zuerst nahm ich mir meine Familie und Freunde vor. Ich teilte die Leute in Gruppen ein und markierte sie sozusagen mit „Fähnchen", die die gleiche Farbe hatten wie die Eigenschaften, die ich in ihnen sah. Es stellte sich heraus, dass die meisten Leute mehreren „Fähnchen" zugeordnet werden mussten.

Ich erkundigte mich danach bei Rhami-yata.

„Lass mich dir erst Folgendes sagen: Die Farben, die du in deinen Freunden ‚gesehen' hast, entsprechen zwei Dingen, den Chakren und der Art der Störung in den Chakren."

Und so lernte ich, dass diese irritierenden, beleidigenden, schockierenden Eigenschaften nicht nur von den Schatten hervorgerufen wurden, sondern auch von den Störungen in den Chakren. Offenbar traten die Schatten nur bei gestörten Chakren zutage. Die ganze Geschichte faszinierte mich als ehemalige Heilerin.

Es können also Beeinträchtigungen in den Chakren nicht nur physische Krankheiten hervorrufen, – dachte ich – sondern auch emotionale und geistige Unausgewogenheiten.

Ich entdeckte weiterhin, dass, wenn der Energiefluss in einem der Chakren erst einmal unterbrochen war und die Schatten darin wohnten und sich nicht rasch um das gestörte Chakra gekümmert wurde, würde diese Unterbrechung das gesamte Chakrensystem aus den Gleichgewicht bringen. Das hieß noch mehr Schatten und noch mehr emotionale und geistige Beeinträchtigungen.

Ich arbeitete weiter an meiner Liste und sie wuchs schnell, als ich alle Eigenschaften, die ich generell irritierend an Leuten fand, hinzufügte. Ich hatte nun zehn „Fähnchen", zehn Hauptkategorien für Eigenschaften bei Leuten. Ich schaute mir meine Liste an und dachte an das Schattenland, das wir alle mitgestalteten. Und ich wollte noch mehr herausfinden.

Da die Schatten in unseren Chakren sitzen, – dachte ich – bedeutet das, dass auch unser Unterbewusstsein in den Chakren enthalten ist?

Ich fragte Rhakmi-yata danach.

Er lächelte. „Du willst wirklich alles auf einmal wissen, nicht wahr?"

„Vielleicht." Ich lächelte zurück.

„Also dann – vielleicht", sagte er, „sind die Chakren tatsächlich die Tore, durch die nicht nur die kosmische Energie, sondern auch dein Unterbewusstsein ein- und ausfließt."

„Ein und aus?", wiederholte ich.

Er erklärte, dass das Unterbewusstsein eine Art Energiewelle sei. Genau wie die kosmische Energie fließe sie durch unsere Chakren ein und aus, und die Schatten entstünden in dem Moment, wenn das Unterbewusstsein mit dem gestörten Chakra zusammentrifft.

Ich fragte weiter und der Meister nahm mich daraufhin mit auf einen kleinen Ausflug in die Tiefen des dunklen Alls, wo ich sehen konnte, wie mein Chakrensystem arbeitete.

Wir glitten als zwei flauschige Wolken dahin und betrachteten mehrere schimmernde „Whirlpools". Sie schienen mit etwas wie einer glänzenden Spirale verbunden zu sein.

So wie Weihnachtslichter – dachte ich. Sie sind Teil eines vereinten Systems.

Sie zu beobachten war ein interessantes Gefühl. Ich war mein eigener

Beobachter und zugleich der Gegenstand meiner Beobachtung. Mir gefiel die Art, wie die „Whirlpools", das heißt die Chakren sich drehen und schimmerten und entdeckte, dass sie zweierlei hauptsächliche Funktionen hatten: Eine bestand darin sich zu drehen und Wellen von Vibrationen zu entwickeln und auszusenden, die andere schien wie ein weit offenes Tor zu sein für alle Arten von Energiewellen, die von anderen Leuten und aus dem Universum einströmten.

„Die Chakren sind also wie ‚Energiegeneratoren' für unsere eigenen Vibrationen und ‚Energieempfänger' für andere Vibrationen", sagte ich überrascht. „Warum sind sie so gemacht?"

„Um ein Ein- und Ausfließen von Energiewellen zu gestatten, so wie dein Bewusstsein und dein Unterbewusstsein und das anderer. Und wie die sieben Aspekte der Unendlichen Macht", sagte der Meister.

„Die Sieben Mächte, die die Welt erschaffen!", rief ich aus. „Sie sind die sieben Aspekte der Unendlichen Macht und sie sind für uns zugänglich durch die offenen Tore, die dafür gemacht sind, sie zu empfangen. Die sieben Chakren! Oh Vater, welch ein wunderbarer Entwurf ist das!"

Rhami-yata lächelte. „Ich bin froh, dass du das verstehst, Hermenethre. Es ist wirklich ein wunderbares Design. Das dauernde Ein- und Ausfließen durch die Chakren erschafft die Möglichkeit dich zu erleben, dein physisches Leben, die Bedeutung deiner Existenz."

„Wie ist das möglich?", wollte ich fragen, aber dann sah ich es. Da war eine stark vibrierende Energiewelle, die gerade in mein viertes Chakra hineinfloss. Das kreiselnde Schimmern des Chakras wurde heller ich spürte eine friedliche Freude in meinem Herzen.

Da verstand ich, wie alles arbeitete. Der stetige Fluss der Energien in meinen Chakren beeinflusste die Schwingungen meines Geistes, Körpers, meiner Emotionen und meines Egos. Dann übersetzten meine Sinne diese Schwingungen für mein „Team" in physische, emotionale oder intellektuelle Erfahrungen. So halfen meine Chakren dabei, mich selbst als physisch existent zu erfahren.

„Und was ist mit der Seele?", wollte ich wissen. „Erfährt sie sich auch durch die Chakren?"

„Nicht auf die gleiche Weise wie dein ‚Team'. Sie benutzt die Chakren für ihre eigenen Zwecke während deines physischen Lebens."

Sein übliches, „aber das ist nicht das heutige Thema, Hermenethre", hielt mich davon ab, genaue Einzelheiten in Erfahrung zu bringen. Er sagte mir nur soviel, dass während ein gesundes, ausgeglichenes Chakra enorm hohe Frequenzen von Energiewellen empfangen, erzeugen und aussenden könne, würde eine Seele ein Chakra und die Energiewellen dazu benutzen, ihre eigenen Schwingungen zu erhöhen. Wenn aber ein Chakra unausgewogen sei und nicht richtig funktioniere, dann sei es für die Seele nicht zur Erhöhung ihrer Vibrationen zu gebrauchen. Sie würde vielmehr in der Energie der Schatten stecken bleiben, die in dem ungesunden Chakra wohnen.

Dann erfuhr ich, warum Schatten überhaupt in den Chakren und im Unterbewusstsein kreiert wurden.

Ich erkannte eine niedrig schwingende Energiewelle, die in mein zweites Chakra eindrang. Das Strahlen des Chakras wurde dunkel und ich fühlte mich plötzlich ängstlich. Eine Erinnerung an meine Kindheit kam mir ins Gedächtnis. Ich sah mich in einer Ecke meines Zimmers versteckt sitzen und weinen. Ich erinnerte mich nicht mehr an den Grund meines Jammers, aber das Gefühl von Einsamkeit und Angst war so stark, dass es mich sogar noch jetzt zum Weinen bringen konnte.

Bei der Beobachtung der einfließenden, niedrig schwingenden Welle sah ich, wie sie buchstäblich mein zweites Chakra durchlöcherte – da waren nun lauter Löcher. Das Chakra war aus dem Gleichgewicht und es kreiselte unregelmäßig. Ich beobachtete weiter den Vorgang und dann sah ich, wie es versuchte, sich selbst zu reparieren. Es entstand ein finsterer Schatten, der die Löcher des Chakras mit einer klebrigen Substanz füllte.

„Der Schatten beschützt das beschädigte Chakra!", rief ich.

Doch gleichzeitig verursachte der Schatten noch mehr Schaden.

Unglücklicherweise erlaubten seine klebrigen, zähflüssigen, niedrig schwingenden Energien den niedrig vibrierenden Frequenzen einzudringen. Und welche Energiewellen auch immer von meinen Chakren ausgesandt wurden, alle hatten eine ganz niedrige „Spannung". Das kam, weil die Energie der Schatten wirklich sehr niedrig vibrierte. Und so zog sie natürlich gemäß der Teilgesetze niedrig schwingende Frequenzen an.

„Es ist ein wenig so, als würde man Diebe anstellen, um Schätze zu bewachen", sagte ich. „Sie lassen nicht nur andere Diebe ein, sondern verführen auch noch jeden, der schon drinnen ist."

Ich schaute näher hin, um vielleicht noch weitere Einzelheiten zu erkennen. Vor allem wollte ich wissen, ob das Chakra nun nur noch niedrig schwingende Frequenzen herstellen konnte. Zu meiner Überraschung konnte es auch noch hoch schwingende Frequenzen herstellen. Die konnten aber nicht herausfließen, weil sie durch die Schatten aufgehalten wurden wie in einem Spinnennetz.

Bald kamen auch andere Chakren in dem System aus dem Gleichgewicht und ihr Glanz trübte sich. Nichts funktionierte mehr gut. Genau wie mit manchen Weihnachtslichterketten. Wenn erst einmal eine Glühbirne erloschen war, gingen auch andere aus, vielleicht sogar alle, was von der Verdrahtung abhing.

Es gab also kaum eine Chance für die hoch schwingenden Frequenzen, entweder einzudringen oder von meinem Chakra ausgesandt zu werden. Die Schatten, die in der Energiewelle mit Namen Unterbewusstsein saßen, regierten mich und bewachten das durchlöcherte Chakra. Das beeinflusste natürlich meinen Geist, Körper, meine Emotionen und mein Ego. Und meine Seele steckte fest. Sie wiederholte ihre Versuche, die hohen Schwingungen zu erreichen, die hinter den Schatten gefangen waren und konnte nicht weiter fortschreiten, ohne diese Erfahrung zu beenden. Bis ans Ende meines physischen Lebens konnte sich die Seele nicht von dem Team trennen und blieb gefangen. Es sei denn, ich konnte sie befreien, indem ich mich zuerst mit den Schatten auseinandersetzte.

***

Mein Selbstheilungsprozess machte zunächst keine reibungslosen Fortschritte und manchmal war er sogar schmerzhaft. Doch mein Training als Heilerin und die Übung darin kam mir nun sehr gelegen.

So entwickelten Rhami-yata und ich eine neue, einfache Methode, mich mit den Schatten zu beschäftigen. Sie nannte sich „Die Transformation der Schatten durch die Fähnchen-Methode".

„Wir haben es geschafft", erzählte ich Basia am Telefon. „Die Schatten sind kein Geheimnis mehr."

„Siehst du. Genauso wie ich dachte – wenn es eine Tür gibt, dann existiert auch ein Schlüssel dazu", sagte sie in ganz normalem Ton.

Alles war in Basias Augen einfach. Immer.

Dann sprachen wir von einem neuen Rezept für die Zubereitung von ganz erstaunlichen, gebackenen Forellen, das sie entdeckt hatte. Man musste den ganzen Fisch mit Scheiben roter Zwiebeln und Orangenscheiben bedecken, darüber einige Pfefferkörner und eine Prise Meersalz streuen. Dann das Ganze fest zudecken und im Ofen backen.

Es war eigentlich gleichgültig, was ich kochte, denn mein Sohn liebte alles, was ich zubereitete. Aber weil Weihnachten vor der Tür stand, wollte ich doch herausfinden, ob das Rezept gut war. Matthias genoss sogar das Resultat meines Experiments zur Herstellung von Reiswein. Basia, Ella und ich mochten überhaupt keinen Wein. Richard trank das Gebräu ohne Kommentar. Aber Matthias lobte es über den grünen Klee. Es fühlte sich gut an, seine Mom zu sein.

Der Winter bedeckte meinen Dachgarten mit einer dicken Lage Schnee und ich bewunderte ihn gerne durchs Fenster.

Manchmal dachte ich an Mi-Katze und dann überlegte ich, ob sie wohl meine neue Wohnung genauso gern gehabt hätte wie ich. Aber diese schattenlose Kreatur, wie ich sie jetzt nannte, liebte eigentlich alle kleinen „Wunder" um sich herum, war von nichts abhängig und schien in Einheit mit allem glücklich zu sein.

***

Ein paar Jahre später, als ich schließlich mein emotionales Gepäck abgeworfen hatte und keine neue Beziehung irgendeiner Art plante, trat mein künftiger Ehemann in mein Leben. Dieser um vieles jüngere, faszinierende, unglaublich reife und spirituell entwickelte Mann lehrte mich, dass wahre Liebe uns findet, wenn wir es am wenigsten erwarten.

Um diese Liebe willkommen heißen zu können, müssen wir alles vorher Geplante aus unseren Köpfen verbannen. Wenn wir nichts erwarten, bekommen wir alles, was uns zugedacht ist.

Patrick und ich heirateten am 21. Dezember, 2012, ein Datum, von dem von verschiedenen sensationslüsternen Leuten vorausgesagt wurde, es sei „das Ende der Welt", das sie fälschlicherweise den Prophezeiungen der Mayas zuschrieben.

Natürlich gab es keine Katastrophe, die das Ende des Planeten herbeiführte. Für uns steht das Datum für unsere große Liebe, die weiter besteht und derer wir uns erfreuen.

Kapitel 19
Am Rad der Schöpfung drehen

Mehrere Jahreszeiten waren vergangen. Die Pflanzen auf meinem Dachgarten wuchsen, blühten und vergingen um zu Kompost zu werden, damit sie die nächste Generation nach ihnen mit Nährstoffen versorgen konnten.

Ich hatte den Kreislauf der Pflanzen beobachtet, ihren Anfang, ihre Entwicklung und ihr unvermeidliches Ende. Sie schienen mit der natürlichsten Sache, ihrem Tod, so wie er war, einverstanden zu sein. Sie erfüllten freudig ihren Auftrag und gediehen vor meinen Augen.

Ganz anders als die Menschen, – dachte ich – akzeptiert die Achtung gebietende Natur ihr Schicksal.

Ich hatte mit Richard über die ganze Hysterie des „bleib jugendlich, schlank und schieb den Tod hinaus" gesprochen, die die nordamerikanischen Kreise beherrschte. Einige Medien und Firmen schürten die Ängste der Menschen, indem sie ihnen alles mögliche zu verkaufen versuchten, angefangen von Wunderdiäten, bis hin zu Fläschchen mit Pillen und kosmetischen Operationen.

„Selbst eine gesunde Lebensführung", sagte ich zu ihm, „wird heutzutage als Möglichkeit angepriesen, die Zeit zu betrügen."

Wir saßen am Esstisch und genossen das sanfte Nachmittagslicht der Sonne an einen späten Märztag. Einige der Pflanzen aus dem Dachgarten waren über den Winter hierher gewandert und es war immer noch zu kalt, diese tropischen Gewächse nach draußen zu bringen. Ich fand es herrlich, das ganze Jahr über blühende Pflanzen zu haben, und ich überschüttete den Hausbesitzer mit Lob für diesen lichtdurchfluteten Anbau an die Küche. Seine Mahlzeit in einem Terrarium einzunehmen war etwas Besonderes für jemanden, der Pflanzen so liebte wie ich.

Richard, ebenso wie Ella, hatte immer von der Wirkung richtiger Ernährung auf die Gesundheit gewusst. Er machte auch lange Joggingausflüge, um sein Herz in Schwung zu halten. Trotz der zehn Jahre, die er älter war als ich, war er jung geblieben, ja fast jungenhaft trotz seiner grauen Haare. Doch seine Jungendlichkeit hatte nichts damit zu tun, als junger Mann durchgehen zu wollen. Es war nichts Aufgesetztes, es gab kein Make-up, wie man eine neue Lackschicht auf ein rostiges Auto mit einem „hustenden" Motor aufbringt. Nein, einen gesunden und jungen Geist und Körper konnte man nicht vortäuschen. Die Jugendlichkeit musste, zusammen mit der Lebensfreude und der Freude an sich selbst von innen kommen. Man musste auch seine Endlichkeit akzeptieren. Dann würde eine gesunde Lebensweise, angemessenes Training und Körperpflege dazu verhelfen, fit zu bleiben, damit man sein Schicksal bis zum letzten Atemzug erfüllen konnte.

Einen Mann als nächsten Freund zu haben, war auch von unschätzbarem Wert, um deren Natur im Gegensatz zur weiblichen zu verstehen. Meine Güte, konnten sie manchmal unerwartet anders sein!

Nach vielen Gesprächen mit Richard begann ich, mir über all die Fehler, die ich in meinen Beziehungen mit Jacob und Norman gemacht hatte, klar zu werden.

„Wenn etwas getan werden muss, gehen Männer und Frauen ganz verschieden an die Aufgabe heran", sagte Richard. „Ein Team von Männern würde sich auf die Aufgabe selbst konzentrieren mit nur wenigen Gesprächen, die sich auf das Ziel beziehen. Während Frauen mehr daran interessiert sind, wie sich die Mitglieder des Team fühlen und wie ihre Beziehung zueinander ist, während sie arbeiten."

Ich nickte. „Männer interessieren sich also nicht für die Gefühle anderer?"

„Nein. So ist es nicht. Ihre Prioritäten liegen einfach nicht d a r a u f, sondern auf der Aufgabe. Wenn ein Mann zum Beispiel eine Familie gründen will, wird er sich eher überlegen, wie er zu einem Haus für sie kommt, statt darüber nachzudenken, wie er zu seiner Frau steht und ob sie täglich genug über ihre Gefühle sprechen."

Er hatte Recht! Das hatte ich bei mir und anderen schon beobachtet. Es war nicht so, dass Männer und Frauen wie „Hund und Katze" waren, wie manche behaupteten. Es war eher so, dass Männer wie die Katzen waren, die die Vögel beobachteten, die sie fangen wollten, während die Frauen eher vom Typ „Hallo, komm jetzt und spiel mit mir" waren. Beide waren gleich sensibel und hatten die gleichen Bedürfnisse – geliebt, akzeptiert und verwöhnt zu werden. Nur drückten sie sich verschieden aus: Männer wollten Dinge erledigt haben, Frauen wollten es auf eine ganz bestimmte Weise.

So war ein weiteres Rätsel gelöst. Männer konnten weniger beängstigend sein, eigentlich sogar ganz wundervoll, wenn ich sie erst einmal besser verstand.

„Danke, Richard", sagte ich. „Das wird mir helfen, in Zukunft ‚Männerschwierigkeiten' zu vermeiden, wenn ich mich mal wieder verliebe."

Er lachte. „Wenn es denn so einfach wäre!"

Ich seufzte. Naja – dachte ich. Ein menschliches Herz ist tatsächlich ein unberechenbares Wesen, das ganz eigenen Gesetzen folgt, wenn es um romantische Beziehungen geht. Es ist taub für Vernunft, egal wie stichhaltig sie ist.

Wir beendeten unsere Mahlzeit schweigend. Das gedünstete Gemüse und der braune Reis wurden schon langsam kalt.

Einige Wochen später zog Richard nach Halifax, doch wir setzten unsere Unterhaltung von Zeit zu Zeit per Telefon fort.

∗∗∗

Der Frühling wurde zum Sommer, und Rhami-yata gab mir noch manche Stunde, bevor ich den Pfad meiner fünften Initiation beendete. Ich machte mir Sorgen, was wohl danach kommen würde, ob ich ihn noch weiter treffen durfte. Ich wollte mich nicht von meinem Lehrer und Freund trennen, den ich lieb gewonnen hatte. Er versicherte mir, er würde nirgendwo hin gehen und dass wir beide unser Abenteuer jederzeit fortsetzen konnten. Ich dankte ihm erleichtert. Ich wusste, ich würde niemals aufhören, Dinge herauszufinden und zu erleben. Rhami-yata sagte mir, es sei normal, dass man konstant wachse. Das habe mit dem Rad der Schöpfung zu tun.

Wir saßen zusammen im Innenhof und ich erfreute mich an dem sprießenden Grün und unter der warmen Sonne.

„Das Rad der Schöpfung?", fragte ich und wendete mein Gesicht der Sonne zu.

„Ja", sagte der Meister. „Das Rad der Schöpfung ist ein Prozess, der Materie und Geist transzendiert."

Ich schaute rasch zu ihm hinüber und biss mir auf die Lippen, um ihn nicht mit tausend Fragen zu überfallen. Mein Selbstheilungsprozess beeinflusste mächtig mein Bewusstsein und mein Glücksgefühl, doch konnte es offenbar meiner abenteuerhungrigen Neugier nichts anhaben.

„Würdest du mir zeigen, wie das gemacht wird?", sagte ich geschickt in der Hoffnung auf eine weitere Reise durch das All. „Würdest du mit mir dorthin gehen, wo ich das beobachten kann?"

„Ja sicher", sagte der Meister. „Es kann jederzeit losgehen."

„Wie wär's mit jetzt?", fragte ich schmeichelnd.

„Jetzt ist sehr gut", sagte er und seine wunderschönen Augen wurden so grün wie ein paar Erbsen.

Ich wartete, was wohl passieren würde. Ob er mich am Arm berühren würde und wir dann irgendwo anders hin transportiert werden würden. Aber Rhami-yata sah mich bloß lächelnd an.

„Und?", fragte ich. „Wie kommen wir dorthin?"

„Wir sind schon da", sagte der Meister.

Ich schaute mich um. Wir saßen noch immer auf der Steinbank im Innenhof des Tempels.

„Gut", sagte ich langsam, „und wieso sehe ich keine Dunkelheit, farbenfrohe Wolken von Energie oder ähnliches?"

Nun erklärte er mir geduldig, dass der Prozess der Transzendierung, der ein ewiger Tanz zwischen Materie und Geist sei, in kurzen Intervallen die Illusion meiner Sinne neu kreieren würde. Deshalb sähe ich weiterhin den Innenhof auf die gleiche Weise wie vor einer Sekunde. Nur wegen dieses Prozesses sei ich in der Lage, einen soliden Platz wie den Innenhof zu erkennen.

„Anderenfalls würdest du lediglich flimmernde Energiefunken sehen, die ständig Bilder und Umgebungen veränderten", sagte er. „Flimmernde Ideen der Realität, die von deinem eigenen Bewusstsein und Unterbewusstsein und von denen anderer herrühren. Nichts wäre imstande für deine Sinne stabil genug zu bleiben, damit es als solide erkannt werden könnte."

Fasziniert spielte ich eine Weile mit der Sichtweise des „dritten Auges" und schaltete hin und her zwischen dieser und meiner normalen Art zu sehen. Ich bemerkte, dass da ein winzig kleines Fenster war, sozusagen ein Ort zwischen den beiden Sichtweisen, wo ich für einen ganz, ganz kurzen Moment sowohl das Flimmern als auch die Stabilität des Innenhofes sehen konnte.

„Dann ist es wegen des Rades der Schöpfung, dass wir in der materiellen Welt leben können?", fragte ich.

„Das Rad der Schöpfung ist ein transzendierender Prozess, in dem Materie und Geist koexistieren. Und ja, deshalb kann deine Seele sich mit einem Team aus Geist, Körper, Emotionen und Ego verbinden und dich in die Lage versetzen, dein physisches Leben zu erfahren", sagte der Meister.

„Und wie geschieht das?", fragte ich.

„Möchtest du tanzen?", war die Antwort des Meisters und ehe ich mich versah, tanzten wir im Walzerschritt durch den Hof.

„Materie und Geist tanzen immerwährend einen ewigen Tanz", sagte Rhami-yata, „in dem die Materie sich verwandelt, um geistmäßig zu sein, während der Geist die Materie aufnimmt, absorbiert. Wie gute Tanzpartner vereinen sie sich und perfektionieren sich zusammen."

Ich schloss die Augen und genoss eine Weile unseren Tanz. Ich hätte nie gedacht, dass der Meister ein so exzellenter Tänzer ist! Ich fand, dass ich auch besser tanzte, während wir uns zusammendrehten. Was für ein herrliches Erlebnis! Der Tanz wurde schneller und schneller immer rund um den Innenhof. Werden wir jemals aufhören? – dachte ich, ich hoffe nicht.

„Es gibt drei Dinge, die während des ewigen Tanzes der Materie mit dem Geist geschehen", hörte ich seine Stimme und öffnete die Augen.

„Ja? Und was passiert?", fragte ich.

„Kreise, ein ‚Kurzschluss' und Ko-Kreation", sagte der Meister.

Während er sich ganz ohne Anstrengung drehte, fing ich an außer Atem zu kommen.

Er kennt definitiv alle Geheimnisse der ewigen Jugend – dachte ich. Genauso wie Rha-Tao. Sieh sich einer an, wie uralt er ist und wie unglaublich jung.

Rhami-yata lächelte. „Lass uns Schritt für Schritt vorgehen", sagte er.

Er bat mich, mich auf seinen Arm zu stützen. So führte er mich aus dem Hof in den angenehm kühlen Tempel.

Wir gingen durch die Flure, die von den brennenden Öllampen erhellt wurden. Wir wanderten an vielen mit Bronze verzierten Eichentüren vorbei. Sie waren alle genau gleich, ich hatte mich jedoch schon an die Uniformität des Tempels gewöhnt und verlief mich niemals mehr.

„Du musst verstehen, dass Materie und Geist Energien sind, deren Grundelement die Schwingung ist", beendete er die Lektion. „Schwingung ist das Grundelement von allem, was ist und was nicht ist."

Na prima – dachte ich. Jetzt hat er mich endgültig verwirrt.

„Was meinst du mit ‚ist und ist nicht'?", fragte ich.

Er blieb stehen und sah mich an. „Mit anderen Worten: Was manifestiert worden ist und was noch nicht manifestiert worden ist", sagte er.

„Gut", nickte ich. „Du meinst, Vibration ist wie ein Samen für etwas, das noch wachsen wird und was schon daraus hervorgegangen ist."

„Ja, so ungefähr", nickte er.

Er wandte sich der nächsten Öllampe zu und zeigte auf die starke Flamme. „Genauso wie die Höhe der Flamme, die die Menge des Öls in der Lampe zeigt. Und auch die Farbe verrät dir die Art des Öls, das benutzt wird. So reflektiert jede Energie die Qualität der Vibration, woher sie kommt", erklärte er.

Ich kniff die Augen zusammen und schaute in die Flamme. Wenn man sie auf diese Weise betrachtete, sah sie neblig aus, wie Kräuseln in der Luft.

„Dann ist Energie wie eine kleine Welle, ein Muster", sagte ich.

Rhami-yata lächelte. „Tatsächlich. Energie ist ein Muster, das die Frequenz und Dichte einer Vibration reflektiert. Verschiedene Arten von Energien reflektieren verschiedene Schwingungen."

„So wie Materie und Geist?"

„Richtig", bestätigte er.

Beide seien ewig in ihrer Essenz, beide verwandelten sich dauernd, setzten ständig ihre Existenz fort, erklärte er. Während sich jedoch die Materie ausdehne, ziehe sich der Geist zusammen, dann würden sie es umgekehrt machen, die Materie ziehe sich zusammen und der Geist dehne sich aus und so fort.

Er reichte mir einen antik aussehenden Blasebalg. Ich drehte und wendete ihn in meiner Hand und bewunderte sein geschmackvolles Design.

Das Leder war mit eleganten Bronzenägeln an den Eichengriffen befestigt:

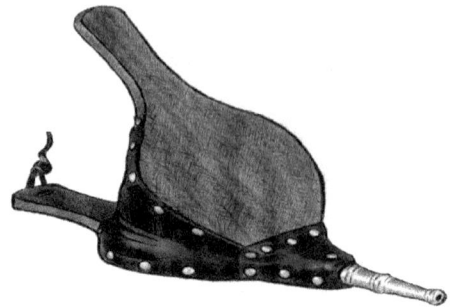

Ich spielte mit dem Blasebalg herum, während der Meister fortfuhr: „So wie die Griffe des Blasebalgs sich voneinander entfernen und so Luft in den Blasebalg gezogen wird, so dehnt sich der Geist aus, weitet sich und absorbiert Materie. Man kann sagen: der Geist ‚atmet Materie ein'."

Ich betätigte die Griffe des Blasebalgs und er saugte, „atmete" Luft ein.

„Und dann?", fragte ich und sah ihn an.

„Dann, so wie der Blasebalg zusammengedrückt wird und die Luft entweicht, zieht sich der Geist zusammen, während die Materie sich ausdehnt, sozusagen ‚ausgeatmet' wird."

Interessant – dachte ich, und drückte die Griffe zusammen. Der Blasebalg machte ein zischendes Geräusch, während die Luft entwich.

„So ‚atmen' Materie und Geist permanent zusammen, oder ‚tanzen' miteinander, wenn du so willst", sagte Rhami-yata. „Es ist ein immerwährender Kreislauf."

Ich nickte und gab ihm den Blasebalg zurück, den er auf der Stelle „verschwinden" ließ. Wir gingen weiter. Rhami-yata bewegte seinen Arm und ließ ein holographisches Bild entstehen, das vor uns schwebte, während wir dahinwanderten. Es stellte den „atmenden" Kreislauf dar:

Geist – dehnt sich aus (kreisförmige Pfeile)

Materie – zieht sich zusammen und wird von dem Geist „eingeatmet"
(mittlerer Pfeil)

Nächste Phase des Kreislaufs:

Geist – zieht sich zusammen und „atmet" die Materie aus (mittlerer Pfeil)

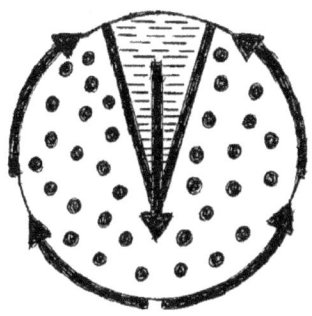

Materie – dehnt sich aus (kreisförmige Pfeile)

„Wie du sehen kannst", sagte der Meister, „verändert sich die Dichte von Materie und Geist, was abhängig ist von der Phase des Kreislaufs."

„Interessant." Ich zeigte auf das holographische Bild. „Die Materie wird irgendwie ‚geschwollener', aber dünner, wenn sie sich ausdehnt Und vom Geist ausgeatmet wird."

„Wenn entweder die Materie oder der Geist sich ausdehnt, ist in der Tat mehr Raum in ihnen", bestätigte Rhami-yata. „Und während sie sich zusammenziehen, sind sie, sagen wir ‚bepackter', Du kannst ein solches Phänomen leicht in der physischen Welt beobachten."

„Wo denn genau?", fragte ich.

„Das Steigen und wieder Verschwinden von Geisteskultur wie zum Beispiel Zivilisationen. Oder die sogenannte Geburt und der Tod von Organismen. Oder die Expansion und Kontraktion des Universen", sagte er. „Naja, um das zu beobachten, müsstest du viele Milliarden Jahre leben", sagte er schmunzelnd. „Du kannst aber von der Quantenphysik lernen, dass dein Universum sich zurzeit ausdehnt. Es gibt also heutzutage ‚mehr Platz' in der Materie."

„Ja, davon hab ich schon gehört", sagte ich und nickte.

Rhami-yata bewegte seine Hand und gerade als wir die Kammer der Sieben Mächte erreichten, verschwand das holographische Bild.

Der Meister öffnete die Eichentür und wir traten ein.

Ich schaute mich voller Vergnügen um und nahm die friedliche Atmosphäre, das warme Licht der brennenden Öllampen, die sieben grauen Statuen und meine kleine goldene Figur, die fröhlich in der Mitte des Raumes glänzte, in mich auf.

„Am Ende eines jeden ‚Einatmens' verschmelzen Materie und Geist", sagte der Meister. „Du kannst sagen: der Geist ‚atmet alle Materie eines bestimmten Universums ein'."

„Eines ‚bestimmten' Universums?", fragte ich und drehte mich rasch zu ihm um. „Gibt es viele?"

„Sicher", sagte Rhami-yata. „Wenn also die Materie irgendeines Universums mit dem Geist verschmilzt, werden sie eins, etwa so."

Er zeigte mit dem Finger in die Luft und ich sah einen winzigen Punkt genau da, wohin er gezeigt hatte:

•

Dann „explodierte" der Punkt zu meiner Verblüffung.

„Was um alles in der Welt...", begann ich.

„Wenn Materie eines Universums vollständig mit dem Geist verschmilzt", sagte Rhami-yata, „gibt es in dem Moment einen gewissen ‚Kurzschluss'. Du kannst das auch einen ‚Urknall' nennen, wenn du so willst. Die menschliche Wissenschaft benutzt diese Bezeichnung. Während dieses ‚Kurzschlusses' oder diesem ‚Urknall' werden weitere Universen erschaffen. Diese Universen wachsen, während der Geist Materie ‚ausatmet'."

Ich betrachtete die vielen Punkte, die nun vor uns in der Luft schwammen:

•

• •

• • •

• • • • •

„So passiert das also!", rief ich aus. „Vater, diese Universen, von denen du sprichst, sind sie alle gleich? Sind sie genau wie unseres?"

„Jedes von ihnen hat seine ganz eigene Vibration", sagte er. „Jedes unterscheidet sich von dem anderen."

„Ebenso wie jede Person einzigartig ist und sich von anderen unterscheidet?", fragte ich.

„Sehr gute Beobachtung", bestätigte er.

Er hob den Arm und „wischte" die Punkte einen nach dem anderen wieder „fort", als seien sie Kreidepunkte von einer Tafel.

„Halt mal!" Auf einmal bekam ich es mit der Angst zu tun. „Was geschieht, wenn alle Materie des Universums vom Geist absorbiert worden ist? Heißt das, das Universum ist nicht mehr da, verschwindet? Und alles in dem Universum stirbt?"

Er erklärte, dass wenn Materie absorbiert werde, sie vom Geist verwandelt werde. Sie verschmelze mit dem Geist und habe nicht länger die gleichen Eigenschaften wie vorher. Alles, was Teil der verwandelten Materie gewesen sei, sei nun anders.

Während er redete, bemerkte ich, dass, wenn er einen Punkt „wegwischte", an der Stelle ein Schmierfleck blieb, eine Spur.

„So ein Universum ist nun anders und kann vielleicht für die physischen Sinne nicht mehr sichtbar sein", sagte er. „Übrigens werden viele Universen kreiert oder vom Geist absorbiert. Ständig."

Ich seufzte vor Erleichterung. „Gut, Universen verschwinden also nicht einfach."

„Das ist richtig", nickte er.

„Und was ist mit dem Universalen Gesetz? Ist es anders für jedes Universums?", wollte ich wissen.

Er versicherte mir, dass das Gesetz für die Materie überall gleich sei. Das Resultat sei aber für jedes Universum anders, weil die Schwingungen von jedem Universum sich von den anderen unterscheiden, es „verhalte" sich also anders, obwohl es dem Universalen Gesetz unterliege.

„Wie interessant", sagte ich. „Ich wollte, ich könnte verschiedene Universen erleben, um mit dem Universalen Gesetz zu experimentieren."

Rhami-yata lächelte. „Ja, da könntest du tun."

„Wie?! Wann?!"

„Nicht das Thema der heutigen Lektion, Hermenethre", sagte er weiter lächelnd. „Konzentriere dich darauf, den ‚Kurzschluss' von Materie und Geist zu verstehen."

„Es ist leicht einen Kurzschluss hervorzurufen, wenn man den positiven und den negativen Pol einer Batterie verbindet und dabei einen Stromleiter mit niedrigem Widerstand verwendet", sagte ich, während ich mich daran erinnerte, was ich in der Schule gelernt hatte. „Es baut sich sehr schnell Hitze auf, was meistens zur Explosion führt", sagte ich und setzte mich auf den Boden. „Ist das ein ähnlicher Vorgang wie der, wenn Materie und Geist verschmelzen?", fragte ich.

„Der Vergleich ist nicht schlecht", sagte Rhami-yata und setzte sich auch, nachdem er alle Punkte, die die Universen repräsentierten, „ausgewischt" hatte. Er schaute mich an und seine Augen wurden heller, wie sie da vor mir leuchteten.

„Das Dritte, das während des Prozesses der Verschmelzung geschieht, dem ewigen Tanz von Materie und Geist, ist Ko-Kreation. Sie drehen immerwährend das Rad der Schöpfung, kannst du sagen, indem sie ewig sich gegenseitig ko-kreieren."

„Der Hochzeitstanz, der ewig währt", sagte ich und lächelte.

Er nickte. „Wegen des Rades der Schöpfung gibt es keine Geburt oder Wiedergeburt. Inkarnation ist keine Wiedergeburt, sondern ganz einfach die Transformation dessen, was schon vorhanden ist."

„Für immer und ewig", sagte ich. „Das finde ich ein bisschen überwältigend! Werden wir dieser ewigen Wiederholung nicht irgendwann überdrüssig? Haben wir nicht irgendwann genug?"

Wir lachten beide. Unser Gelächter echote in der Kammer der Sieben Mächte und klang wie ein kristallener Glockenton.

„Du bist eine entschlossene Rebellin, die alles in Frage stellt, stimmt's?", sagte Rhami-yata immer noch lachend.

„Ich verstehe nicht, warum wir nicht aufhören wollen", verfolgte ich den Gedanken weiter.

Er erinnerte mich daran, dass ein endlicher Kreis aus einem Anfang bestehe, dem eine Bewegung in einer Richtung folge und dann zu Ende gehe. Wegen dieser Endlichkeit an jedem beliebigen Punkt des Kreises seien wir uns völlig dessen bewusst, was v o r h e r stattgefunden habe, wir mutmaßten fortwährend darüber, was noch kommen würde und gleichzeitig verstünden wir, dass ein Ende unausweichlich sei. Wir schleppten die Bürde der Vergangenheit und setzten endlos die Angst vor der Zukunft fort. Da könne man tatsächlich der Sache überdrüssig werden.

„Es ist nicht einfach ein fröhlicher Mensch zu bleiben bei der schweren Last, nicht wahr?", fragte er.

„Nein", sagte ich. „Du erzählst mir also, dass das Gefühl, ewig zu sein, anders ist. Dass es nicht ermüdend ist."

Rhami-yata lächelte und bat mich die Augen zu schließen.

Als ich seiner Bitte nachkam, fühlte ich, wie mein Körper sich vom Boden erhob und angenehm in der Luft schwebte. Frei von jeder Erdenschwere entspannte ich mich. Ich wollte die Augen nicht öffnen und mich nur ohne Ablenkung an dem herrlichen Gefühl erfreuen.

„Siehst du", hörte ich die Stimme des Meisters sagen, „in der Ewigkeit bist du dir nur eines einzigen Augenblicks bewusst. Eines Augenblicks ohne Geschichte, ohne Last und Gepäck aus der Vergangenheit. Es gibt keine Zukunft, die unbekannt ist, nur den einen, einzigen Moment, der voll ist von endlosen, interessanten Möglichkeiten."

„Zum Beispiel?", fragte ich.

„Das kommt ganz auf dich an", sagte er. „Was immer du wählen willst."

Nicht schlecht – dachte ich. Es gefällt mir zu tun, was ich will.

Ich machte die Augen wieder auf. „Du holst mich besser hier wieder herunter", sagte ich. „Es könnte passieren, dass ich mich zu sehr an diesen Zustand gewöhne."

Er lächelte und ich segelte langsam zurück auf den Boden.

„Gehen mir die Wahlmöglichkeiten niemals aus?", fragte ich.

Offensichtlich nicht. Rhami-yata erklärte, man brauche sich nicht mit dem, was man in der Vergangenheit gewählt habe, zu belasten, da es in der Ewigkeit keine Vergangenheit gäbe. Und weil auch keine Zukunft da sei, um die man sich sorgen müsse, seien die schon gewählten Dinge aus dem See der unendlichen Möglichkeiten immer noch vorhanden.

„Das Gefühl von Ewigkeit kommt also genau der Erfahrung gleich, die ich im Leben machen will, ein Glücksmoment nach dem anderen ohne Angst vor der Zukunft, kein Schmerz aus der Vergangenheit, nur endlose, interessante Möglichkeiten, die zu erkunden sind", sagte ich staunend. „Das ist ganz nach meinem Geschmack!"

„Kümmere dich um deinen Körper, Hermenethre", sagte der Meister. „Das beschließt die heutige Stunde."

***

Ich schaute mich in meinem Schlafzimmer um. Langsam wurden die Dinge wieder klarer und ich konnte die hölzerne Kommode erkennen, die meinem Bett gegenüberstand. Es war früher Nachmittag und der Raum war voller Licht, das die Farbe „Mango mit Milch" der Wände herrlich reflektierte.

Ich streckte mich ein wenig, als ich von meinem Bett aufstand, um die Taubheit, die üblicherweise nach der Trance in meinen Gliedern steckte, loszuwerden.

Siebzehn Jahre – dachte ich. Es ist siebzehn Jahre her, seit ich das erste Mal in Trance fiel und Rhami-yata begegnete. Doch die Taubheit danach hat sich nicht verändert.

Ich ließ einen langen Atemzug aus meinen Lungen und das war das lauteste Geräusch in dem stillen Appartement.

War es schon so lange her?

Ich schaute in den Schlafzimmerspiegel. Die Frau mit den grünen Augen und den kastanienbraunen Haaren, die mir aus dem Spiegel entgegensah, schien erstaunt zu sein.

„Zeit ist nur eine Illusion." Ich lächelte sie an. „Und du bist immer noch die gleiche."

Das Bild im Spiegel hatte sich auf einmal verändert. Die Frau. die mir jetzt entgegenblickte, war größer, ihr Haar dunkler.

Das Licht im Schlafzimmer schien dämmerig zu werden. Ich schaute zum Fenster. Der Himmel wurde schnell schwarz. Ein Sturm kam auf. Ein früher Sommersturm.

Ich nickte. „Das Leben ist auch nur eine Illusion", wisperte ich und schaute in die Augen der Frau.

Plötzlich schoss ein Energiestrom durch meinen Körper. Es war nicht die übliche Art. Diese hier war schmerzhaft und machte mich schwindelig.

„Du hast also wirklich einen Schwachpunkt", sagte ich zu der Spiegelfrau.

Mein Körper krümmte sich vor Schmerzen und ich zog zischend die Luft durch die Zähne. „Bleib mir vom Leibe", stieß ich unter Schwierigkeiten hervor.

Sie lachte. „Es ist noch nicht vorbei", sagte sie. „Nicht einmal annähernd."

Ich brachte es fertig, mich etwas aufzurichten. „Was ist noch nicht vorbei?"

„Du kannst dich selbst betrügen", sagte sie und ihre Lippen wurden schmal. „Aber mich nicht."

Ihre Augen blickten kalt.

Plötzlich erinnerte ich mich. Vor Jahren hatte ich einen Traum gehabt. Da war eine Frau. Auch sie hatte sehr kalte Augen.

Oh Mann – dachte ich und seufzte. Der Dämon ist zurück, nur dass es jetzt kein Traum ist.

Langsam wandte ich mich von dem Spiegel ab.

„Du kannst mir nicht entkommen", hörte ich ihre Stimme sagen.

Ich nickte. „Wer sagt denn, dass ich entkommen will?"

Vollends wach ging ich nach unten in die Küche. Mit einem Glas Wasser setzte ich mich an den Tisch und betrachtete meine Pflanzen. Der Schmerz war immer noch da.

„Hallo", sagte ich. „Ich habe eine Dämonin in meinem Schlafzimmer. Sie scheint real zu sein."

Ich sah das Telefon an. Wen sollte ich anrufen? Und ihm w a s erzählen?

„Na klar", sagte ich und nickte den Pflanzen zu. „Vielleicht verliere ich den Verstand. Schon wieder. Und das ist nicht witzig."

So wie ich es im Hof des Tempels getan hatte, gab ich den Pflanzen in meinem Esszimmer Namen. Sie schienen Gefallen daran zu haben. Jede von ihnen hatte ihre eigene Geschichte und jede reagierte auf ihre ganz eigene Weise auf meine Fürsorge und auf das Sonnenlicht. Manche gediehen und verlangten nicht viel Beachtung. Andere entwickelten sich langsam und mussten sich besonders anstrengen, um mit dem Rest mitzuhalten. Aber sie alle hatten für sich den besten Weg gefunden, um das Sonnenlicht zu absorbieren. Alle streckten sich nach dem Licht, um darin zu baden.

Ich nahm den Hörer ab und rief meinen Sohn an.

„Bist du da?", fragte ich, als er abhob.

Er lachte. „Ich hab doch gerade ‚hallo' gesagt."

„Richtig", sagte ich. „Das bedeutet aber nicht, dass du wirklich da bist. Die Leute sagen alles Mögliche, sie sind aber meistens nicht anwesend."

Matthias war eine mir verwandte Seele. Seit er ein kleiner Junge war, konnten wir einander unsere Geheimnisse anvertrauen und über alles reden. Und wir reagierten und verhielten uns ganz ähnlich. Wir waren gerne spielerisch und kreativ, wenn wir unsere tiefsten Gedanken entwickelten.

Vor sechs Monaten hatte Matthias meinen berühmten Musikerfreund Romuald nach einem Konzert seiner Band in Toronto wieder getroffen. Genau wie viele Jahre zuvor, als sie sich kennen gelernt hatten, war auch jetzt wieder eine augenblickliche Sympathie auf beiden Seiten. Als reifer Mann hatte Matthias sich auch auf professionellem Gebiet mit meinem Freund verbunden. In den letzten drei Monaten hatte er für einige von Romualds Projekten gearbeitet. Zur gleichen Zeit bereitete er einige seiner eigenen Lieder vor, die Romuald in Europa bekannt machen wollte. Zu meiner ekstatischen

Freude fand mein Freund die Musik von Matthias sehr interessant und sagte „der junge Mann habe wirklich Talent".

„Ich bin da", sagte mein Sohn. „Und ich werde dir gleich ein paar meiner Lieder per E-Mail zusenden."

Er hatte gern ein Feedback von mir und wir redeten immer über seine neuesten Kreationen. Matthias schrieb seine Musik und den Text dazu und dann produzierte er die Lieder, sang, spielte alle Instrumente selbst und nahm alles auf. Eine „Einmannband" sozusagen. Mir wurde immer wieder von neuem klar, dass, egal an welchem Projekt ich gerade arbeitete, die Lieder meines Sohnes immer die Quelle meiner größten Freude waren. Da war ein tiefes Gefühl von Erfüllung, während ich mich an seiner Arbeit erfreute, die mit nichts zu vergleichen war. Ich hatte niemals das gleiche Gefühl, wenn es um meine eigene Arbeit ging. Auf diese Weise lernte ich die Macht der Mutterliebe kennen.

Nein! Ich konnte ihm nicht von der Dämonin erzählen. Er war so glücklich in seiner eigenen Welt und ich wollte ihm die Freude nicht verderben.

Nachdem ich mir die neuen Lieder angehört hatte, rief ich ihn wieder an und sagte ihm, wie schön ich sie fand. Das erste war eine Geschichte über einen jungen Mann, der zur Armee eingezogen wurde. Er bat seine Mutter nicht zu weinen, weil sie sich im nächsten Juli wiedersehen würden. Und im Falle seines Todes bekäme sie ein Erinnerungsstück, das sie mit ihren Tränen reinwaschen könne. Dieses tiefempfundene Lied erinnerte mich an Matthias' Unfall in Westdeutschland und seine Begegnung mit dem Tod. In seinem Lied war definitiv sein tiefes Verständnis für die Endlichkeit des Lebens spürbar.

Das zweite Lied war eher leicht, spielerisch. Ein Mann erklomm die Erfolgsleiter in einer großen Stadt, vermisste aber die Kühe und die Einfachheit des Dorflebens, dass seine Kindheit geprägt hatte. Das Muhen des Chorus' klang noch lange, nachdem ich das Lied gehört hatte, in meinen Erinnerung nach. Und auch da wurde wieder die Einsicht in die Essenz des Lebens und des Glücks, vermischt mit der ins Ohr gehenden Musik und der spielerisch innigen Worte offenbar und trafen genau ins Schwarze.

„Du hast mich zum Weinen gebracht, ich musste lachen und ich musste nachdenken", sagte ich zu Matthias.

„Das tut mir Leid, das wollte ich nicht", sagte er und wir lachten beide.

Wir beendeten das Gespräch und ich schaute mich um. Alles schien normal.

Ja, natürlich, warum sollte es nicht normal sein!

Ich entschloss mich der Dämonin gegenüberzutreten.

In meinem Schlafzimmer untersuchte ich jeden Zentimeter. Nichts! Keine Spur von irgendetwas Ungewöhnlichem. Mein Gesicht sah im Spiegel etwas müde aus, das war alles.

***

Ein paar Tage später brach die Hölle los. Ich entdeckte, dass meine Finanzen am Nullpunkt waren, fast nichts mehr war auf meinem Konto. Ich wusste nicht, was ich tun sollte. Und außerdem konnte mein Film nicht rechtzeitig fertig werden. Der Wiedergabeprozess wurde zu einer Riesenschwierigkeit, die Computer waren nicht imstande, die digitalen Informationen für unsere visuellen Effekte zu übertragen. Was herauskam, war ein totales Durcheinander und niemand wusste Rat.

Ich brachte Stunden damit zu, verschiedene Geldinstitute anzurufen, um für mein unmittelbares Problem eine Lösung zu finden – Geld. Es schien, dass es nichts gab, das ich tun konnte.

Ich starrte den Hörer an und überlegte, wen ich noch anrufen konnte. Mein Sohn war nicht in der Lage mir zu helfen, er und seine Frau hatten wenig Geld zur Verfügung, Außerdem hatte er genug eigene Probleme, mit seiner Musik den Durchbruch in der Musikindustrie zu schaffen. Meine Freunde? Nein, nie wollte ich meine Freunde in meine persönlichen Schwierigkeiten hineinziehen. Basia und Ella hatten bereits etwas Geld in meinen Film investiert, aber diese Anlage war etwas ganz anderes. Basia und ihre Familie machten zurzeit Urlaub in Florida, während Ella und ihr Mann glücklich und zufrieden in einer kleinen Stadt weit weg von mir lebten. Nein, ich wollte sie nicht stören, es hätte sich nicht richtig angefühlt.

Es sah so aus, als sei nicht einer meiner engsten Freunde für mich da. Eine höhere Macht schien ihre Hand im Spiel und sie aus meiner Reichweite entfernt zu haben, sodass ich ganz auf mich allein gestellt war. Außerdem teilte mir Brenton mit, dass es keine schnelle Lösung für das Wiedergabeproblem gab.

Wenn nicht innerhalb von ein paar Wochen ein Wunder geschah, würde ich mein Appartement verlieren und ich stünde da ohne eine Möglichkeit solange durchzuhalten, bis mein Film fertig war. Alles schien verloren: das Geld und die Hoffnung, in nächster Zeit die visuellen Effekte fertigzustellen. Das war die Situation.

Ich rannte hinaus in den Park, nur um unter Leuten zu sein. Zeuge ihres glücklichen, normalen Lebens zu sein. Ich sah Männer und Frauen, Kinder, Paare. Paare. Ja sie teilten ihre Freuden und ihre Sorgen.

Ein kleines Lächeln stahl sich auf meine Lippen. Der Anblick von glücklichen Leuten tat mir wohl.

Was soll ich bloß machen? – dachte ich und setzte mich auf eine Bank.

Kinder liefen umher und die Gesichter der Eltern strahlten, weil sie sich an dem Glück der Kinder freuten und an dem herrlichen Tag.

Von all den unendlich vielen Möglichkeiten, – dachte ich – suche ich mir ausgerechnet diese Situation aus. Warum? Konnte ich nicht einfach mein Leben genießen wie diese schönen Menschen es taten?

Ich schloss die Augen. Die fröhlichen Stimmen der Kinder klangen in meinen Ohren.

„Mom", rief jemand ganz in meiner Nähe. „Guck mal! Guck doch mal!"

Ich machte die Augen wieder auf. Ein sechsjähriger Junge amüsierte sich mit seinem neuen, blauen Fahrrad.

Wieder musste ich lächeln.

„Das Rad der Schöpfung ist ein transzendierender Prozess, in dem Materie und Geist koexistieren", flüsterte ich. „Beide verwandeln sich immerwährend und bewahren so ihre Existenz."

Eine Weile saß ich still da, dann erhob ich mich von der Bank. Ich erinnerte mich plötzlich, was Rhami-yata kürzlich gesagt hatte: verschiedene Arten von Energien reflektierten verschiedene Vibrationen. Ach ja, natürlich! Materie und Geist waren nichts als Energien, die Vibrationen reflektierten, das war alles.

Etwas leichteren Herzens wanderte ich nach Hause. Ich war bereit.

***

Der Tempel schien ausgestorben. Ich konnte Rhami-yata nicht finden, und keiner der Priester war zu sehen.

Ich verspürte ein plötzliches Verlangen, die Kammer der Mächte zu betreten.

Als ich die Tür hinter mir schloss, sah ich sie. Figuren in Kapuzenumhängen, vielleicht hundert von ihnen. Sie anzuschauen war unangenehm. Stand ich vor Gericht? Was ging hier vor?

Eine ganze Weile sprach niemand.

„Was wollt ihr von mir", fragte ich schließlich.

Stille.

„W a s ?!"

Weiter Stille.

„So unterstützt ihr mich? Ihr habt's versprochen. Ihr habt gesagt, ihr gebt auf mich acht!"

Nichts.

„Hey! Redet mit mir! Seht mir in die Augen und sagt mir, was hier los ist!"

Nichts. Keine Antwort.

Mir wurde klar, dass ich zitterte. Vor Angst? Oder Ärger?

Eine Ewigkeit war vergangen. Ich schaute sie weiter an, ihre

Gesichter versteckt unter den Kapuzen. Wer waren sie. Unsere Priester? Oder noch jemand anderes? Ich holte tief Luft. Nein, was ich fühlte, war definitiv keine Angst.

„Zeigt mir eure Gesichter. Oder ich verschwende nicht weiter meine Zeit mit euch."

Plötzlich spürte ich einen Energiewirbel an meinem Inneren ziehen. Ehe ich mich versah, war die Kammer der Mächte verschwunden und ich wurde in einen engen, langen Korridor geworfen, den ich niemals zuvor gesehen hatte. Hier war es hell, fast zu hell, ich konnte aber die Lichtquelle nicht ausmachen.

Am Ende des Korridors gab es eine Tür. Eine schwere Eichentür, die mit Ornamenten geschmückt war. Ich ging näher heran, um einen Blick auf das Schnitzwerk, das Szenen eines Kampfes darstellte, zu werfen. Es war ein wunderschönes, höchst bemerkenswertes Stück Handwerkskunst.

Ich stupste die Tür sanft mit dem Finger an. Zu meiner Überraschung schwang sie lautlos auf.

Als ich eintrat, ging die Tür schnell hinter mir wieder zu, bevor ich noch einmal Atem holen konnte.

Nun stand ich in einem großen Raum, vielleicht sechs Meter hoch. Vor den Fenstern erstreckte sich ein baumbestandenes Tal mit lebhaft blühenden Wiesen.

Welch ein wunderschöner Raum – dachte ich. Welch ein schönes Haus!

Dann sah ich sie. Größer als ich, mit langen Haaren, die dunkler waren als meine, da stand sie – mein Spiegelbild. Sie musste mich eine Weile beobachtet haben. Nun schauten wir uns voller Erstaunen an.

„So hast du mich also gefunden", sagte sie schließlich.

Sie machte ein paar Schritte auf mich zu und stoppte. Ich sah ihr weiter in die Augen, die mir weniger kalt erschienen als zuvor in meinem, Schlafzimmer.

„Wo bin ich?"

Sie sah mich freundlich lächelnd an. „In deinem Zuhause."

„Mein Zuhause?"

„Ja. Zu einer anderen Zeit. In einem anderen Universum, und doch ist auch das dein Leben."

Ich sah mich um. Auf einmal merkte ich, dass mir die Umgebung bekannt vorkam. Ich kannte das Haus irgendwie.

„Du erfährst dich auf endlose Art und Weise."

Ich nickte. „Und ich kann jede von ihnen zu jeder Zeit wählen. Ich weiß."

Sie trat näher zu mir und nun konnte ich ihre Augen besser sehen. Grün wie meine. Sie sahen gar nicht mehr kalt aus. Die Dämonin war neugierig auf mich.

„Wusstest du auch, dass alle Möglichkeiten auf einmal stattfinden?", fragte sie. „Du wählst sie nicht nacheinander, du, in deinen endlos zahlreichen Formen mit deinen endlos vielen Wahlmöglichkeiten, all das geschieht auf einmal."

Ich schloss die Augen, um das, was sie sagte, besser aufnehmen zu können. Und dann machte ich sie ganz langsam wieder auf. Ich wusste jetzt, was zu tun war.

„Du bist meine eigene Furcht", sagte ich. „Du bist keine Dämonin. Du bist auch nicht eine meiner vielfältigen Formen. Du bist nichts."

Bevor ich ihre Antwort erfahren konnte, wurde ich wieder in einen Wirbel von Energie gezogen. Alles verschwand und es war eine ziemlich lange Zeit nur noch dunkel.

„Tatsächlich", hörte ich Rhami-yatas Stimme, „ist Energie ein Muster, das die Frequenz und Dichte der Schwingung reflektiert."

„Energie ist wie eine kleine Welle", sagte ich und versuchte ihn im Dunkeln zu finden.

Langsam veränderte sich die Umgebung, die Dunkelheit teilte sich und ich befand mich wieder in der Kammer der Mächte.

Wortlos enthüllten mir einer nach dem anderen die Kapuzengestalten ihre Gesichter.

Ich brauchte nicht zu fragen. Mir war klar, was geschehen war. Meine fünfte Einweihung war vollendet und es war an der Zeit, mich um meinen Körper zu kümmern.

***

Zwei Dinge geschahen in dieser Nacht. Als erstes rief mein Sohn an. Und ich erzählte ihm, was ich gerade erfahren hatte.

„Unerfahrene Seelen sind nichts als ein flauschiger Klumpen Energie mit begrenztem Bewusstsein. Sie gehen dorthin, wo sie eine mächtige Schwingung vermuten, die sie erreichen wollen."

„OK", sagte Matthias. „Ist daran etwas falsch?"

„Überhaupt nicht", meinte ich. „Manchmal geht es aber nicht so gut für sie aus. Sie verfangen sich in der Energie der Schatten. Und wenn sie sich nicht befreien, sind sie wirklich in Schwierigkeiten."

„Und dann? Das Ende?", fragte Matthias.

„Bingo!", bestätigte ich.

Ich erklärte ihm, dass generell Seelen zwei Möglichkeiten hätten. Erstens, sie wanderten mit wenig Bewusstsein umher und folgten allem, was sie „sahen", um möglicherweise ihre Schwingungen zu erhöhen. Wenn es ihnen gelang Schwierigkeiten zu vermeiden und nicht zu sterben, weil ihre Vibrationen durch die Schatten weniger wurden, konnten sie irgendwann zurückkehren zur Höchsten Schwingung und sich mit ihr verbinden.

„Puh, das ist aber nicht lustig", war sein Kommentar.

„Genau."

„Erzähl mir von der anderen Möglichkeit", sagte er.

Die zweite Möglichkeit war weit interessanter für uns beide: man konnte seine Seele erziehen. Wenn das geschah, konnte die Seele das Team zu Hilfe nehmen, besonders den Geist und ihr eigenes Schicksal entwerfen. Natürlich im Einklang mit ihren Zielen und angepasst an den Großen Plan.

„Wie kann denn die Seele den Geist zu Hilfe nehmen?", wollte Matthias wissen.

„Sie bringt ihn dazu, unwiderstehliche Möglichkeiten in der unsichtbaren Welt zu schaffen", sagte ich. „Möglichkeiten, die sie in der physischen Welt als Erfahrung wählen würde. Sie will damit ihr eigenes Wachstum fördern als Beitrag zu dem Größeren Plan."

„Eine bewusste Seele, die sich trotzdem des Lebens freut", sagte Matthias.

„Darauf kannst du wetten!"

Wenn aber jemand, warnte ich ihn, lediglich darauf aus sei, Dinge zu raffen oder seine Lebensumstände zu verbessern und dabei seinen Geist dazu veranlasse, sich in die spirituelle Welt einzuschleichen – ein solcher Geist würde von seinem Ego kontrolliert. Das würde oft unwiederbringliche Zerstörung verursachen, weil er sich selbst und anderen Schaden zufügen würde.

„Wenn du eine erfahrene, gebildete Seele bist", schloss ich, „kannst du ewig die unendlichen Möglichkeiten erfahren, die das Rad der Schöpfung in Gang halten. Nicht bloß blind und unbewusst auf ihm reiten."

„Cool", sagte mein Sohn. „Lass uns so viel Spaß haben wie wir können."

Dann versprach er mir, mich am kommenden Montag zu besuchen. Wir hatten vor, zusammen eine Stimmprobe zu machen und das hieß, er würde verschiedene Noten herausschreien und ich würde mich vergewissern, dass seine Kehle richtig geöffnet war. Seine Stimme war ein Instrument, das immer trainiert werden musste, damit es in Form blieb.

„Danach können wir zusammen zum Mittag essen", sagte er. „Ich hätte auch gerne noch eine Flasche von deinem köstlichen Reiswein. Hast du noch welchen?"

Ich lachte. Niemand außer Matthias trank diesen Wein. Es gab noch genug davon.

Als ich mich zum Schlafengehen fertig machte, rief Basia an. Sie hatte einen herrlichen Urlaub in Florida verlebt und klang erholt und voller Freude. Nun wollte sie wissen, wie es mir ging, mir und den visuellen Effekten. Als ich ihr erzählte, dass wir feststeckten und es keine schnelle Lösung für unsere Vorführprobleme gab, bot sie sofort ihre Hilfe an.

„Du musst Geduld haben", sagte sie. „Die Dinge geschehen genauso, wie sie sollen."

Dann sagte sie noch, Geld sei lediglich ein Mittel, seine Aufgaben zu erfüllen und meine Finanzen seien das Letzte, worum ich mir je Sorgen machen müsse.

Mein neues Verständnis für die Dinge und für mein Leben fühlte sich jetzt fest und real an. Es war nicht mehr nur ein hoffnungsvoller Gedanke oder eine abstrakte Idee. Ich fühlte w i r k l i c h, wie sich mein Leben entfaltete. Es war wie eine kleine Energiewelle, die sich um mich verbreitete. Und ich war der Mittelpunkt, der Grund dafür, warum sich alles so ereignete.

Ich seufzte vor Erleichterung. Nun, da ich meine Wahl getroffen hatte, konnte das Schicksal seinen Lauf nehmen.

Ich verließ am nächsten Morgen die Wohnung mit dem Ziel zum Studio für visuelle Effekte zu gehen. Ich hatte einen Film zu beenden und ein Leben zu leben.

Danksagungen

Mein ganz besonderer Dank gilt meiner Familie und meinen Freunden dafür, dass sie während meiner ungewöhnlichen und herausfordernden Abenteuer jederzeit für mich da waren.

Mein Dank gilt meinem geliebten Sohn Matthias und seiner Frau Merrylene; Eure Liebe und Unterstützung gaben mir die Kraft, immer weiterzumachen. Ich bin stolz und fühle mich geehrt Eure Mom zu sein.

Danke, Elke von der Heyden, meine liebe Freundin und deutsche Übersetzerin, für Deine hervorragende Arbeit, für Dein enormes Engagement, um die deutsche Version des Buches so wunderschön zu machen, für Deinen immerwährenden, intelligenten Humor und dafür, dass unsere Freundschaft so viel Spaß macht! Es war eine ziemliche Strecke, die wir zurückgelegt haben und ich weiß, dass Du Dir so manches Mal „die Zähne an dem Text ausgebissen hast", aber niemals hast Du auch nur für eine Sekunde aufgegeben. Du hast einen exzellenten Job gemacht!

Mein tief empfundener Dank gilt Monika Hein, die an Bord gekommen ist, um uns ihr „Adlerauge" und ihr liebenswürdiges Herz zu Verfügung zu stellen, während sie sich vergewisserte, dass der Text makellos ist, bevor er in die Hände der Leser kommt.

Irena Czajkowski, tausend Dank dafür, dass Du Dich in mein erstes Buch und die Meisterlehren verliebt und dadurch die Verbindung zu Elke hergestellt hast; für Deine tiefen Einsichten und Deinen schönen Geist, der immer für ein neues Abenteuer bereit ist. Du bist eine wundervolle Freundin, die so viel Liebe zu geben hat!

Mein tiefer Dank gilt meinem Buchredakteur Brian van der Horst für seine immerwährenden Ermutigungen, riesengroße Weisheit, sein unendliches Wissen und seine gigantische Hilfe, um diese Buch in die vorliegende Form zu bringen.

Ein spezieller Dank gilt Dr. Stanlay Krippner und Dr. Jerry Solfvin für ihre wertvollen Anregungen, ihre Expertise und Unterstützung und dafür, dass sie Zeit gefunden haben mein Buch zu bewerten.

An Ella T. Nojd – ich danke Dir für Deine langjährige, wunderbare Freundschaft und die große Hilfe damit, dass Du die Kapitel dieses Buches getippt hast. Du hast oft meine Tage bereichert und hell gemacht und mir geholfen, auf so vielerlei Weise meine Last zu tragen.

An Richard P. Gere – danke, dass Du immer für mich da warst, egal wie groß oder klein die Aufgabe; für Deine wertvollen Einsichten und tiefe Weisheit, dass du wusstest, wer ich bin und das zelebriert hast und für Deine großzügige und zuverlässige Bereitschaft, beim Editieren der Kapitel meiner Schriften und Bücher zu helfen.

An meinen geliebten Mann Patrick Kern – ich danke Dir für Deine Liebe, Dein strahlendes Lächeln, Deine Zärtlichkeit und Stärke (alles in einem!), Deine außergewöhnliche Intelligenz, Deine Einsichten und Deine Hingabe an die Meisterlehren. Du bist meine Heimat geworden.

Und an Euch, liebe Leser – für alles, was Ihr seid; für Euer wunderschönes Herz, Euren Geist und Eure Seele – danke.

Johanna Kern

Über die Autorin

Johanna Kern ist eine kanadische Regisseurin, Filmproduzentin, Drehbuchschreiberin, die Gewinnerin vieler verschiedener Preise und außerdem Lehrerin für die innere Transformation von Menschen.

1993 begann Johanna Kern, regelmäßig in spontane Trance zu fallen, in der sie sich in einen uralten Tempel wiederfand. Dort empfing sie die Lehren eines alten Meisters.

Damals gab es noch keinen einfachen Zugang zum Internet, es gab nicht genug Information, die ihr hätten helfen können zu verstehen, was mit ihr geschah. Sie hatte einfach Angst.

Und so schien sie keine andere Wahl zu haben, als ihr Schicksal in die Hand zu nehmen und den neuen Weg zu beschreiten, der sich vor ihr auftat.

Sie brauchte eine Menge Mut und Vertrauen, um dem Ruf zu folgen und den Sprung aus ihrem alltäglichen Leben, das bis zum Rand gefüllt war mit Plänen und Aufgaben, zu wagen.

So erinnert sich Iwona Majewska-Opielka, Psychologin und Autorin vieler Bücher, an ihr erstes Zusammentreffen mit Johanna Kern in Toronto und sie spricht über das erste Buch „Der Meister und die Grünäugige Hoffnung":

„Als Johanna mir von ihren ungewöhnlichen Erfahrungen berichtete während unseres ersten Treffens, glaubte ich ihr zunächst nicht. Es war in der Mitte der Neunziger Jahre des letzten Jahrhunderts. Niemand sprach in jenen Tagen laut über alternative Welten. Deshalb fielen meine Beobachtungen auch besonders sorgfältig aus. Ich suchte nach Anzeichen von Mystifikation oder Beeinträchtigungen ihres Bewusstseins und ihrer Wahrnehmung, konnte aber nichts entdecken. Und als ich ihre folgerichtigen, intelligenten und doch einfachen und intuitiv wahrhaftigen Aufzeichnungen las, dachte ich, dass eine so junge Person ohne jede Ausbildung in Physik oder Philosophie sie sich unmöglich ausgedacht haben konnte. Ich hatte das gleiche Gefühl wie beim Lesen von in ‚Ein Kurs in Wundern'. Johannas Wissen musste also aus einer anderen Quelle kommen — höher und sehr viel weiser.

Ihr erstes Buch, geschrieben in einer einfachen, spannenden Art und Weise, ist eine Begegnung mit ihrer Geschichte. Man sollte sich aber nicht täuschen lassen von der scheinbar leichten Form und den Kern dahinter entdecken, die Lehren, die darin enthalten sind. Man findet wahre Weisheit und Hoffnung. Auch Liebe strahlen diese Lehren aus und das Wesen Johannas. Wenn man Johanna kennenlernt, muss man sie einfach gernhaben. Ich bin sicher, dass ‚Der Meister und die Grünäugige Hoffnung' jeden Leser faszinieren und sein Leben transformieren wird."

Die Meisterlehren, die Johanna in tiefer Trance zuteilwurden, entsprachen ihren Erfahrungen im täglichen Leben, sowohl im persönlichen Bereich als auch auf professionellem Gebiet. Sie waren so geartet, dass sie sie in ihrer ganzen Fülle erfahren konnte, anstatt das Wissen nur intellektuell mit ihren Geist aufzunehmen. Sie gaben ihr Antwort auf die wichtigsten Fragen, die die Menschen schon jahrhundertelang bewegten und gestatteten ihr einen ganz neuen Blick auf alles, was uns heilig ist — uns selbst, woher wir kommen und den Sinn unseres Lebens. Vom Sinn des Lebens bis hin zu Anweisungen, wie wir wahres Glück, Erfolg, Macht, Fülle und Freiheit von allen Begrenzungen erreichen können. Von dem Wissen darüber, wie unsere Gedanken im Bereich der Energie funktionieren, von der wir alle ein Teil sind, bis zur Bedeutung und der Natur des

Geistes, der Materie, Leben, Tod und was wirklich das Rad der Schöpfung bedeutet.

Seitdem hat ihr eigenes Leben ihr gezeigt, dass, wenn wir den wahren Kern unserer Existenz erkennen, wir in der Tat ein glückliches, erfülltes Leben führen können, das von Liebe angefüllt ist und in Harmonie mit unserer eigenen inneren Wahrheit ist. Schon viele Jahre berät sie nun schon Menschen in Gesundheitsfragen, in spirituellen und emotionalen Dingen, in familiären Angelegenheiten, Beziehungen, Lebens- und Karrierefragen.

Sie hatte in all den Jahren, in denen sie in tiefer Trance Lektionen über die Meisterlehren erhielt, Tagebuch geführt und Aufzeichnungen gemacht. Als sie nun 2013 schließlich ihre Erinnerungen und Erfahrungen in einem Buch mit dem Titel „Der Meister und die Grünäugige Hoffnung", das auf diesen Tagebuchnotizen basiert, publizierte, wusste sie nicht, ob sie damit das Richtige tat. Sie machte Karriere im professionellen Filmemachen und hatte Sorge, die ungewöhnliche Geschichte könnte vielleicht ihren beruflichen Erfolg gefährden. Zu ihrem Erstaunen geschah nichts dergleichen. Ihre Geschichte erregte sogar internationale Aufmerksamkeit. Die Leser in Nordamerika und Europa lobten sie, sie erhielt Anerkennungen auf dem International Book Festival in New York und San Franzisco und erfuhr Bestätigungen von drei weltbekannten Experten: Dr. Stanley Krippner, Dr. Jerry Solfvin und Brian van der Horst.

Manchen mag Johannas Geschichte wie ein Traum vorkommen, der wahr geworden ist, aber sie musste für das, was sie lernte, einen hohen Preis bezahlen. Sie wurde aufgefordert, alles, was ihr lieb und wert war, hinter sich zu lassen, um Schülerin des Meisters zu werden. Sie fiel weiter in Trance und sie musste über viele Jahre mehrere Initiationen durchstehen, um den nächsten Level ihrer Ausbildung für das heilige Wissen zu erreichen und schließlich Meisterin zu werden.

Als während verschiedener Lebensabschnitte Menschen ihren Weg kreuzten, die sie um Rat, Heilung oder Führung baten, passierte das auf so natürliche Art und Weise, als wüssten diese Menschen, wie man sie findet und wie sie helfen konnte.

Ohne von der Quelle ihrer Fähigkeiten und ihres Wissens zu sprechen und während ihrer Vollzeitbeschäftigung als Filmemacherin wurde sie zur Beraterin, Heilerin und Lehrerin. Sie glaubte, dass das, was sie geschenkt bekommen hatte, ein Geschenk für alle war und nicht nur für sie alleine.

Sie schreibt und spricht dort regelmäßig und beantwortet Fragen ihrer Leser und Zuhörer. Ihre Bücher und CDs sind weltweit auf Amazon und viele der beliebtesten Online-Händler-Seiten. Sie auch machte eine Reihe von Radiosendungen mit dem Titel „Das Leben, das du haben willst, gehört dir", die im British Islanders Radio gesendet wurde (die Mitschnitte sind auf ihrer offiziellen Internetseite zu hören und wachsen weiter auf ihrem YouTube Kanal).

Als Filmemacherin ist Johanna Kern für ihren einzigartigen Regiestil anerkannt und für ihre Sichtweise, die ein breites Publikum fesselt und außergewöhnliche Profis in ihre Produktion lockt. Ihr Fantasy/Mystery/Abenteuerspielfilm „Shadowland: The Legend" (2012) beschäftigt sich mit dem Thema, wie man sein eigenes Schicksal gestaltet und wie man mit persönlichen und globalen Schatten umgeht.

Über die Jahre hat Johanna Kern eine Anzahl von Kurzfilmen gemacht. Dazu gehören der als kritisch gepriesene Kurzfilm „Cherries for Brian" (Palm Springs International Film Festival – U.S.; Raindance International Film Festival – U.K.; Figueira da Foz International Film Festival – Portugal) und andere. Einige ihrer Kurzfilme, einschließlich einer Dokumentation über Heimatlosigkeit, kann man auf YouTube sehen – einfach unter „Johanna Kern" im Suchfeld. Johanna hat ebenfalls die Drehbücher für sieben Spielfilme geschrieben und arbeitete als Produzentin/Regisseurin in einer Anzahl von Werbefilmen fürs Fernsehen und bei Musikvideos mit. Zusätzlich hat sie zwei Musicals für die Bühne produziert, die Texte geschrieben und die Regie geführt (mit einer großen Besetzung von über 250 Schauspielern) und gründete eine Schauspielschule, Kid Stage für junge Schauspieler.

Sie war die Gründerin und geschäftsführende Direktorin des Fantasy Worldwide Film Festival (2005-2007), mit dem sie sechsmillionen Menschen auf der ganzen Welt erreichte – dank der Berichterstattung vieler populärer Fernseh- und Radiosender und Berichten in Zeitungen.

2013 gründeten Johanna Kern und ihr Mann, Patrick Kern, eine Non-Profit-Organisation, Humans of Planet Earth ASSN. (H.O.P.E. Assn.), um Menschen bei ihrem Wachstum zu unterstützen und um ihnen zu helfen, d a s Leben zu leben was ihnen bestimmt war: wirklich glücklich, gesund, sinnvoll und erfüllt.

Veröffentlichungen von Johanna Kern – Deutschsprachige Ausgaben

– „Meister und die Grünäugige Hoffnung"

– „Die 7 Mächte, die die Welt erschaffen & Die 7 Mächte In Dir: Meisterlehren der Hoffnung – Band I"

– „365 (+1) Affirmationen, für ein großartiges Leben: Erfolg, Glück, Gesundheit und Wohlstand"

– „Geheimnisse der Liebe: Was du wissen musst um eine phantastische Beziehung zu haben"

Buchpreise der englischen Ausgaben:

– „Die Geburt einer Seele" – Zweiter Platz auf der Buchmesse in San Franzisko 2021, in der Abteilung *Spiritualität und Inspiration*

– „Die Geburt einer Seele" – Ausgezeichnet auf der Buchmesse in New York 2021, in der Abteilung *Spiritualität und Inspiration*

– „356 (+1) Affirmationen für ein Großartiges Leben: Erfolg, Glück, Gesundheit und Wohlstand" – Ausgezeichnet auf der Buchmesse in Los Angeles 2018, in der Abteilung *Allgemeine Sachliteratur*

– „Geheimnisse der Liebe: Was du wissen musst um eine phantastische Beziehung zu haben" – Ausgezeichnet auf der Buchmesse in Los Angeles 2018, in der Abteilung *Ratgeber/Lebenshilfe*

– „Meister und die grünäugige Hoffnung" – Ausgezeichnet auf der Buchmesse in San Franzisko, 2013, in der Abteilung *Spiritualität und Inspiration*

– „Meister und die grünäugige Hoffnung" – Ausgezeichnet auf der Buchmesse in New York 2013, in der Abteilung *Spiritualität und Inspiration*

– „Schattenland: Die Legende" – Zweiter Platz auf der Buchmesse in

San Franzisko 2013, in der Abteilung *Junge Erwachsene*

MP3s zur Umprogrammierung des Unterbewusstseins – Englischsprachige Ausgaben:

- „Das Leben, das du dir wünschst, gehört dir: Programmiere dich zum Erfolg, Glück, zur Gesundheit und zum Wohlstand"
- „Heile deinen Körper und deine DNA: erhole dich von deiner Krankheit und repariere deine DNA"
- „Schenk dir Fülle: Du kannst sie haben, lebe sie – weil sie dir gehört"
- „Reduziere schnell und natürlich dein Gewicht: Wirf die schwere Last deines Fettes und deiner unbewussten, negativen Programmierung ab"
- „Dein wunderschöner, gesunder und jugendlicher Körper: Programmiere dich, damit du dich an deinem natürlich schönen und gesunden Körper erfreust und ihn liebst"

Notiz: Johanna Kern nimmt weiter MP3s auf und schreibt weitere Bücher. Um auf dem Laufenden zu bleiben, ist es am besten, sie auf ihrer offiziellen Internetseite zu besuchen:

https://johannakern.com

Verbinde dich mit Johanna Kern

Abonniere Johanna Kerns Newsletter auf ihrer offiziellen Internetseite:

https://johannakern.com

Like Johannas Seite auf Facebook

https://www.facebook.com/JohannaKernAuthor/

Verbinde dich mit Johanna Kern auf LinkedIn:

https://www.linkedin.com/pub/johanna-kern/5/127/869

Melde dich auf Johanna Kerns YouTube Kanal an:

https://www.youtube.com/channel/UC8mAjgjRb76nI2AqdaDwSVw

Um herauszufinden, ob Johanna Kern für Events verfügbar ist, schreib eine

E-Mail an:

info@JohannaKern.com

DER MEISTER UND DIE GRÜNÄUGIGE HOFFNUNG

FOTOALBUM

Mein Vater Edward Wronikowski starb, als ich eineinhalb Jahre alt war. Ich lebte bis zum Alter von neun Jahren bei meinen Großeltern.

Dann übernahm meine Mutter Balbina (oben rechts) allein meine Erziehung. Als ich das Alter von vierzehn erreichte, wurde ich im College für bildende Kunst in Kielce (Polen) angenommen, wo ich meine Teenagerjahre verbrachte, bis ich mit achtzehn heiratete.

Mein erster Mann Jacob Orzeszek, mein Sohn Matthias und ich lebten drei Jahre lang in Karlsruhe, Westdeutschland.

Unten: Mit Brigitte und Jost Kern, die ich als meine geliebten deutschen Eltern „adoptierte".

Schauspielertage. Als ich professionelle Schauspielerin in Europa war, hatte ich immer zu tun. Die Dinge änderten sich, als wir nach Kanada zogen. Wie alle Schauspieler hier musste ich ständig auf die Jagd nach neuen Engagements gehen.

Unten: Mit meinen Kollegen vom Polonia Theater nach der Premiere von „The Kidnapped Fianceé" (Die gekidnappte Braut) in Toronto, Kanada.

Basia, meine älteste Freundin in Kanada.

Oben: Während der SMYK Theatertage machten wir viel Werbung in Schulen, die das polnische Erbe hochhielten, in Kunstgalerien und besuchten Veranstaltungen in polnisch-kanadischen Gemeinden

Unten: Es machte immer Spaß mit Basia.

Meine liebe Freundin, Miss Stella Kara, die eine wahre Passion für das Kochen hatte. Ich genoss oft ihre wundervollen Gerichte.

Unten: Miss Stellas berühmte Piroggen.

Radiotage.

Oben: Mit dem Generalkonsul der Republik Polen, Andrzej Brzozowski (links) und Senator Alexander Gawronik (rechts). Nach dem Life Interview, das in polnischen Kreisen in Toronto legendär wurde.

Unten: Das Frühstücksteam von Radio Zet mit Piotr Prusinski (links) und Zbyszek Swiderski (rechts).

Der polnische Popstar Irena Jarocka war viele Jahre lang eine meiner besten Freundinnen, bis sie 2012 starb.

Oben links: Mit Irena und ihrem Mann, Michael Sobolewski in Morgantown, Virginia, USA.

Gerald Pratley, der bekannte Rundfunksprecher und Filmkritiker, ein langjähriger Champion der kanadischem Filmindustrie, der während meiner Studienzeit zu einem lieben Freund wurde.

Oben: Am Filmset zu meinem Kurzfilm „Cherries for Brian" (Kirschen für Brian)

Unten: Bei meiner Abschlussfeier an der Filmschule.

Ella T. Nojd, viele Jahre eine meiner liebsten Freundinnen.

Sie war diejenige, die mich als erste ermutigte, dieses Buch zu schreiben, half mir zu tippen, zu übersetzen und die handgeschriebenen Seiten meines Tagebuches zu bearbeiten. Ella lebt jetzt mit ihrem Mann Terry in Kitchener, Ontario, Kanada.

Mi-Katze hat mich viele Jahre begleitet und ich habe immer ihre ruhige, spielerische Art bewundert.

Unten: Mi-Katze mit Sativa.

Lucky, der australische Cattle Dog (links) und Rita, die Beagle-Hündin.

Unten: Norman Allan, mein ehemaliger Partner mit dem Hundebaby Rita.

Mein Schreibstudio und beliebter Rückzugsort hinten im Garten.

Viele meiner Projekte einschließlich des Drehbuches für „Shadowland: The Legend" (Schattenland: Die Legende), wurde dort ins Leben gerufen.

Gartenarbeit hat mir immer viel Freude gemacht.

Ich dachte oft, wenn ich nicht Filmemacherin geworden wäre, hätte ich mich sicher für das Gärtnern entschieden.

DER MEISTER UND DIE GRÜNÄUGIGE HOFFNUNG

Richard P. Geer, Schriftsteller, Dichter und Astrologe und ich wurden gute Freunde, während er mir mit einigen meiner verschiedenen Projekte half.

Unten: Richard, der die Rolle des „Revil" in „Shadowland: The Legend" nachahmt – auf dem Gelände des „Noble College", einige Jahre, nachdem wir den Film aufgenommen hatten.

Am Set für den Film „Shadowland: The Legend"
Oben: Mit „Caroline", Agnes Podbielski.
Unten: Mit „Donlore", Andrew Guy.

Mein Sohn Matthias und seine Frau Merrylene.

Oben: An ihrem Hochzeitstag, an dem ich einen wunderschönen roten Sari trug.

Matthias macht seit seinem neunten Lebensjahr Musik. Er schreibt seine eigenen Lieder und während er sie aufnimmt, spielt er auch alle Instrumente nacheinander selbst.

Unten: Matthias und Romuald Lipko, der bekannte Liedermacher und Rockstar aus Polen (Budka Suflera) bei einem Treffen in Toronto.

Patrick und ich heirateten am 21. Dezember 2012 in Toronto.

Wir leben noch immer in Toronto, wo die Sommer heiß und die Winter kalt sind.

DER MEISTER UND DIE GRÜNÄUGIGE HOFFNUNG

www.ingramcontent.com/pod-product-compliance
Lightning Source LLC
Chambersburg PA
CBHW051802230426
43672CB00012B/2599